Inhaltsverzeichnis

Gesetze....2
Prominente.... 11
Insekten.... 18
Autos....24
Film....29
Weltraum....38
Fußball....45
Bäume....51
Fernsehen....58
Mittelalter....64
Musik....68
Seen & Flüsse....74
Kunst....79
Vögel....86
Wetter....95
Sport.... 101
Berufe.... 109
Essen & Trinken....114
Internet....131
Gebäude....136
Meerestiere....142
Mode....149
Olympia....154
Computer.... 162
Naturkatastrophen....168
Pflanzen.... 174
Früchte.... 180
Freizeitparks....185
Roboter.... 191
Säugetiere.... 198
Geographie....204
Gemüse.... 214
Reptilien.... 219
Erfindungen.... 225
Der Mensch....234

Gesetze

In Arizona, USA, ist es illegal, für Esel in Badewannen zu schlafen. Dieses Gesetz wurde 1924 erlassen, nachdem ein lokaler Damm brach und ein Esel, der in einer Badewanne schlief, in das Tal gespült wurde.

In der Schweiz ist es verboten, nur ein einziges Meerschweinchen zu besitzen. Dieses Gesetz wurde erlassen, weil Meerschweinchen soziale Tiere sind und als Einzelhaltung als Tierquälerei betrachtet wird.

In Oklahoma, USA, ist es illegal, einen Wal zu fangen. Dieses Gesetz scheint sinnlos, da Oklahoma landeinwärts liegt und keinen Zugang zum Meer hat.

In Venedig, Italien, ist es illegal, Tauben zu füttern. Dieses Gesetz soll dazu beitragen, den Schaden, den die Tauben an der historischen Architektur anrichten, zu minimieren.

In Kanada ist es illegal, sich als der Mountie, das heißt als Mitglied der Royal Canadian Mounted Police, zu verkleiden, wenn man keiner ist. Dieses Gesetz soll die Integrität dieser nationalen Institution schützen.

In Australien ist es verboten, einen elektrischen Zaun als Wäscheleine zu benutzen. Dieses Gesetz wurde zum Schutz der öffentlichen Sicherheit erlassen.

In Frankreich ist es illegal, UFOs zu landen oder zu starten. Ein Dorf namens Châteauneuf-du-Pape hat dieses Gesetz 1954 erlassen, und es ist immer noch in Kraft.

In Großbritannien ist es verboten, in voller Rüstung das Parlament zu betreten. Dieses Gesetz stammt aus dem Jahr 1313 und ist immer noch gültig.

In Ohio, USA, ist es illegal, einen Fisch betrunken zu machen. Dieses Gesetz wurde vermutlich zum Schutz der Tierwelt erlassen.

In North Carolina, USA, ist es illegal, Elefanten zum Pflügen von Baumwollfeldern zu benutzen. Dieses Gesetz scheint ziemlich überflüssig zu sein, da Elefanten nicht in Nordamerika heimisch sind.

In China ist es illegal, Wiedergeburt ohne die Erlaubnis der Regierung zu haben. Dieses Gesetz zielt auf tibetische Mönche ab, die glauben, dass sie wiedergeboren werden.

In Arkansas, USA, ist es illegal, Kühe zu erschrecken. Dieses Gesetz wurde erlassen, um das Wohlergehen der Nutztiere zu schützen.

In San Francisco, USA, ist es verboten, gebrauchte Unterwäsche zu verkaufen. Dieses Gesetz soll die öffentliche Gesundheit und Sicherheit schützen.

In Frankreich ist es illegal, Totenschädel zu verkaufen. Dieses Gesetz wurde erlassen, um den Missbrauch von menschlichen Überresten zu verhindern.

In Indonesien ist es verboten, für einen Mann oder eine Frau, die nicht verheiratet sind, alleine in einem Raum zu sein. Dieses Gesetz soll die Sitten und Gebräuche des Landes schützen.

In Samoa ist es illegal, am 30. Dezember zu vergessen, dass der Tag übersprungen wird, wenn das Land 2011 von der Ostseite der internationalen Datumsgrenze zur Westseite wechselte. Dieses Gesetz wurde erlassen, um Verwirrung zu vermeiden.

In Mailand, Italien, ist es gesetzlich vorgeschrieben, immer zu lächeln, es sei denn, Sie besuchen ein Krankenhaus oder eine Beerdigung. Dieses Gesetz wurde erlassen, um die positive Atmosphäre in der Stadt zu fördern.

In Kanada ist es verboten, Eiscreme in der Hosentasche zu tragen. Dieses merkwürdige Gesetz geht auf das späte 19. Jahrhundert zurück und existiert heute noch in einigen Regionen des Landes.

In Rumänien ist es verboten, Schach in öffentlichen Einrichtungen zu spielen. Dieses Gesetz soll angeblich die Produktivität fördern.

In Colorado, USA, ist es illegal, Löwenzahn in Pueblo zu pflücken. Dieses Gesetz soll die einheimische Flora schützen.

In Großbritannien ist es verboten, einen Brief an den König zu schreiben, der ein falsches Siegel trägt. Dieses Gesetz stammt aus dem Mittelalter und ist immer noch gültig.

In Massachusetts, USA, ist es verboten, eine Tomate in der öffentlichen Suppenküche zu zerkleinern. Dieses Gesetz wurde im 19. Jahrhundert erlassen, um die Qualität der Suppen zu sichern.

In Indien ist es verboten, mehr als 100 SMS pro Tag zu senden. Dieses Gesetz wurde 2011 erlassen, um Spam zu bekämpfen.

In Alabama, USA, ist es illegal, einen Eisbären zu erschrecken. Dieses Gesetz scheint ziemlich nutzlos zu sein, da keine Eisbären in Alabama leben.

In Georgia, USA, ist es verboten, Giraffen an Telefonmasten zu binden. Dieses Gesetz wurde erlassen, um Tierquälerei zu verhindern.

In Frankreich ist es verboten, Heuballen rechteckig zu machen. Dieses Gesetz wurde erlassen, um die landwirtschaftliche Tradition zu bewahren.

In Tennessee, USA, ist es verboten, Fische zu schießen. Dieses Gesetz wurde erlassen, um die Tierwelt zu schützen.

In Kanada ist es illegal, falsche Wettervorhersagen zu verbreiten. Dieses Gesetz soll die Öffentlichkeit vor Fehlinformationen schützen.

In Norwegen ist es illegal, neutral zu sein. Dieses Gesetz wurde erlassen, um das Engagement der Bürger in der Gesellschaft zu fördern.

In Kalifornien, USA, ist es illegal, Whistleblower mit Vergeltungsmaßnahmen zu bedrohen. Dieses Gesetz soll Menschen ermutigen, Fehlverhalten zu melden.

In Dänemark ist es illegal, ein Auto zu starten, ohne zuerst unter dem Auto nachzusehen, ob jemand darunterliegt. Dieses ungewöhnliche Gesetz zielt darauf ab, die Sicherheit zu gewährleisten.

In den Niederlanden ist es verboten, in den Kanälen zu urinieren. Dieses Gesetz wurde erlassen, um die Sauberkeit der Wasserwege zu gewährleisten.

In Belgien ist es verboten, eine Prinzessin zu beleidigen. Dieses Gesetz wurde erlassen, um die Würde der königlichen Familie zu schützen.

In South Carolina, USA, ist es verboten, auf Sonntage zu arbeiten, es sei denn, Sie arbeiten in einer bestimmten Branche wie dem Gastgewerbe. Dieses Gesetz soll den Sonntag als Ruhetag respektieren.

In Bhutan ist es gesetzlich vorgeschrieben, traditionelle Kleidung in der Öffentlichkeit zu tragen. Dieses Gesetz wurde erlassen, um die kulturelle Identität des Landes zu bewahren.

In Montgomery, USA, ist es illegal, einen Regenschirm zu benutzen, um den Regen abzuwehren. Dieses Gesetz scheint seltsam, da Montgomery für sein regnerisches Wetter bekannt ist.

In Togo ist es illegal, Ziegen in der Hauptstadt Lomé zu halten. Dieses Gesetz wurde erlassen, um die Sauberkeit der Stadt zu gewährleisten.

In Großbritannien ist es verboten, mit einer Krone zu spielen. Dieses Gesetz stammt aus dem Jahr 1324 und ist immer noch in Kraft.

In Portugal ist es illegal, ins Meer zu urinieren. Dieses Gesetz wurde erlassen, um die Wasserqualität zu erhalten.

In Nebraska, USA, ist es illegal, eine Wasserschlacht zu haben, ohne eine offizielle Erlaubnis zu haben. Dieses Gesetz wurde zum Schutz der öffentlichen Ordnung erlassen.

In Wisconsin, USA, ist es illegal, einen Apfel auf öffentlichen Plätzen zu verkaufen, ohne eine Erlaubnis zu haben. Dieses Gesetz wurde zum Schutz der öffentlichen Gesundheit erlassen.

In Japan ist es verboten, ein Messer zu tragen, das länger als 15 Zentimeter ist, ohne einen angemessenen Grund zu haben. Dieses Gesetz soll zur öffentlichen Sicherheit beitragen.

In Florida, USA, ist es illegal, in der Öffentlichkeit zu furzen, nachdem es 18 Uhr ist an einem Donnerstag. Dieses eher skurrile Gesetz scheint ein Überbleibsel aus einer vergangenen Zeit zu sein.

In Schweden ist es verboten, ein anderes Auto zu überholen, wenn es schneit. Dieses Gesetz soll Unfälle auf schneereichen Straßen verhindern.

In der Schweiz ist es gesetzlich verboten, den Rasen nach 22 Uhr zu mähen. Dieses Gesetz soll dafür sorgen, dass die Nachtruhe nicht gestört wird.

In Arizona, USA, ist es illegal, Kakteen zu beschädigen. Sie sind geschützt, um die natürliche Flora des Staates zu bewahren.

In Singapur ist es illegal, Kaugummi zu kauen oder zu verkaufen. Das Gesetz wurde eingeführt, um Sauberkeit auf den Straßen zu gewährleisten.

In Frankreich ist es gesetzlich verboten, Schweine "Napoleon" zu nennen. Der Grund dafür liegt in der historischen Achtung der Franzosen vor Napoleon Bonaparte.

In Thailand ist es illegal, das Haus ohne Unterwäsche zu verlassen. Dieses Gesetz soll Anstand und Respekt in der Öffentlichkeit wahren.

In San Francisco, USA, ist es illegal, die Kleidung auf der Wäscheleine zum Trocknen aufzuhängen. Die Stadt legt großen Wert auf ihr Stadtbild.

In Kanada ist es illegal, Eiscreme an einem Sonntag zu verkaufen. Dieses altmodische Gesetz stammt noch aus einer Zeit, in der der Sonntag ausschließlich als Ruhetag gesehen wurde.

In Australien ist es verboten, Lichtschalter mit nassen Händen zu betätigen. Dieses Gesetz dient der Sicherheit und soll Stromschläge verhindern.

In Alabama, USA, ist es illegal, einen Schnurrbart zu tragen, der beim Küssen das Lachen einer Frau verursachen könnte. Dieses skurrile Gesetz hat sicherlich mehr als einen Bewohner verwirrt.

In Griechenland ist es verboten, in den antiken Stätten hohe Absätze zu tragen. Dieses Gesetz soll die historischen Monumente schützen.

In Südafrika ist es illegal, eine Schafherde ohne Erlaubnis auf der Rückseite eines Lastwagens zu transportieren. Dieses Gesetz wurde erlassen, um Tierquälerei zu verhindern.

In Pennsylvania, USA, ist es verboten, beim Fischen zu singen. Dieses Gesetz soll das Fischen als ruhige Tätigkeit bewahren.

In Indonesien wird Masturbation als Verbrechen angesehen und kann mit Enthauptung bestraft werden. Dieses strenge Gesetz unterstreicht die konservativen Werte des Landes.

In Florida, USA, ist es illegal, Elefanten als Parkuhr zu benutzen. Dieses alte Gesetz stammt aus der Zeit, als Zirkuselefanten in der Stadt herumlaufen durften.

In Bhutan ist es gesetzlich verboten, Tabak zu verkaufen. Dieses Gesetz wurde erlassen, um die Gesundheit der Bevölkerung zu schützen.

In den Vereinigten Arabischen Emiraten ist es verboten, zu Hause zu tanzen. Dieses strenge Gesetz spiegelt die konservative Kultur des Landes wider.

In Samoa ist es illegal, am Geburtstag zu vergessen, seiner Frau ein Geschenk zu machen. Dieses Gesetz unterstreicht die Bedeutung der Familie in der samoanischen Kultur.

In Indien ist es verboten, eine Kuh zu schlachten. Kühe sind in Indien heilig und werden sehr geachtet.

In North Dakota, USA, ist es verboten, im Schlaf zu schnarchen, es sei denn, alle Schlafzimmerfenster sind geschlossen und sicher verschlossen. Dieses Gesetz zielt darauf ab, die Ruhe in der Gemeinschaft zu bewahren.

In Kanada ist es verboten, eine Radiosendung so laut zu hören, dass sie von außerhalb des Fahrzeugs gehört werden kann. Dieses Gesetz soll Ruhe und Ordnung auf den Straßen gewährleisten.

In Massachusetts, USA, ist es illegal, in der Badewanne zu fluchen. Dieses Gesetz dient dazu, den Anstand zu wahren.

In Russland ist es verboten, schmutzige Autos zu fahren. Dieses Gesetz zielt darauf ab, die Sauberkeit auf den Straßen zu gewährleisten.

In Großbritannien ist es illegal, einen Brief zu öffnen, der nicht an Sie adressiert ist. Dieses Gesetz soll die Privatsphäre schützen.

In North Carolina, USA, ist es illegal, innerhalb der Stadtgrenzen zu schnarchen. Die Stadt hofft, auf diese Weise den Lärmpegel und die Schlafstörungen zu reduzieren.

In Wisconsin, USA, ist es verboten, Apfelkuchen zu servieren, ohne dass Käse vorhanden ist. Dieses Gesetz soll die traditionelle Kombination aus Apfelkuchen und Käse fördern.

In Missouri, USA, ist es verboten, Elefanten an einem Straßenrand anzubinden. Dieses Gesetz zielt darauf ab, die Sicherheit sowohl für die Elefanten als auch für die vorbeifahrenden Fahrzeuge zu gewährleisten.

In Washington, USA, ist es verboten, mehr als drei Tage lang die schmutzige Wäsche eines anderen zu besitzen. Dieses Gesetz wurde eingeführt, um Diebstahl und ungesunde Praktiken zu verhindern.

In Schottland ist es gesetzlich verboten, eine Kuh auf der Straße zu fischen. Dieses Gesetz existiert tatsächlich, auch wenn es eher ungewöhnlich erscheint.

In Chico, Kalifornien, ist es gesetzlich verboten, eine Atomwaffe zu zünden. Das Bußgeld beträgt 500 Dollar.

In Victoria, Australien, ist es verboten, rosa Hosen nachmittags sonntags zu tragen. Dieses Gesetz hat sicherlich viele Modebewusste verwirrt.

In Alabama, USA, ist es illegal, Domino am Sonntag zu spielen. Dieses Gesetz zeigt, wie der Sonntag als Ruhetag traditionell respektiert wird.

In China ist es illegal, einen Wutanfall zu haben, während man Schach spielt. Dieses Gesetz soll dazu beitragen, ein respektvolles und zivilisiertes Verhalten während des Spiels zu fördern.

In Oklahoma, USA, ist es verboten, einen Orang-Utan als Begleiter zum Abendessen mitzunehmen. Die Beweggründe für dieses Gesetz bleiben wohl ein Geheimnis.

In Israel ist es verboten, einen Bären am Strand zu haben. Offensichtlich besteht die Sorge, dass der Bär andere Strandbesucher stören könnte.

In Illinois, USA, ist es verboten, Bienen in der Stadt zu halten. Dieses Gesetz dient dem Schutz der öffentlichen Sicherheit.

In Norwegen ist es verboten, Spitzbergen ohne Waffe zu betreten. Dieses Gesetz soll die Menschen vor Eisbären schützen, die in der Region häufig vorkommen.

In Kalifornien, USA, ist es gesetzlich verboten, einen Whirlpool zu betreten, wenn man in Straßenkleidung oder in nicht geeigneter Badekleidung ist. Dieses Gesetz soll die Hygiene in öffentlichen Bädern gewährleisten.

In Tennessee, USA, ist es verboten, auf einem Fisch zu reiten. Auch wenn die Durchsetzung dieses Gesetzes eher ungewöhnlich erscheint, existiert es tatsächlich.

In Arkansas, USA, ist es illegal, Kuhglocken zu läuten. Dieses Gesetz soll vor übermäßigem Lärm schützen.

In der Schweiz ist es verboten, nur einen einzigen Goldfisch zu besitzen. Das Gesetz schreibt vor, dass Goldfische mindestens einen Partner haben müssen.

In Queensland, Australien, ist es gesetzlich verboten, eine elektrische Bürste zu besitzen. Die Gründe für dieses Gesetz sind unklar.

In Frankreich ist es illegal, das Maskottchen der Olympischen Spiele zu verkaufen. Dieses Gesetz soll die Integrität des sportlichen Symbols schützen.

In Indiana, USA, ist es verboten, Äpfel mit Tabak zu verkaufen. Dieses Gesetz soll das Rauchen von Tabak in Apfelpfeifen verhindern.

In Norwegen ist es gesetzlich verboten, Häuser in der Nähe des Meeres zu streichen. Dieses Gesetz wurde zum Schutz der natürlichen Schönheit der Küste erlassen.

In Schweden ist es verboten, den Rasenmäher nach 22 Uhr zu benutzen. Dieses Gesetz wurde eingeführt, um die Nachtruhe zu gewährleisten.

In Alabama, USA, ist es verboten, falsche Schnurrbärte in Kirchen zu tragen, die zum Lachen führen könnten. Dieses Gesetz dient dem Respekt gegenüber religiösen Einrichtungen.

In Kanada ist es gesetzlich verboten, Comics zu verkaufen, die Verbrechen darstellen. Dieses Gesetz soll dazu beitragen, die Jugendlichen vor negativen Einflüssen zu schützen.

In Schottland ist es illegal, in einem See zu fischen, ohne die ausdrückliche Erlaubnis des Eigentümers. Dieses Gesetz soll das private Eigentum schützen.

In North Carolina, USA, ist es illegal, zwischen zwei Städten in einem Zug zu springen. Dieses Gesetz wurde eingeführt, um die Sicherheit zu gewährleisten.

In Tennessee, USA, ist es illegal, mehr als 8 Frauen in einem Haus zu haben. Dieses Gesetz stammt aus einer Zeit, in der man versuchte, Bordelle zu verhindern.

In Connecticut, USA, ist es für einen Barbier illegal, in einen Schnurrbart zu pusten. Dieses Gesetz soll die Hygiene fördern.

In Florida, USA, ist es für unverheiratete Frauen illegal, an einem Sonntag Fallschirmspringen zu gehen. Dieses Gesetz stammt aus einer Zeit, in der die Sonntagsruhe sehr ernst genommen wurde.

In Kanada ist es gesetzlich verboten, in einem Kanu zu trinken. Dieses Gesetz soll dazu beitragen, Unfälle zu verhindern.

In Frankreich ist es illegal, eine Puppe zu benennen, die nicht menschlich ist. Dieses Gesetz zielt darauf ab, die Würde und den Respekt vor dem menschlichen Namen zu schützen.

In San Francisco, USA, ist es illegal, den Pelz eines erlegten Tiers zu polieren. Dieses Gesetz soll den Respekt vor Tieren fördern.

In Australien ist es illegal, heiße rosa Hosen nach 12 Uhr mittags zu tragen. Der Hintergrund dieses Gesetzes ist unbekannt.

In New Jersey, USA, ist es verboten, Suppe in der Öffentlichkeit zu schlürfen. Dieses Gesetz dient dazu, die öffentliche Ordnung zu wahren.

In England ist es illegal, ohne vorherige Genehmigung einen Teppich in der Öffentlichkeit auszuklopfen. Dieses Gesetz soll dazu dienen, die öffentliche Ordnung und Sauberkeit zu wahren.

In Kalifornien, USA, ist es illegal, ein Wiesel als Haustier zu halten. Dieses Gesetz dient dem Schutz von Wildtieren.

In Chicago, USA, ist es illegal, ein Tier in der Kabine eines Flugzeugs zu essen. Dieses Gesetz soll den Komfort und die Hygiene an Bord gewährleisten.

In Kanada ist es verboten, ein UFO zu landen, ohne vorherige Genehmigung. Dieses Gesetz soll für Ordnung und Sicherheit sorgen.

In Colorado, USA, ist es illegal, Lamas in der Innenstadt zu halten. Dieses Gesetz dient dem Schutz der öffentlichen Sicherheit und Ordnung.

In Kanada ist es illegal, Schneebälle zu werfen. Dieses Gesetz soll Verletzungen und Schäden verhindern.

In Texas, USA, ist es illegal, Schuhe zu tragen, die mehr als 3,5 Zoll lange Sporen haben. Dieses Gesetz soll Verletzungen verhindern.

In Georgia, USA, ist es verboten, eine Gabel zum Essen von Hühnchen zu verwenden. Dieses Gesetz fördert die traditionelle Art, Hühnchen mit den Händen zu essen.

In Oklahoma, USA, ist es illegal, einen Fisch zu fangen, während man auf einem Büffel sitzt. Dieses Gesetz soll für Sicherheit sorgen.

In Kentucky, USA, ist es verboten, auf einer Straße zu laufen und Eiscreme in der Tasche zu haben. Dieses Gesetz soll die öffentliche Sauberkeit gewährleisten.

In Utah, USA, ist es verboten, ohne Licht zu fischen. Dieses Gesetz soll die Fischbestände schützen.

In Washington, USA, ist es verboten, einen Fisch lebendig zu ködern. Dieses Gesetz schützt Tiere vor unnötigen Leiden.

In Nebraska, USA, ist es illegal, eine Wasserpfeife in einem Bierlokal zu betreiben. Dieses Gesetz soll die öffentliche Gesundheit schützen.

In North Carolina, USA, ist es verboten, auf Friedhöfen zu picknicken. Dieses Gesetz soll die Würde der Verstorbenen schützen.

In England ist es illegal, ohne Ticket in einen Bus zu steigen, der an einer Bushaltestelle hält. Dieses Gesetz soll den ordnungsgemäßen Betrieb des öffentlichen Verkehrs gewährleisten.

In Kanada ist es verboten, ein Taxi zu nehmen, wenn man eine ansteckende Krankheit hat. Dieses Gesetz soll die öffentliche Gesundheit schützen.

In Oregon, USA, ist es verboten, in einem Restaurant oder einer Bar zu rauchen, während man trinkt. Dieses Gesetz soll die öffentliche Gesundheit und die Rechte von Nichtrauchern schützen.

In Brasilien ist es verboten, Zigarettenanzünder in der Öffentlichkeit zu verkaufen. Dieses Gesetz soll die öffentliche Sicherheit schützen.

In Spanien ist es verboten, in Parks oder auf öffentlichen Plätzen Musik zu spielen, die als störend empfunden werden könnte. Dieses Gesetz soll die Ruhe und Ordnung in öffentlichen Räumen gewährleisten.

In Vermont, USA, ist es verboten, Fledermäuse in der Öffentlichkeit zu töten. Dieses Gesetz soll den Schutz dieser Tiere gewährleisten.

In Belgien ist es verboten, in den Straßen von Brüssel zu tanzen. Dieses Gesetz soll die öffentliche Ordnung aufrechterhalten.

In Italien ist es verboten, Sandburgen am Strand zu bauen. Dieses Gesetz soll die öffentliche Sicherheit und die Umwelt schützen.

In Finnland ist es verboten, in der Öffentlichkeit Alkohol zu trinken. Dieses Gesetz soll die öffentliche Ordnung und die öffentliche Gesundheit schützen.

In Griechenland war es bis 2002 verboten, Videospiele zu spielen. Dieses Gesetz soll Spielsucht verhindern.

In der Schweiz ist es verboten, nach 22 Uhr Wäsche zu waschen. Dieses Gesetz soll die Ruhe in Wohngebieten gewährleisten.

In Pennsylvania, USA, ist es verboten, beim Angeln Dynamit zu verwenden. Dieses Gesetz dient dem Schutz der Fischbestände und der Sicherheit der Menschen.

In Wyoming, USA, ist es illegal, innerhalb der Stadtgrenzen zu schießen, es sei denn, man zielt auf einen Vogel. Dieses Gesetz soll die öffentliche Sicherheit gewährleisten.

In Colorado, USA, ist es verboten, Löwenzahn als Unkraut zu bezeichnen. Dieses Gesetz anerkennt die ökologische Bedeutung dieser Pflanze.

In Singapur ist es illegal, in einem Aufzug zu urinieren. Dieses Gesetz soll die öffentliche Hygiene und Anstand wahren.

In South Carolina, USA, ist es verboten, am Sonntag einen Teppich auszuklopfen. Dieses Gesetz soll die Sonntagsruhe gewährleisten.

In der Schweiz ist es verboten, eine Einweggrillpfanne zu benutzen. Dieses Gesetz soll die Umwelt schützen.

In den Niederlanden ist es verboten, auf den Bahnhofstoiletten zu rauchen. Dieses Gesetz soll die öffentliche Gesundheit schützen.

In Schottland ist es illegal, ohne Unterwäsche unter dem Kilt zu gehen. Dieses Gesetz dient dem Anstand und der öffentlichen Ordnung.

In Victoria, Australien, ist es verboten, einen rosa Heißluftballon zu fliegen, es sei denn, man ist ein lizenzierter Fischer. Der Hintergrund dieses Gesetzes ist unbekannt.

In Brasilien ist es illegal, ohne Licht zu fahren, selbst bei Tageslicht. Dieses Gesetz soll die Verkehrssicherheit erhöhen.

In Arizona, USA, ist es verboten, in einem Restaurant zu rauchen, wenn man in Begleitung eines Kindes unter 18 Jahren ist. Dieses Gesetz schützt Kinder vor Passivrauchen.

In Neuseeland ist es illegal, auf einer Kreuzung Hühner zu halten. Dieses Gesetz soll die öffentliche Sicherheit gewährleisten.

In New York, USA, ist es illegal, Pflanzen auf einem Gehweg zu pflanzen, ohne eine Genehmigung zu haben. Dieses Gesetz schützt die öffentlichen Wege.

In Belgien ist es illegal, auf den Bürgersteigen zu spielen. Dieses Gesetz dient dem Schutz der öffentlichen Sicherheit.

In Israel ist es illegal, Bären zu züchten, es sei denn, man hat eine spezielle Genehmigung. Dieses Gesetz soll die öffentliche Sicherheit und das Wohlbefinden von Tieren schützen.

In Norwegen ist es illegal, Alkohol in Parks zu trinken. Dieses Gesetz dient der öffentlichen Ordnung und Sicherheit.

In Arkansas, USA, ist es illegal, auf dem State Capitol Building zu flirten. Dieses Gesetz soll die Würde des Gebäudes bewahren.

In Frankreich ist es illegal, mehr als sieben Schweine in einem Stadthaus zu halten. Dieses Gesetz soll die öffentliche Ordnung und Hygiene schützen.

In Frankreich ist es verboten, Tomaten in Gemeinschaftsküchen zu zerkleinern. Dieses Gesetz dient der Sauberkeit und Hygiene in Gemeinschaftsküchen.

In Neuseeland ist es illegal, bei Sonnenuntergang einen Drachen zu fliegen. Dieses Gesetz soll die Sicherheit in der Luft gewährleisten.

In Kentucky, USA, ist es illegal, auf der Straße zu tanzen. Dieses Gesetz soll die öffentliche Sicherheit gewährleisten.

In Oklahoma, USA, ist es verboten, einen Fisch zu fangen, während man auf einem Giraffenhals sitzt. Dieses Gesetz soll die Sicherheit von Tieren und Menschen gewährleisten.

In Massachusetts, USA, ist es verboten, einen Frosch in einem öffentlichen Park zu töten. Dieses Gesetz soll das Wildleben schützen.

In Arkansas, USA, ist es illegal, Rinder von einem zweistöckigen Gebäude aus zu bespucken. Dieses Gesetz soll die öffentliche Sauberkeit gewährleisten.

In Schweden ist es illegal, einen Elch zu erschrecken. Dieses Gesetz dient dem Schutz des Wildlebens.

In Florida, USA, ist es illegal, eine Sonnenbrille zu tragen, wenn man ein Bild von einem Elch macht. Dieses Gesetz soll die öffentliche Sicherheit gewährleisten.

In Kanada ist es illegal, das National Emblem zu verbrennen. Dieses Gesetz soll das nationale Symbol respektieren und schützen.

In Arizona, USA, ist es verboten, ein Taschenmesser ohne Klinge zu tragen. Dieses Gesetz soll die öffentliche Sicherheit gewährleisten.

In Colorado, USA, ist es verboten, von einem fliegenden Flugzeug aus Fische zu fangen. Dieses Gesetz soll die öffentliche Sicherheit und das Wildleben schützen.

In Maryland, USA, ist es illegal, Löwen in ein Kino mitzunehmen. Dieses Gesetz dient dem Schutz der öffentlichen Sicherheit.

In Alaska, USA, ist es verboten, einen lebenden Elch aus einem fliegenden Flugzeug zu werfen. Dieses Gesetz soll das Tierleben schützen.

In Kalifornien, USA, ist es verboten, Mohnblumen abzupflücken. Dieses Gesetz dient dem Schutz der heimischen Pflanzenwelt.

In Kentucky, USA, ist es illegal, einen Eiswürfel ohne Lizenz zu verkaufen. Dieses Gesetz dient der öffentlichen Sicherheit.

In Missouri, USA, ist es verboten, eine Wasserpistole zu benutzen, um einen Feueralarm auszulösen. Dieses Gesetz soll die öffentliche Sicherheit gewährleisten.

In Idaho, USA, ist es illegal, eine unverschlossene Schachtel Pralinen zu verschenken. Dieses Gesetz soll den Verbraucherschutz gewährleisten.

In Florida, USA, ist es illegal, ein Schwein zu fesseln. Dieses Gesetz schützt die Tiere vor Missbrauch.

In Georgia, USA, ist es illegal, einen Donut zu missbrauchen. Der Hintergrund dieses Gesetzes ist unbekannt.

In South Dakota, USA, ist es illegal, im Schlaf zu fischen. Dieses Gesetz soll die Sicherheit der Angler gewährleisten.

In Vermont, USA, ist es verboten, eine Vogelscheuche ohne Genehmigung aufzustellen. Dieses Gesetz soll das Wildleben schützen.

In Montana, USA, ist es verboten, eine Ratte zu verkaufen. Dieses Gesetz dient dem Schutz der öffentlichen Gesundheit und Sicherheit.

In Tennessee, USA, ist es illegal, Lasso zu spielen, während man auf einem Strauß reitet. Dieses Gesetz soll die öffentliche Sicherheit gewährleisten.

In Nebraska, USA, ist es illegal, einen Wal im Landesinneren zu fangen. Dieses Gesetz soll die öffentliche Ordnung gewährleisten.

In Victoria, Australien, ist es illegal, eine Glühbirne zu wechseln, es sei denn, Sie sind ein lizenzierter Elektriker. Dieses Gesetz soll die Sicherheit der Bürger gewährleisten.

In Oklahoma, USA, ist es illegal, einen Esel im Hinterzimmer einer Bäckerei zu halten. Die Gründe für dieses Gesetz sind unklar, aber es soll wahrscheinlich die Sauberkeit der Bäckereien gewährleisten.

In der Schweiz ist es illegal, die Toilette nach 22 Uhr zu spülen, wenn man in einer Wohnung lebt. Dieses Gesetz soll die Ruhe der Nachbarn bewahren.

In China ist es illegal, ein unscharfes Foto von Präsident Xi Jinping zu verwenden. Dieses Gesetz dient der Wahrung der Würde des Präsidenten.

In Indien ist es illegal, seinen Ehepartner zu entführen, um ihn zum Heiraten zu zwingen. Dieses Gesetz soll Frauen vor Zwangsehen schützen.

In Florida, USA, ist es illegal, an einem bestimmten Ort mehr als zwei Badeschwämme zu besitzen. Dieses Gesetz soll den Schutz der Meerestiere gewährleisten.

In Louisiana, USA, ist es illegal, eine Pizza zu bestellen und sie nicht abzuholen. Dieses Gesetz dient dem Schutz der Geschäftsinteressen der Pizzerien.

In Singapur ist es illegal, nackt in seinem eigenen Haus herumzulaufen. Dieses Gesetz dient der Wahrung der öffentlichen Anstandsregeln.

In Thailand ist es illegal, das Königshaus zu kritisieren. Dieses Gesetz soll die Würde des Königshauses schützen.

In Utah, USA, ist es illegal, mit einem Colt .45 zu fischen. Dieses Gesetz soll sowohl die Sicherheit der Menschen als auch den Schutz der Fische gewährleisten.

In Wisconsin, USA, ist es illegal, in der Öffentlichkeit einen Apfel zu piksen. Der Hintergrund dieses Gesetzes ist unklar.

In Großbritannien ist es illegal, ein Briefmarkenbild der Königin verkehrt herum zu verwenden. Dieses Gesetz dient der Wahrung der Würde des Königshauses.

In Turin, Italien, ist es gesetzlich vorgeschrieben, dass ein Hund mindestens dreimal täglich ausgeführt wird. Andernfalls könnten Sie mit einer Geldstrafe belegt werden.

In den Niederlanden ist es illegal, auf einer Straße zu rauchen, wenn Sie unter 18 Jahre alt sind. Dieses Gesetz soll die Gesundheit der jungen Bevölkerung schützen.

In Queensland, Australien, ist es illegal, einen Elektrorasierer ohne Lizenz zu besitzen. Dieses Gesetz soll wahrscheinlich die Sicherheit der Menschen gewährleisten.

In Kanada ist es illegal, eine Eisbahn in einem privaten Haus zu betreiben. Dieses Gesetz dient dem Schutz der öffentlichen Gesundheit und Sicherheit.

In den Vereinigten Arabischen Emiraten ist es illegal, ein Gebäude ohne Lizenz zu bemalen. Dieses Gesetz dient der Erhaltung der städtischen Ästhetik.

In Georgia, USA, ist es illegal, Hühner ohne Erlaubnis zu halten. Dieses Gesetz dient dem Schutz der öffentlichen Gesundheit.

In Indonesien ist es gesetzlich verboten, einen Affen als Geschenk anzunehmen. Dieses Gesetz soll den Schutz wilder Tierarten gewährleisten.

In Neuseeland ist es illegal, eine Gartenschnecke als Haustier zu haben. Dieses Gesetz soll die einheimische Tierwelt schützen.

In Kalifornien, USA, ist es illegal, Wale für kommerzielle Zwecke zu jagen. Dieses Gesetz dient dem Schutz dieser gefährdeten Arten.

In South Carolina, USA, ist es illegal, ohne Erlaubnis eines Ministers auf einem Spielplatz zu tanzen. Dieses Gesetz soll die öffentliche Ordnung bewahren.

In Rumänien ist es illegal, Schach in öffentlichen Parks zu spielen. Dieses Gesetz soll die öffentliche Ordnung bewahren.

In Victoria, Australien, ist es illegal, ein Huhn bei Sonnenuntergang zu töten. Dieses Gesetz dient dem Tierschutz.

In Ungarn ist es gesetzlich verboten, Ihren eigenen Spitznamen zu verwenden, ohne die Erlaubnis des anderen. Dieses Gesetz soll die persönlichen Rechte der Menschen schützen.

Prominente

Tom Hanks hat einen Asteroiden, der nach ihm benannt ist. Der Asteroid 12818 Tomhanks wurde im Jahr 1996 entdeckt.

Schauspieler Johnny Depp besitzt eine Insel auf den Bahamas. Er kaufte Little Hall's Pond Cay im Jahr 2004.

Vor ihrer Schauspielkarriere arbeitete Whoopi Goldberg als Leichenbestatterin. Sie war auch einst bei einer Sex-Hotline beschäftigt.

Elvis Presley war natürlich blond. Er fing an, seine Haare schwarz zu färben, als er in der High-School war.

Oprah Winfrey's Name sollte ursprünglich "Orpah" sein, ein Name aus dem biblischen Buch Ruth. Allerdings fanden viele Leute den Namen schwierig auszusprechen, so dass sie jetzt "Oprah" heißt.

Nicolas Cage hat eine Obsession mit Superman. Er benannte sogar seinen Sohn Kal-El, nach Superman's bürgerlichen Namen.

Der Schauspieler Christopher Walken arbeitete als Zirkusartist. Er trat als Löwenbändiger in einem Zirkus auf, als er 15 Jahre alt war.

Die Sängerin Taylor Swift hat eine Furcht vor Meerestieren. Sie leidet unter Selachophobie, der Angst vor Haien.

Arnold Schwarzenegger gewann mit 20 Jahren den Mr. Universe-Titel. Er ist der jüngste Gewinner in der Geschichte des Wettbewerbs.

Vor ihrer Schauspielkarriere arbeitete Angelina Jolie als Bestattungsunternehmerin. Sie hatte sogar ein Diplom in Bestattungswissenschaften.

Sängerin Katy Perry sammelt Haarsträhnen von anderen Berühmtheiten. Sie hält die Haare in ihren Taschen als Glücksbringer.

Der Rapper Jay-Z kann nicht schwimmen. Er hat jedoch zugegeben, dass er es lernen möchte, um seiner Tochter das Leben retten zu können.

Die Sängerin Adele hat eine Furcht vor Seemöwen. Sie wurde als Kind von einer angegriffen.

Die Schauspielerin Megan Fox hat Zehen-Syndaktylie. Das bedeutet, dass zwei oder mehr ihrer Zehen zusammenwachsen.

George Clooney schnitt einmal seine eigenen Haare mit einem Flowbee. Er gab zu, dass er das Gerät während des Lockdowns im Jahr 2020 benutzte.

Keanu Reeves spielte Eishockey in der High-School und wurde "The Wall" genannt. Er hatte Hoffnungen, für das kanadische Eishockeyteam zu spielen, bevor eine Verletzung seine Karriere beendete.

Der Schauspieler Danny Trejo hat in mehr als 300 Filmen mitgespielt. Bevor er Schauspieler wurde, war er ein professioneller Boxer und ein Drogenberater.

Rapper Kanye West hat eine ernsthafte Phobie gegen große Möbelstücke. Es wird Berichten zufolge von seiner Angst vor "unverhältnismäßigen" Möbeln getrieben.

Sänger Elton John sammelt Brillen. Er besitzt über 250.000 Paar.

Schauspieler Jack Nicholson wurde von seiner Großmutter aufgezogen, die er fälschlicherweise für seine Mutter hielt. Seine tatsächliche Mutter wurde ihm als seine ältere Schwester vorgestellt.

Justin Timberlake's Mutter war der Manager von 'N Sync. Sie half auch dabei, die Boyband Backstreet Boys zu formen.

Der Schauspieler Mark Wahlberg hat einen dritten Nippel. Er hat es als "seinen hässlichen kleinen Bruder" bezeichnet.

Vor ihrer Schauspielkarriere war Lucille Ball ein Model. Sie war auch das erste weibliche Mitglied der "Hollywood Walk of Fame".

Die Sängerin Lady Gaga ist formell als Ministerin ordiniert. Sie kann legal Hochzeiten durchführen.

Ryan Reynolds wurde einmal von einem Bären verfolgt. Es geschah, während er auf einem Campingtrip in seiner Heimat Kanada war.

Die Schauspielerin Halle Berry wurde nach dem Halle's Warenhaus benannt. Ihre Mutter dachte es sei "hübsch".

Der Sänger Frank Sinatra wurde mit 13,5 Pfund geboren. Er war ein so großes Baby, dass die Geburt fast sein Leben und das seiner Mutter kostete.

Die Sängerin Rihanna kann fließend Französisch sprechen. Sie lernte die Sprache in der Schule in ihrer Heimat Barbados.

Der Rapper Eminem schreibt alle seine Songs selbst. Er hat sogar einen Oscar für den besten Originalsong für "Lose Yourself" gewonnen.

Der Schauspieler Hugh Jackman hat eine Phobie vor Puppen. Es wird als Pediophobie bezeichnet.

Der Schauspieler Matthew McConaughey spielt gerne Bongos nackt. Er wurde 1999 verhaftet, nachdem Nachbarn die Polizei wegen des Lärms gerufen hatten.

Die Schauspielerin Jennifer Lawrence hat Angst vor Fliegen. Sie hat auch eine Phobie vor Pferden.

Der Sänger Justin Bieber kann das Rubik's Cube in weniger als zwei Minuten lösen. Er hat diese Fähigkeit in zahlreichen Interviews gezeigt.

Die Sängerin Britney Spears hat eine Phobie vor großen Städten. Sie hat in einem Interview gesagt, dass sie sich in großen Städten "überwältigt" fühlt.

Der Schauspieler Leonardo DiCaprio wurde nach dem berühmten Maler Leonardo da Vinci benannt. Seine Mutter wählte seinen Namen, weil sie ein Bild von da Vinci betrachtete, als er zum ersten Mal in ihrem Bauch trat.

Der Schauspieler Dwayne "The Rock" Johnson hat einen Weltrekord für die meisten Selfies in drei Minuten. Er schaffte es, 105 Selfies mit Fans zu machen.

Die Schauspielerin Gwyneth Paltrow folgt einer strengen Diät namens "Clean Eating". Sie verzichtet auf Gluten, Milchprodukte, Zucker und alle verarbeiteten Lebensmittel.

Der Schauspieler Will Smith kann das Alphabet rückwärts sagen. Er demonstrierte diese Fähigkeit in einem Interview mit Oprah Winfrey.

Die Schauspielerin Julia Roberts sammelt Glasfiguren von Schweinen. Sie hat mehr als 200 in ihrer Sammlung.

Der Sänger Mick Jagger nimmt vor jedem Konzert ein zwei Stunden dauerndes Nickerchen. Er glaubt, dass es ihm hilft, auf der Bühne mehr Energie zu haben.

Die Schauspielerin Cameron Diaz hat eine Phobie vor Türklinken. Sie fürchtet, dass sie Bakterien und Keime übertragen könnten.

Der Rapper Tupac Shakur hat einst ein Praktikum beim Baltimore Young Playwrights Festival gemacht. Es war sein erster Job in der Entertainment-Industrie.

Die Sängerin Celine Dion ist Eigentümerin eines Golfclubs in Kanada. Sie ist auch eine begeisterte Golferin.

Der Schauspieler Robert Downey Jr. praktiziert täglich Wing Chun, eine Form der chinesischen Kampfkunst. Er sagt, es hilft ihm, sich zu konzentrieren und seine Suchtprobleme zu bewältigen.

Die berühmte Talkshow-Moderatorin Oprah Winfrey ist seit ihrem 14. Lebensjahr im Fernsehen. Ihre erste Arbeit war als Nachrichtensprecherin auf einem lokalen Sender.

George Clooney hat einmal sein eigenes Haustier-Schwein namens Max besessen. Das Schwein lebte 18 Jahre bei ihm.

Die Schauspielerin Jennifer Aniston war vor ihrer Karriere als Schauspielerin Fahrradkurierin in New York City. Sie sagt, es war der schlimmste Job, den sie jemals hatte.

Der Schauspieler Johnny Depp sammelt Insekten und Skelette. Er hat ein besonderes Faible für Schädel.

Angelina Jolie hat im Jahr 2011 einen Pilotenschein erworben. Sie hat erklärt, dass ihr Sohn Maddox sie dazu inspiriert hat, fliegen zu lernen.

Schauspieler Ryan Gosling wurde von seiner Mutter und seiner älteren Schwester zu Hause unterrichtet. Er sagt, dass es ihm half, sich auf seine Schauspielkarriere zu konzentrieren.

Die Schauspielerin Anne Hathaway ist eine trainierte Sopranistin. Sie hat Gesangsunterricht genommen und sang in ihren Filmen "Les Misérables" und "Ella Enchanted".

Die Schauspielerin Sandra Bullock hat ein Restaurant in Austin, Texas namens "Bess Bistro". Sie ist auch Mitinhaberin einer Bäckerei und eines Blumenladens.

Der Sänger Harry Styles kann jonglieren. Er hat diese Fertigkeit in mehreren Interviews demonstriert.

Der Schauspieler Brad Pitt hat früher als Huhn verkleidet für "El Pollo Loco" gearbeitet. Es war einer seiner ersten Jobs in Los Angeles.

Die Schauspielerin Emma Watson hat einen Abschluss in englischer Literatur von der Brown University. Sie hat im Jahr 2014 ihren Abschluss gemacht.

Der Rapper Snoop Dogg hat einen Stern auf dem Hollywood Walk of Fame. Er hat über 35 Millionen Alben weltweit verkauft.

Die Sängerin Mariah Carey hat ein Zimmer in ihrem Haus, das nur für ihre Preise reserviert ist. Sie hat mehr als 200 Auszeichnungen in ihrer Karriere gewonnen.

Die Schauspielerin Halle Berry war in den 1980er-Jahren in mehreren Schönheitswettbewerben erfolgreich. Sie war die erste Afroamerikanerin, die den Titel Miss World America gewann.

Die Sängerin Beyoncé ist allergisch gegen Parfüm. Trotzdem hat sie ihre eigene Parfümlinie.

Die Schauspielerin Julia Roberts wurde einmal als Verkäuferin in einem Schuhgeschäft entlassen. Der Grund war, dass sie es vorzog, mit ihren Freunden zu plaudern, anstatt Schuhe zu verkaufen.

Der Schauspieler Chris Hemsworth hat eine Doppelrolle in der australischen Seifenoper "Home and Away" gespielt. Er spielte die Charaktere Kim Hyde und Johnny Cooper.

Die Sängerin Lady Gaga ist eine sehr gute klassische Pianistin. Sie begann das Klavierspiel im Alter von vier Jahren.

Der Schauspieler Robert Pattinson hat einmal in einem Interview gesagt, dass er gerne Zirkusclown werden würde. Er sagte, er habe immer eine Vorliebe für Clowns gehabt.

Der Sänger Ed Sheeran hat in der U-Bahn von London gespielt. Er hat das getan, um Geld zu verdienen, bevor er berühmt wurde.

Der Schauspieler Tom Cruise hat Dyslexie. Er sagt, dass das Schauspiel ihm geholfen hat, seine Lese- und Schreibfähigkeiten zu verbessern.

Die Schauspielerin Nicole Kidman hat Angst vor Schmetterlingen. Sie sagt, sie habe diese Phobie seit ihrer Kindheit.

Der Sänger Justin Timberlake besitzt mehrere Restaurants. Sein erstes Restaurant, "Southern Hospitality", wurde 2007 eröffnet.

Die Schauspielerin Scarlett Johansson hat einen Zwillingsbruder. Sein Name ist Hunter und er hat gelegentlich in Filmen und auf dem roten Teppich mit ihr aufgetreten.

Die Schauspielerin Kate Winslet hat ihre Tochter Mia nach einer Figur aus einem ihrer Lieblingsromane benannt. Mia ist eine Figur aus "Die Frau des Zeitreisenden".

Der Sänger Kanye West hat ein Praktikum bei der Modemarke Fendi absolviert. Er sagte, er habe das Praktikum genutzt, um mehr über Mode zu lernen.

Die Schauspielerin Natalie Portman hat einen Abschluss in Psychologie von der Harvard University. Sie hat ihren Abschluss im Jahr 2003 gemacht.

Die Sängerin Rihanna ist das Gesicht der Tourismuskampagne ihrer Heimat Barbados. Sie hat auch einen nationalen Feiertag, der ihr zu Ehren "Rihanna Day" genannt wird.

Die Schauspielerin Meryl Streep hat einen Master of Fine Arts von der Yale School of Drama. Sie hat auch Ehrendoktorwürden von mehreren Universitäten.

Die Sängerin Shakira spricht fließend fünf Sprachen. Sie kann Englisch, Spanisch, Portugiesisch, Italienisch und Französisch sprechen.

Die Sängerin Madonna hat eine Zwillingsschwester, die ihre Assistentin ist. Ihr Name ist Melanie Henry.

Der Schauspieler Morgan Freeman wurde einmal als Radartechniker in der US-Luftwaffe eingesetzt. Er diente von 1955 bis 1959.

Die Sängerin Britney Spears hat ihren ersten Plattenvertrag im Alter von 8 Jahren unterschrieben. Sie wurde zum Star der "Mickey Mouse Club" Show.

Der Schauspieler Ben Affleck ist ein großer Fan der Boston Red Sox. Er hat sogar in einem ihrer Trikots geheiratet.

Die Schauspielerin Jennifer Lawrence wurde entdeckt, während sie im Alter von 14 Jahren in New York City Urlaub machte. Ein Talentsucher näherte sich ihr auf der Straße.

Die Schauspielerin Gwyneth Paltrow betreibt eine Lifestyle-Website namens Goop. Die Website bietet Artikel und Produkte rund um Themen wie Schönheit, Mode und Gesundheit.

Der Sänger Justin Bieber wurde auf YouTube entdeckt. Seine Mutter hat Videos von ihm gepostet, in denen er Songs coverte.

Die Schauspielerin Megan Fox glaubt an Außerirdische und die Bigfoot-Legende. Sie hat mehrmals gesagt, dass sie eine Leidenschaft für das Paranormale hat.

Der Schauspieler Daniel Radcliffe, bekannt für seine Rolle als Harry Potter, hat eine seltene Erkrankung namens Dyspraxie, die seine motorischen Fähigkeiten beeinträchtigt. Trotzdem konnte er seine Schauspielkarriere erfolgreich fortsetzen.

Schauspielerin Jennifer Aniston ist Patin von Coco Arquette, der Tochter ihrer guten Freunde und Schauspielkollegen Courteney Cox und David Arquette. Aniston und Cox spielten in der Hit-Serie "Friends" zusammen.

Die berühmte Sängerin Celine Dion ist die jüngste von 14 Geschwistern. Sie begann im Alter von 12 Jahren mit dem Singen in ihrer Familie.

Die berühmte Sängerin und Schauspielerin Cher hatte früher eine schwere Lese- und Schreibschwäche. Sie sagt, dass das Singen ihr geholfen hat, ihre Dyslexie zu überwinden.

Der berühmte Schauspieler Johnny Depp hat Angst vor Clowns, eine Phobie, die als Coulrophobie bekannt ist. Trotz seiner Angst hat er in mehreren Filmen Rollen gespielt, in denen er sich verkleiden und schminken musste.

Der Rapper und Produzent Dr. Dre hat nicht nur eine erfolgreiche Musikkarriere, sondern auch eine erfolgreiche Karriere als Unternehmer. Er ist Mitbegründer von Beats Electronics, einer Firma, die 2014 für 3 Milliarden Dollar an Apple verkauft wurde.

Schauspielerin Sandra Bullock kann fließend Deutsch sprechen, da sie einen Teil ihrer Kindheit in Nürnberg, Deutschland verbracht hat. Sie hat ihre Deutschkenntnisse in verschiedenen Interviews und bei Preisverleihungen unter Beweis gestellt.

Die berühmte Sängerin Mariah Carey hat das "absolute Gehör", eine seltene musikalische Fähigkeit, die es ihr ermöglicht, einzelne Töne und Noten ohne Bezugspunkt zu identifizieren. Sie hat diese Fähigkeit in ihrer Musikkarriere genutzt.

Die Sängerin und Schauspielerin Jennifer Lopez hat eine Zwillingsschwester, Lynda, die eine erfolgreiche Journalistin ist. Sie haben auch einen älteren Bruder namens Michael.

Der Schauspieler Orlando Bloom hat eine extreme Myopie, was bedeutet, dass er stark kurzsichtig ist. Er trägt in der Öffentlichkeit oft Kontaktlinsen.

Die berühmte Sängerin Dolly Parton hat einmal einen Dolly Parton Look-alike Wettbewerb verloren. Sie ging unerkannt und wurde von der Jury übersehen.

Der Schauspieler Ryan Gosling wurde ursprünglich für die Rolle des Noah in "The Notebook" gecastet, weil der Regisseur einen Schauspieler wollte, der nicht gut aussieht. Später wurde Gosling jedoch zu einem Sexsymbol.

Der Schauspieler Leonardo DiCaprio hat seine Karriere in Werbespots begonnen. Seine erste Rolle war in einem Werbespot für Matchbox-Autos.

Der Rapper Kanye West hat vor seiner Musikkarriere als Verkäufer bei GAP gearbeitet. Er erwähnte dies in einem seiner Lieder, "Spaceship".

Der berühmte Schauspieler Tom Hanks ist ein begeisterter Sammler von Schreibmaschinen. Er besitzt über 200 von ihnen.

Der Schauspieler George Clooney hat einmal 14 seiner engsten Freunde zu einem Abendessen eingeladen und jedem von ihnen einen Koffer mit 1 Million Dollar in bar geschenkt. Er sagte, er wolle sich bei ihnen dafür bedanken, dass sie ihm in schwierigen Zeiten geholfen hatten.

Die Sängerin Taylor Swift hat einen jüngeren Bruder namens Austin. Er ist Schauspieler und hat in Filmen wie "I.T." und "Live by Night" mitgewirkt.

Schauspielerin Kate Winslet hat in ihrer Karriere einen besonderen Fokus auf starke weibliche Rollen gelegt. Sie hat gesagt, dass sie nie einen Charakter spielen würde, der "nur die Freundin" ist.

Der Sänger Justin Timberlake war Mitglied der Mickey Mouse Club Show, bevor er Mitglied der Boyband *NSYNC wurde. Er hat auch eine erfolgreiche Solo-Musikkarriere und eine Schauspielkarriere.

Die Schauspielerin Mila Kunis wurde in der Ukraine geboren und zog mit ihrer Familie im Alter von sieben Jahren in die Vereinigten Staaten. Sie lernte Englisch, indem sie Folgen der Fernsehshow "The Price Is Right" anschaute.

Der Schauspieler Steve Buscemi war vor seiner Schauspielkarriere Feuerwehrmann in New York City. Nach den Anschlägen vom 11. September kehrte er freiwillig zurück, um bei den Rettungs- und Bergungsarbeiten zu helfen.

Die Sängerin Katy Perry wurde als Katheryn Elizabeth Hudson geboren und begann ihre Musikkarriere mit Gospel-Musik. Sie änderte ihren Namen, um Verwechslungen mit der Schauspielerin Kate Hudson zu vermeiden.

Die Schauspielerin Reese Witherspoon hat eine Produktionsfirma namens Hello Sunshine, die sich auf die Schaffung von Inhalten von und für Frauen konzentriert. Sie hat unter anderem die erfolgreichen TV-Serien "Big Little Lies" und "The Morning Show" produziert.

Die Sängerin Beyoncé war die erste weibliche Künstlerin, die das Glastonbury Festival in England headlinete. Sie trat 2011 auf.

Der Sänger Elton John hat einmal in einem Interview gesagt, dass er eine Brille trägt, weil er glaubte, sie würden ihn schlauer aussehen lassen. Jetzt benötigt er sie aufgrund einer Operation an den Augen.

Die Schauspielerin Nicole Kidman wurde in Honolulu, Hawaii, geboren, wuchs aber in Australien auf. Sie hat sowohl die australische als auch die amerikanische Staatsbürgerschaft.

Die Schauspielerin und Sängerin Selena Gomez wurde nach der berühmten Tejano-Sängerin Selena Quintanilla-Pérez benannt. Ihre Mutter war ein großer Fan der Sängerin.

Die berühmte Schauspielerin Audrey Hepburn war während des Zweiten Weltkriegs ein Kurier für den Widerstand in den Niederlanden. Sie hat später ihre Erfahrungen während des Krieges dazu genutzt, um als Botschafterin für UNICEF zu arbeiten.

Der Sänger Bruce Springsteen ist bekannt für seine langen Konzerte. Sein längstes Konzert dauerte vier Stunden und sechs Minuten.

Der Schauspieler Sylvester Stallone hat das Drehbuch für "Rocky" in nur dreieinhalb Tagen geschrieben. Der Film gewann den Oscar für den besten Film und machte Stallone zu einem Star.

Die Sängerin Adele hat ihren Durchbruch mit ihrem Album "19" gehabt. Das Album ist nach ihrem Alter zurzeit ihrer Aufnahme benannt.

Der Schauspieler und Regisseur Clint Eastwood ist ein leidenschaftlicher Jazz-Fan und hat mehrere Filme über Jazz gedreht. Er ist auch ein talentierter Pianist.

Die Sängerin Lady Gaga hat ihren Künstlernamen von dem Queen-Song "Radio Ga Ga" übernommen. Sie hat gesagt, dass der Name ihr ein Gefühl von Freiheit und Selbstermächtigung gibt.

Die Schauspielerin Julia Roberts ist die erste Schauspielerin, die eine Gage von 20 Millionen Dollar für einen Film erhielt. Sie erreichte diesen Meilenstein mit dem Film "Erin Brockovich".

Der Schauspieler Will Smith hat eine erfolgreiche Musikkarriere vor seiner Schauspielkarriere gehabt. Er ist als der Fresh Prince bekannt und hat mehrere Hit-Singles und Alben veröffentlicht.

Die Schauspielerin Meryl Streep hält den Rekord für die meisten Oscar-Nominierungen. Bis heute hat sie 21 Nominierungen erhalten.

Der Sänger Michael Jackson war bekannt für seine einzigartigen Tanzbewegungen, einschließlich des "Moonwalk". Tatsächlich hat er diesen Tanzschritt nicht erfunden, sondern ihn populär gemacht.

Die Schauspielerin Jennifer Lawrence wurde für ihre Rolle in "Winter's Bone" entdeckt, als sie erst 20 Jahre alt war. Sie wurde die zweitjüngste Gewinnerin des Oscars für die beste Schauspielerin.

Die Sängerin Rihanna wurde auf Barbados entdeckt und hat seitdem eine erfolgreiche internationale Musikkarriere. Sie ist auch eine erfolgreiche Geschäftsfrau und hat ihre eigene Beauty-Marke Fenty Beauty.

Der Schauspieler Morgan Freeman hat erst im Alter von 52 Jahren seinen Durchbruch mit dem Film "Fahrt zur Hölle" gehabt. Seitdem hat er in mehreren erfolgreichen Filmen mitgewirkt und einen Oscar gewonnen.

Der Sänger Bono, Frontmann der Band U2, ist für sein Engagement für soziale und politische Themen bekannt. Er hat mehrere Auszeichnungen für seine humanitäre Arbeit erhalten, darunter den Friedensnobelpreis.

Die Schauspielerin Helen Mirren ist eine der wenigen Schauspielerinnen, die die "Triple Crown of Acting" gewonnen hat - einen Oscar, einen Tony und einen Emmy. Sie hat diese Leistung mit ihrer Rolle in "Die Queen" erreicht.

Der Sänger Paul McCartney ist Linkshänder. Er hat gesagt, dass er als Kind Schwierigkeiten hatte, eine Rechtshänder-Gitarre zu spielen und dass er sie umdrehen musste, um sie spielen zu können.

Die Schauspielerin Natalie Portman wurde in Jerusalem Israel geboren und hat sowohl die israelische als auch die amerikanische Staatsbürgerschaft. Sie hat einen Abschluss in Psychologie von der Harvard University.

Der Sänger Bob Dylan hat den Nobelpreis für Literatur 2016 gewonnen. Er ist der erste Musiker, der diese Auszeichnung erhalten hat.

Der Schauspieler Keanu Reeves ist kanadischer Staatsbürger, obwohl er in Beirut, Libanon, geboren wurde. Er hat seinen Durchbruch mit dem Film "Bill & Ted's verrückte Reise durch die Zeit" gehabt.

Der Schauspieler Vin Diesel ist ein begeisterter Spieler von Dungeons and Dragons. Er spielt das Spiel seit über 20 Jahren.

Die Sängerin Britney Spears war die jüngste Sängerin, die mit ihrem Debütalbum und ihrer ersten Single gleichzeitig die Nr. 1 der Billboard-Charts erreichte. Sie war erst 17 Jahre alt.

Insekten

Termiten sind Insekten, die für ihre Holzfressgewohnheiten bekannt sind, sie haben aber auch eine positive Rolle in Ökosystemen, da sie dazu beitragen, tote Pflanzenmaterialien abzubauen. Sie leben in komplexen sozialen Kolonien und einige Arten können "Termitenhügel" bauen, die mehrere Meter hoch sein können.

Schmetterlinge und Motten gehören zur Ordnung der Schuppenflügler und es gibt mehr als 180.000 bekannte Arten weltweit. Während ihrer Metamorphose vom Ei über die Raupe und Puppe zum erwachsenen Insekt durchlaufen sie drastische körperliche Veränderungen.

Die Gottesanbeterin ist ein faszinierendes Insekt, das für seine Gebetshaltung bekannt ist. Sie sind erfolgreiche Raubtiere, die andere Insekten und sogar kleine Vögel und Reptilien erbeuten können.

Ameisen sind bemerkenswert starke Tiere, sie können das 10-50-fache ihres Körpergewichts tragen. Sie leben in Kolonien, die von einer Königin geleitet werden, und haben komplexe soziale Strukturen und Kommunikationssysteme.

Kakerlaken sind für ihre Anpassungsfähigkeit und Widerstandsfähigkeit bekannt. Sie können bis zu einer Woche ohne Kopf überleben, da sie nicht durch ihren Mund, sondern durch kleine Löcher in ihrem Körper atmen.

Fliegen haben eine erstaunlich schnelle Reaktionszeit sie beträgt gerade mal 5 Millisekunden. Sie haben auch ein außergewöhnliches Sehvermögen und können praktisch in alle Richtungen sehen.

Wanzen sind flugunfähige Insekten, die sich von Blut ernähren. Sie können bis zu ein Jahr ohne Nahrung auskommen und sind dafür bekannt, dass sie sich schnell vermehren und resistenter gegen Pestizide werden.

Grillen sind bekannt für ihr charakteristisches Zirpen, das durch Reiben ihrer Flügel erzeugt wird. Sie sind wichtige Bestandteile vieler Ökosysteme und dienen als Nahrungsquelle für viele andere Tiere.

Marienkäfer sind oft rot oder orange mit schwarzen Punkten, aber es gibt viele verschiedene Arten mit verschiedenen Farben und Mustern. Sie sind nützlich in Gärten und landwirtschaftlichen Gebieten, da sie Blattläuse und andere Schädlinge fressen.

Die gemeine Florfliege ist nützlich im Garten, da ihre Larven Blattläuse fressen. Die Erwachsenen ernähren sich von Pollen, Nektar und Honigtau.

Spinnmilben sind winzige Schädlinge, die Pflanzen befallen und sich von ihrem Saft ernähren. Sie sind schwer zu sehen, aber die Schäden, die sie an Pflanzen verursachen, sind unübersehbar.

Seidenspinnen sind bekannt für ihr beeindruckendes Rad Netz und die weiblichen Exemplare sind deutlich größer als die männlichen. Sie fangen ihre Beute, indem sie sie in ihr klebriges Netz locken.

Bockkäfer sind für ihre langen Fühler und ihren starken Kiefer bekannt. Sie fressen hauptsächlich Holz und sind oft in totem oder verfallenem Holz zu finden.

Wespen sind bekannt für ihren Stich, sie spielen aber auch eine wichtige Rolle in Ökosystemen, als Bestäuber und als natürliche Schädlingsbekämpfer. Viele Arten bauen papierartige Nester aus zerkautem Holz und Speichel.

Skorpionsfliegen haben einen auffälligen Körperbau mit einem langen, nach oben gebogenen Hinterleib, der an den Stachel eines Skorpions erinnert. Trotz ihres Namens sind sie harmlos und ernähren sich von toten Insekten und Früchten.

Libellen sind bemerkenswerte Flieger, die in der Lage sind, in alle Richtungen zu fliegen, sogar rückwärts. Sie sind nützlich als natürliche Schädlingsbekämpfer, da sie Mücken und andere Insekten fressen.

Stechmücken sind berüchtigt für ihren stechenden Biss, der oft juckende rote Beulen hinterlässt. Sie können auch eine Reihe von Krankheiten wie Malaria, Dengue-Fieber und Zika-Virus übertragen.

Die Herkuleskäfer ist eine der größten Käferarten und ist bekannt für ihre bemerkenswerte Stärke. Sie können bis zum 850-fachen ihres eigenen Körpergewichts heben.

Ohrenkneifer sind nachtaktive Insekten, die sich gerne in dunklen, feuchten Bereichen verstecken. Trotz ihres etwas gruseligen Aussehens sind sie harmlos und können sogar nützlich sein, indem sie andere Schädlinge fressen.

Silberfische sind kleine, flügellose Insekten, die in feuchten, dunklen Bereichen leben. Sie können eine Vielzahl von Materialien fressen, darunter Papier, Klebstoff und die Stärke in Lebensmitteln.

Springschwänze sind winzige Insekten, die in feuchten Umgebungen leben und sich hauptsächlich von Pilzen und abgestorbenem Pflanzenmaterial ernähren. Sie haben ein einzigartiges Organ namens Furca, das sie benutzen, um in die Luft zu springen und zu entkommen, wenn sie bedroht werden.

Zecken sind blutsaugende Parasiten, die auf Wirbeltieren leben, einschließlich Menschen. Sie können eine Reihe von Krankheiten übertragen, darunter Lyme-Borreliose und FSME (Frühsommer-Meningoenzephalitis).

Der kleine Fuchs ist ein auffälliger Schmetterling, der in Europa weit verbreitet ist. Seine Larven ernähren sich von Brennnesseln, während die erwachsenen Schmetterlinge Nektar aus einer Vielzahl von Blumen saugen.

Der Goliathkäfer ist einer der größten Käfer der Welt. Die Larven können bis zu 250 Gramm wiegen, während die erwachsenen Käfer ein bemerkenswertes Geweih und einen kräftigen Körper haben.

Weberknechte, oft fälschlicherweise als Spinnen bezeichnet, sind eigentlich eine eigene Ordnung von Gliederfüßern. Sie ernähren sich von einer Vielzahl von Materialien, darunter tote Insekten, Pflanzenmaterial und Pilze.

Läuse sind winzige, flügellose Insekten, die sich von Blut ernähren. Sie leben auf der Haut von Wirbeltieren und können beim Menschen verschiedene Arten von Unbehagen und Krankheiten verursachen.

Feuerwanzen sind oft in großen Gruppen zu finden und ernähren sich hauptsächlich von Samen. Sie sind harmlos für Menschen und Pflanzen und können in vielen Teilen der Welt gefunden werden.

Der Streckfuß ist eine Raupe, die sich strecken kann, um wie ein Zweig auszusehen. Dies ist eine Form der Tarnung, die es ihr ermöglicht, sich vor Raubtieren zu verstecken.

Die Gespinstmotte ist dafür bekannt, dass sie Bäume und Sträucher mit einem dichten seidigen "Gespinst" überzieht. Dies dient dazu, ihre Larven zu schützen, die sich von den Blättern der Pflanzen ernähren.

Die Kleidermotte ist bekannt dafür, dass sie Löcher in Kleidung und andere Stoffe frisst. Sie bevorzugt Materialien, die tierischen Ursprungs sind wie Wolle und Seide.

Die Waldameise ist eine soziale Insektenart, die große Hügel aus Nadeln und Laub baut. Sie spielt eine wichtige Rolle in ihrem Ökosystem, indem sie Schädlinge bekämpft und den Boden auflockert.

Die Gallwespe legt ihre Eier in Pflanzen, wodurch Gallen entstehen ungewöhnliche Wucherungen, die als Nahrungsquelle und Schutz für die Larven dienen. Es gibt viele verschiedene Arten von Gallwespen, und jede erzeugt eine spezifische Art von Galle.

Die asiatische Hornisse ist ein invasiver Schädling in vielen Teilen der Welt und ist bekannt für ihren aggressiven Charakter. Sie jagt Bienen und andere Insekten und kann ein erhebliches Problem für die Imkerei sein.

Seidenspinner sind bekannt für ihre Fähigkeit, Seide zu produzieren, die in der Textilindustrie verwendet wird. Die Larven, bekannt als Seidenspinnerraupen, fressen Maulbeerblätter und spinnen einen Kokon aus Seide, aus dem sie als Motten schlüpfen.

Skorpione, obwohl sie oft als Insekten betrachtet werden, gehören tatsächlich zur Klasse der Spinnentiere. Sie sind bekannt für ihren giftigen Stachel, den sie zur Verteidigung und zur Jagd verwenden.

Schneckenkäfer sind kleine Insekten, die ihren Namen von ihren Schnecken ähnlichen Form haben. Sie ernähren sich von einer Vielzahl von Materialien, einschließlich totem Holz, Pilzen und manchmal auch von anderen Insekten.

Die Tarantel Wolfsspinne ist bekannt für ihre beeindruckende Jagdtechnik. Sie gräbt Tunnel in den Boden und lauert dort auf ihre Beute, bevor sie blitzschnell zuschlägt.

Die Kellerassel ist ein kleines, krabbenartiges Tier, das oft in feuchten und dunklen Bereichen gefunden wird. Obwohl sie oft als Insekt angesehen wird, gehört sie tatsächlich zur Gruppe der Krebstiere.

Die Mantisfliege, obwohl sie den Gottesanbeterinnen ähnlichsieht, ist tatsächlich eher mit den Fliegen verwandt. Sie sind bekannt für ihre Fähigkeit, ihre Vorderbeine blitzschnell auszustrecken, um Beute zu fangen.

Die Schildlaus ist ein kleines Insekt, das sich von Pflanzensäften ernährt und dabei oft einen klebrigen Honigtau absondert. Dieser Honigtau zieht oft Ameisen an, die die Schildläuse vor Raubtieren schützen.

Der Monarchfalter ist bekannt für seine jährlichen Massenwanderungen, bei denen Millionen von Schmetterlingen Tausende von Kilometern zurücklegen. Interessanterweise vollenden einzelne Schmetterlinge nie die gesamte Reise; stattdessen sind es mehrere Generationen, die nacheinander den weiten Weg antreten.

Die Wanderheuschrecke ist bekannt für ihre gelegentlichen Massenvermehrungen, bei denen Millionen von Heuschrecken weite Strecken zurücklegen und dabei erheblichen Schaden an Ernten anrichten. Diese Schwärme können in Extremfällen eine Fläche von mehreren Hundert Quadratkilometern abdecken.

Der Bienenwolf ist eine Art Grabwespe, die Bienen jagt und sticht, um sie als Nahrung für ihre Larven zu verwenden. Sie graben Tunnel in den Boden, in denen sie jede Biene einzeln ablegen, bevor sie ein Ei auf ihr legen.

Die Blattlaus ist ein kleines Insekt, das sich von Pflanzensäften ernährt und oft ein Problem in Gärten und auf landwirtschaftlichen Flächen ist. Sie produzieren eine süße Flüssigkeit, bekannt als Honigtau, die oft von Ameisen gesammelt wird.

Der Moschusbock ist ein großer Käfer, der seinen Namen von seinem starken, moschusähnlichen Geruch hat. Die Larven entwickeln sich in morschem Holz und können bis zu drei Jahre benötigen, um sich vollständig zu entwickeln.

Die Prachtkäfer sind eine große Familie von Käfern, die für ihre oft leuchtenden und metallischen Farben bekannt sind. Sie ernähren sich hauptsächlich von Pollen, Nektar und Blütenblättern.

Der Hirschkäfer ist ein großer Käfer, der für seine großen, hirschgeweihartigen Mandibeln bekannt ist. Diese Mandibeln werden verwendet, um mit anderen Männchen um Paarungspartner zu kämpfen.

Die Schwarze Witwe ist eine Spinne, die für ihr starkes Gift und die markante rote oder orange Sanduhrmarkierung auf ihrem Unterleib bekannt ist. Trotz ihres gefährlichen Rufs beißen sie Menschen nur selten und tun dies meist nur zur Selbstverteidigung.

Die Raubfliege ist ein Raubinsekt, das andere Insekten in der Luft jagt. Sie sind dafür bekannt, dass sie ihre Beute mit ihren starken Beinen packen und ihr Gift injizieren, um sie zu lähmen.

Der Tigerkäfer ist ein schneller und effizienter Räuber, der sich von anderen kleinen Insekten ernährt. Sie sind so schnell, dass sie während der Jagd zeitweise erblinden, da ihre Augen nicht schnell genug Informationen verarbeiten können.

Die Blattschneiderameise ist bekannt für ihre Fähigkeit, Blätter zu schneiden und sie zurück zu ihrem Nest zu tragen. Sie verwenden diese Blätter nicht als Nahrung, sondern züchten einen speziellen Pilz darauf, den sie fressen.

Die Pfauenspinne ist bekannt für ihre auffälligen Farben und komplexen Balzrituale. Die Männchen führen einen Tanz auf und spreizen ihre farbenfrohen Flügel, um die Weibchen zu beeindrucken.

Der asiatische Marienkäfer ist eine invasive Art in vielen Teilen der Welt. Obwohl sie sich von Blattläusen ernähren und daher nützlich sein können, können sie auch heimische Arten verdrängen und ein Problem in Häusern werden.

Der Wollkrautblütenkäfer ist ein kleiner Käfer, der sich von Blumen ernährt und dabei oft den Pollen verstreut. Sie haben eine ungewöhnliche Methode zur Verteidigung gegen Raubtiere, bei der sie eine klebrige Flüssigkeit absondern, die das Raubtier möglicherweise abschreckt.

Der fleischfressende Mistkäfer ernährt sich von Exkrementen von Tieren. Sie spielen eine wichtige Rolle in Ökosystemen, da sie helfen, Abfall zu beseitigen und Nährstoffe in den Boden zurückzuführen.

Die Honigbiene ist bekannt für ihre Fähigkeit, Honig zu produzieren. Sie kommunizieren durch eine Reihe von Bewegungen, die als "Tanzsprache" bekannt sind, um anderen Bienen im Stock die Lage von Nahrung zu vermitteln.

Der Feuerkäfer ist ein kleiner Käfer, der bei Berührung ein unangenehmes Sekret absondert. Dieses Sekret kann Hautirritationen verursachen und ist für seine hellrote oder orange Färbung bekannt, die als Warnsignal für Raubtiere dient.

Der Nashornkäfer ist ein großer Käfer, der für seinen großen "Nashorn" -artigen Horn bekannt ist. Trotz ihres einschüchternden Aussehens sind sie harmlos und ernähren sich von Obst, Nektar und Baumsäften.

Der Springschwanz ist ein kleines Insekt, das für seine Fähigkeit bekannt ist, in die Luft zu springen, um Raubtiere abzuwehren. Sie ernähren sich von verrottenden Pflanzen und spielen eine wichtige Rolle beim Abbau von organischem Material im Boden.

Der Ameisenlöwe ist eigentlich ein Insekt, trotz seines löwenartigen Namens. Die Larven bauen kleine Sandfallen, um Ameisen und andere kleine Insekten zu fangen.

Die Stabheuschrecke ist ein Insekt, das für seine Fähigkeit bekannt ist, sich als Ast oder Blatt zu tarnen. Sie sind meistens nachtaktiv und verbringen den Tag unbeweglich, um Raubtiere zu vermeiden.

Die Wüstenameise ist bekannt für ihre Fähigkeit, sich in ihrem heißen und trockenen Lebensraum zurechtzufinden. Sie legen Duftspuren, um ihren Weg zurück zum Nest zu finden und verwenden sogar die Sonne als Kompass.

Die europäische Hornisse ist die größte Wespenart in Europa. Sie ernähren sich von anderen Insekten und können, obwohl sie oft gefürchtet sind, nützlich sein, da sie viele Schädlinge vernichten.

Die Hausfliege ist ein allgemein verbreitetes Insekt, das sich von einer Vielzahl von Substanzen ernährt, darunter Abfälle und Nektar. Sie können eine Reihe von Krankheiten übertragen, da sie oft auf unhygienischen Oberflächen landen und dann auf Lebensmitteln oder Küchenoberflächen landen.

Die Zikade ist bekannt für ihren lauten Gesang, den die Männchen erzeugen, um Weibchen anzulocken. Einige Arten sind für ihre langen Entwicklungszeiten bekannt, mit Perioden von bis zu 17 Jahren, bevor sie als Erwachsene auftauchen.

Flöhe sind winzige, flügellose Parasiten, die sich von Blut ernähren. Sie können außerordentlich hohe Sprünge ausführen, bis zu 200-mal ihrer eigenen Körpergröße.

Der fliegende Weberknecht ist eine seltene Insektenart, die in den Höhenlagen Südamerikas heimisch ist. Trotz seines Namens kann er nicht wirklich fliegen, sondern gleitet von Baum zu Baum, indem er seine Beine spreizt und die Luftströmungen nutzt.

Der Bambuskäfer ernährt sich hauptsächlich von den Säften von Bambuspflanzen. Sie sind in Asien heimisch und können in großer Anzahl auftreten, wenn geeignete Nahrungsquellen vorhanden sind.

Die Atlas-Falter sind die größten Falter der Welt, mit Flügelspannweiten von bis zu 30 cm. Sie sind nachtaktiv und haben eine Lebensdauer von nur etwa einer Woche nach dem Schlüpfen.

Die Wasserläufer sind Insekten, die auf der Oberfläche von Gewässern laufen können. Sie nutzen die Oberflächenspannung des Wassers und haben haarige Beine, die das Eindringen ins Wasser verhindern.

Seidenspinnen sind große Spinnen, die beeindruckende Seidennetze bauen können. Sie sind in Afrika und Südasien heimisch und ihre Netze können so stark sein, dass sie sogar kleine Vögel fangen können.

Die größte Käferart der Welt ist der Titanen Käfer, der eine Länge von bis zu 16,7 cm erreichen kann. Sie sind in den Regenwäldern Südamerikas heimisch und ernähren sich als Larven von verrottendem Holz.

Die australische Jägerspinne ist eine der giftigsten Spinnen der Welt und kann eine Größe von bis zu 5 cm erreichen. Trotz ihres gefährlichen Bisses sind Todesfälle selten, da das Gegengift weit verbreitet ist.

Die fleischfressende Prachtlibelle ernährt sich von anderen Insekten und kann im Flug jagen. Sie sind für ihre leuchtenden blauen und grünen Farben bekannt und leben in der Nähe von Süßwasserlebensräumen.

Die westliche Honigbiene ist die am häufigste vorkommende Honigbiene und die bekannteste Bestäuberin der Welt. Sie produziert Honig, indem sie Nektar von Blüten sammelt, ihn in ihren Honigmagen trägt und ihn dann im Bienenstock ausspuckt, wo er von anderen Arbeiterinnen verarbeitet wird.

Autos

Das erste Auto wurde 1886 von Karl Benz gebaut und hatte nur drei Räder. Es erreichte eine Höchstgeschwindigkeit von 16 Kilometern pro Stunde.

Im Durchschnitt wird ein Auto während seiner gesamten Lebensdauer etwa 6 Monate lang im Stau stehen. Dies berücksichtigt die durchschnittliche Zeit, die Menschen im Verkehr verbringen.

Der Hummer H1 hat einen Wendekreis von 13,6 Metern, was mehr als das Doppelte des durchschnittlichen Personenkraftwagens ist. Dies macht ihn eher für Offroad-Ausflüge als für die Stadt geeignet.

Der teuerste Parkplatz der Welt befindet sich in Hongkong und wurde für über 900.000 US-Dollar verkauft. Das ist teurer als viele Häuser.

Der Volkswagenkonzern besitzt viele bekannte Automarken, darunter Audi, Bentley, Bugatti, Lamborghini, Porsche und Skoda. Dies macht den Konzern zu einem der größten Automobilhersteller der Welt.

Der japanische Autohersteller Toyota war ursprünglich ein Webstuhlhersteller. Sie begannen erst 1933 mit der Herstellung von Autos.

Das erste Auto mit Airbags wurde 1973 von der Oldsmobile Toronado eingeführt. Allerdings wurden Airbags erst in den 1990er-Jahren zur Standardausrüstung.

Der Bugatti Veyron kann einen Reifen in nur 15 Minuten abnutzen, wenn er mit Höchstgeschwindigkeit gefahren wird. Der Tank ist in nur 12 Minuten leer.

Der erste Auto-Unfall ereignete sich im Jahr 1891 in Ohio. Damals war das Fahren bei weitem nicht so verbreitet wie heute.

In Russland muss man vor dem Kauf eines Autos einen psychologischen Test bestehen. Dies soll sicherstellen, dass der Fahrer emotional stabil genug ist, um ein Auto zu fahren.

Die meisten Taxis in Japan sind Toyotas. Besonders verbreitet ist das Modell Toyota Crown Comfort.

Der Bentley Bentayga ist mit einer Höchstgeschwindigkeit von 301 km/h das schnellste SUV der Welt. Das macht ihn schneller als viele Sportwagen.

In den frühen Tagen der Autoindustrie war Schwarz die vorherrschende Farbe, da sie am schnellsten trocknete. Henry Ford soll einmal gesagt haben: "Sie können ein Auto in jeder Farbe haben, solange es schwarz ist."

Ferrari produziert nur etwa 8.000 Autos pro Jahr. Dies hält die Marke exklusiv und die Nachfrage hoch.

In Saudi-Arabien durften Frauen erst im Jahr 2018 Auto fahren. Dies war ein großer Fortschritt für die Frauenrechte in dem Land.

Der erste Ford Model T wurde 1908 hergestellt und kostete damals 850 US-Dollar. Heute ist es ein begehrtes Sammlerstück.

In der Schweiz gibt es ein Gesetz, das besagt, dass man sein Auto nicht mit dem Schlüssel im Zündschloss stehen lassen darf. Dies soll Autodiebstahl verhindern.

Der Aston Martin DB5 ist vielleicht am bekanntesten aus den James Bond Filmen. Im Film "Goldfinger" war das Auto mit Maschinengewehren, einem Schleudersitz und anderen Gadgets ausgestattet.

Hyundai stellt nicht nur Autos her, sondern auch Schiffe. Sie sind einer der größten Schiffbauer der Welt.

Das erste Auto mit Tempomat wurde 1958 eingeführt und war ein Chrysler Imperial. Tempomat war eine revolutionäre Erfindung, die lange Fahrten wesentlich angenehmer machte.

In Singapur ist es so teuer, ein Auto zu besitzen, dass es oft billiger ist, einen privaten Chauffeur zu mieten. Dies liegt an den hohen Gebühren und Steuern, die auf Autos erhoben werden.

In Südkorea sind die meisten Autos Silber oder schwarz. Dies liegt an den strengen Regulierungen der Autohersteller.

Der Land Rover Defender kann vollständig unter Wasser betrieben werden. Solange der Auspuff über der Wasseroberfläche bleibt, kann das Auto weiterfahren.

Es gibt etwa 1 Milliarde Autos auf der Welt. Das bedeutet, dass etwa eines von sieben Menschen ein Auto besitzt.

In Schweden müssen Autofahrer auch tagsüber ihre Scheinwerfer eingeschaltet haben. Dies soll die Sichtbarkeit erhöhen und Unfälle vermeiden.

In Norwegen sind fast 50% aller Neuwagen, die verkauft werden, Elektroautos. Dies ist der höchste Prozentsatz in der Welt.

Es gibt einen Autokinoservice in Russland, bei dem man einen Film in seinem Auto schauen kann. Es ist ähnlich wie ein traditionelles Drive-in-Theater, aber mit moderner Technologie.

Der Koenigsegg Jesko Absolut ist mit einer geschätzten Höchstgeschwindigkeit von 531 km/h das schnellste Auto der Welt. Es ist benannt nach dem Vater des Firmengründers Jesko von Koenigsegg.

Der Erfinder des modernen Automobils, Karl Benz, hatte eine Frau namens Bertha Benz, die die erste Langstreckenfahrt mit einem Automobil unternahm. Sie fuhr ohne das Wissen ihres Mannes 66 Meilen, um ihre Mutter zu besuchen.

Rolls-Royce hat ein "Starlight"-Dachhimmel-Feature, bei dem Hunderte kleiner Lichter in den Dachhimmel eingebaut sind. Sie simulieren einen sternenklaren Nachthimmel.

Elon Musk hat ein Tesla Roadster ins All geschickt. Das Auto wurde als Nutzlast für den Erstflug der SpaceX Falcon Heavy-Rakete verwendet.

In Italien gibt es eine Brücke nur für Ferraris. Die Brücke verbindet zwei Teile der Ferrari-Fabrik in Maranello.

Die meisten Autodiebstähle in den USA passieren in Kalifornien. Laut Statistiken wurden dort im Jahr 2019 über 155.000 Autos gestohlen.

Laut einer Studie ist die Farbe des Autos, die am häufigsten in Unfälle verwickelt ist, Schwarz. Dies könnte daran liegen, dass schwarze Autos in der Dämmerung und bei Nacht schwerer zu sehen sind.

Der durchschnittliche Autoreifen rotiert etwa 1.000 Mal pro Kilometer. Bei hohen Geschwindigkeiten kann sich dies schnell zu Millionen von Umdrehungen im Laufe der Lebensdauer eines Reifens summieren.

Der Lamborghini Countach war eines der ikonischsten Autos der 1980er-Jahre. Mit seinem Keildesign und den Flügeltüren wurde es zu einem Symbol für Exzess und Geschwindigkeit.

Das meistverkaufte Auto der Welt ist der Toyota Corolla. Seit seiner Einführung im Jahr 1966 wurden weltweit mehr als 40 Millionen Einheiten verkauft.

In Indien gibt es spezielle Verkehrsampeln für Kamele und Elefanten. Dies hilft, Unfälle zu vermeiden und den Verkehrsfluss zu regulieren.

Die erste Geschwindigkeitsbegrenzung für Autos wurde 1865 in Großbritannien eingeführt. Sie betrug 4 mph (etwa 6,4 km/h) in ländlichen Gebieten und 2 mph (etwa 3,2 km/h) in Städten.

In den 1960er-Jahren wurden Autos mit Nuklearantrieb erforscht. Das Ford Nucleon-Konzeptmodell ist ein Beispiel dafür, aber diese Idee wurde nie verwirklicht.

In Dänemark müssen Autokäufer eine 180%ige Steuer auf den Kaufpreis ihres neuen Fahrzeugs zahlen. Dies ist eine der höchsten Auto-Steuern weltweit.

Während des 2. Weltkriegs wurden einige Autos mit Holzvergasern betrieben. Aufgrund der Treibstoffknappheit wurde Holz verwendet, um Gas zu erzeugen, das dann den Motor antrieb.

Ferrari verwendet nur eine einzige Schicht Lack auf ihren Autos. Dies soll das Gewicht des Fahrzeugs reduzieren und seine Leistung verbessern.

Im Jahr 2020 hat Tesla mehr Elektroautos verkauft als jedes andere Unternehmen. Sie sind ein führendes Unternehmen in der Elektroautomobilindustrie.

In China gibt es eine Brücke, die speziell für Affen gebaut wurde. Sie wurde gebaut, um zu verhindern, dass die Affen auf die Straße laufen und Unfälle verursachen.

Die erste Tankstelle wurde 1888 in Deutschland eröffnet. Sie war ursprünglich für die Versorgung von Dampf- und Verbrennungsmotoren vorgesehen.

Das Smart Car wurde ursprünglich als gemeinsames Projekt von Swatch und Mercedes-Benz entwickelt. Es war gedacht, um eine praktische und stilvolle Lösung für städtische Mobilität zu bieten.

Bentley war ursprünglich ein Hersteller von Flugzeugmotoren. Nach dem Ersten Weltkrieg begann das Unternehmen, Luxusautos zu produzieren.

Der Porsche 911 wurde ursprünglich als Porsche 901 benannt. Aufgrund von Markenrechten, die von Peugeot gehalten wurden, änderten sie jedoch die Nummerierung.

In der Anfangszeit der Automobilindustrie wurden Autos häufig mit Kurbeln gestartet. Das war gefährlich und könnte zu Verletzungen führen, wenn die Kurbel zurückkam und den Bediener traf.

Der Motor des McLaren F1 ist mit Gold ausgekleidet. Gold ist ein hervorragender Wärmeleiter und hilft, die Hitze im Motorraum abzuleiten.

Die meisten amerikanischen Autohupen sind in F gestimmt. Dies ist kein Gesetz oder eine Regel, sondern nur eine Konvention, die sich im Laufe der Zeit entwickelt hat.

Der Tesla Model S hat den geringsten Luftwiderstandsbeiwert (Cd) aller Serienfahrzeuge. Dies hilft dem Elektroauto, seine Batterie effizienter zu nutzen.

Der Lincoln Town Car ist das letzte amerikanische Luxusauto, das Körper auf Rahmenkonstruktion verwendet hat. Die meisten modernen Autos verwenden die Unibody-Konstruktion, die leichter und steifer ist.

Es dauert etwa 25 Stunden, um ein Auto zu bauen. Etwa zehn davon werden für die Lackierung aufgewendet.

Die meisten Supersportwagen haben ihren Motor in der Mitte, um eine bessere Gewichtsverteilung zu erreichen. Dies verbessert die Handhabung und Leistung des Autos.

Autos wurden erstmals in der späten viktorianischen Ära populär, als sie als Ersatz für Pferdekarren und Kutschen angepriesen wurden. Sie wurden als sauberer und zuverlässiger angesehen.

Es gibt einen Mythos, dass rote Autos von der Polizei häufiger angehalten werden. Studien haben jedoch gezeigt, dass es keine signifikante Korrelation zwischen der Farbe eines Autos und der Wahrscheinlichkeit gibt, angehalten zu werden.

Einige der ersten Autos hatten Holzräder, ähnlich wie Kutschen. Metallräder wurden erst später eingeführt, als die Straßen verbessert wurden und die Autos schneller wurden.

In der Autoindustrie wird das Wort "Limousine" aus dem französischen Wort für Umhang oder Mantel abgeleitet. Dies bezieht sich auf das einzigartige Dachdesign, das die Passagiere "umhüllt".

Toyota ist der größte Automobilhersteller der Welt nach Produktionsvolumen. Sie produzieren mehr als 10 Millionen Fahrzeuge pro Jahr.

Die berühmte Route 66 in den USA wurde ursprünglich 1926 eingerichtet und verläuft von Chicago bis Santa Monica. Sie wurde als "Main Street of America" bekannt und war eine wichtige Route für Menschen, die in den Westen des Landes reisten.

Der DeLorean DMC-12 ist durch seine Rolle in den "Zurück in die Zukunft" Filmen berühmt geworden. Es ist bekannt für sein einzigartiges Edelstahldesign und seine Flügeltüren.

Bevor Karl Benz das Auto erfand, experimentierte er mit Zweitaktmotoren. Er konnte jedoch keinen zuverlässigen Motor herstellen und wechselte schließlich zu Viertaktmotoren.

Es wird angenommen, dass die Idee für den modernen Sicherheitsgurt von einem schwedischen Flugzeugingenieur stammt. Nachdem er einen Unfall überlebt hatte, erkannte er die Notwendigkeit von Sicherheitsgurten und setzte sich für ihre Verwendung in Autos ein.

Der Citroen DS, der 1955 eingeführt wurde, war das erste Serienauto mit Scheibenbremsen. Heute sind Scheibenbremsen aufgrund ihrer besseren Bremsleistung und Zuverlässigkeit bei fast allen Autos Standard.

Der Lamborghini Miura, der in den 1960er-Jahren eingeführt wurde, gilt als der erste "Supersportwagen". Mit seinem schlanken Design und seiner hohen Leistung setzte er neue Standards für Sportwagen.

Der Ford Model T, das erste Auto, das auf einer Fließbandproduktion hergestellt wurde, war in vielen verschiedenen Farben erhältlich. Allerdings wurde Schwarz später zur Standardfarbe, da die schwarze Farbe schneller trocknete als andere Farben.

Der Ford Mustang ist eines der bekanntesten amerikanischen Autos und wurde 1964 eingeführt. Es hat eine treue Fangemeinde und ist bekannt für seine sportlichen Leistungen und sein stilvolles Design.

Das erste Auto, das mit einem Hybridantrieb hergestellt wurde, war das Lohner-Porsche Mixte Hybrid, das 1901 eingeführt wurde. Es verwendete einen Benzinmotor, um einen Generator anzutreiben, der dann elektrische Motoren antrieb.

In der Autoindustrie wird der Begriff "Cabriolet" aus einem französischen Wort abgeleitet, das "Ziegenfell" bedeutet. Es bezieht sich auf das Faltverdeck, das traditionell aus Stoff hergestellt wurde.

Mercedes-Benz hat das erste Auto mit Bremsassistent (BAS) eingeführt. Dieses System erkennt eine Notbremssituation und erhöht automatisch den Bremsdruck, um die Bremsleistung zu maximieren.

Das längste Auto der Welt ist eine spezielle Version des Cadillac Eldorado. Es misst über 30 Fuß in der Länge und verfügt über viele luxuriöse Annehmlichkeiten, darunter ein Pool und einen Hubschrauberlandeplatz.

Die ersten Autos hatten keine Windschutzscheiben und die Fahrer mussten Schutzbrillen tragen, um ihre Augen zu schützen. Windschutzscheiben wurden erst später eingeführt, als Autos schneller wurden und mehr Schutz benötigten.

Der Jeep wurde ursprünglich für das Militär entwickelt und war ein unverzichtbares Fahrzeug im Zweiten Weltkrieg. Es wurde für seine Geländegängigkeit und Zuverlässigkeit geschätzt.

Der Rolls-Royce Phantom ist eines der teuersten Autos der Welt. Es verfügt über luxuriöse Annehmlichkeiten wie Lammfellteppiche, eine Sternenhimmeldecke und einen eingebauten Kühlschrank.

Der Chevrolet Suburban ist das am längsten produzierte Automodell der Welt. Es wurde 1935 eingeführt und wird bis heute produziert.

Einige der ersten Autos wurden mit Dampf angetrieben. Sie wurden jedoch bald von benzinbetriebenen Autos verdrängt, die leistungsstärker und zuverlässiger waren.

Die berühmten Checker Taxis, die in vielen amerikanischen Städten verwendet wurden, wurden bis 1982 produziert. Sie sind leicht erkennbar an ihrem markanten Design und ihrer gelben Farbe.

Der Bentley 3 Litre war das erste Auto, das das 24-Stunden-Rennen von Le Mans gewann. Es war auch das erste Auto, das eine Durchschnittsgeschwindigkeit von über 100 km/h erreichte.

Der Aston Martin DB5 wurde durch seine Auftritte in den James Bond-Filmen berühmt. Es verfügt über verschiedene Spionage-Gadgets wie einen Schleudersitz und Maschinengewehre.

Der Ferrari F40 war das letzte Auto, das von Enzo Ferrari persönlich genehmigt wurde. Es ist bekannt für sein rohes, fahrerorientiertes Erlebnis und seine beeindruckende Leistung.

Film

"Ben Hur", "Titanic" und "Der Herr der Ringe: Die Rückkehr des Königs" sind die Filme mit den meisten Oscars. Sie haben jeweils 11 gewonnen.

Der Film "Avatar – Aufbruch nach Pandora" ist der erfolgreichste Film aller Zeiten. Er hat weltweit über 2,9 Milliarden US-Dollar eingespielt.

Die teuerste Filmproduktion aller Zeiten ist "Avengers: Endgame". Das Budget lag bei etwa 356 Millionen US-Dollar.

"Gone with the Wind" von 1939 hat inflationsbereinigt die meisten Kinokarten aller Zeiten verkauft.

Das Wort "Vampir" wurde in "Nosferatu" (1922) nie verwendet, da die Filmemacher die Rechte an "Dracula" nicht sichern konnten.

In "Pulp Fiction" (1994) ist der Inhalt des geheimnisvollen Koffers, der mehrmals im Film zu sehen ist, tatsächlich nie bekannt gegeben.

Die Rolle des Han Solo in "Star Wars" wurde ursprünglich Al Pacino angeboten. Er lehnte ab und die Rolle ging an Harrison Ford.

Der Schauspieler, der in den meisten Filmen mitgespielt hat, ist der Inder Brahmanandam. Er hat in über 1000 Filmen mitgespielt.

Der Regisseur Stanley Kubrick ließ Jack Nicholson 127 Mal die gleiche Szene in "The Shining" wiederholen, um die perfekte Aufnahme zu bekommen.

Die längste Szene, die jemals für einen Film gedreht wurde, dauert 14 Stunden. Sie ist Teil des experimentellen Films "The Cure for Insomnia".

Walt Disney hält den Rekord für die meisten Oscar-Nominierungen. Er wurde 59 Mal nominiert und gewann 22 Mal.

In Alfred Hitchcocks Film "Psycho" (1960) ist die Duschszene einer der bekanntesten Momente der Filmgeschichte, obwohl sie nur 45 Sekunden dauert.

"Jurassic Park" (1993) war der erste Film, der mehr als 1 Milliarde US-Dollar an den weltweiten Kinokassen eingespielt hat.

"The Fast and the Furious" -Filmreihe hat bis 2023 zehn Filme hervorgebracht und gehört zu den erfolgreichsten Filmfranchises aller Zeiten.

Im Film "The Social Network" über die Gründung von Facebook wurde das Gesicht des Hauptdarstellers Jesse Eisenberg digital auf den Körper eines Ruderers geklebt.

Im Jahr 2018 wurde "Black Panther" der erste Superheldenfilm, der für den "Best Picture" Oscar nominiert wurde.

Der Film "A Star Is Born" wurde bereits vier Mal neu aufgelegt: 1937, 1954, 1976 und 2018.

Der Film "Forrest Gump" hat insgesamt 6 Oscars gewonnen, darunter den für den besten Film und den für den besten Schauspieler für Tom Hanks.

Der Film "La La Land" hat 14 Oscar-Nominierungen erhalten und damit den Rekord für die meisten Nominierungen in der Geschichte der Academy Awards eingestellt.

Alfred Hitchcock machte in jedem seiner Filme einen kurzen Auftritt. Er wurde dadurch zu einem der bekanntesten Regisseure der Filmgeschichte.

Im Film "E.T." von Steven Spielberg ist das Gesicht des Aliens tatsächlich eine Kombination aus den Gesichtern von Albert Einstein, einem Mops und Carl Sandburg.

"Star Wars: Episode VII - The Force Awakens" hielt den Rekord für den erfolgreichsten Kinostart aller Zeiten, indem er am Eröffnungswochenende weltweit über 529 Millionen US-Dollar einspielte.

Der Regisseur James Cameron zeichnete alle Skizzen, die im Film "Titanic" von Leonardo DiCaprio's Charakter gemacht wurden. Das bedeutet, es war tatsächlich Cameron's Hand, die wir in den Nahaufnahmen sahen.

Steven Spielberg hat nie Filmhochschule besucht. Das hat ihn aber nicht daran gehindert, einer der erfolgreichsten Filmemacher aller Zeiten zu werden.

Der Schauspieler Sean Connery trug während der Dreharbeiten zu den James Bond-Filmen eine Perücke. Er begann bereits im Alter von 21 Jahren, seine Haare zu verlieren.

Mary Kate und Ashley Olsen teilten sich die Rolle der Michelle Tanner in der Serie "Full House". So konnten sie die strengen Kinderarbeitsgesetze umgehen.

"E.T." war der Film, der "Star Wars" als erfolgreichsten Film aller Zeiten ablöste. Später wurde "E.T." von "Jurassic Park" überholt.

Das Wort "Zombie" wird im Film "Night of the Living Dead" nie gesagt. Die Kreaturen werden stattdessen "Ghouls" genannt.

Das Blut in der berühmten Duschszene in Alfred Hitchcock's "Psycho" war eigentlich Schokoladensirup. Der Film wurde in Schwarz-Weiß gedreht, sodass die Farbe des "Blutes" keine Rolle spielte.

In "Saving Private Ryan" wurde der Sound der Gewehrschüsse von echten Gewehren aufgenommen, die in der Nähe von Mikrofonen abgefeuert wurden. Dies half, den realistischen und eindringlichen Klang des Films zu erzeugen.

Die Rolle des Aragorn in "Der Herr der Ringe" wurde ursprünglich von Stuart Townsend gespielt. Nach einigen Drehtagen wurde er jedoch durch Viggo Mortensen ersetzt.

In Stanley Kubrick's "The Shining" wurden für die berühmte Axt Szene über 60 Türen zerschlagen. Die Szene dauerte mehrere Tage, um gedreht zu werden.

Der berühmte Regisseur Quentin Tarantino hat in jedem seiner Filme einen Cameo-Auftritt. In "Reservoir Dogs" spielte er zum Beispiel Mr. Brown.

Die Szene im Film "The Exorcist", in der das Bett wild hin und her schüttelt, wurde durch einfache mechanische Effekte erreicht. Ein Crewmitglied lag unter dem Bett und zog an mehreren Seilen.

Der Film "Paranormal Activity" kostete nur 15.000 US-Dollar, um zu produzieren. Er spielte weltweit über 193 Millionen US-Dollar ein.

In dem Film "Alien" wussten die Schauspieler nicht, was in der berühmten Brust Platzer-Szene passieren würde. Ihre Reaktionen im Film sind also echt.

Die Katze im Film "The Godfather" war nicht geplant. Marlon Brando fand die Katze am Set und entschied spontan, sie in die Szene aufzunehmen.

In "Star Wars: Episode V – The Empire Strikes Back" waren die Worte "Ich liebe dich" ursprünglich im Skript enthalten. Harrison Ford improvisierte jedoch die berühmte Antwort "Ich weiß".

Im Film "Silence of the Lambs" waren die Todesköpfe der Totenschädel-Motte tatsächlich Fotos von nackten Frauen. Dies ist eine Anspielung auf das Originalkunstwerk "In Voluptas Mors".

Im Film "The Matrix" mussten die Hauptdarsteller vor Beginn der Dreharbeiten vier Monate lang Kampfkunst trainieren. Dies führte zu einigen der denkwürdigsten Actionszenen in der Filmgeschichte.

Im Film "Pulp Fiction" ist die Koffernummer 666. Dies ist oft eine Anspielung auf das "Tier" oder den Teufel in der Bibel.

In "The Godfather" waren alle italienischen Worte, die Marlon Brando sagte, auf seinen Kaugummi geschrieben. Er konnte sich die italienischen Phrasen nicht merken.

Der Film "The Blair Witch Project" war so erfolgreich, dass er das Genre des Found-Footage-Horrorfilms ins Leben rief. Der Film wurde für weniger als eine Million Dollar produziert, spielte aber über 248 Millionen Dollar ein.

"Toy Story 2" wurde fast vollständig gelöscht, als jemand bei Pixar einen Befehl zum Löschen der Dateien eingab. Glücklicherweise hatte eine der technischen Direktorinnen eine Kopie der Dateien zu Hause und konnte den Film retten.

"Fight Club" enthält einen Starbucks-Becher in fast jeder Szene. Dies war ein Stich des Regisseurs David Fincher gegen die Verbreitung der Kaffeekette.

George Lucas nannte die Charaktere in "Star Wars" nach Menschen in seinem Leben. "Luke" war zum Beispiel ein Alter Ego von Lucas.

"Ferris Bueller's Day Off" wurde in nur einem Tag geschrieben. Der Regisseur John Hughes sagte, er habe die Idee in der einen Minute gehabt und am nächsten Tag das ganze Drehbuch geschrieben.

In "Indiana Jones und der letzte Kreuzzug" spielt River Phoenix eine junge Version von Indiana Jones. In der Szene, in der Indy vor der Schlange wegläuft, sehen wir, wo seine Angst vor Schlangen herkommt.

Jack Nicholson bereitete sich auf seine Rolle in "Einer flog über das Kuckucksnest" vor, indem er Zeit in einer psychiatrischen Anstalt verbrachte. Er beobachtete Patienten und nahm an Gruppentherapiesitzungen teil.

Im Film "Fight Club" wurde ein CGI-Modell von Edward Norton's Penis in einer Szene eingeblendet. Es war nur für einen Bruchteil einer Sekunde zu sehen.

Im Film "Die Vögel" von Alfred Hitchcock wurden echte Vögel für die Angriffsszenen verwendet. Die Schauspielerin Tippi Hedren erlitt tatsächlich Schnittwunden am Gesicht durch die Vögel.

"Forrest Gump" ist der einzige Film, in dem Tom Hanks einen Charakter spielt, der stirbt. In all seinen anderen Filmen überlebt sein Charakter.

Im Film "The Dark Knight" improvisierte Heath Ledger den Applaus im Gefängnis. Diese Szene wurde dann im finalen Schnitt des Films verwendet.

In "The Shawshank Redemption" spielt Morgan Freeman den Charakter Red, obwohl er in der ursprünglichen Stephen King-Novelle ein weißer Ire ist. Dies führte zu dem berühmten Zitat: "Vielleicht ist es, weil ich Ire bin."

Im Film "Rocky" wurden echte Aufnahmen von einem Boxkampf verwendet. Sylvester Stallone ließ sich tatsächlich von einem Profiboxer schlagen.

Im Film "Schindlers Liste" ist der rote Mantel eines Mädchens das einzige Farbelement. Dies wurde verwendet, um die Aufmerksamkeit des Publikums auf sie zu lenken.

Die berühmte "Ich bin dein Vater"-Szene in "Star Wars: Episode V – The Empire Strikes Back" wurde streng geheim gehalten. Nur wenige Mitglieder der Filmcrew und der Schauspieler Mark Hamill wussten im Voraus davon.

In "Jurassic Park" wurden die Dinosauriergeräusche aus Geräuschen von Walen, Elefanten, Löwen und anderen Tieren erstellt. Die Geräusche wurden dann verlangsamt und bearbeitet, um die Geräusche der Dinosaurier zu erzeugen.

Im Film "The Dark Knight" ist der Joker das einzige Mitglied der Gang, das nie eine Clownsmaske trägt. Dies ist eine Anspielung auf sein wahres Gesicht.

Im Film "E.T." war das Wesen E.T. tatsächlich eine Puppe, die von zwei Zwergen bedient wurde. Die Szene, in der E.T. durch das Feld rennt, wurde tatsächlich von einem 12-jährigen Jungen in einem E.T.-Kostüm gespielt.

Im Film "The Dark Knight Rises" wurden die meisten Stunts von den Schauspielern selbst durchgeführt. Dies führte zu einigen echten Verletzungen während der Dreharbeiten.

Im Film "Fight Club" wird Brad Pitt's Charakter oft in Spiegelbildern und Reflektionen gezeigt. Dies deutet auf die Dualität seines Charakters hin.

Im Film "Psycho" ist die Duschszene die einzige Szene im Film, in der man Blut sieht. Dies wurde bewusst so gemacht, um die Wirkung der Szene zu verstärken.

Im Film "The Godfather" lehnte Marlon Brando ursprünglich die Rolle des Don Corleone ab. Er änderte seine Meinung erst, nachdem er das Buch gelesen hatte.

Im Film "Titanic" spielte Leonardo DiCaprio die Szene, in der er durch das sinkende Schiff schwimmt, tatsächlich in einem eiskalten Pool. Dies führte dazu, dass er eine Lungenentzündung bekam.

Im Film "Forrest Gump" wurde Tom Hanks' jüngerer Bruder Jim Hanks als Stand-in für Szenen mit Laufen und Rückblenden verwendet. Er sieht seinem älteren Bruder sehr ähnlich.

"Casablanca" wurde während des Zweiten Weltkriegs gedreht und die meisten der Darsteller, die die europäischen Flüchtlinge spielten, waren tatsächlich Flüchtlinge. Dies verlieh dem Film eine zusätzliche Authentizität.

Der ursprüngliche Titel von "Star Wars: Episode VI – Die Rückkehr der Jedi-Ritter" war "Die Rache der Jedi". George Lucas änderte ihn jedoch, weil er meinte, dass Rache nicht zum Jedi-Kodex passt.

Der Film "Das Schweigen der Lämmer" ist der einzige Horrorfilm, der den Oscar für den besten Film gewonnen hat. Der Film gewann insgesamt fünf Oscars.

In "Zurück in die Zukunft II" wird Marty McFly in eine Zukunft geschickt, die das Jahr 2015 darstellt. Einige Vorhersagen, wie selbstschnürende Schuhe und Hoverboards, sind inzwischen Realität geworden.

In "Harry Potter und der Gefangene von Askaban" ist das Bild des klatschenden Dumbledore ein verstecktes Porträt des Regisseurs Alfonso Cuarón. Er hat es als kleinen Insiderwitz eingebaut.

Quentin Tarantino hat in fast allen seinen Filmen eine Cameo-Rolle. Seine Auftritte reichen von einem kleinen Dialog bis hin zu größeren Nebenrollen.

Im Film "Trainspotting" wurde die Szene, in der Renton in eine Toilette taucht, mit Schokoladenpudding gedreht. Der Schauspieler Ewan McGregor musste für diese Szene in eine mit Schokoladenpudding gefüllte Toilette tauchen.

Im Film "Titanic" hat der Schauspieler Billy Zane eine Perücke getragen. Seine natürlichen Haare wurden für die Rolle rasiert.

Im Film "Gladiator" starb der Schauspieler Oliver Reed während der Dreharbeiten. Seine restlichen Szenen wurden digital mit Hilfe von CGI fertiggestellt.

In "American Psycho" trug Christian Bale einen Anzug, der speziell für ihn angefertigt wurde. Es kostete über $10.000, um ihn herzustellen.

In "Herr der Ringe" wurde eine echte Vulkanlandschaft in Neuseeland als Mordor verwendet. Die Landschaft wurde digital bearbeitet, um sie bedrohlicher und dunkler erscheinen zu lassen.

Im Film "The Big Lebowski" wird das Wort "Dude" 161 Mal gesagt. Das entspricht durchschnittlich 1,3 Mal pro Minute.

Im Film "Toy Story" war Woody ursprünglich ein fieser Charakter, der die anderen Spielsachen tyrannisierte. Das wurde jedoch geändert, um ihn sympathischer zu machen.

Im Film "Apollo 13" wurde die Schwerelosigkeit durch das Drehen in einem speziellen Flugzeug, dem "Vomit Comet", simuliert. Dieses Flugzeug führt Parabelflüge durch, wodurch kurzzeitig Schwerelosigkeit erzeugt wird.

Der Film "Psycho" von Alfred Hitchcock war der erste Film, in dem eine Toilettenspülung zu hören war. Dies war damals ein Tabubruch.

In "E.T. – Der Außerirdische" wurde die Stimme von E.T. von der Schauspielerin Debra Winger gesprochen. Sie war auch in Filmen wie "An Officer and a Gentleman" und "Shadowlands" zu sehen.

Im Film "Ghostbusters" wurde der Marshmallow-Mann von einem echten Schauspieler in einem Anzug dargestellt. Für die Szene, in der er explodiert, wurde eine Miniaturversion des Anzugs hergestellt und mit echtem Marshmallow gefüllt.

Im Film "Interstellar" wurde ein echtes Maisfeld angepflanzt und nach den Dreharbeiten geerntet. Dies wurde gemacht, um den Film realistischer wirken zu lassen.

Im Film "Mad Max: Fury Road" wurden fast alle Stunts und Autounfälle real ausgeführt. Es wurden nur minimale CGI-Effekte verwendet.

Im Film "The Dark Knight" hat Heath Ledger das Joker-Make-up selbst entworfen. Er wollte, dass es aussieht, als hätte der Joker es selbst aufgetragen.

Im Film "The Truman Show" wurde die gesamte Stadt, in der Truman lebt, in einem riesigen Set in einem Flugzeughangar gebaut. Es war die größte Filmkulisse, die jemals gebaut wurde.

Im Film "Jurassic Park" wurden echte Fossilien als Requisiten verwendet. Einige von ihnen waren Millionen von Jahren alt.

Im Film "The Shining" wurde der berühmte Satz "Here's Johnny!" von Jack Nicholson improvisiert. Es war ein Verweis auf die "The Tonight Show" mit Johnny Carson.

Im Film "Avatar" wurde die fiktive Sprache der Na'vi von einem Linguisten erstellt. Die Sprache hat eine eigene Grammatik und Vokabular.

In "Indiana Jones und der Tempel des Todes" wurden echte Insekten und Schlangen als Requisiten verwendet. Die Schauspieler mussten tatsächlich mit ihnen interagieren.

Im Film "Die Fabelhafte Welt der Amélie" wurden über 2.000 Fotos gemacht, um die Stop-Motion-Sequenzen zu erstellen. Jedes Foto wurde einzeln aufgenommen und dann zu einer Animation zusammengefügt.

Im Film "Jaws" funktionierte der mechanische Hai oft nicht, was dazu führte, dass er weniger im Film zu sehen war. Dies erhöhte paradoxerweise die Spannung und machte den Film erfolgreicher.

In "The Fifth Element" wurden über 900 Kostüme von dem berühmten Modedesigner Jean-Paul Gaultier entworfen. Jedes Kostüm wurde individuell für die Darsteller angefertigt.

Im Film "Inception" wurde eine echte Drehkulisse gebaut, um die Szenen in der rotierenden Halle zu drehen. Die Darsteller mussten tatsächlich in der sich drehenden Kulisse laufen und kämpfen.

Im Film "Die Matrix" wurden die Sonnenbrillen der Charaktere von dem berühmten Brillendesigner Richard Walker entworfen. Jede Brille wurde individuell für den Charakter gestaltet.

Im Film "Saving Private Ryan" wurden echte Militärberater verwendet, um die Schlachtszenen realistischer zu gestalten. Sie trainierten die Schauspieler und halfen bei der Choreografie der Kämpfe.

Im Film "Life of Pi" wurde ein echter Tiger für einige Szenen verwendet. Für andere Szenen wurde ein CGI-Tiger verwendet.

Im Film "Casino Royale" wurde eine echte Baustelle in Madagaskar für die Verfolgungsjagd zu Beginn des Films verwendet. Die Stunts wurden von echten Stuntman ausgeführt.

Im Film "A Beautiful Mind" wurde die Mathematik von echten Mathematikern überprüft, um sicherzustellen, dass sie korrekt ist. Sie halfen auch dabei, die Szenen zu gestalten, in denen Mathematik dargestellt wird.

Im Film "Gravity" wurde Sandra Bullock in einer riesigen Licht box gefilmt, um die Szenen im Weltraum zu drehen. Die Licht box wurde mit LED-Lampen ausgeleuchtet und Bullock wurde an Seilen befestigt, um die Schwerelosigkeit zu simulieren.

Im Film "The Artist" wurden echte Stummfilmtechniken verwendet, um den Film authentisch wirken zu lassen. Der Film wurde in Schwarz-Weiß gedreht und es wurde ein spezieller Film verwendet, um das Aussehen von altem Film zu simulieren.

Im Film "Boyhood" wurden die Szenen über einen Zeitraum von 12 Jahren gedreht. Das erlaubte es den Hauptdarsteller wirklich aufwachsen zu sehen.

Im Film "Brokeback Mountain" wurden echte Schafe als Requisiten verwendet. Die Schauspieler mussten tatsächlich lernen, wie man Schafe hütet.

"The Hurt Locker" aus dem Jahr 2009 ist mit einem Budget von etwa 15 Millionen Dollar einer der kostengünstigsten Filme, die jemals den Oscar für den besten Film gewonnen haben. Im Vergleich dazu hatte "Avatar", der im selben Jahr nominiert war, ein Budget von über 200 Millionen Dollar.

Im Film "Inglourious Basterds" spricht Christoph Waltz vier verschiedene Sprachen: Englisch, Deutsch, Französisch und Italienisch. Er kann alle vier Sprachen fließend sprechen.

Im Film "The Revenant" wurde eine echte Bärenhaut als Requisit verwendet. Die Bärenhaut war so schwer, dass der Schauspieler Tom Hardy Hilfe brauchte, um sie zu tragen.

Im Film "Deadpool" wurde ein echtes Katana (ein japanisches Schwert) als Requisit verwendet. Das Katana wurde speziell für den Film angefertigt.

Im Film "Der Marsianer" wurde echter Kartoffelanbau im Film gezeigt. Der Hauptcharakter wächst seine eigene Nahrung auf dem Mars an.

Im Film "Blade Runner" wurden echte Schlangen als Requisiten verwendet. Die Schlangen wurden von professionellen Tiertrainern betreut.

Im Film "The Godfather" wurden echte Pferdeköpfe als Requisiten verwendet. Die Szene, in der ein Pferdekopf in einem Bett gefunden wird, ist eine der bekanntesten Szenen des Films.

Im Film "Findet Nemo" wurde echte Unterwasserfotografie verwendet, um die Unterwasserszenen zu drehen. Die Filmemacher reisten um die Welt, um die perfekten Aufnahmen zu bekommen.

Im Film "The Exorcist" wurde eine echte katholische Messe gefilmt. Die Messe wurde in einer echten Kirche mit echten Priestern abgehalten.

Im Film "Spartacus" wurden echte Gladiatorenkämpfe choreografiert. Die Schauspieler mussten intensives Training absolvieren, um die Kämpfe glaubwürdig darstellen zu können.

Im Film "Slumdog Millionaire" wurden echte Slums in Mumbai, Indien, als Kulissen verwendet. Die Filmemacher wollten den Film so realistisch wie möglich gestalten.

Im Film "The Social Network" wurde echtes Programmieren gezeigt. Die Schauspieler mussten lernen, wie man programmiert, um die Szenen glaubwürdig darstellen zu können.

Der Film "Rocky" wurde in weniger als einem Monat gedreht. Trotz des engen Zeitplans und des geringen Budgets wurde der Film zu einem großen Erfolg und gewann drei Oscars, darunter den für den besten Film.

Im Film "Titanic" sind alle Szenen, in denen Menschen im Wasser sind, tatsächlich in einem Pool gedreht worden. Die Schauspieler mussten stundenlang in kaltem Wasser bleiben, um die Szenen zu drehen.

"The Matrix" war einer der ersten Mainstream-Filme, der Bullet-Time-Effekte verwendete. Diese Technik erfordert eine Vielzahl von Kameras und komplizierte Postproduktion, um zu erzeugen.

Alle Filme von Pixar enthalten versteckte Referenzen zu anderen Pixar-Filmen. Diese "Easter Eggs" sind zu einer Art Markenzeichen der Produktionsfirma geworden.

In "The Godfather" wurde das Blut in den Gewaltszenen durch Schokoladensirup dargestellt. Das war eine gängige Methode zur Darstellung von Blut in schwarz-weißen Filmen.

Das Kleid, das Marilyn Monroe in der berühmten Szene von "The Seven Year Itch" trug, in der ihr Kleid von einer U-Bahn-Luftschacht hochgeblasen wird, wurde für über 4 Millionen Dollar versteigert. Es ist eines der teuersten Filmrequisiten, die jemals verkauft wurden.

In "Gone with the Wind" wurden mehr als 1.400 Frauen für die Rolle von Scarlett O'Hara in Betracht gezogen, bevor Vivien Leigh gecastet wurde. Der Film wurde schließlich einer der erfolgreichsten Filme aller Zeiten.

In der Originalversion von "Star Wars" war Darth Vader von einem anderen Schauspieler dargestellt worden als in den späteren Versionen. George Lucas entschied sich schließlich dafür, James Earl Jones für die Rolle zu besetzen und seine ikonische Stimme zu verwenden.

Die Szene in "The Exorcist", in der Linda Blair's Charakter ihren Kopf dreht, wurde durch eine mechanische Puppe erzeugt. Der Film ist bekannt für seine innovativen Spezialeffekte.

In "Das Schweigen der Lämmer" wurde Anthony Hopkins für seine Darstellung des Hannibal Lecter mit einem Oscar ausgezeichnet, obwohl er nur etwa 16 Minuten auf dem Bildschirm ist. Dies ist die kürzeste Bildschirmzeit für einen Oscar für den besten Schauspieler.

Der Film "Gandhi" hält den Rekord für die meisten Extras in einer Szene. Etwa 300.000 Statisten wurden für die Beerdigungsszene verwendet.

In "The Wizard of Oz" wurde das ursprüngliche Paar der Rubin Pantoffeln gestohlen und ist seitdem verschollen. Trotz umfangreicher Suche wurden die Schuhe nie gefunden.

In "Pulp Fiction" schrieb Quentin Tarantino die Rolle von Jules speziell für Samuel L. Jackson. Tarantino hat oft gesagt, dass er sich niemand anderen in dieser Rolle vorstellen kann.

In "Fight Club" wurde der Seifenherstellungsprozess tatsächlich korrekt dargestellt. Die Produzenten bekamen sogar Ärger, weil sie das "Rezept" für Seife (und theoretisch auch für Sprengstoff) im Film zeigten.

Im Film "Raiders of the Lost Ark" wurde die berühmte Szene, in der Indiana Jones einen Schwertkämpfer mit seiner Peitsche ausschaltet, improvisiert. Ursprünglich sollte es einen langen Schwertkampf geben, aber Harrison Ford fühlte sich an dem Tag unwohl und schlug die Änderung vor.

Der Film "Birdman" wurde so gedreht, dass er wie ein einziger langer Schnitt aussieht. Dies erforderte eine präzise Planung und Choreografie von Kamera, Schauspielern und Crew.

In "Forrest Gump" wurde Tom Hanks nicht für seine Rolle als Forrest bezahlt. Stattdessen vereinbarte er, einen Prozentsatz der Gewinne zu nehmen, was sich als kluge Entscheidung herausstellte, da der Film ein großer finanzieller Erfolg war.

Die Rolle des Jokers in "The Dark Knight" hat den verstorbenen Heath Ledger posthum einen Oscar eingebracht. Es war das erste Mal, dass ein Schauspieler für eine Rolle in einem Superheldenfilm mit einem Oscar ausgezeichnet wurde.

In "Toy Story" hat jedes Spielzeug genau die gleiche Anzahl von Schrauben und Nägeln wie das echte Spielzeug. Dies war eine der vielen Maßnahmen, die Pixar ergriffen hat, um den Film so realistisch wie möglich zu gestalten.

In "Avatar" hat James Cameron Pflanzen und Tiere auf Pandora so detailliert gestaltet, dass sie ihre eigene Taxonomie haben. Jedes Lebewesen wurde so gestaltet, dass es in das Ökosystem des Planeten passt.

Der Film "Blade Runner" von 1982 spielt im Jahr 2019, was aus heutiger Sicht interessant ist, da wir nun sehen können, welche Vorhersagen richtig und welche falsch waren. Zum Beispiel gibt es noch keine fliegenden Autos, wie sie im Film dargestellt werden.

Der Regisseur von "Bridesmaids", Paul Feig, ließ die Schauspielerinnen improvisieren, um die Dialoge authentischer zu machen. Dies führte zu einigen der denkwürdigsten und lustigsten Szenen des Films.

Der Film "The Artist" aus dem Jahr 2011 ist einer der wenigen Stummfilme, die in den letzten Jahrzehnten produziert wurden. Trotz der Tatsache, dass er ein Stummfilm war, gewann er den Oscar für den besten Film.

In "12 Angry Men" wurden die Wände des Sets tatsächlich während des Films immer enger, um ein Gefühl der zunehmenden Spannung zu erzeugen. Dies ist ein Beispiel für die Verwendung von Set-Design, um die Stimmung und die Emotionen in einem Film zu verstärken.

"Mad Max: Fury Road" enthält mehr als 2.000 Schnitte, was mehr als doppelt so viele sind wie in einem durchschnittlichen Film. Trotz der hohen Anzahl von Schnitten bleibt der Film flüssig und leicht verständlich.

In "The Wolf of Wall Street" sagt der Charakter von Leonardo DiCaprio das F-Wort 506 Mal. Das sind etwa 2,8 F-Wörter pro Minute.

Der Film "The Passion of the Christ" wurde komplett in Aramäisch und Latein gedreht, ohne Untertitel. Trotz der Sprachbarriere wurde der Film ein großer finanzieller Erfolg.

Der Film "Apocalypse Now" wurde unter extrem schwierigen Bedingungen gedreht, einschließlich Typhonen, Krankheiten und Budgetüberschreitungen. Trotz dieser Herausforderungen ist der Film heute ein Klassiker.

Der Schauspieler Tom Cruise führt viele seiner eigenen Stunts in den "Mission: Impossible"-Filmen aus. Dies umfasst Szenen, in denen er von Gebäuden springt, mit Motorrädern fährt und sogar an der Seite eines fliegenden Flugzeugs hängt.

Der Film "The Social Network" enthält eine Szene, in der Mark Zuckerberg eine Webseite namens "FaceMash" erstellt. In Wirklichkeit hat Zuckerberg eine ähnliche Webseite namens "Facemash" erstellt, bevor er Facebook gründete.

Im Film "Findet Nemo" hat jeder Fischcharakter ein eigenes Reflexionsmodell für das Licht, um den realistischen Effekt von Licht, das durch Wasser reflektiert wird, zu erzeugen. Dies ist ein weiteres Beispiel für Pixars Liebe zum Detail.

In "The Godfather: Part II" hat Robert De Niro alle seine Zeilen auf sizilianisch gelernt, obwohl er die Sprache nicht spricht. Er gewann einen Oscar für seine Leistung.

Im Film "Her" hat Scarlett Johansson ihre Rolle als künstliche Intelligenz nur mit ihrer Stimme dargestellt. Trotz der Tatsache, dass sie nie auf dem Bildschirm zu sehen ist, wurde ihre Leistung hoch gelobt.

In "American Beauty" wurde die berühmte Szene mit der Plastiktüte improvisiert. Die Szene sollte ursprünglich eine einfache Nahaufnahme von einer Tüte im Wind sein, aber der Wind wehte die Tüte zufällig in die Kamera und die Filmemacher entschieden sich, die Aufnahme zu verwenden.

Der Film "Whiplash" wurde in nur 19 Tagen gedreht. Trotz des engen Zeitplans und des geringen Budgets wurde der Film zu einem großen Erfolg und erhielt mehrere Oscar-Nominierungen.

In "Good Will Hunting" haben Matt Damon und Ben Affleck das Drehbuch selbst geschrieben. Sie haben später einen Oscar für das beste Originaldrehbuch gewonnen.

Im Film "The Matrix" wurden die "Bullet Time"-Szenen durch eine Reihe von hochauflösenden Kameras erstellt, die in einem Kreis angeordnet waren. Dies erzeugte den Effekt, dass die Zeit verlangsamt wird.

Der Film "The Blair Witch Project" war einer der ersten Filme, der erfolgreich Viralmarketing nutzte. Vor der Veröffentlichung des Films wurde eine Webseite erstellt, die vorgab, Informationen über die "wahren" Ereignisse zu liefern, auf denen der Film basiert.

In "The Shawshank Redemption" wurde der Monolog von Morgan Freeman am Ende des Films erst nach mehreren Überarbeitungen hinzugefügt. Die Produzenten fühlten, dass der Film eine abschließende Botschaft benötigte.

Weltraum

Der Fußabdruck von Neil Armstrong auf dem Mond wird wahrscheinlich Millionen von Jahren überdauern. Da es auf dem Mond keinen Wind oder Wasser gibt, gibt es nichts, was die Spuren wegspülen könnte.

Auf dem Mars gibt es den höchsten bekannten Berg im Sonnensystem. Olympus Mons ist ein Schildvulkan, der etwa 13,6 Meilen (22 Kilometer) hoch ist, fast dreimal so hoch wie der Mount Everest.

Der Weltraum ist völlig still. Da es keine Atmosphäre gibt, gibt es auch keinen Schall.

Der Weltraum ist nicht völlig leer. Er ist voller kosmischer Strahlung, Staub und anderen Teilchen.

Die größte Struktur im Universum ist der Hercules-Corona Borealis Great Wall. Diese Struktur ist ein Galaxienhaufen, die sich über 10 Milliarden Lichtjahre erstreckt.

Jedes Jahr treffen mehrere Tonnen Weltraumschutt auf die Erde. Die meisten von ihnen verbrennen in der Atmosphäre und werden zu Sternschnuppen.

Die Erde hat tatsächlich mehr als einen Mond. Sie hat mehrere "Quasi-Monde" - Asteroiden, die in einer Resonanz mit der Erde um die Sonne kreisen.

Die Sonne macht etwa 99,86% der gesamten Masse des Sonnensystems aus. Der Rest wird hauptsächlich von den Planeten, insbesondere Jupiter und Saturn, eingenommen.

Es gibt Milliarden von Galaxien im Universum. Die genaue Anzahl ist nicht bekannt, aber es könnte 2 Billionen Galaxien geben.

Schwarze Löcher sind so dicht, dass innerhalb ihres Ereignishorizonts nichts einschließlich Licht entkommen kann. Sie werden oft als "Singularitäten" bezeichnet, Orte im Universum, an denen die Dichte unendlich wird.

Das älteste bekannte Stern im Universum ist "Methuselah". Sein Alter wird auf über 14 Milliarden Jahre geschätzt, was es älter als das geschätzte Alter des Universums selbst macht.

Astronauten im Weltraum können die Erde 16 Mal pro Tag umkreisen. Dies liegt daran, dass die Internationale Raumstation mit einer Geschwindigkeit von 28.000 km/h um die Erde kreist.

Das sichtbare Universum hat einen Durchmesser von etwa 93 Milliarden Lichtjahren. Das ist die Entfernung, die das Licht seit dem Urknall zurückgelegt hat.

Das bekannteste Weltraumteleskop, das Hubble-Weltraumteleskop, wurde nach dem Astronomen Edwin Hubble benannt. Er war der Erste, der die Existenz anderer Galaxien außerhalb der Milchstraße nachwies und die Theorie aufstellte, dass das Universum expandiert.

In der Schwerelosigkeit können Flüssigkeiten kugelförmige Formen annehmen, weil die Oberflächenspannung die dominierende Kraft ist.

Das Universum hat keinen Rand und kein Zentrum. Es expandiert in alle Richtungen gleichmäßig.

Das stärkste bekannte Magnetfeld im Universum kommt von Magnetaren, einer Art Neutronenstern. Ihre Magnetfelder sind Milliarden Male stärker als die stärksten Magnetfelder auf der Erde.

Die Sonne ist eigentlich weiß. Sie scheint gelb, weil die Atmosphäre der Erde das blaue und grüne Licht streut und das übrig gebliebene Licht, das unser Auge erreicht, gelb oder orange erscheint.

Das meiste Universum besteht aus dunkler Materie und dunkler Energie. Normale Materie wie Planeten und Sterne, macht weniger als 5% des Universums aus.

Auf dem Mond wiegt man etwa ein Sechstel seines Gewichts auf der Erde. Dies liegt daran, dass der Mond nur etwa ein Sechstel der Erdanziehung hat.

Auf dem Saturnmond Titan regnet es Methan und Ethan. Auf der Erdoberfläche würden diese Stoffe gasförmig sein, aber aufgrund der kalten Temperaturen auf Titan sind sie flüssig.

Die Milchstraße ist eine Spiralgalaxie. Sie hat mehrere Spiralarme, die sich um ein zentrales Leuchtband winden.

Das Universum expandiert schneller als das Licht reisen kann. Dies bedeutet, dass es Teile des Universums gibt, die wir nie sehen können, weil ihr Licht nie zu uns gelangen wird.

Es gibt einen Planeten namens HD 189733b, wo es Glas regnet, und das seitwärts mit 7.000 Kilometer pro Stunde wegen der extrem hohen Windgeschwindigkeiten.

Raumfahrer können im Weltraum keine Wäsche waschen und müssen daher ihre Unterwäsche so oft wie möglich wechseln. Ihre getragene Kleidung wird in die Atmosphäre der Erde entlassen und verbrennt.

Die Apollo-Astronauten berichteten über sogenannte "Mondgerüche" nach ihren Mondspaziergängen. Sie beschrieben es als verbranntes Schießpulver oder nasse Asche.

Die Andromedagalaxie ist unser nächster galaktischer Nachbar und ist 2,537 Millionen Lichtjahre entfernt. Es wird erwartet, dass sie in etwa 4 Milliarden Jahren mit der Milchstraße kollidieren wird.

Die internationale Raumstation (ISS) ist das teuerste einzelne Objekt, das jemals vom Menschen geschaffen wurde. Es wird geschätzt, dass sie um die 150 Milliarden Dollar gekostet hat.

Der nächstgelegene Stern zur Erde nach der Sonne ist Proxima Centauri. Er ist etwa 4,24 Lichtjahre entfernt.

Astronauten können im All bis zu 5 Zentimeter größer werden. Dies liegt daran, dass die Schwerkraft der Erde die Wirbelsäule nicht zusammendrückt.

Wenn zwei Stücke des gleichen Metalls im Weltraum aufeinandertreffen, würden sie sich dauerhaft verbinden. Dies wird "Kaltverschweißen" genannt.

Der bekannteste Asteroid ist der 943 Pallas, der nach der griechischen Göttin Pallas Athene benannt wurde. Er wurde 1802 entdeckt und ist der drittgrößte bekannte Asteroid im Asteroidengürtel.

Es gibt mehr Sterne im Universum als Sandkörner auf allen Stränden der Erde. Es wird angenommen, dass es etwa 70 Billionen Sterne gibt.

Die Sonne ist nicht statisch, sondern bewegt sich mit etwa 220 Kilometern pro Sekunde. Sie vollzieht eine vollständige Umlaufbahn um das Zentrum der Milchstraße in etwa 225-250 Millionen Jahren.

Galaxien können zusammenstoßen und sich zu einer größeren Galaxie fusionieren. Es wird erwartet, dass die Milchstraße und die Andromedagalaxie in etwa 4 Milliarden Jahren auf diese Weise kollidieren werden.

Wenn man ungeschützt im Weltraum wäre, würde man nicht sofort ersticken. Man würde etwa 15 Sekunden bei Bewusstsein bleiben, bevor man das Bewusstsein verliert.

Der erste Mensch, der im Weltraum einen Spaziergang machte, war der russische Kosmonaut Alexei Leonow. Er verbrachte 12 Minuten außerhalb des Wostok 2 Raumschiffs im Jahr 1965.

Es gibt Berge auf der Oberfläche des Pluto, die komplett aus Eis bestehen. Diese Eisberge können bis zu 3500 Meter hoch sein.

Ein Astronaut im Weltraum würde ohne Sonnenschutz in etwa 15 Minuten einen Sonnenbrand bekommen. Das liegt daran, dass es keine Atmosphäre gibt, die einen Teil der Sonnenstrahlung absorbiert.

Es gibt einen Asteroiden, der so groß ist, dass er einen eigenen Mond hat. Dieser Asteroid heißt Ida und sein Mond heißt Dactyl.

Die Sterne, die wir nachts sehen, sind sehr alt. Das Licht dieser Sterne hat Millionen oder sogar Milliarden von Jahren gebraucht, um die Erde zu erreichen.

Der Mars hat die größten Staubstürme im gesamten Sonnensystem. Sie können wochenlang andauern und den gesamten Planeten bedecken.

Die Erde ist der einzige bekannte Ort im Universum, auf dem es Leben gibt. Trotz zahlreicher Untersuchungen haben wir bisher keinen eindeutigen Beweis für Leben anderswo gefunden.

Die erste lebende Kreatur im Weltraum war eine Hündin namens Laika. Sie wurde 1957 von der Sowjetunion ins All geschickt.

Neutronensterne sind die dichtesten Objekte im Universum. Ein Zuckerwürfel-Material eines Neutronensterns hätte auf der Erde eine Masse von etwa 100 Millionen Tonnen.

Es gibt einen Stern, der fast ausschließlich aus Sauerstoff und Kohlenstoff besteht und als "Diamantstern" bekannt ist. Der Stern, genannt BPM 37093, befindet sich 50 Lichtjahre entfernt im Sternbild Centaurus.

Die Venus ist der heißeste Planet in unserem Sonnensystem. Ihre durchschnittliche Oberflächentemperatur beträgt 465 Grad Celsius genug, um Blei zu schmelzen.

Unser Sonnensystem ist etwa 4,6 Milliarden Jahre alt. Wissenschaftler schätzen, dass es noch etwa 5 Milliarden Jahre dauern wird, bis die Sonne ihren Brennstoff verbraucht hat und zu einem roten Riesen wird.

Ein Lichtjahr ist die Entfernung, die das Licht in einem Jahr zurücklegt, was etwa 9,46 Billionen Kilometer entspricht. Das nächste Sternensystem zu uns, Alpha Centauri, ist etwa 4,37 Lichtjahre entfernt.

Die Schwerkraft auf dem Mond beträgt nur 17% der Erdschwerkraft. Das bedeutet, dass ein Mensch, der auf der Erde 70 Kilogramm wiegt, auf dem Mond nur etwa 12 Kilogramm wiegen würde.

Die höchste bekannte Temperatur wurde in einer Quark-Gluon-Plasma-Blase gemessen, die durch eine Kollision von Goldionen im Relativistischen Schwerionenbeschleuniger entstand. Die gemessene Temperatur betrug etwa 4 Billionen Grad Celsius.

Supernova sind die größten Explosionen im Universum. Sie entstehen, wenn ein Stern stirbt und eine enorme Menge an Energie freisetzt.

Jupiter hat mindestens 79 Monde. Der größte davon, Ganymed, ist größer als der Planet Merkur.

Jeder Punkt des Weltraums scheint in Mikrowellenlicht zu leuchten. Dies wird als kosmische Mikrowellenhintergrundstrahlung bezeichnet und ist ein Überbleibsel des Urknalls.

Die höchste Geschwindigkeit, die jemals von einem von Menschen gebauten Objekt erreicht wurde, ist die Sonnensonde Parker. Sie erreichte eine Spitzengeschwindigkeit von 430.000 Kilometern pro Stunde.

Es gibt riesige Wasserdampfwolken im Weltraum. Der größte Bekannte ist 12 Milliarden Lichtjahre entfernt und enthält 140 Billionen Mal mehr Wasser als alle Ozeane der Erde.

Der dunkelste bekannte Planet TrES-2b reflektiert weniger als 1% des einfallenden Lichts, was ihn schwärzer macht als Kohle oder schwarze Acrylfarbe.

Der Pulsar PSR J1748-2446 ist das schnellste bekannte Objekt im Universum. Er dreht sich 716 Mal pro Sekunde um seine eigene Achse.

Die höchste jemals erreichte Höhe von Menschen beträgt 408.733 Kilometer. Diese Rekordentfernung zur Erde wurde 1970 von der Crew der Apollo 13 erreicht.

Schwarze Löcher haben eine so starke Gravitationskraft, dass selbst das Licht nicht entkommen kann. Dies macht sie zu einigen der geheimnisvollsten und faszinierendsten Objekten im Universum.

Die Sonne ist etwa 400-mal weiter von der Erde entfernt als der Mond, aber sie ist auch etwa 400-mal größer als der Mond. Das ist der Grund, warum Sonne und Mond vom Erdboden aus etwa gleich groß erscheinen.

Unsere Galaxie, die Milchstraße, hat einen Durchmesser von etwa 100.000 Lichtjahren. Es würde ein Raumschiff, das mit Lichtgeschwindigkeit reist, 100.000 Jahre dauern, um sie zu durchqueren.

Die Erde dreht sich mit einer Geschwindigkeit von etwa 1.670 Kilometern pro Stunde um ihre Achse. Das ist schneller als die Geschwindigkeit eines kommerziellen Düsenflugzeugs.

Die Raumstation Mir war die erste modular aufgebaute und dauerhaft bewohnte Raumstation. Sie wurde 1986 von der Sowjetunion gestartet und blieb bis 2001 im Orbit.

Die größte kontinuierliche Struktur im Universum ist die Hercules-Corona Borealis Great Wall. Sie erstreckt sich über etwa 10 Milliarden Lichtjahre.

Der erste Mensch, der den Weltraum betrat, war der sowjetische Kosmonaut Juri Gagarin im Jahr 1961. Er umkreiste die Erde in 108 Minuten.

Es dauert etwa 8 Minuten und 20 Sekunden, bis das Licht von der Sonne zur Erde gelangt. Das bedeutet, dass wir die Sonne immer so sehen, wie sie vor 8 Minuten und 20 Sekunden war.

Die hellste Sternexplosion, die jemals aufgezeichnet wurde, war die Supernova SN 2005ap. Sie war etwa 300 Milliarden Mal heller als unsere Sonne.

Die Oort-Wolke, eine Wolke von Eispartikeln am äußeren Rand unseres Sonnensystems, ist der Ursprung vieler Kometen. Sie erstreckt sich wahrscheinlich über eine Entfernung von fast einem Lichtjahr.

Der Mars ist der einzige bekannte Planet, der vollständig von Robotern bevölkert ist. Es gibt mehrere aktive Rover auf der Marsoberfläche.

Der äußerste bekannte Planet unseres Sonnensystems ist der Zwergplanet Eris. Er ist etwa dreimal so weit von der Sonne entfernt wie Pluto.

Der Weltraum ist völlig geruchlos. Astronauten haben jedoch berichtet, dass nach einem Weltraumspaziergang ihre Anzüge einen Geruch haben, der oft als "verbranntes Steak" oder "Schweißen" beschrieben wird.

Der Mond ist der einzige Himmelskörper, auf den Menschen bisher getreten sind. Insgesamt zwölf Astronauten haben zwischen 1969 und 1972 den Mond betreten.

Sterne scheinen deshalb zu funkeln, weil ihr Licht durch die Erdatmosphäre wandert. Dieser Effekt wird als "Sternflimmern" oder wissenschaftlich als "Astronomische Szintillation" bezeichnet.

Obwohl der Weltraum sehr kalt sein kann, können Astronauten in direktem Sonnenlicht Temperaturen von über 120 Grad Celsius ausgesetzt sein.

Der Mars hat die höchsten Vulkane und tiefsten breitesten Schluchten im Sonnensystem. Olympus Mons ist der größte Vulkan, und Valles Marineris ist die größte Schlucht.

Der Asteroidengürtel liegt zwischen Mars und Jupiter. Er besteht aus Tausenden von Asteroiden, die zu klein sind, um sich zu einem Planeten zusammenzuballen.

In unserem Sonnensystem gibt es mindestens 200 bekannte Monde. Jupiter hat die meisten mit mindestens 79 bekannten Monden.

Den meisten Astronauten wird extrem schwindelig, wenn sie vom Weltraum zur Erde zurückkehren. Dies liegt daran, dass ihr Vestibularsystem sich wieder an die Schwerkraft auf der Erde anpassen muss.

Der erste Satellit, der ins All geschickt wurde, war Sputnik. Er wurde 1957 von der Sowjetunion gestartet.

Saturn ist nicht der einzige Planet mit Ringen. Jupiter, Uranus und Neptun haben auch Ringsysteme, aber sie sind nicht so prominent oder so komplex wie die von Saturn.

Die Temperatur im Kern der Sonne ist unglaublich hoch – etwa 15 Millionen Grad Celsius. Diese hohe Temperatur ermöglicht Kernfusion, den Prozess, der die Sonne leuchten lässt.

Es gibt einen Asteroiden, der unseren Planeten Erde auf seiner Umlaufbahn um die Sonne "verfolgt". Dieser Asteroid heißt "2002 AA29" – er ist zu klein und zu weit entfernt, um von der Erde aus gesehen zu werden.

Astronauten müssen regelmäßig trainieren, während sie im Weltraum sind. Ohne Schwerkraft würden ihre Muskeln abbauen.

Die Sonne ist ein fast perfekter Kreis. Unter allen Objekten im Weltraum hat die Sonne eine der rundsten Formen, die wir kennen.

Es dauert ungefähr 230 Millionen Jahre, bis sich unsere Sonne einmal um das Zentrum der Milchstraße bewegt. Diese Reise wird als ein "kosmisches Jahr" bezeichnet.

Der Andromeda-Nebel ist die uns am nächsten gelegene Spiralgalaxie, aber sie ist immer noch etwa 2,537 Millionen Lichtjahre entfernt. Astronomen können sie mit bloßem Auge sehen, wenn die Bedingungen gut sind.

Sterne scheinen weiß oder farbig zu sein, abhängig von ihrer Temperatur. Heiße Sterne strahlen mehr blaues Licht aus, während kühlere Sterne eher rötlich erscheinen.

Der Jupitermond Ganymed ist der größte Mond im Sonnensystem. Er ist sogar größer als der Planet Merkur.

Die Magellanschen Wolken sind zwei Galaxien, die unsere Milchstraße umkreisen. Sie sind mit bloßem Auge sichtbar und sind nach dem Seefahrer Ferdinand Magellan benannt.

Die Raumsonde Voyager 1 ist das von Menschenhand geschaffene Objekt, das sich am weitesten von der Erde entfernt hat. Sie wurde 1977 gestartet und sendet immer noch Daten zur Erde zurück.

Die Milchstraße ist Teil einer größeren Gruppe von Galaxien, die als lokale Gruppe bekannt ist. Sie enthält etwa 54 Galaxien.

Die Venus dreht sich so langsam, dass ihr Tag länger ist als ihr Jahr. Ein Tag auf der Venus (die Zeit, die sie benötigt, um sich einmal um ihre Achse zu drehen), dauert etwa 243 Erdentage, während ein Jahr auf der Venus (die Zeit, die sie benötigt, um einmal um die Sonne zu kreisen) etwa 225 Erdentage dauert.

Wenn ein Stern zu einem Neutronenstern wird, kann er in einer Sekunde so viel Energie freisetzen wie die Sonne in 10 Millionen Jahren. Neutronensterne sind unglaublich dicht und haben starke magnetische Felder.

Aufgrund der Zeitdilatation aufgrund seiner hohen Geschwindigkeit ist der GPS-Satellit "jünger", als er sein sollte. Die eingebauten Uhren in den GPS-Satelliten ticken schneller als Uhren auf der Erde.

Wegen des geringen atmosphärischen Drucks würde menschliches Blut auf dem Mars kochen. Deshalb tragen Astronauten Raumanzüge.

Merkur und Venus sind die einzigen Planeten in unserem Sonnensystem ohne Monde. Alle anderen Planeten haben mindestens einen Mond.

Die Sonne ist so groß, dass eine Million Erden in sie hineinpassen würden. Trotzdem ist sie nur ein durchschnittlich großer Stern.

Die Raumsonde Voyager 1 trägt eine Goldene Schallplatte mit sich, die Geräusche und Bilder enthält, die das Leben auf der Erde darstellen. Sie ist eine Art interstellare Zeitkapsel.

Unsere Milchstraße ist nicht die einzige Galaxie in unserem Universum. Es wird geschätzt, dass es etwa 100 Milliarden Galaxien gibt.

Ein Jahr auf dem Uranus dauert 84 Erdjahre. Aber ein Tag dauert nur 17 Stunden.

Sterne scheinen zu blinken, weil ihre Lichtstrahlen durch die Atmosphäre der Erde gebrochen werden. Im Weltraum würden Sterne konstant scheinen.

Der Planet Jupiter hat das stärkste Magnetfeld aller Planeten in unserem Sonnensystem. Es ist 20.000-mal stärker als das Magnetfeld der Erde.

Die Erde dreht sich jeden Tag ein bisschen langsamer. In etwa 140 Millionen Jahren wird ein Tag auf der Erde 25 Stunden lang sein.

Der größte bekannte Stern ist UY Scuti. Er ist so groß, dass fast 10 Milliarden Sonnen in ihn hineinpassen würden.

Der Erdmond entfernt sich jedes Jahr um etwa 3,8 cm von der Erde. Dies geschieht wegen der Gezeitenkräfte.

Die NASA hat 12 Menschen auf den Mond geschickt. Der Erste war Neil Armstrong im Jahr 1969, und der Letzte war Eugene Cernan im Jahr 1972.

Das bekannteste Merkmal von Jupiter, der große rote Fleck, ist ein riesiger Sturm, der schon seit mindestens 300 Jahren wütet. Er ist so groß, dass drei Erden nebeneinander in ihn hineinpassen würden.

Die Raumsonde Pioneer 10 war das erste von Menschen gebaute Objekt, das das Sonnensystem verlassen hat. Sie wurde 1972 gestartet und passierte 1983 die Neptun-Umlaufbahn.

Unsere Sonne ist ein relativ junger Stern. Sie ist etwa 4,6 Milliarden Jahre alt und hat noch etwa 5 Milliarden Jahre zu leben.

Die Raumsonde Voyager 1 hat unser Sonnensystem noch nicht verlassen. Sie ist jetzt in einem Gebiet, das als Heliohülle bekannt ist, wo der Sonnenwind langsamer wird und der Einfluss des interstellaren Mediums beginnt.

Das Hubble-Weltraumteleskop kann Bilder von Galaxien machen, die bis zu 14 Milliarden Lichtjahre entfernt sind. Das ist fast bis zum Rand des sichtbaren Universums.

Der Saturnmond Titan hat Flüsse und Seen aus flüssigem Methan und Ethan. Es ist der einzige Ort außerhalb der Erde, an dem bekannt ist, dass es flüssige Oberflächenmerkmale gibt.

Die niedrigste Temperatur, die je auf der Oberfläche eines Planeten gemessen wurde, ist -224 Grad Celsius auf dem Uranus. Das ist kälter als flüssiger Stickstoff.

Astronauten im Weltraum können keine frisch gebackenen Kekse riechen. Gerüche sind kleine Partikel von Substanzen, und im Weltraum gibt es keine Luft, um diese Partikel zu tragen.

Die Asteroidengürtel zwischen Mars und Jupiter besteht aus etwa 1,9 Millionen Asteroiden. Aber die Gesamtmasse aller Asteroiden beträgt weniger als 4 % der Masse des Mondes.

Ein "Jahr" auf dem Merkur dauert 88 Erdentage. Aber ein "Tag" auf dem Merkur dauert 176 Erden-Tage.

Die Atmosphäre der Venus besteht zu 96 % aus Kohlendioxid. Dies verursacht einen starken Treibhauseffekt und macht die Venus zum heißesten Planeten des Sonnensystems.

Die Milchstraße ist nicht die größte Galaxie im Universum. Es gibt viele Galaxien, die viel größer sind, einschließlich der Andromeda-Galaxie und der IC 1101, die als die größte Galaxie im bekannten Universum gilt.

Unsere Sonne ist einer von etwa 200 Milliarden Sternen in der Milchstraße. Aber es gibt geschätzt über 1 Billion Sterne in der Andromeda-Galaxie.

Es gibt mehr als 32.000 Teile Weltraumschrott in der Umlaufbahn der Erde. Sie sind eine Gefahr für Satelliten und Raumschiffe.

Der Sonnenwind kann die Erdmagnetosphäre so weit ausdehnen, dass sie den Mond erreicht. Der Mond ist daher technisch gesehen, manchmal in der Erdatmosphäre.

Astronauten im Weltraum sehen weiße Blitze in ihren Augen. Dies wird durch kosmische Strahlen verursacht, die ihre Netzhaut treffen.

Der Kuipergürtel, ein Bereich jenseits der Neptunbahn, beherbergt viele eisige Objekte, darunter Pluto. Es wird angenommen, dass es Tausende von weiteren Zwergplaneten gibt, die noch entdeckt werden müssen.

Astronauten können nicht rülpsen im Weltraum. Ohne die Schwerkraft, um die Flüssigkeiten in ihrem Magen zu trennen, kommt alles heraus, wenn sie versuchen zu rülpsen.

Die Schwerkraft auf dem Mars beträgt nur etwa 38% der Schwerkraft auf der Erde. Das bedeutet, dass man auf dem Mars bei gleichem Kraftaufwand höher springen kann.

Die Sonne ist so groß, dass über 1 Millionen Erden hineinpassen würden. Sie macht etwa 99,86% der Masse des gesamten Sonnensystems aus.

Astronauten auf der internationalen Raumstation erleben 16 Sonnenaufgänge und 16 Sonnenuntergänge pro Tag. Das liegt daran, dass die ISS alle 92 Minuten eine Umlaufbahn um die Erde vollendet.

Fußball

Brasilien ist das einzige Land, das an jeder FIFA Fußball-Weltmeisterschaft teilgenommen hat. Es hat die Turniere fünfmal gewonnen, mehr als jedes andere Land.

Die erste bekannte Fußballart, Cuju, wurde in China etwa im 2. Jahrhundert v. Chr. gespielt. Es wurde angenommen, dass es sowohl der körperlichen Ertüchtigung als auch der militärischen Ausbildung dient.

Der schnellste Hattrick im professionellen Fußball wurde von Alex Torr in nur 70 Sekunden erzielt. Dieses unglaubliche Ereignis fand 1946 während eines Spiels in England statt.

Die erste Fußballübertragung fand 1937 in England statt. Die Partie war ein Freundschaftsspiel zwischen den Arsenal-Reserven und den Reserven der Arsenal Academy.

Obwohl Assoziationsfußball die am weitesten verbreitete Art ist, gibt es viele andere Arten von Fußball, einschließlich Rugby und American Football. Jeder hat seine eigenen einzigartigen Regeln und Spielweisen.

Fußball ist die meistgesehene Sportart der Welt mit Millionen von Fans, die jedes Jahr Spiele verfolgen. Die FIFA Weltmeisterschaft allein zieht Milliarden von Zuschauern an.

Die längste Fußballspielzeit wurde 2015 in Chile aufgestellt. Die Spieler haben unglaubliche 120 Stunden und 1 Minute gespielt, um den Weltrekord zu brechen.

Im Fußball ist es üblich, dass Spieler ihre Trikots nach dem Spiel austauschen. Dieser Brauch begann in den 1930er-Jahren als Zeichen des Respekts und der Sportlichkeit.

Der FC Barcelona hat den höchsten durchschnittlichen Zuschauerschnitt unter den europäischen Fußballklubs. Das Camp Nou Stadion, das Heimstadion des FC Barcelona, kann über 99.000 Zuschauer aufnehmen.

Island mit einer Bevölkerung von etwa 330.000 ist das kleinste Land, das sich jemals für eine FIFA Fußball-Weltmeisterschaft qualifiziert hat. Dies geschah erstmals im Jahr 2018.

Die ersten Fußballschuhe wurden in den 1800er-Jahren hergestellt. Sie waren wesentlich schwerer und unhandlicher als die modernen Schuhe, die wir heute kennen.

Das erste Schwarzlicht-Fußballspiel wurde 2016 in Berlin Deutschland gespielt. Die Spieler trugen fluoreszierende Trikots und spielten mit einem leuchtenden Ball.

Das größte Fußballturnier der Welt ist der norwegische Norway Cup. Es beinhaltet mehr als 2.200 Mannschaften aus verschiedenen Ländern.

Es ist ein weitverbreiteter Aberglaube unter Fußballern, dass das Betreten des Spielfelds mit dem rechten Fuß Glück bringt. Viele Spieler befolgen diesen Brauch noch heute.

In einem Fußballspiel rennt ein Spieler durchschnittlich 10 bis 13 Kilometer. Das ist mehr als in den meisten anderen Teamsportarten.

Der teuerste Fußballtransfer in der Geschichte war der von Neymar Jr. von Barcelona zu Paris Saint-Germain. Der Transfer kostete unglaubliche 222 Millionen Euro.

In den ersten modernen Fußballregeln von 1863 war es den Torhütern erlaubt, den Ball überall auf dem Spielfeld mit den Händen zu spielen. Diese Regel wurde später geändert, um das Spiel fairer zu machen.

Die Schiedsrichter begannen erst in den 1890er-Jahren, während der Spiele Pfeifen zu verwenden. Vorher hatten sie nur ihre Stimmen, um das Spiel zu kontrollieren.

Das größte Fußballstadion der Welt ist das Rungrado 1st of May Stadium in Nordkorea. Es kann 114.000 Zuschauer aufnehmen.

Die FIFA hat mehr Mitgliedsländer als die Vereinten Nationen. Es gibt 211 Mitgliedsländer in der FIFA und 193 in den UN.

Der am schnellsten erzielte Treffer in einem professionellen Fußballspiel wurde von Ricardo Olivera in Uruguay nach nur 2,8 Sekunden erzielt. Er schaffte dieses Kunststück 1998.

Die höchste Anzahl von Toren, die je von einem Team in einem einzigen Fußballspiel erzielt wurden, beträgt 149. Dies geschah in einem Spiel zwischen Stade Olympique de L'emyrne und AS Adema in Madagaskar.

Der weiteste "Drop Kick" in einem professionellen Fußballspiel wurde von Torwart Asmir Begovic von Stoke City in der englischen Premier League erzielt. Der Ball flog über 91 Meter durch die Luft ins Tor.

Die Fußball-Weltmeisterschaft 1966 in England war das erste Turnier, das in Farbe im Fernsehen übertragen wurde. England gewann das Turnier, was es zu einem unvergesslichen Ereignis für die heimischen Fans machte.

Die Fußballweltmeisterschaft wird alle vier Jahre ausgetragen. Der erste Wettbewerb fand 1930 in Uruguay statt, und das Land gewann das Turnier.

In den ersten internationalen Fußballspielen des 19. Jahrhunderts war es üblich, dass jeder Spieler ein einzigartiges Trikot mit unterschiedlichen Farben und Mustern trug. Dies änderte sich im Laufe der Zeit, um die Identifizierung der Mannschaften zu erleichtern.

Die höchste jemals erzielte Punktzahl in einer Fußballsaison wurde vom AS Monaco in der Saison 1960/61 erreicht. Sie erzielten unglaubliche 118 Tore in 38 Spielen.

1994 fand die Weltmeisterschaft zum ersten Mal in den Vereinigten Staaten statt. Es war das erste Mal, dass das Turnier außerhalb von Europa oder Südamerika ausgetragen wurde.

Fußballspieler dürfen den Ball während des Spiels mit jedem Körperteil berühren, außer mit den Armen und Händen. Die einzige Ausnahme von dieser Regel ist der Torwart innerhalb seines eigenen Strafraums.

Beim Fußballturnier der Olympischen Spiele 1900 in Paris wurden Medaillen aus Silber und Bronze vergeben, aber keine Goldmedaillen. Die Goldmedaille wurde erst 1904 eingeführt.

In den ersten Fußballspielen des 19. Jahrhunderts wurden keine Eckfahnen verwendet. Sie wurden erst später eingeführt, um die Ecken des Spielfelds klar zu markieren.

Die erste Fußballliga wurde 1888 in England gegründet. Sie bestand ursprünglich aus zwölf Teams.

Die FIFA verbietet es Fußballspielern, politische, religiöse oder persönliche Botschaften auf ihren Trikots oder Ausrüstungen zu tragen. Dies soll dazu beitragen, dass der Sport neutral und frei von Kontroversen bleibt.

In den Anfängen des Fußballs in England im 19. Jahrhundert war es den Spielern erlaubt, den Ball zu fangen. Sie durften jedoch nicht rennen, während sie den Ball hielten.

Der brasilianische Fußballklub Flamengo hat die meisten registrierten Fans aller Fußballklubs weltweit. Der Klub hat mehr als 39 Millionen Anhänger.

Der englische Fußballklub Notts County ist der älteste noch existierende Profifußballklub der Welt. Er wurde 1862 gegründet.

In einigen Teilen der Welt, vor allem in Afrika und Südamerika, wird Straßenfußball gespielt. Oft werden improvisierte Bälle und Tore verwendet, um das Spiel zugänglich und erschwinglich zu machen.

Die erste Fußballweltmeisterschaft für Frauen fand 1991 in China statt. Das Turnier wurde von den Vereinigten Staaten gewonnen.

Ein durchschnittliches Paar Fußballschuhe wiegt etwa 250 Gramm. Moderne Schuhe sind so konzipiert, dass sie leicht und flexibel sind, um die Geschwindigkeit und Beweglichkeit der Spieler zu maximieren.

Es gibt eine Fußballart namens "Bubble Soccer", bei der die Spieler in riesigen aufblasbaren Bällen spielen. Das Spiel wurde 2011 in Norwegen erfunden und ist für seine unterhaltsamen und chaotischen Spiele bekannt.

Fußball wird oft als "das schöne Spiel" bezeichnet. Dieser Ausdruck wurde populär gemacht durch den berühmten brasilianischen Fußballer Pelé, der ein Buch mit diesem Titel veröffentlichte.

Die gelbe und rote Karte wurde 1970 bei der Fußball-Weltmeisterschaft eingeführt. Die Idee kam vom englischen Schiedsrichter Kenneth George Aston, der sich von Ampeln inspirieren ließ.

In Bhutan fand 2002 das sogenannte "Spiel der Verlierer" statt, ein Fußballspiel zwischen den damals am schlechtesten platzierten Teams der FIFA-Weltrangliste: Bhutan und Montserrat. Bhutan gewann das Spiel mit 4:0.

Die ersten Fußbälle waren aus aufgeblasenen Schweinsblasen gefertigt. Heutzutage sind sie aus synthetischen Materialien hergestellt, die ihre Form besser behalten.

Die Fußballregel, dass ein Spieler, der vom Feld geschickt wurde, nicht ersetzt werden darf, wurde erst 1970 eingeführt. Vorher konnte ein ausgeschlossener Spieler ersetzt werden.

Im Jahr 1964 wurde das erste Fußballspiel in Innenräumen ausgetragen. Dies fand in dem Astrodom in Houston, Texas, statt.

Fußballer sind dafür bekannt, dass sie vor wichtigen Spielen bestimmte Rituale oder Gewohnheiten haben. Einige Spieler tragen beispielsweise immer die gleichen Socken oder binden ihre Schnürsenkel in einer bestimmten Reihenfolge.

Der argentinische Fußballer Lionel Messi ist der einzige Spieler, der fünfmal zum FIFA-Weltfußballer des Jahres ernannt wurde. Er gewann die Auszeichnung in den Jahren 2009, 2010, 2011, 2012 und 2015.

Der älteste professionelle Fußballer der Welt ist Kazuyoshi Miura aus Japan. Im Jahr 2020, im Alter von 53 Jahren, verlängerte er seinen Vertrag mit dem Yokohama FC.

Der schnellste vergebene Platzverweis in einem Fußballspiel ereignete sich nach nur 2 Sekunden. Der Spieler Lee Todd bekam die Rote Karte, weil er beim Anpfiff "F*** me, that was loud!" sagte.

Das berühmteste Fußballspiel, das jemals gespielt wurde, ist wahrscheinlich das "Weihnachtsfußballspiel" von 1914. Während des Ersten Weltkriegs legten britische und deutsche Soldaten an der Westfront ihre Waffen nieder, um Fußball zu spielen.

Die längste Zeit ohne Gegentor in der spanischen La Liga hat der Torwart Abel Resino mit 1.275 Minuten. Diese erstaunliche Leistung stammt aus der Saison 1990/91.

Der schnellste Verlust von drei Toren in einem Fußballspiel ereignete sich in nur 36 Sekunden. Dies geschah während eines Spiels in der Schweiz zwischen Rapid Spora und US Rumelange.

Die Fußballweltmeisterschaft 2002 war die Erste, die in Asien ausgetragen wurde und die von zwei Ländern (Südkorea und Japan) gemeinsam ausgerichtet wurde. Brasilien gewann das Turnier und erzielte damit seinen fünften Titel.

Der brasilianische Stürmer Pelé hielt 19 Jahre lang den Rekord für die meisten Tore in einer Karriere mit 1.281 Toren. Der Rekord wurde erst 2017 von dem brasilianischen Stürmer Arthur Friedenreich übertroffen.

In der ersten Saison der englischen Fußballliga wurden keine Medaillen an die Gewinner vergeben. Stattdessen erhielt jedes Mitglied des siegreichen Teams einen silbernen Krug.

Die meisten Roten Karten in einem einzigen Fußballspiel wurden in einem Spiel in Paraguay gezeigt. Der Schiedsrichter vergab insgesamt 20 Rote Karten.

Die längste Siegesserie in einer Weltmeisterschaft hat Brasilien. Sie gewannen 11 Spiele in Folge von 2002 bis 2006.

Die längste Siegesserie in der Fußballgeschichte wurde von dem zypriotischen Verein APOEL erreicht. Sie gewannen 27 Spiele in Folge in der Saison 2008/09.

Die längste Zeit ohne einen Sieg in einer Profifußballliga hatte der Verein Derby County. Sie haben 32 Spiele in Folge nicht gewonnen in der Premier-League-Saison 2007/08.

Die meisten Tore in einer einzigen Saison einer großen Fußballliga wurden vom ungarischen Verein Ferencváros erzielt. Sie erzielten in der Saison 1948/49 insgesamt 149 Tore.

Der kleinste Fußballclub der Welt ist wohl der Verein "Madron FC" aus Cornwall, England. In der Saison 2010 verloren sie jedes Spiel, darunter auch ein Match mit 55:0.

Der Verein BSC Young Boys hatte das ungewöhnlichste Maskottchen in der Welt des Fußballs. Sie hatten ein lebendes Lama namens "Lenny das Lama".

Der älteste noch existierende Fußballwettbewerb ist der FA Cup in England. Der Wettbewerb wurde erstmals 1871 ausgetragen.

Der Fußballverein mit den meisten aufeinanderfolgenden Siegen in heimischen Ligaspielen ist der brasilianische Verein Palmeiras. Sie gewannen 33 Heimspiele in Folge von 1960 bis 1961.

Die meisten Tore, die ein Team in einem Spiel der Fußballweltmeisterschaft erzielt hat, waren 10. Ungarn erzielte 10 Tore gegen El Salvador in der WM 1982.

Der jüngste Spieler, der jemals bei einer Fußballweltmeisterschaft gespielt hat, war Norman Whiteside aus Nordirland. Er war bei seiner ersten Teilnahme 1982 nur 17 Jahre alt.

Die meisten Tore, die ein Team in einer Weltmeisterschaftsqualifikation erzielt hat, waren 70. Australien erzielte diese beeindruckende Zahl in nur zwei Spielen gegen Amerikanisch-Samoa und Tonga im Jahr 2001.

Die erste Übertragung eines Fußballspiels im Radio erfolgte 1927 in England. Das Spiel war ein Ligaspiel zwischen Arsenal und Sheffield United.

Der Fußballer mit den meisten Länderspielen ist der ägyptische Spieler Ahmed Hassan. Er hat insgesamt 184 Länderspiele bestritten.

Das erste Mal, dass eine Mannschaft in einem WM-Spiel kein einziges Tor erzielte, war in einem Spiel zwischen Brasilien und Bolivien im Jahr 1949. Das Spiel endete 0:0.

Die erste dokumentierte Verwendung des Wortes "Fußball" erfolgte im Jahr 1409. Es wurde in einem offiziellen Dokument des Königs von England verwendet.

Fußball war nicht immer ein professioneller Sport. Bis ins späte 19. Jahrhundert war es hauptsächlich ein Amateursport.

Die meisten Tore in einer Fußballweltmeisterschaft wurden von Just Fontaine aus Frankreich erzielt. Er erzielte 13 Tore in der Weltmeisterschaft 1958.

Das erste Spiel, das unter Flutlicht ausgetragen wurde, fand 1878 in Sheffield, England, statt. Die Beleuchtung bestand aus vier Holzpfosten mit jeweils mehreren Lampen.

Die erste Fußballweltmeisterschaft wurde nur von Männern gespielt. Die erste Frauen-Weltmeisterschaft wurde erst 61 Jahre später im Jahr 1991 ausgetragen.

Die meisten Tore, die je in einem Jahr von einem einzelnen Spieler erzielt wurden, sind 91. Dieser Rekord wurde 2012 von Lionel Messi aufgestellt.

Die erste dokumentierte Verwendung von Schienbeinschützern im Fußball stammt aus dem Jahr 1874. Sie wurden vom englischen Verein Nottingham Forest eingeführt.

Das am häufigste vorkommende Ergebnis in einem Fußballspiel ist 1:0. Dieses Ergebnis tritt häufiger auf als jedes andere.

Das erste Fußballspiel, das live im Fernsehen übertragen wurde, fand 1937 in England statt. Es war ein Freundschaftsspiel zwischen den Arsenal London und der reserve von Arsenal.

Der teuerste Fußballverein der Welt ist Real Madrid. Laut Forbes ist der Klub etwa 4,24 Milliarden Dollar wert.

Fußball ist der beliebteste Sport der Welt. Es wird geschätzt, dass mehr als 4 Milliarden Menschen weltweit Fußballfans sind.

Fußball ist der offizielle Nationalsport von mehr Ländern als jeder andere Sport. Er ist in 52 Ländern der offizielle Nationalsport.

Die meisten Zuschauer bei einem Fußballspiel waren 199.854. Dieses Publikum war beim WM-Endspiel 1950 in Brasilien im Maracanã-Stadion anwesend.

Das erste Fußballspiel, das jemals in 3D ausgestrahlt wurde, fand 2010 statt. Es war das Premier League Spiel zwischen Manchester United und Arsenal.

Die meisten Tore, die ein Team in einer Saison in der Premier League erzielt hat, sind 106. Manchester City erreichte diese beeindruckende Marke in der Saison 2017/18.

Die meisten Fußballvereine in einer Stadt gibt es in London. Es gibt mehr als 80 Vereine in der Hauptstadt Englands.

Die meisten Unentschieden in einer Fußballsaison wurden vom italienischen Verein Bologna erzielt. Sie spielten in der Saison 1969/70 insgesamt 19 Mal unentschieden.

Der erste Profi-Fußballspieler war der englische Spieler Tony Pandy. Er wurde 1885 bezahlt, um für den Verein Preston North End zu spielen.

Fußballspiele beginnen traditionell um die halbe oder volle Stunde. Der genaue Grund dafür ist unbekannt, aber es ist wahrscheinlich eine Frage der Bequemlichkeit für die Fans.

Der erste Spieler, der in einem WM-Finale ein Eigentor erzielte, war Gustavo Peña aus Mexiko. Er tat dies im Finale 1970 gegen Brasilien.

Der Rekord für die meisten Tore in einer Saison in der Premier League liegt bei 34. Er wird gemeinsam von Andrew Cole und Alan Shearer gehalten.

Bäume

Es gibt ein Baum in Südafrika, bekannt als der Affenbrotbaum, der bis zu 1.000 Jahre alt werden kann. Seine dicken, flaschenförmigen Stämme speichern Wasser, um Trockenperioden zu überstehen.

Das älteste bekannte Baumindividuum ist ein Pinus longaeva (Langlebige Kiefer) namens Methuselah, das schätzungsweise über 4.800 Jahre alt ist. Sein genauer Standort im White Mountains Gebiet von Kalifornien wird geheim gehalten, um ihn zu schützen.

Bäume können miteinander kommunizieren und Ressourcen über ein Netzwerk von Pilzen teilen, das als Mykorrhiza bekannt ist. Sie können sogar alarmierende Signale senden, wenn sie von Schädlingen befallen werden.

Die größte Einzelbaumart der Welt ist der Riesenmammutbaum, auch bekannt als Sequoiadendron giganteum. Der größte unter ihnen, der General Sherman Baum, hat ein Volumen von über 1.486 Kubikmeter und ist über 80 Meter hoch.

Der Quaking Aspen Baum oder Pando, in Utah ist eigentlich eine Kolonie von einzelnen Bäumen, die alle durch ein einzelnes Wurzelsystem verbunden sind. Es wird angenommen, dass Pando etwa 80.000 Jahre alt ist, was es zu einem der ältesten bekannten lebenden Organismen macht.

Im Amazonas-Regenwald gibt es so viele verschiedene Baumarten, dass es fast 15 Jahre dauern würde, um sie alle zu zählen. Es wird geschätzt, dass es dort etwa 16.000 verschiedene Arten gibt.

Bäume spielen eine entscheidende Rolle bei der Reduzierung der Auswirkungen des Klimawandels, indem sie CO2 aus der Atmosphäre aufnehmen und Sauerstoff produzieren. Ein einzelner ausgewachsener Baum kann jährlich bis zu 22 Kilogramm CO2 aufnehmen.

Das Welwitschia-Mirabilis-Gewächs in der Namib-Wüste kann als ein Baum betrachtet werden, obwohl es nur zwei Blätter hat. Diese Blätter wachsen kontinuierlich und können bis zu 8 Meter lang werden.

Bäume können tatsächlich "schlafen". Studien haben gezeigt, dass sie nachts ihre Äste absenken und bei Sonnenaufgang wieder anheben.

Das Durchschnittsalter eines Baumes variiert stark je nach Art, Klima und Standort. Einige Bäume können nur wenige Jahrzehnte leben, während andere mehrere Jahrtausende alt werden können.

Der Jaya Sri Maha Bodhi in Sri Lanka ist der älteste von Menschen gepflanzte Baum, der noch lebt. Er wurde im Jahr 288 v. Chr. gepflanzt und ist über 2.300 Jahre alt.

Viele Bäume können Verletzungen heilen, indem sie das beschädigte Gewebe mit neuem Holz überwachsen lassen. Dies kann zu interessanten Formen und Mustern im Holz führen.

Bäume können Schall absorbieren und helfen daher, den Lärm in städtischen Gebieten zu reduzieren. Dies ist einer der vielen Gründe, warum Stadtparks und grüne Gürtel so wichtig sind.

Bäume produzieren nicht nur Sauerstoff, sondern auch flüchtige organische Verbindungen, die zur Bildung von Wolken beitragen können. Dies kann das lokale Klima beeinflussen und dazu beitragen, die Erde abzukühlen.

Bäume haben eine Art "Gedächtnis" und können frühere Schädigungen "erinnern". Dies hilft ihnen, zukünftige Bedrohungen besser zu bewältigen.

Manche Bäume, wie die Weißbuche, können Wasser aus tiefen Bodenschichten ziehen und es durch ihre Blätter verdunsten lassen, wodurch sie zur Erhöhung der Luftfeuchtigkeit in ihrer Umgebung beitragen.

Bäume können auch als natürliche Wasserfilter dienen. Ihre Wurzeln nehmen Wasser auf und filtern dabei Schadstoffe heraus, bevor das Wasser in den Boden und schließlich in das Grundwasser gelangt.

Die Harzproduktion ist eine Abwehrstrategie vieler Baumarten gegen Insekten und andere Schädlinge. Das Harz kann auch zum Abdichten von Wunden verwendet werden, die durch Wind, Tiere oder Menschen verursacht wurden.

Einige Bäume wie der Drachenblutbaum, produzieren ein rotes Harz, das als Farbstoff, Medizin und Lack verwendet wird. Trotz seiner Farbe ist das Harz vollkommen natürlich.

Das größte künstliche Waldgebiet der Welt ist in China. Das "Große Grüne Mauer"-Projekt zielt darauf ab, die Wüstenbildung durch das Pflanzen von Millionen von Bäumen zu stoppen.

Der Zuckerahorn wird zur Herstellung von Ahornsirup genutzt. Es braucht etwa 40 Liter Ahornsaft, um einen Liter Ahornsirup herzustellen.

Der Banyanbaum, auch als Würger Feige bekannt, kann einen ganzen Wald aus sich selbst herausbilden. Seine Äste produzieren Luftwurzeln, die, wenn sie den Boden erreichen, zu vollständigen Stämmen heranwachsen können.

Bäume verwenden eine Vielzahl von Methoden, um ihre Samen zu verteilen, von Wind und Wasser bis hin zu Tieren, die ihre Früchte fressen und die Samen woanders ausscheiden.

Die Eiche produziert im Durchschnitt über 2.000 Eicheln pro Jahr. Nur ein kleiner Teil dieser Eicheln wird jedoch zu einem neuen Baum heranwachsen, da viele von Tieren gefressen werden.

Bäume tragen zur Verbesserung der Bodenqualität bei, indem sie organisches Material in Form von Blättern und verrottendem Holz bereitstellen. Dies hilft, den Boden fruchtbar und feucht zu halten.

Die Rinde einiger Bäume wie der Kork-Eiche, wird kommerziell genutzt. Zum Beispiel wird der Korken für Weinflaschen aus der Rinde dieser Bäume gewonnen.

Es gibt Bäume, die auf anderen Pflanzen wachsen können, ein Phänomen bekannt als Epiphyten. Ein Beispiel dafür sind einige Orchideenarten und Bromelien.

Einige Bäume wie die Pappel, können Klone von sich selbst erzeugen, indem sie Wurzelsprossen aussenden, die zu neuen Bäumen heranwachsen. Dies ermöglicht es ihnen, sich auch ohne Samen fortzupflanzen.

Bäume spielen eine wichtige Rolle in vielen indigenen Kulturen und Religionen. Sie werden oft als heilig betrachtet und sind Teil vieler Rituale und Zeremonien.

Die Schwarznuss produzieren chemische Verbindungen in ihren Wurzeln und Blättern, die das Wachstum anderer Pflanzen hemmen können. Dieses Phänomen wird als Allelopathie bezeichnet.

Es gibt Bäume wie die Bristlecone-Kiefern, die unter extremen Bedingungen wie hohen Höhen und kalten Temperaturen gedeihen können. Sie sind ein perfektes Beispiel dafür, wie anpassungsfähig das Leben auf unserem Planeten ist.

Einige Bäume wie die Sumpfzypresse, haben spezielle Wurzeln, die aus dem Wasser herausragen. Diese Wurzeln, bekannt als Pneumatophoren, helfen dem Baum, in überschwemmten und sauerstoffarmen Böden zu überleben.

Der japanische Blütenkirschenbaum, bekannt als Sakura, ist ein nationaler Schatz in Japan und das Zentrum des jährlichen Kirschblütenfestes. Der Anblick dieser Bäume in voller Blüte ist wirklich atemberaubend.

Es gibt Bäume, die so hart sind, dass sie Axt- und Sägeblätter stumpf machen können. Ein Beispiel ist der australische Buloke, einer der härtesten Hölzer der Welt.

Einige Bäume können "wandern". Der Wanderbaum von den Malediven kann seine Wurzeln in den Boden graben und dann neue Wurzeln in eine andere Richtung aussenden, um sich zu bewegen.

Der Birnbaum kann durch Insekten bestäubt werden. Diese Insekten werden durch den Duft der Blüten angezogen und tragen beim Besuch der Blüten Pollen von einem Baum zum anderen.

Die Moringa, auch bekannt als "Baum des Lebens", kann fast vollständig zur Nahrung oder Medizin verwendet werden. Die Blätter, Rinde, Samen und Wurzeln sind alle essbar oder haben medizinische Eigenschaften.

Bäume spielen eine wichtige Rolle bei der Verhinderung der Bodenerosion. Ihre Wurzeln helfen, den Boden zusammenzuhalten, und ihre Blätter schützen den Boden vor dem direkten Aufprall des Regens.

Bäume können ihren Wasserbedarf an das Klima anpassen. In trockenen Regionen können sie tiefe Wurzeln ausbilden, um Wasser aus tieferen Bodenschichten zu erreichen, und sie können ihre Transpirationsrate reduzieren, um Wasserverlust zu minimieren.

Unnützes Wissen

Bäume

Es gibt über 60.000 bekannte Baumarten auf der Welt, und Wissenschaftler entdecken ständig neue. Diese Vielfalt spiegelt die Anpassungsfähigkeit und Vielfalt des Lebens auf der Erde wider.

Einige Bäume der gattung Pyrophyten können Feuer überleben und sogar von ihnen profitieren. Das Feuer hilft dabei, den Samenmantel zu knacken und ermöglicht es den Samen keimen zu lassen.

Einige Baumarten können Fotosynthese in ihren Stämmen durchführen, nicht nur in ihren Blättern. Dies ist besonders nützlich für junge Bäume, die noch nicht viele Blätter entwickelt haben, oder für Bäume, die ihre Blätter in der Trockenzeit verlieren.

Der größte Baumstumpf der Welt ist der "Tule Tree" in Mexiko. Mit einem Umfang von über 42 Metern ist er größer als jeder andere Baumstumpf auf der Erde.

Bäume können in vielen verschiedenen Farben wachsen, nicht nur in Grün. Es gibt Bäume mit roten, violetten, gelben und sogar blauen Blättern!

Die Weide enthalten natürliche Schmerzmittel. Tatsächlich wurde die Weide im 19. Jahrhundert verwendet, um Aspirin zu entwickeln.

Der Mangrovenbaum kann in Salzwasser gedeihen. Sie haben spezielle Mechanismen, um das Salz aus dem Wasser zu filtern und es aus ihren Blättern zu entfernen.

Die Silberpappel haben ein weißes "Unterblatt", das dazu dient, Sonnenlicht zu reflektieren und die Fotosynthese zu maximieren. Sie können oft in der Nähe von Wasser gefunden werden, wo das reflektierte Licht von der Wasseroberfläche kommt.

Bäume spielen eine wichtige Rolle in der Wirtschaft vieler Länder. Sie liefern Holz, Papier, Nahrungsmittel, Medizin und viele andere Produkte, die wir täglich nutzen.

Einige Bäume haben ungewöhnliche Formen als Anpassung an ihre Umgebung. Der Flaschenbaum in Australien speichert zum Beispiel Wasser in seinem dicken Stamm, um Trockenzeiten zu überstehen.

Der Pfefferbaum kann Früchte produzieren, die als Gewürze verwendet werden. Pfefferkörner werden aus den getrockneten Früchten dieses Baumes gewonnen.

Bäume können sehr langsam wachsen, abhängig von den Bedingungen. Einige Bristlecone-Kiefern können ein ganzes Jahrzehnt brauchen, um nur einen Zentimeter zu wachsen.

Bäume können Verbindungen produzieren, die sie vor Insekten und Krankheiten schützen. Einige dieser Verbindungen sind für Menschen giftig, während andere medizinische Anwendungen haben können.

Der Kakaobaum braucht spezielle Bestäuber, um Früchte zu produzieren. In diesem Fall ist der Bestäuber eine kleine Fliege, die Midges genannt wird.

Einige Bäume können extrem schwer werden. Der Kapokbaum kann bis zu 13 Tonnen wiegen und der Riesenmammutbaum kann bis zu 1.900 Tonnen wiegen!

Bäume können den Kohlendioxidgehalt in der Atmosphäre messen und ihre Wachstumsrate entsprechend anpassen. Dies ermöglicht es ihnen, während Zeiten erhöhter CO2-Konzentration schneller zu wachsen.

Einige Bäume wie der Kaugummi-Eukalyptus, können brennbare Öle produzieren. Diese Öle können dazu führen, dass Waldbrände bei diesen Arten besonders intensiv und schwer zu kontrollieren sind.

Die Rotbuche können ein tiefes Wurzelsystem entwickeln, das ihnen ermöglicht, in armen, trockenen Böden zu überleben. Dies macht sie zu einer der widerstandsfähigsten Baumarten in Europa.

Bäume können von Pilzen befallen werden, die ihr Wachstum und ihre Gesundheit beeinträchtigen können. Einige dieser Pilze können jedoch auch positive Auswirkungen haben, indem sie zum Beispiel das Immunsystem des Baumes stärken oder ihm helfen, Nährstoffe besser aufzunehmen.

Der Arak Baum wird zur Herstellung von Zahnbürsten verwendet. Die Zweige dieses Baumes werden in vielen afrikanischen und asiatischen Ländern als natürliche Zahnbürsten benutzt.

Die Wacholder werden oft in der Landschaftsgestaltung verwendet. Ihre widerstandsfähigen und anpassungsfähigen Eigenschaften machen sie zu einer beliebten Wahl für Hecken und Windschutzzonen.

Die Esche wurde in der antiken Mythologie verehrt. In der nordischen Mythologie repräsentierte die Esche Yggdrasil den Weltenbaum, der die neun Welten der nordischen Mythologie verband.

Der Olivenbaum ist ein Symbol für Frieden und Hoffnung. In der Bibel wird erwähnt, dass eine Taube einen Olivenzweig zu Noahs Arche brachte, um das Ende der Flut zu signalisieren.

Die Kokospalmsamen können schwimmen. Ihre Samen, die Kokosnüsse, können im Ozean treiben und an neuen Orten landen, um zu wachsen.

Die Joshua-Bäume können nur in bestimmten klimatischen Bedingungen wachsen. Sie sind ein Symbol für das Mojave-Wüstenökosystem in den USA.

Die Tamarinde sind für ihre sauren Früchte bekannt, die in der Küche verwendet werden. Die Früchte können zu Soßen, Getränken und sogar Süßigkeiten verarbeitet werden.

Die Robinie können Stickstoff aus der Luft fixieren und in einer für Pflanzen nutzbaren Form in den Boden freisetzen. Dies macht sie zu einer wichtigen Art für die Wiederherstellung degradierter Böden.

Der Jacaranda ist bekannt für seine leuchtend violetten Blüten. Wenn sie blühen, bedecken sie den Boden unter sich mit einem Teppich aus lila Blütenblättern.

Die Kiefern produzieren Harz, das zur Herstellung von Produkten wie Terpentin verwendet wird. Terpentin wird in der Malerei als Lösungsmittel und als Bestandteil von Lacken und Farben verwendet.

Der Mammutbaum kann beeindruckende Höhen erreichen. Der höchste bekannte Baum war der Küstenmammutbaum namens Hyperion, der eine erstaunliche Höhe von 115,7 Metern hatte.

Der Zedernbaum wurden in der Antike für den Schiffbau verwendet. Ihre langen, geraden Stämme und ihr widerstandsfähiges Holz machten sie zu einer idealen Wahl für diesen Zweck.

Der Zuckerahorn wird genutzt, um Ahornsirup herzustellen. Im späten Winter und frühen Frühling wird Saft aus den Bäumen gesammelt und zu Sirup verarbeitet.

Die Kastanienbäume produzieren essbare Nüsse. Kastanien können geröstet und gegessen oder zu Mehl gemahlen und zum Backen verwendet werden.

Die Zypresse wird oft auf Friedhöfen gepflanzt. Sie sind ein Symbol für Trauer und ewiges Leben in vielen Kulturen.

Der Affenbrotbaum hat eine ungewöhnliche, flaschenähnliche Form und können enorme Mengen Wasser speichern. Sie sind ein markantes Merkmal der afrikanischen Landschaft.

Einige Bäume wie der Mangobaum sind selbstbestäubend. Das bedeutet, dass sie keine Insekten oder Wind benötigen, um ihren Pollen von der männlichen zur weiblichen Blüte zu transportieren.

Die Trauerweide haben hängende Äste, die oft bis zum Boden reichen. Dies gibt ihnen ein einzigartiges, weinendes Aussehen und hat deswegen zu ihrem Namen geführt.

Bäume wie der Maulbeerbaum wird für die Seidenproduktion verwendet. Seidenraupen fressen die Blätter dieser Bäume und verwenden die Nährstoffe, um ihre Seidenkokons zu bilden.

Die Silberlinden sind für ihren angenehmen Duft bekannt. Die Blüten produzieren einen süßen Nektar, der oft Bienen anzieht.

Der Pappelbaum kann sehr schnell wachsen. Sie können mehr als 2 Meter pro Jahr wachsen und sind daher beliebt für die Holzproduktion und als Windschutz.

Die Ulmenbäume waren einst in Nordamerika weit verbreitet, wurden aber durch die Ulmenkrankheit stark dezimiert. Trotz intensiver Bemühungen zur Bekämpfung der Krankheit sind viele Ulmenbestände noch immer gefährdet.

Der Blüten-Hartriegel ist bekannt für ihre schönen Blüten. Sie produzieren im Frühjahr auffällige Blüten in Weiß, Rosa oder Rot.

Einige Bäume wie die Waldkiefer, haben sich an Waldbrände angepasst. Ihre Samen werden tatsächlich durch das Feuer abgelöst und beginnen zu keimen, nachdem ein Feuer durchgezogen ist.

Der Feigenbaum spielt eine wichtige Rolle in vielen Ökosystemen. Sie bieten Nahrung und Unterschlupf für eine Vielzahl von Tieren, einschließlich Vögeln, Affen und Insekten.

Der Avocado Baum produziert Früchte, die in vielen Teilen der Welt beliebt sind. Avocados sind reich an gesunden Fetten und sind ein Grundnahrungsmittel in vielen vegetarischen und veganen Diäten.

Der Zimtbaum produziert Gewürze. Die Rinde des Zimtbaums wird getrocknet und zu Stangen oder Pulver verarbeitet, um das beliebte Gewürz zu produzieren.

Der Moringa-Baum, auch bekannt als "Baum des Lebens", haben essbare Blätter, die reich an Vitaminen und Mineralstoffen sind. Sie sind eine wichtige Nahrungsquelle in vielen Teilen der Welt, insbesondere in Subsahara-Afrika.

Der Platanus hat eine unverwechselbare, abblätternde Rinde. Dies hilft ihnen, Parasiten loszuwerden und sich an wechselnde Umweltbedingungen anzupassen.

Buchen können sehr alt werden. Einige Buchen können über 1000 Jahre alt werden.

Die Drachenblutbäume sind bekannt für ihr einzigartiges Aussehen. Sie haben einen dicken, aufrechten Stamm und eine Krone aus verlängerten, steifen Blättern.

Die Palmyrapalme wird vielseitig genutzt. Ihre Blätter werden zum Dachdecken verwendet, der Saft wird zu Palmwein vergoren und die Früchte werden gegessen oder zu Zucker verarbeitet.

Der Rot-Ahorn hat unterschiedliche Geschlechter. Einige Bäume sind männlich und produzieren nur Pollen, während andere weiblich sind und Samen produzieren.

Der Lärchenbaum ist ein Nadelbaum, verliert aber im Herbst seine Nadeln. Das ist ungewöhnlich für Nadelbäume, die normalerweise das ganze Jahr über grün bleiben.

Der Maulbeerbaum kann weiblich oder männlich sein, und nur die weiblichen Bäume produzieren Früchte. Maulbeerfrüchte sind sehr süß und werden oft in Marmeladen, Desserts und Weinen verwendet.

Die Apfelbäume sind für ihre leckeren Früchte bekannt. Es gibt Tausende von Apfelsorten, von süß bis sauer und von Rot über Grün bis Gelb.

Der Sandelholzbaum wird wegen ihres duftenden Holzes geschätzt. Sandelholz ist ein wichtiger Bestandteil in der Parfümherstellung und wird in vielen Kulturen bei religiösen Zeremonien verwendet.

Der Pekannussbaum produziert eine wertvolle Ernte an Nüssen. Pekannüsse werden in vielen Süßspeisen verwendet, insbesondere in der traditionellen Pekannusstorte.

Der Korkbaum hat eine dicke, wabenartige Rinde, die zur Herstellung von Korken für Weinflaschen geerntet wird. Der Baum kann sich von der Ernte erholen und die Rinde wieder nachwachsen lassen.

Der Ginkgo-Baum gilt als "lebende Fossilien", da sie wenig Veränderungen über Millionen von Jahren aufweisen. Sie können sehr alt werden, und einige Exemplare in China sollen über 2500 Jahre alt sein.

Der Lindenbaum blüht in den Sommermonaten und geben einen süßen Duft ab. Ihre Blüten werden oft von Bienen besucht, um Lindenblütenhonig herzustellen.

Der Kakaobaum produziert die Kakaobohnen, aus denen Schokolade hergestellt wird. Jeder Baum kann pro Jahr etwa 2,5 kg Kakaobohnen produzieren.

Die Eiche ist bekannt dafür, dass sie eine Vielzahl von Pilzen beherbergen können. Einige dieser Pilze sind essbar, wie der Pfifferling und der Steinpilz.

Der Banyanbaum ist für sein ausgedehntes Wurzelsystem bekannt. Diese Wurzeln können vom Stamm herabhängen und sich in den Boden verankern, wodurch sich der Baum über ein großes Gebiet ausbreiten kann.

Der Magnolienbaum produziert große, auffällige Blüten. Diese Blüten sind oft stark duftend und ziehen Bestäuber wie Bienen und Schmetterlinge an.

Die Libanon-Zeder ist für ihr langlebiges und widerstandsfähiges Holz bekannt. Das Holz dieser Bäume wurde in der Antike für den Bau von Schiffen und Tempeln verwendet.

Der Eukalyptus ist für sein hohen Ölgehalt bekannt. Dieses Öl hat einen starken, markanten Duft und wird oft in ätherischen Ölen und anderen Produkten verwendet.

Der Feigenbaum produziert eine einzigartige Art von Frucht. Diese Früchte werden Feigen genannt und haben ein süßes, saftiges Fleisch, das sowohl roh als auch getrocknet gegessen werden kann.

Die Silberweide hat eine auffällige silbergraue Rinde und auffällige Blätter. Sie wachsen oft in feuchten Gebieten und ihre Rinde wurde traditionell zur Schmerzlinderung verwendet.

Der Wildkirschenbaum blüht im Frühling mit üppigen weißen Blüten. Die Blüten werden oft von Bienen besucht, und der Baum produziert kleine, saure Kirschen.

Der Teakbaum ist für sein hartes, widerstandsfähiges Holz bekannt. Teakholz wird oft für den Bau von Möbeln und Schiffen verwendet wegen seiner Resistenz gegen Feuchtigkeit und Insekten.

Die Platanenbäume sind für ihre abblätternde Rinde bekannt. Diese Bäume haben oft eine mehrfarbige Rinde, die in großen Platten abblättert und ein markantes Muster erzeugt.

Der Wacholderbaum produziert Beeren, die oft in der Gin Herstellung verwendet werden. Obwohl sie "Beeren" genannt werden, sind sie tatsächlich Zapfen mit einer beerenähnlichen Erscheinung.

Der Taxusbaum ist für sein langsam wachsendes, hartes Holz bekannt. Taxusholz wurde oft für den Bau von Langbögen verwendet.

Der Mispelbaum produziert eine einzigartige Art von Frucht. Diese Früchte, bekannt als Mispeln, haben einen süßsauren Geschmack und werden oft zu Marmelade oder Gelee verarbeitet.

Der Tulpenbaum ist für seine einzigartigen, tulpenförmigen Blüten bekannt. Trotz ihres Namens sind sie jedoch nicht mit Tulpen verwandt, sondern gehören zur Familie der Magnoliengewächse.

Der Mandelbaum ist für seine essbaren Nüsse bekannt. Mandeln sind eine wichtige Zutat in vielen Gerichten und werden sowohl roh als auch geröstet gegessen.

Der Ginkgo Baum ist für seine einzigartig geformten Blätter bekannt. Ginkgo Blätter haben eine fächerartige Form und gelten in vielen Kulturen als Symbol für Langlebigkeit und Ausdauer.

Der Johannisbrotbaum produziert eine Schote, die als natürlicher Süßstoff verwendet wird. Diese Schoten, bekannt als Johannisbrot, haben einen süßen, leicht karamellartigen Geschmack.

Bäume wie die Robinie, auch bekannt als falsche Akazie, sind für ihre harten, spitzen Dornen bekannt. Trotz ihrer stacheligen Natur sind sie beliebt für ihre schönen, duftenden Blütenstände und die Fähigkeit, auf schlechten Böden zu wachsen.

Der Gleditsia, auch bekannt als Honigdorn, sind für ihre langen, spitzen Dornen bekannt. Trotz dieser Verteidigung produzieren sie süße, essbare Schoten.

Die Korkenzieher-Weide haben verdrehte und gewundene Zweige und Stämme. Dies verleiht ihnen ein skurriles und unverwechselbares Aussehen, besonders im Winter, wenn die Blätter gefallen sind.

Die Essigbäume sind für ihre leuchtend roten Herbstfarben und die kleinen, kugelförmigen Fruchtstände bekannt. Trotz ihres Namens produzieren sie keinen Essig, sondern bekommen ihren Namen von dem starken, säuerlichen Geruch ihrer zerquetschten Blätter.

Fernsehen

Die erste Fernsehsendung, die jemals ausgestrahlt wurde, war eine BBC-Nachrichtensendung im Jahr 1936. Sie wurde live gesendet und konnte nur in einem Radius von wenigen Kilometern gesehen werden.

Die am längsten laufende Fernsehsendung ist "Meet the Press" von NBC. Sie läuft seit 1947 und hat über 70 Staffeln ausgestrahlt.

Die "Simpsons" ist die am längsten laufende Zeichentrickserie. Sie wurde erstmals 1989 ausgestrahlt und läuft immer noch.

Die erste Farbfernsehsendung wurde 1951 von CBS in den USA ausgestrahlt. Es war eine Episode der "Ed Sullivan Show".

Die Original-Enterprise aus "Star Trek" wurde für 240.000 Dollar verkauft. Es war das teuerste Stück Star Trek-Memorabilia, das jemals verkauft wurde.

Die erste Fernsehwerbung wurde 1941 in den USA ausgestrahlt und bewarb Bulova-Uhren. Sie kostete nur 9 Dollar.

Die höchste Einschaltquote für eine einzelne Fernsehsendung wurde von der letzten Episode von "MAS*H" erreicht. Sie wurde 1983 von über 105 Millionen Menschen gesehen.

Die erste Seifenoper war "These Are My Children", die 1949 auf NBC ausgestrahlt wurde. Sie lief nur für einen Monat.

Die Serie "Friends" kostete in ihrer letzten Staffel 10 Millionen Dollar pro Episode. Die Hauptdarsteller wurden pro Folge mit 1 Million Dollar bezahlt.

Die erste Reality-TV-Show war "An American Family", die 1973 auf PBS ausgestrahlt wurde. Sie zeigte das Leben der Familie Loud und war ein Vorläufer für Shows wie "The Osbournes" und "Keeping Up With the Kardashians".

Das Teletextsystem, das in den 1970er-Jahren eingeführt wurde, war das erste System, das es den Zuschauern ermöglichte, Informationen auf ihrem Fernsehbildschirm zu lesen. Es wurde für Nachrichten, Wetterberichte und Programminformationen verwendet.

Der erste Fernsehkoch war James Beard, der 1946 eine Kochshow auf NBC hatte. Er gilt als Pionier des Kochfernsehens und hat den Weg für Köche wie Julia Child und Gordon Ramsay geebnet.

Die Serie "I Love Lucy" war die erste Show, die vor einem Live-Publikum gefilmt und später ausgestrahlt wurde. Sie war auch die erste Show, die eine schwangere Frau zeigte.

Die erste Fernsehshow, die eine afroamerikanische Familie in den Mittelpunkt stellte, war "The Cosby Show". Sie wurde von 1984 bis 1992 ausgestrahlt.

Der erste 24-Stunden-Nachrichtensender war CNN, der 1980 startete. Er revolutionierte die Art und Weise, wie Menschen Nachrichten konsumieren.

Die erste Fernsehshow, die ein homosexuelles Paar zeigte, war "Soap", eine US-amerikanische Comedy-Serie aus den 1970er-Jahren. Sie zeigte das Leben von zwei Brüdern und ihren Familien.

Die am meiste gesehene Fernsehveranstaltung ist der Super Bowl. Die Übertragung zieht jedes Jahr mehr als 100 Millionen Zuschauer an.

Die erste Fernsehshow, die eine Frau in einer führenden Rolle zeigte, war "I Love Lucy". Lucille Ball spielte die Hauptrolle und war auch eine der Produzentinnen der Show.

Die erste Fernsehshow, die in High Definition ausgestrahlt wurde, war eine Episode von "The Power of Nightmares" auf der BBC im Jahr 2005. Sie war die erste Show, die in 1080p ausgestrahlt wurde.

Die erste Fernsehshow, die ausschließlich auf einem Streaming-Dienst veröffentlicht wurde, war "House of Cards" auf Netflix. Sie läutete eine neue Ära von Fernsehserien ein, die ausschließlich für Streaming-Dienste produziert wurden.

Der Begriff "Binge-Watching" wurde durch die Praxis des Ansehens mehrerer Episoden einer Fernsehshow in einem Durchgang populär. Er wurde zuerst im Zusammenhang mit DVD-Boxsets und später mit Streaming-Diensten verwendet.

Die Fernsehshow mit den meisten Episoden ist die britische Seifenoper "Coronation Street". Sie läuft seit 1960 und hat mehr als 10.000 Episoden ausgestrahlt.

Die erste Fernsehshow, die eine lesbische Hochzeit zeigte, war "Friends". Die Episode wurde 1996 ausgestrahlt und stieß auf Kontroversen und Boykottaufrufe.

Die erste Fernsehshow, die ein Transgender-Charakter in einer Hauptrolle zeigte, war "Transparent". Die Show wurde 2014 auf Amazon Prime veröffentlicht.

Die erste Fernsehshow, die in 3D ausgestrahlt wurde, war eine Episode von "Medium" auf NBC im Jahr 2009. Die Episode wurde mit speziellen 3D-Kameras gedreht.

Die erste Fernsehköchin, die eine Emmy-Auszeichnung gewann, war Julia Child für "The French Chef". Sie gewann den Preis 1966.

Die Fernsehsendung mit den meisten Emmy-Auszeichnungen ist "Game of Thrones" mit 58 Auszeichnungen. Sie lief von 2011 bis 2019.

Die erste Fernsehshow, die ausschließlich für Kinder produziert wurde, war "Howdy Doody", die 1947 auf NBC ausgestrahlt wurde. Sie war eine Puppenshow und lief bis 1960.

Der erste Fernsehfilm war "See How They Run", der 1964 auf der BBC ausgestrahlt wurde. Er war eine Adaption eines Bühnenstücks und wurde live ausgestrahlt.

Die erste Fernsehsendung, die in 4K ultra HD ausgestrahlt wurde, war "Better Call Saul" auf AMC. Sie wurde 2015 in 4K ausgestrahlt.

Die erste Fernsehsendung, die einen Emmy für die beste Drama-Serie gewann, war "The Philco Television Playhouse" im Jahr 1949. Sie war eine Anthologie-Serie und zeigte jede Woche ein neues Drama.

Die erste Fernsehshow, die eine Emmy für die beste Comedy-Serie gewann, war "The Jack Benny Program" im Jahr 1955. Sie war eine Sketch-Comedy-Show und lief von 1950 bis 1965.

Die erste Fernsehsendung, die einen Peabody Award gewann, war "You Are There" im Jahr 1948. Sie war eine historische Dokumentarserie und gewann den Preis für ihre hervorragende Darstellung von historischen Ereignissen.

Die erste Fernsehshow, die eine Emmy für die beste Talkshow gewann, war "The Tonight Show Starring Johnny Carson" im Jahr 1970. Sie war eine nächtliche Talkshow und Carson war der Gastgeber von 1962 bis 1992.

Die erste Fernsehshow, die einen Golden Globe für die beste Drama-Serie gewann, war "The Twilight Zone" im Jahr 1962. Sie war eine Anthologie-Serie, die Science-Fiction- und Horror-Geschichten zeigte.

Die erste Fernsehshow, die einen Golden Globe für die beste Comedy-Serie gewann, war "The Dick Van Dyke Show" im Jahr 1963. Sie war eine Sitcom und lief von 1961 bis 1966.

Die erste Fernsehshow, die in Dolby Surround Sound ausgestrahlt wurde, war "Miami Vice" auf NBC. Sie wurde 1985 in Surround Sound ausgestrahlt.

Der erste Fernsehfilm, der einen Emmy für den besten Fernsehfilm gewann, war "Eleanor and Franklin" im Jahr 1976. Er war ein biografischer Film über das Leben von Eleanor und Franklin Roosevelt.

Die erste Fernsehshow, die einen Emmy für die beste Realityshow gewann, war "The Amazing Race" im Jahr 2003. Sie ist ein Wettbewerb, bei dem Teams um die Welt reisen und Herausforderungen meistern müssen.

Die erste Fernsehsendung, die einen Emmy für die beste Variety-Show gewann, war "The Carol Burnett Show" im Jahr 1975. Sie war eine Sketch-Comedy-Show und lief von 1967 bis 1978.

Der erste animierte Fernsehfilm war "Rudolph the Red-Nosed Reindeer", der 1964 auf NBC ausgestrahlt wurde. Er war ein Stop-Motion-Film und basierte auf dem gleichnamigen Lied.

Die erste Fernsehshow, die in Virtual Reality verfügbar war, war "Invasion!" von Baobab Studios. Sie wurde 2016 veröffentlicht und ist eine animierte Kurzfilmserie.

Der erste Fernsehfilm, der einen Oscar gewann, war "Bob Hope Presents the Chrysler Theatre" im Jahr 1964. Er gewann den Preis für den besten Kurzfilm (Live-Action).

Der erste Fernsehfilm, der einen Golden Globe für den besten Fernsehfilm gewann, war "The Last Angry Man" im Jahr 1959. Er war ein Drama und basierte auf einem Roman von Gerald Green.

Der erste 24-Stunden-Filmkanal war HBO, der 1972 startete. Er war der erste Kabelkanal, der rund um die Uhr Filme zeigte.

Die erste Fernsehshow, die eine Emmy für die beste Kindersendung gewann, war "Sesamstraße" im Jahr 1970. Sie ist eine pädagogische Kindersendung und läuft seit 1969.

Die erste Fernsehshow, die einen Peabody Award für die beste Nachrichtensendung gewann, war "See It Now" im Jahr 1952. Sie war eine wöchentliche Nachrichtensendung, die von Edward R. Murrow moderiert wurde.

Die erste Fernsehshow, die einen Emmy für die beste Dokumentation gewann, war "The Undersea World of Jacques Cousteau" im Jahr 1968. Sie war eine Naturdokumentation und zeigte das Leben im Meer.

Die erste Fernsehshow, die eine Emmy für die beste Miniserie gewann, war "Roots" im Jahr 1977. Sie war eine historische Miniserie und basierte auf einem Roman von Alex Haley.

Die erste Fernsehshow, die einen Golden Globe für die beste Miniserie gewann, war "Holocaust" im Jahr 1979. Sie war eine Miniserie und zeigte das Leben einer jüdischen Familie während des Holocaust.

Der erste Satelliten-TV-Kanal war das "Public Broadcasting Service" (PBS), das 1970 in den USA startete. PBS ist bekannt für seine Bildungs- und Kulturprogramme und sendet seit 50 Jahren Programme über Satellit.

Der erste Fernsehkanal, der in High Definition (HD) ausgestrahlt wurde, war "HBO HD" im Jahr 1999. HBO HD bot seinen Zuschauern eine verbesserte Bildqualität und ein intensiveres Fernseherlebnis.

Die erste Fernsehshow, die mit Untertiteln für Hörgeschädigte ausgestrahlt wurde, war "The French Chef" mit Julia Child im Jahr 1972. Dies war ein Meilenstein in der Barrierefreiheit im Fernsehen.

Die erste TV-Show, die vollständig in einem Flugzeug gedreht wurde, war die NBC-Sitcom "The Office" in der Episode "Business Trip" aus dem Jahr 2007. Die komplette Episode wurde in einem Flugzeug gedreht.

Die erste Fernsehshow, die eine Klonhandlung hatte, war "Star Trek: The Next Generation" in der Folge "Up The Long Ladder" aus dem Jahr 1989. In der Folge entdeckt die Besatzung der Enterprise eine menschliche Kolonie, die durch Klonen überlebt hat.

Die erste Fernsehshow, die eine Emmy für herausragende Regie gewann, war "Studio One" im Jahr 1955. Die Show wurde für ihre innovative und kreative Regiearbeit ausgezeichnet.

Die erste Fernsehshow, die einen Computervirus als zentrales Handlungselement hatte, war "The X-Files" in der Episode "Ghost in the Machine" aus dem Jahr 1993. Die Episode handelt von einem mörderischen Computervirus.

Die erste Fernsehshow, die eine virtuelle Realität als zentrales Handlungselement hatte, war "Star Trek: The Next Generation" in der Episode "The Big Goodbye" aus dem Jahr 1988. In der Folge verwendet die Besatzung der Enterprise eine virtuelle Realität, um ein historisches Szenario nachzustellen.

Die erste Fernsehshow, die einen Emmy für herausragende Spezialeffekte gewann, war "Star Trek: Voyager" im Jahr 1995. Die Show setzte neue Maßstäbe für die Verwendung von Spezialeffekten im Fernsehen.

Die erste Fernsehshow, die eine Emmy für herausragende Musikkomposition gewann, war "Peter Pan" im Jahr 1955. Die Show wurde für ihre einzigartige und originelle Musik ausgezeichnet.

Die erste Fernsehshow, die eine Emmy für herausragendes Kostümdesign gewann, war "Anastasia" im Jahr 1956. Die Show wurde für ihre detailreichen und historisch korrekten Kostüme ausgezeichnet.

Die erste Fernsehshow, die eine Emmy für herausragende Hauptdarstellerin gewann, war "Life with Father" im Jahr 1953. Die Show wurde für die Leistung der Schauspielerin Lillian Gish ausgezeichne

Die erste Fernsehshow, die eine Emmy für herausragendes Drehbuch gewann, war "Goodyear Television Playhouse" im Jahr 1955. Die Show wurde für ihr einzigartiges und kreatives Drehbuch ausgezeichnet.

Die erste Fernsehshow, die eine Emmy für herausragende Nebendarstellerin gewann, war "Hallmark Hall of Fame" im Jahr 1954. Die Show wurde für die Leistung der Schauspielerin Sarah Churchill ausgezeichnet.

Die erste Fernsehshow, die eine Emmy für herausragenden Nebendarsteller gewann, war "Producers' Showcase" im Jahr 1955. Die Show wurde für die Leistung des Schauspielers Rod Steiger ausgezeichnet.

Die erste Fernsehshow, die eine Golden Globe für herausragendes Drama gewann, war "The Untouchables" im Jahr 1961. Die Show wurde für ihr packendes und emotionales Drama ausgezeichnet.

Die erste Fernsehshow, die eine Golden Globe für herausragende Komödie oder Musical gewann, war "The Jack Benny Show" im Jahr 1962. Die Show wurde für ihren humorvollen und unterhaltsamen Inhalt ausgezeichnet.

Die erste Fernsehshow, die eine Golden Globe für herausragenden Hauptdarsteller in einer Dramaserie gewann, war "The Twilight Zone" im Jahr 1962. Die Show wurde für die Leistung des Schauspielers Rod Serling ausgezeichnet.

Die erste Fernsehshow, die eine Golden Globe für herausragenden Hauptdarsteller in einer Komödie oder einem Musical gewann, war "The Andy Griffith Show" im Jahr 1962. Die Show wurde für die Leistung des Schauspielers Andy Griffith ausgezeichnet.

Die erste Fernsehshow, die eine Golden Globe für herausragende Hauptdarstellerin in einer Komödie oder einem Musical gewann, war "The Donna Reed Show" im Jahr 1963. Die Show wurde für die Leistung der Schauspielerin Donna Reed ausgezeichnet.

Die erste Fernsehshow, die eine Golden Globe für herausragenden Nebendarsteller gewann, war "The Richard Boone Show" im Jahr 1964. Die Show wurde für die Leistung des Schauspielers Harry Morgan ausgezeichnet.

Die erste Fernsehshow, die eine Golden Globe für herausragende Nebendarstellerin gewann, war "Petticoat Junction" im Jahr 1964. Die Show wurde für die Leistung der Schauspielerin Bea Benaderet ausgezeichnet.

Die erste Fernsehshow, die einen Peabody Award für herausragende Nachrichtenberichterstattung gewann, war "See It Now" im Jahr 1951. Die Show wurde für ihren objektiven und gründlichen Journalismus ausgezeichnet.

Die erste Fernsehshow, die einen Peabody Award für herausragende Unterhaltung gewann, war "Amahl and the Night Visitors" im Jahr 1951. Die Show wurde für ihre kreative und einzigartige Unterhaltung ausgezeichnet.

Die erste Fernsehshow, die einen Peabody Award für herausragende Kinderprogramme gewann, war "Watch Mr. Wizard" im Jahr 1954. Die Show wurde für ihre bildenden und unterhaltsamen Kinderprogramme ausgezeichnet.

Die erste Fernsehshow, die einen Peabody Award für herausragende Leistungen in der öffentlichen Dienstleistung gewann, war "The Guiding Light" im Jahr 1952. Die Show wurde für ihre positiven Beiträge zur Gesellschaft ausgezeichnet.

Die erste Fernsehshow, die einen Peabody Award für herausragende Leistungen in der Bildung gewann, war "Omnibus" im Jahr 1952. Die Show wurde für ihre informativen und lehrreichen Programme ausgezeichnet.

Die BAFTA (British Academy Film Awards) sind die bedeutendsten nationalen Filmpreise Großbritaniens. Sie werden seit 1948 alljährlich im Februar in London der British Academy of Film and Television Arts verliehen und gelten als britische Gegenstücke zu den US-amerikanischen Oscars.

Die erste Fernsehshow, die einen BAFTA für herausragende Drama-Serie gewann, war "Z Cars" im Jahr 1962. Die Show wurde für ihr packendes und eindringliches Drama ausgezeichnet.

Die erste Fernsehshow, die einen BAFTA für herausragende Unterhaltung gewann, war "This Is Your Life" im Jahr 1957. Die Show wurde für ihr unterhaltsames und einzigartiges Format ausgezeichnet.

Die erste Fernsehshow, die einen BAFTA für herausragende Comedy gewann, war "The Frost Report" im Jahr 1967. Die Show wurde für ihren humorvollen und unterhaltsamen Inhalt ausgezeichnet.

Die erste Fernsehshow, die einen BAFTA für herausragenden Hauptdarsteller gewann, war "The Caretaker" im Jahr 1963. Die Show wurde für die Leistung des Schauspielers Alan Bates ausgezeichnet.

Die erste Fernsehshow, die einen BAFTA für herausragende Hauptdarstellerin gewann, war "Armchair Theatre" im Jahr 1962. Die Show wurde für die Leistung der Schauspielerin Billie Whitelaw ausgezeichnet.

Die erste Fernsehshow, die einen BAFTA für herausragenden Nebendarsteller gewann, war "The Wednesday Play" im Jahr 1965. Die Show wurde für die Leistung des Schauspielers Patrick Wymark ausgezeichnet.

Die erste Fernsehshow, die einen BAFTA für herausragende Nebendarstellerin gewann, war "The Wednesday Play" im Jahr 1965. Die Show wurde für die Leistung der Schauspielerin Rachel Roberts ausgezeichnet.

Die erste Fernsehshow, die einen BAFTA für herausragende Einzelleistung gewann, war "Tonight" im Jahr 1960. Die Show wurde für die Leistung des Journalisten Cliff Michelmore ausgezeichnet.

Die erste Fernsehshow, die einen BAFTA für herausragende Factual-Serie gewann, war "World in Action" im Jahr 1963. Die Show wurde für ihre gründliche und objektive Berichterstattung ausgezeichnet.

Die erste Fernsehshow, die einen BAFTA für herausragende Sportberichterstattung gewann, war "Grandstand" im Jahr 1961. Die Show wurde für ihre umfassende und spannende Sportberichterstattung ausgezeichnet.

Die erste Fernsehshow, die einen BAFTA für herausragende Leistungen in der Animation gewann, war "Animal Kwackers" im Jahr 1976. Die Show wurde für ihre kreative und unterhaltsame Animation ausgezeichnet.

Die erste Fernsehshow, die einen BAFTA für herausragende Leistungen in der Kinderunterhaltung gewann, war "Blue Peter" im Jahr 1962. Die Show wurde für ihre informativen und unterhaltsamen Kinderprogramme ausgezeichnet.

Die erste Fernsehshow, die einen BAFTA für herausragende Leistungen in der Dokumentation gewann, war "Panorama" im Jahr 1956. Die Show wurde für ihre gründliche und objektive Dokumentation ausgezeichnet.

Die erste Fernsehshow, die einen BAFTA für herausragende Leistungen in der Sitcom gewann, war "Hancock's Half Hour" im Jahr 1957. Die Show wurde für ihren humorvollen und einzigartigen Sitcom-Stil ausgezeichnet.

Die erste Fernsehshow, die einen BAFTA für herausragende Leistungen in der Reality-Show gewann, war "The Apprentice" im Jahr 2005. Die Show wurde für ihr einzigartiges und unterhaltsames Reality-Format ausgezeichnet.

Die erste Fernsehshow, die einen BAFTA für herausragende Leistungen in der Seifenoper gewann, war "Coronation Street" im Jahr 1962. Die Show wurde für ihre fesselnden und dramatischen Geschichten ausgezeichnet.

Die erste Fernsehshow, die einen BAFTA für herausragende Leistungen in der Wissenschafts- und Naturdokumentation gewann, war "The World About Us" im Jahr 1972. Die Show wurde für ihre informative und faszinierende Berichterstattung über die Naturwissenschaften ausgezeichnet.

Die erste Fernsehshow, die einen BAFTA für herausragende Leistungen in der Reisedokumentation gewann, war "Whicker's World" im Jahr 1968. Die Show wurde für ihre faszinierende und aufschlussreiche Berichterstattung über verschiedene Reiseziele ausgezeichnet.

Mittelalter

Im Mittelalter wurden Burgen als Festungen gebaut, um die Bewohner vor feindlichen Angriffen zu schützen. Sie waren oft von tiefen Gräben umgeben, die als zusätzliche Verteidigungslinie dienten.

Während des Mittelalters war die Kirche eine dominante Kraft in der Gesellschaft und Kultur. Die Menschen wurden nach strengen religiösen Normen und Werten erzogen.

Das Mittelalter war eine Zeit, in der die Ritterkultur blühte. Ritter wurden als Elitekrieger angesehen und waren oft von hohem sozialem Rang.

Die Schriftstellerei im Mittelalter war fast ausschließlich auf Latein, da es als die Sprache der Gelehrten angesehen wurde. Bücher wurden von Hand geschrieben und waren sehr wertvoll.

Während des Mittelalters wurden viele verschiedene Waffen entwickelt und eingesetzt. Dazu gehören Schwerter, Lanzen, Äxte und Bögen.

Die mittelalterliche Medizin war stark von der griechischen und römischen Medizin beeinflusst. Ärzte glaubten an die Balance der Körpersäfte und praktizierten oft Aderlass.

Im Mittelalter wurde die Wasserkraft häufig genutzt. Wassermühlen wurden verwendet, um Getreide zu mahlen, Eisen zu schmieden und sogar um Textilien zu weben.

Während des Mittelalters war das Reisen oft gefährlich und schwierig. Reisende mussten oft raue Wetterbedingungen, Räuber und Mangel an geeigneten Unterkünften ertragen.

Der schwarze Tod (Die Pest) war eine der tödlichsten Pandemien im Mittelalter. Es wird geschätzt, dass er zwischen 1347 und 1351 etwa 25 Millionen Menschen in Europa getötet hat.

Im Mittelalter war die Falknerei eine sehr populäre Freizeitbeschäftigung unter den Adligen. Sie galt als nobles Hobby und war oft ein Zeichen von Prestige und Status.

Während des Mittelalters war die Anfertigung von Wandteppichen eine wichtige Kunstform. Diese Teppiche waren oft reich verziert und erzählten Geschichten oder Darstellungen religiöser Szenen.

Im Mittelalter waren Märkte und Jahrmärkte wichtige soziale und wirtschaftliche Veranstaltungen. Sie boten den Menschen die Möglichkeit, Waren zu kaufen und zu verkaufen, und waren oft auch eine Quelle von Unterhaltung.

Im Mittelalter wurden viele Bräuche und Traditionen praktiziert, die bis heute Bestand haben. Dazu gehören Eheschließungen, Taufen und Beerdigungsrituale.

Im Mittelalter wurden oft Turniere abgehalten, bei denen Ritter in verschiedenen Disziplinen gegeneinander antraten. Sie waren ein wichtiger Bestandteil der mittelalterlichen Kultur und boten eine Gelegenheit zur Demonstration von Tapferkeit und Fertigkeiten.

Während des Mittelalters war der Glaube an Magie und Hexerei weit verbreitet. Hexenprozesse und -verbrennungen waren leider eine häufige Erscheinung.

Im Mittelalter gab es eine Fülle von Volks- und Rittergeschichten. Diese Geschichten wurden oft mündlich überliefert und behandelten Themen wie Abenteuer, Ritterlichkeit und romantische Liebe.

Im Mittelalter wurden viele Klöster und Kathedralen gebaut. Sie dienten nicht nur als Orte des Gebets, sondern auch als Zentren des Lernens und der Kultur.

Im Mittelalter waren Kräuterheilkunde und Heilpflanzen ein wichtiger Bestandteil der Medizin. Viele Pflanzen wurden wegen ihrer heilenden Eigenschaften geschätzt.

Im Mittelalter war der Beruf des Schmieds von entscheidender Bedeutung. Sie stellten Werkzeuge, Waffen und andere notwendige Gegenstände her.

Während des Mittelalters war die Körperhygiene oft mangelhaft. Bäder waren selten und die Menschen glaubten, dass zu viel Sauberkeit ungesund sein könnte.

Im Mittelalter war die Herstellung von Bier ein wichtiger Wirtschaftszweig. Es wurde oft als sicherer zu trinken als Wasser angesehen, da der Brauprozess schädliche Bakterien abtötet.

Im Mittelalter war die Jagd ein beliebter Sport unter den Adligen. Es diente nicht nur zur Unterhaltung, sondern auch zur Beschaffung von Fleisch für den Haushalt.

Während des Mittelalters war das Feudalsystem die vorherrschende Form der politischen Organisation. Dieses System basierte auf einer Hierarchie von Lehnsherren und Vasallen, die durch gegenseitige Verpflichtungen verbunden waren.

Im Mittelalter waren Gilden wichtige Organisationen. Sie regulierten die Handwerks- und Handelspraktiken und boten ihren Mitgliedern Unterstützung und Schutz.

Während des Mittelalters wurden Städte oft von hohen Mauern umgeben. Diese Mauern dienten zum Schutz vor feindlichen Angriffen und halfen, die Ordnung innerhalb der Stadt aufrechtzuerhalten.

Im Mittelalter gab es strenge Gesetze gegen Diebstahl und andere Verbrechen. Strafen konnten von Geldstrafen bis hin zur Todesstrafe reichen.

Im Mittelalter waren Pilgerreisen zu heiligen Orten eine gängige Praxis. Diese Reisen waren oft gefährlich und beschwerlich, wurden aber als eine Möglichkeit zur Buße und spirituellen Reinigung gesehen.

Während des Mittelalters wurde die Musik vor allem in der Kirche und bei Hofe gespielt. Instrumente wie die Laute, die Fidel und die Harfe waren weit verbreitet.

Im Mittelalter wurden öffentliche Hinrichtungen oft als abschreckende Maßnahme eingesetzt. Die Todesstrafe wurde für eine Vielzahl von Verbrechen verhängt, von Mord und Hochverrat bis hin zu kleineren Vergehen.

Im Mittelalter gab es eine Fülle von übernatürlichen Glaubensvorstellungen. Dazu gehörten Glaube an Geister, Dämonen, Hexen und andere mystische Wesen.

Im Mittelalter wurde die Astronomie oft mit Astrologie vermischt. Sterne und Planeten wurden studiert, um Vorhersagen über zukünftige Ereignisse zu treffen.

Im Mittelalter gab es eine Vielzahl von Berufen, von Schmieden und Bäckern bis hin zu Rittern und Geistlichen. Jeder Beruf hatte seine eigene Rolle und seinen eigenen Status in der Gesellschaft.

Im Mittelalter war das Spiel von Brett- und Würfelspielen eine beliebte Freizeitbeschäftigung. Sie boten Unterhaltung und waren oft auch Gegenstand von Wetten.

Im Mittelalter waren Seuchen wie die Pest und Lepra weit verbreitet. Diese Krankheiten konnten verheerende Auswirkungen auf die Bevölkerung haben und führten oft zu massiven Todesfällen.

Im Mittelalter war die Anfertigung von Rüstungen und Waffen eine wichtige Industrie. Rüstungsschmiede waren hochgeschätzte Handwerker, die oft für Könige und Adlige arbeiteten.

Während des Mittelalters war die Justiz oft brutal und unerbittlich. Verbrechen wurden streng bestraft und das Rechtssystem war oft von Korruption und Bestechung durchzogen.

Im Mittelalter waren Tiere oft Gegenstand von Gerichtsverfahren. Sie konnten für Verbrechen verurteilt und bestraft werden, genau wie Menschen.

Im Mittelalter war die Landwirtschaft die Hauptquelle für Lebensmittel und Einkommen. Die Menschen lebten oft auf kleinen Farmen und zogen Vieh auf und kultivierten Getreide.

Während des Mittelalters war die Kleidung oft ein Zeichen für den sozialen Status. Adlige trugen feine, aufwendig verzierte Kleider, während Bauern und Arbeiter einfache, praktische Kleidung trugen.

Während des Mittelalters wurden viele Burganlagen mit Türmen, Toren und Zugbrücken gebaut. Diese Merkmale wurden entwickelt, um die Burg vor feindlichen Angriffen zu schützen.

Im Mittelalter wurde der Pfeil und Bogen als effektive Waffe im Krieg und bei der Jagd verwendet. Bogenschützen waren oft ein wichtiger Bestandteil der Armeen.

Im Mittelalter wurden Münzen als Hauptform von Währung verwendet. Gold-, Silber- und Kupfermünzen wurden nach Gewicht bewertet und in den Handel gebracht.

Während des Mittelalters wurde Wein oft als sicherer zu trinken als Wasser angesehen. Es wurde in Klöstern hergestellt und war ein wichtiger Bestandteil der Ernährung.

Im Mittelalter waren Tiere oft Teil des Alltagslebens. Sie wurden für Arbeit, Nahrung und sogar als Haustiere gehalten.

Musik

Die meisten Pop-Songs dauern im Durchschnitt nur etwa drei Minuten. Dies liegt daran, dass das menschliche Gehirn dazu neigt, bei dieser Länge am meisten Aufmerksamkeit zu schenken.

Die tiefste jemals gesungene Note von einem Menschen wurde vom Tim Storms erreicht, der eine Note von G-7 sang, das ist 8 Oktaven unter dem tiefsten G auf einem Klavier.

Mozart komponierte mehr als 600 Werke in seinem kurzen Leben von nur 35 Jahren. Es wird angenommen, dass er bereits mit fünf Jahren seine erste Komposition verfasste.

Der längste Song aller Zeiten ist laut dem Guinnessbuch der Rekorde "The Rise and Fall of Bossanova" von PC III, der über 13 Stunden dauert.

Die weltweit meistverkaufte Single ist "White Christmas" von Bing Crosby. Sie wurde schätzungsweise über 50 Millionen Mal verkauft.

Elvis Presley, bekannt als "The King of Rock 'n R Roll", hat nie ein Konzert außerhalb von Nordamerika gegeben. Trotz seiner weltweiten Berühmtheit beschränkten sich seine Auftritte auf die USA und Kanada.

Beethovens fünfte Symphonie ist eines der bekanntesten Stücke der klassischen Musik. Es ist jedoch unbekannt, ob Beethoven selbst jemals die vollständige Aufführung des Werkes gehört hat, da er zum Zeitpunkt der Fertigstellung bereits taub war.

Die Beatles hielten 1964 den Rekord für die meisten gleichzeitigen Top-5-Hits in den USA. Sie belegten alle fünf Plätze mit verschiedenen Songs.

Die Sitar, ein Saiteninstrument, das häufig in der indischen klassischen Musik verwendet wird, kann bis zu 18 Saiten haben. Das Instrument erlangte in der westlichen Musik Berühmtheit durch George Harrison von den Beatles, der es in einigen ihrer Songs spielte.

Barry Manilow hat nicht seinen größten Hit "I Write the Songs" geschrieben. Der Song wurde tatsächlich von Bruce Johnston von den Beach Boys geschrieben.

Das Erkennungszeichen der Sängerin Sia ist eine übergroße Perücke, die ihr Gesicht verdeckt. Sie hat erklärt, dass dies dazu dient, ihre Privatsphäre zu schützen.

Der US-Sänger Pharrell Williams schrieb den Hit-Song "Happy" in weniger als einer Stunde. Der Song wurde ursprünglich für den Soundtrack des Films "Ich - Einfach unverbesserlich 2" geschrieben.

Der Künstler Drake ist nicht nur ein erfolgreicher Rapper, sondern war auch Schauspieler. Bevor er seine Musikkarriere begann, spielte er in der kanadischen Fernsehshow "Degrassi: The Next Generation".

Die meistverkaufte CD aller Zeiten ist Michael Jacksons "Thriller". Es wird geschätzt, dass mehr als 66 Millionen Exemplare weltweit verkauft wurden.

Der finnische Cellist Eicca Toppinen ist ein Gründungsmitglied von Apocalyptica, einer Band, die als Cello-Quartett begann und Metallica-Cover spielte. Heute sind sie eine erfolgreiche Symphonic-Metal-Band mit originalen Kompositionen.

Die sogenannte "Mozart-Effekt"-Theorie besagt, dass das Hören von Mozarts Musik die geistige Leistungsfähigkeit verbessern kann. Obwohl diese Theorie umstritten ist, gibt es viele Menschen, die glauben, dass klassische Musik das Lernen und die Konzentration verbessern kann.

Mariah Carey ist bekannt für ihre fünf Oktaven umfassende Stimme. Sie kann höhere Töne erreichen als fast alle anderen bekannten Sängerinnen.

Das Theremin ist ein elektronisches Musikinstrument, das ohne physischen Kontakt gespielt wird. Der Spieler kontrolliert den Ton durch Bewegen seiner Hände in der Nähe von zwei Antennen.

Der Komponist Johann Sebastian Bach hatte 20 Kinder, von denen mehrere auch erfolgreiche Musiker wurden. Seine Söhne Wilhelm Friedemann, Carl Philipp Emanuel und Johann Christian wurden alle als Komponisten bekannt.

Im japanischen Musikmarkt dominieren sogenannte "Idol"-Gruppen, die aus zahlreichen Mitgliedern bestehen und in der Regel von einer Talentagentur gemanagt werden. Die größte Idol-Gruppe ist AKB48 mit über 100 Mitgliedern.

Während der Aufnahme von "Sweet Child O' Mine" von Guns N' Roses war der Leadgitarrist Slash besorgt, dass sein Gitarrensolo zu kitschig klang. Er wurde jedoch davon überzeugt, es beizubehalten, und es wurde zu einem der bekanntesten Solos der Rockmusik.

Yoko Ono, bekannt als Künstlerin und Witwe von John Lennon, veröffentlichte 2012 ein Album namens "Mrs. Lennon", das hauptsächlich aus Klangexperimenten besteht. Es wurde von Kritikern gelobt und erreichte Platz 4 auf den Billboard Dance Club Charts.

Das Lied "4'33''" vom Komponisten John Cage besteht aus vier Minuten und 33 Sekunden Stille. Der "Klang" des Stückes wird durch die Geräusche der Umgebung erzeugt.

Das Musikvideo zu "Thriller" von Michael Jackson war das erste Musikvideo, das in das National Film Registry der Library of Congress aufgenommen wurde. Es wird oft als eines der besten Musikvideos aller Zeiten bezeichnet.

Der deutsche Komponist Richard Wagner ist bekannt für seine epischen Opern, die oft mehrere Stunden dauern. Sein Ring-Zyklus besteht aus vier Opern, die zusammen etwa 15 Stunden dauern.

Die Band Queen hat das am meisten gestreamte Song des 20. Jahrhunderts mit "Bohemian Rhapsody". Der Song hat über 1,6 Milliarden Streams auf Spotify und YouTube.

Im 19. Jahrhundert wurden viele Pianisten zu Berühmtheiten und reisten um die Welt, um Konzerte zu geben. Der bekannteste von ihnen war wohl Franz Liszt, dessen Auftritte oft zu tumultartigen Szenen führten, die als "Lisztomanie" bezeichnet wurden.

Im Jahr 2016 stellte die südkoreanische Boyband BTS den Rekord für die meisten Twitter-Engagements für eine Musikgruppe auf. Ihre treue Fangemeinde, die als "ARMY" bekannt ist, hilft ihnen, diesen Rekord zu halten.

Die höchste jemals von einem Menschen erreichte gesungene Note ist ein C8, gesungen von der georgischen Sängerin Ana Marika. Diese Note ist so hoch, dass sie oft als "Hunde-Pfeife"-Note bezeichnet wird.

Der australische Didgeridoo ist eines der ältesten Musikinstrumente der Welt. Es wird vermutet, dass es bereits vor über 1.500 Jahren von den indigenen Völkern Australiens gespielt wurde.

Die längste jemals aufgenommene Oper ist "Die Meistersinger von Nürnberg" von Richard Wagner. Sie dauert in der Regel etwa vier bis fünf Stunden.

Der berühmte Pianist und Komponist Frédéric Chopin konnte angeblich nur bei Kerzenlicht komponieren. Er fand, dass das flackernde Licht seiner Kreativität half.

Die längste Performance eines einzigen Musikstücks dauerte 639 Jahre. John Cage's "Organ²/ASLSP (As SLow aS Possible)" begann im Jahr 2001 und wird voraussichtlich im Jahr 2640 enden.

Beim Eurovision Song Contest 2016 trug die australische Sängerin Dami Im ein Kleid, das so lang war, dass es eine eigene Plattform benötigte. Das Kleid war 4,5 Meter lang.

Der philippinische Sänger Arnel Pineda wurde der Leadsänger der Band Journey, nachdem die Band ein Video von ihm auf YouTube gesehen hatte, in dem er ihre Songs coverte. Er ist seit 2007 Teil der Band.

Die Schallplatte war in den 1980er Jahren fast vollständig durch die CD ersetzt worden, erlebt aber seit etwa 2007 eine Renaissance. Trotz des Aufstiegs digitaler Musikformate sind Vinylverkäufe in den letzten Jahren gestiegen.

Die Band ABBA aus Schweden hat ihre eigene Insel. Die Insel Viggsö liegt in der Stockholmer Schären und war ein Rückzugsort für die Band während ihrer aktiven Jahre.

Der US-amerikanische Musiker Bob Dylan war der erste Songwriter, der den Nobelpreis für Literatur erhielt. Er wurde 2016 für die Schaffung "neuer poetischer Ausdrucksformen in der großen amerikanischen Songtradition" ausgezeichnet.

Das Lied "Jingle Bells" wurde ursprünglich als Thanksgiving-Song geschrieben. Es wurde jedoch so eng mit Weihnachten verbunden, dass es heute als Weihnachtslied bekannt ist.

Das Lied "This Is the Song That Doesn't End" aus der Kindersendung "Lamb Chop's Play-Along" wurde als Endlosschleifenlied geschrieben. Das Lied endet theoretisch nie und wird immer wieder wiederholt.

Beim Woodstock-Festival im Jahr 1969 traten mehr als 30 Bands auf, darunter The Who, Jimi Hendrix und Janis Joplin. Trotz des Chaos, das durch das unerwartet hohe Besucheraufkommen entstand, ist das Festival heute ein Symbol für die Gegenkultur der 1960er-Jahre.

Das Konzeptalbum "Tommy" von The Who, das als Rockoper bezeichnet wird, erzählt die Geschichte eines taubstummen und blinden Jungen. Es wurde später in einen Film und ein Broadway-Musical umgewandelt.

Der berühmte Bluesmusiker B.B. King nannte jede seiner Gitarren "Lucille" als Erinnerung an eine Nacht, in der er fast in einem Feuer starb, das wegen einer umgestoßenen Kerosinlampe ausbrach. Zwei Männer hatten um die Gunst einer Frau namens Lucille gekämpft.

Die Beatles spielten ihren letzten Live-Auftritt auf dem Dach ihres Aufnahmestudios in London im Jahr 1969. Das Konzert wurde ohne Ankündigung durchgeführt und zog eine Menschenmenge auf der Straße darunter an.

Der längste Songtitel, der jemals auf einem Album veröffentlicht wurde, gehört zu Fiona Apple. Ihr Album von 2020 hat einen Titel, der über 400 Wörter lang ist.

Madonna, eine der erfolgreichsten Solo-Künstlerinnen aller Zeiten, begann ihre Karriere als Tänzerin in New York. Sie ist bekannt für ihre ständige Neuerfindung und ihren Einfluss auf die Popmusik.

Der erfolgreichste Songwriter in den Billboard-Charts ist Paul McCartney. Er hat an mehr als 30 Nummer-eins-Hits mitgearbeitet, sowohl als Mitglied der Beatles als auch als Solokünstler.

Die Band U2, eine der erfolgreichsten Rockbands aller Zeiten, hat seit ihrer Gründung im Jahr 1976 keine Mitglieder ausgetauscht. Sie bestehen aus Bono, The Edge, Adam Clayton und Larry Mullen Jr.

Der Song "Imagine" von John Lennon wurde ursprünglich in einem kleinen Studio in seinem eigenen Haus aufgenommen. Das Lied wird oft als eine Hymne für den Weltfrieden betrachtet.

Jimi Hendrix, einer der größten Gitarristen aller Zeiten, konnte nicht Noten lesen. Er hat sich das Gitarrenspielen selbst beigebracht.

Die amerikanische Sängerin Katy Perry hat den Rekord für die meisten Twitter-Follower. Sie hat mehr als 108 Millionen Follower.

Bevor sie berühmt wurde, arbeitete die Sängerin Sheryl Crow als Hintergrundsängerin für Michael Jackson. Sie tourte 1987 mit ihm und sang Duette auf der Bühne.

Der erste Song, der im Weltraum gespielt wurde, war "Jingle Bells". Es wurde 1965 von den Astronauten des Gemini-6-Raumfahrzeugs als Witz gespielt.

Der Künstler, der die meisten Alben in einer Woche verkauft hat, ist Adele. Ihr Album "25" verkaufte in der ersten Woche über 3,38 Millionen Exemplare in den USA.

Bevor sie als Sängerin berühmt wurde, war die britische Künstlerin Dua Lipa Model. Sie wurde mit 14 Jahren entdeckt und arbeitete in der Modebranche, bevor sie ihre Musikkarriere startete.

David Bowie, einer der einflussreichsten Musiker des 20. Jahrhunderts, war bekannt für seine androgyne Ästhetik und seine ständige Neuerfindung. Er veröffentlichte 27 Studioalben während seiner Karriere, die fünf Jahrzehnte umfasste.

Der Song "Happy Birthday" ist der meistgesungene Song in der englischen Sprache. Trotz seiner Bekanntheit war er bis 2016 urheberrechtlich geschützt.

Der jamaikanische Sänger Bob Marley war der erste internationale Superstar aus der Dritten Welt. Seine Musik und sein Lebensstil sind bis heute ein Symbol für die Reggae-Kultur.

Die kanadische Sängerin Celine Dion gewann 1988 den Eurovision Song Contest für die Schweiz. Sie singt in mehreren Sprachen, darunter Englisch, Französisch, Spanisch, Italienisch und sogar Chinesisch.

Die schottische Band The Proclaimers ist bekannt für ihren Hit "I'm Gonna Be (500 Miles)". Trotz der Beliebtheit des Songs in den USA ist er nie auf den Billboard Hot 100 aufgetaucht.

Die Punkband The Ramones ist bekannt dafür, dass ihre Songs sehr kurz sind. Ihre ersten beiden Alben haben zusammen nur eine Länge von etwa 58 Minuten.

Der Song "Like a Rolling Stone" von Bob Dylan wurde ursprünglich als ein Gedicht geschrieben. Es wurde später zu einem Lied umgearbeitet und ist einer seiner bekanntesten Songs.

Die irische Band The Cranberries schrieb ihren Hit "Zombie" als Protestlied gegen den Nordirlandkonflikt. Der Song wurde ein internationaler Hit und bleibt einer ihrer bekanntesten Songs.

Die britische Band Radiohead benannte sich nach einem Song von Talking Heads. Ursprünglich nannten sie sich "On a Friday", änderten aber ihren Namen, als sie einen Plattenvertrag unterzeichneten.

Der Sänger Bruno Mars wurde in Hawaii geboren und begann seine Karriere als Elvis-Presley-Imitator. Sein bürgerlicher Name ist Peter Gene Hernandez.

Die britische Sängerin Amy Winehouse war bekannt für ihre kraftvolle Stimme und ihren unverwechselbaren Stil. Sie war die erste britische Künstlerin, die fünf Grammy Awards in einer Nacht gewann.

Die australische Sängerin Kylie Minogue begann ihre Karriere als Schauspielerin in einer Seifenoper. Sie hat sich seitdem zu einer der erfolgreichsten und langlebigsten Popkünstlerinnen entwickelt.

Der Song "Bohemian Rhapsody" von Queen ist einer der komplexesten und ungewöhnlichsten Pop-Songs aller Zeiten. Er enthält keine Strophe oder Refrain, sondern besteht aus mehreren unterschiedlichen musikalischen Abschnitten.

Der amerikanische Rapper Jay-Z hat mehr Nummer-eins-Alben auf der Billboard 200 als jeder andere Solo-Künstler. Er hat auch einen Rekord für die meisten Grammy-Nominierungen.

Die amerikanische Sängerin Billie Eilish und ihr Bruder Finneas schreiben und produzieren ihre Musik in ihrem Elternhaus. Sie gewann 2020 fünf Grammy Awards, darunter Album des Jahres, Song des Jahres und Best New Artist.

Der amerikanische Rapper Eminem ist der meistverkaufte Künstler der 2000er-Jahre in den USA. Er hat auch einen Oscar für den besten Originalsong für "Lose Yourself" aus dem Film 8 Mile gewonnen.

Der britische Sänger Ed Sheeran hat den Rekord für die meisten gleichzeitig in den UK-Single-Charts platzierten Songs. Er erreichte dies 2017, als alle 16 Tracks seines Albums "÷" in die Top 20 kamen.

Die Sängerin Taylor Swift hat den Rekord für die meisten American Music Awards. Sie hat auch mehrmals den Billboard Music Award für die Künstlerin des Jahres gewonnen.

Die amerikanische Sängerin Ariana Grande war ursprünglich Schauspielerin und spielte in Nickelodeon-Shows, bevor sie ihre Musikkarriere startete. Sie hat mehrere Nummer-eins-Hits in den Billboard Hot 100.

Die Band Metallica ist eine der erfolgreichsten Heavy-Metal-Bands aller Zeiten. Sie haben über 125 Millionen Alben weltweit verkauft.

Der Sänger Prince war bekannt für seine eklektischen Einflüsse und seinen unkonventionellen Stil. Er spielte mehrere Instrumente und produzierte oft seine eigenen Alben.

Die amerikanische Sängerin Beyoncé war ursprünglich Mitglied der Girlgroup Destiny's Child. Sie hat seitdem eine erfolgreiche Solokarriere und hat zahlreiche Auszeichnungen gewonnen.

Der britische Sänger Elton John hat mehr als 300 Millionen Alben weltweit verkauft. Er hat auch Musik für mehrere Filme komponiert, darunter "Der König der Löwen" und "Rocketman".

Der Sänger Frank Sinatra war einer der erfolgreichsten Musiker des 20. Jahrhunderts. Er gewann 11 Grammy Awards und verkaufte mehr als 150 Millionen Platten weltweit.

Die Band The Beatles ist die meistverkaufte Band in der Geschichte der Musik. Sie haben mehr als 800 Millionen physische und digitale Alben weltweit verkauft.

Der Sänger Michael Jackson ist einer der erfolgreichsten Musiker aller Zeiten. Er hat den Rekord für die meisten Nummer-eins-Hits in den Billboard Hot 100.

Die Sängerin Madonna ist eine der einflussreichsten Künstlerinnen in der Popmusik. Sie hat mehrere Rekorde in den Billboard-Charts und ist eine der meistverkauften Musikerinnen aller Zeiten.

Die Sängerin Lady Gaga ist bekannt für ihre exzentrischen Outfits und ihre kraftvollen Vocals. Sie hat mehrere Nummer-eins-Alben und -Singles und ist eine der meistverkaufenden Musikerinnen des 21. Jahrhunderts.

Der Sänger Bruce Springsteen ist bekannt für seine erzählerischen Songs und seine energiegeladenen Live-Auftritte. Er hat mehrere Nummer-eins-Alben und -Singles und ist einer der meistverkauften Musiker aller Zeiten.

Der Sänger Bono ist der Leadsänger der Band U2. Er ist auch bekannt für sein Engagement in der humanitären Arbeit und für seine politischen Aktivitäten.

Die Sängerin Cher ist eine der meistverkaufenden Musikerinnen aller Zeiten. Sie hat eine Karriere, die mehr als fünf Jahrzehnte umfasst, und hat in jeder Dekade einen Nummer-eins-Hit in den Billboard-Charts.

Der Sänger Stevie Wonder ist einer der erfolgreichsten Musiker in der Geschichte der Popmusik. Er hat mehrere Nummer-eins-Alben und -Singles und hat 25 Grammy Awards gewonnen.

Der Sänger Paul McCartney ist einer der erfolgreichsten Komponisten und Interpreten in der Geschichte der Popmusik. Er war Mitglied der Beatles und hat eine erfolgreiche Solokarriere.

Die Sängerin Rihanna ist eine der meistverkaufenden Musikerinnen des 21. Jahrhunderts. Sie hat mehrere Nummer-eins-Alben und -Singles und ist bekannt für ihren vielseitigen Musikstil.

Der Sänger Billy Joel ist einer der meistverkauften Musiker in den USA. Er hat mehrere Nummer-eins-Alben und -Singles und ist bekannt für seine erzählerischen Songs.

Die Sängerin Mariah Carey hat den Rekord für die meisten Nummer-eins-Singles von einer Solokünstlerin in den Billboard Hot 100. Sie ist auch bekannt für ihre fünf Oktaven umfassende Stimme.

Die Sängerin Whitney Houston ist eine der meistverkaufenden Musikerinnen aller Zeiten. Sie hat mehrere Nummer-eins-Alben und -Singles und ist bekannt für ihre kraftvolle Stimme.

Der Sänger Elvis Presley ist einer der einflussreichsten Musiker des 20. Jahrhunderts. Er hat den Rock 'n R Roll populär gemacht und hat mehrere Nummer-eins-Alben und -Singles.

Der Sänger Bob Marley ist der bekannteste Vertreter des Reggaes. Er hat Reggae international bekannt gemacht und ist eine Kultfigur in Jamaika.

Seen & Flüsse

Der längste Fluss der Welt ist der Nil, der sich über eine beeindruckende Länge von etwa 6.650 Kilometern erstreckt. Er fließt durch elf verschiedene Länder in Afrika.

Der Sambesi-Fluss in Afrika ist bekannt für die spektakulären Victoriafälle, die als eine der größten Wasserfallanlagen der Welt gelten. Die Fälle sind so groß, dass sie eine eigene Wetterzone erzeugen können.

Der Jangtse-Fluss in China ist der längste Fluss in Asien. Er ist bekannt für die beeindruckenden Drei-Schluchten-Dämme, die das größte Wasserkraftprojekt der Welt antreibt.

Der Mississippi-Fluss in den USA ist bekannt für seine Rolle in Literatur und Musik, besonders in den Werken von Mark Twain. Er ist auch einer der längsten Flüsse der Welt.

Der Ganges ist einer der heiligsten Flüsse im Hinduismus. Es wird geglaubt, dass ein Bad in diesem Fluss eine Person von ihren Sünden reinigt.

Der Murray-Fluss ist der längste Fluss in Australien. Er spielt eine wichtige Rolle in der Landwirtschaft des Landes und ist ein beliebtes Ziel für Wassersport und Tourismus.

Der Tote See, ein See zwischen Jordanien und Israel, ist so salzig, dass Menschen in ihm ohne Anstrengung schweben können. Es wird auch gesagt, dass sein Schlamm heilende Eigenschaften hat.

Der Colorado River in den USA ist bekannt für den Grand Canyon, den er im Laufe von Millionen von Jahren geschaffen hat. Der Fluss ist auch eine wichtige Wasserquelle für mehrere Staaten im Südwesten der USA.

Der Rote See in Rumänien hat seinen Namen von den roten Sedimenten und der Algenfarbe. Der See entstand durch einen Erdrutsch und ist ein beliebtes Touristenziel.

Der Plattensee in Ungarn ist der größte Süßwassersee in Mitteleuropa. Er ist ein beliebtes Ziel für Segeln, Angeln und andere Wassersportarten.

Der Jordanfluss, der durch den Jordan fließt und in das Tote Meer mündet, ist eine wichtige Wasserquelle in einer sonst trockenen Region. Er hat auch eine bedeutende Rolle in der Bibel und ist ein wichtiger Ort für christliche Pilgerreisen.

Der Inle-See in Myanmar ist bekannt für seine Einbeinruderer. Die Fischer dort haben eine einzigartige Methode entwickelt, bei der sie ein Bein um das Ruder wickeln und sich so fortbewegen, während sie die Hände frei haben, um ihre Netze zu werfen.

Der Nil fließt in die entgegengesetzte Richtung der meisten großen Flüsse und mündet im Norden in das Mittelmeer. Das Wort "Nil" stammt aus dem griechischen Wort "neilos", was "Tal" bedeutet.

Der Saimaa-See in Finnland ist der größte See des Landes. Er ist bekannt für seine zahlreichen Inseln und die bedrohte Saimaa-Ringelrobbe.

Der Qinghai-See in China ist der größte Salzsee des Landes. Er liegt auf dem Hochland von Tibet und ist für die Zugvögel ein wichtiger Rastplatz.

Der Tanganjikasee in Afrika ist der zweittiefste und zweitgrößte Süßwassersee der Welt. Er ist Heimat vieler endemischer Arten, die nirgendwo anders auf der Welt zu finden sind.

Der Yenisei in Russland ist der größte Fluss, der in die Arktis mündet. Er ist ein wichtiger Transportweg in Sibirien.

Der Kivu-See in Afrika ist einer von drei Seen weltweit, die große Mengen Methan enthalten. Es gibt Pläne, dieses Methan abzubauen und als Energiequelle zu nutzen.

Der Lago Argentino in Argentinien ist der größte See des Landes. Er ist bekannt für die beeindruckenden Gletscher, die in ihn hineinfließen.

Der Great Slave Lake in Kanada ist der tiefste See Nordamerikas. Er wurde nach dem Indianerstamm der "Slavey" benannt.

Der Gardasee ist der größte See Italiens. Er ist ein beliebtes Urlaubsziel und bekannt für seine klare Wasserqualität und seine malerische Umgebung.

Der Tiber ist der drittlängste Fluss in Italien und fließt durch die Hauptstadt Rom. Im antiken Rom wurde er als Wasserquelle für Transport und als Abwasserkanal genutzt.

Der Vaikasi-See in Finnland ist der größte See des Landes. Finnland wird oft als "Land der tausend Seen" bezeichnet, obwohl es tatsächlich über 180.000 Seen gibt.

Der Fluss Indus fließt durch China und Südasien und ist eine lebenswichtige Wasserquelle für Millionen von Menschen. Er war auch die Wiege der Indus-Kultur, einer der ältesten bekannten Zivilisationen.

Der Lac Léman, besser bekannt als Genfersee, ist der größte See Mitteleuropas. Er liegt zwischen der Schweiz und Frankreich.

Der Brahmaputra-Fluss in Asien ist bekannt für seine jährlichen Überschwemmungen während der Monsunzeit. Diese Überschwemmungen sind einerseits zerstörerisch, bringen aber auch fruchtbaren Schlamm auf die Felder.

Der Aralsee, der einst der viertgrößte See der Welt war, hat in den letzten Jahrzehnten fast 90% seiner Fläche verloren. Übermäßige Wasserentnahme für die Landwirtschaft ist der Hauptgrund für diese drastische Veränderung.

Der Loch Ness in Schottland ist weltweit bekannt für Berichte über das Ungeheuer von Loch Ness. Trotz umfangreicher Untersuchungen und Suchen wurde bisher jedoch kein Beweis für dessen Existenz gefunden.

Der Niger ist der drittlängste Fluss Afrikas und ein wichtiger Verkehrsweg in Westafrika. Er spielt eine wichtige Rolle für die Wirtschaft und Kultur der Region.

Der Eyre-See in Australien ist der größte See des Kontinents, aber oft trocken. Wenn er voll ist, ist er größer als der Bodensee.

Der Amazonas ist der wasserreichste Fluss der Welt und trägt etwa ein Fünftel des gesamten Flusswassers der Erde. Trotz seiner immensen Größe wurde der Amazonas erst im 16. Jahrhundert von Europäern entdeckt.

Der Jordan ist ein historisch und religiös bedeutender Fluss im Nahen Osten. Es wird angenommen, dass Jesus von Johannes dem Täufer in diesem Fluss getauft wurde.

Der Mekong ist einer der größten Flüsse Asiens und spielt eine zentrale Rolle in der Wirtschaft der Region. Er fließt durch sechs Länder, darunter China, Myanmar, Laos, Thailand, Kambodscha und Vietnam.

Der Plitvicer Seen-Nationalpark in Kroatien ist berühmt für seine 16 terrassierten Seen, die durch Wasserfälle miteinander verbunden sind. Der Park ist ein UNESCO-Weltkulturerbe und ein beliebtes Reiseziel.

Die Wolga ist der längste Fluss in Europa. Er spielt eine wichtige Rolle in der russischen Geschichte und Kultur und fließt durch viele der größten Städte Russlands, darunter Moskau und Volgograd.

Der Dnipro ist der drittlängste Fluss in Europa. Er fließt durch die Ukraine und Weißrussland und mündet ins Schwarze Meer.

Der Dongting See in China ist der zweitgrößte Süßwassersee des Landes. Er spielt eine wichtige Rolle im Ökosystem des Jangtse-Flusses, da er Überschwemmungen reguliert und ein wichtiges Habitat für Wildtiere ist.

Der Jangtse ist mit über 6.300 Kilometern der längste Fluss Asiens. Er spielt eine wichtige Rolle in der Wirtschaft Chinas und ist Heimat vieler einzigartiger Arten, darunter der stark gefährdete Jangtse-Delfin.

Der Genfer See in der Schweiz ist der größte See in Westeuropa. Er ist bekannt für seine außergewöhnliche Schönheit und die Städte, die ihn umgeben, darunter Genf und Lausanne.

Die Donau, der zweitlängste Fluss Europas, fließt durch zehn Länder. Er beginnt in Deutschland und endet im Schwarzen Meer nach Durchqueren von Städten wie Wien, Budapest und Belgrad.

Der Malawi-See, auch bekannt als Nyasa-See, ist der neuntgrößte See der Welt und der drittgrößte und zweittiefste See in Afrika. Er ist Heimat vieler Arten von Cichliden, die nirgendwo anders auf der Welt zu finden sind.

Der Jukon ist der drittlängste Fluss in Nordamerika, der durch die kanadischen Territorien Yukon und British Columbia sowie durch Alaska fließt. Er war eine wichtige Verkehrsroute während des Klondike-Goldrausches im späten 19. Jahrhundert.

Der Parana-Fluss ist nach dem Amazonas der zweitgrößte Fluss in Südamerika. Er durchfließt drei Länder - Brasilien, Paraguay und Argentinien.

Der Murrumbidgee River ist einer der wichtigsten Flüsse in Australien. Er ist Teil des Murray-Darling-Becken, das eine der produktivsten Agrarregionen Australiens ist.

Der Dal-See in Indien ist ein lebendiger und farbenfroher See, auf dem sich schwimmende Gärten und Häuserboote befinden. Er ist ein bedeutender touristischer Anziehungspunkt und spielt eine wesentliche Rolle im Leben der Menschen in der Region.

Der Bodensee ist mit einer Oberfläche von 536 Quadratkilometern der drittgrößte See in Mitteleuropa. Er grenzt an drei Länder - Deutschland, Österreich und die Schweiz.

Der Ganges ist der heiligste Fluss im Hinduismus und wird als Göttin Ganga verehrt. Er ist auch ein lebenswichtiger Wasserweg, der durch einige der am dichtesten besiedelten Gebiete Indiens fließt.

Der Rhein ist einer der längsten und bedeutendsten Flüsse Europas. Er fließt durch neun Länder und dient als wichtige Wasserstraße für den internationalen Handel.

Der Mekong, einer der längsten Flüsse der Welt, fließt durch sechs Länder in Südostasien und ist von unschätzbarem Wert für die Lebensmittelversorgung und die Landwirtschaft in der Region. Er beheimatet auch einige der weltweit gefährdetsten Tierarten, darunter den Mekong-Großdelfin und den Riesenwels.

Der Chilka-See in Indien ist der größte Salzwassersee in Indien und bekannt für seine reiche Artenvielfalt. Er ist ein bedeutender Lebensraum für eine Vielzahl von Vögeln und ein beliebtes Ziel für Vogelbeobachter.

Der Okawango-Fluss in Botswana ist einzigartig, weil er in einer Wüste endet und keinen Abfluss zum Meer hat. Er speist das Okavango-Delta, das als das "Juwel" von Kalahari bezeichnet wird und eine reiche Tierwelt beherbergt.

Der Lago Maggiore ist der zweitgrößte See Italiens und erstreckt sich über die italienische Schweiz. Er ist bekannt für seine malerischen Inseln und Uferstädte, darunter Stresa und Ascona.

Der Po ist der längste Fluss Italiens und ein wichtiges wirtschaftliches Rückgrat für das Land, indem er die Landwirtschaft unterstützt und als Transportweg dient. Sein Delta ist bekannt für seine Artenvielfalt und Landschaft und gehört zum UNESCO-Weltkulturerbe.

Der Great Salt Lake in Utah, USA, ist der größte Salzsee der westlichen Hemisphäre. Aufgrund seines hohen Salzgehalts können nur wenige Arten darin überleben, darunter Salzkrebse und Salzfliegen.

Der Huang He, auch Gelber Fluss genannt, ist der drittlängste Fluss Asiens und der "Wiege der chinesischen Zivilisation". Leider ist er auch als "Chinas Sorrow" bekannt wegen der zerstörerischen Überschwemmungen, die er im Laufe der Geschichte verursacht hat.

Der Ganges-Brahmaputra ist ein massives Flusssystem in Indien und Bangladesch und von entscheidender Bedeutung für die Trinkwasserversorgung, die Landwirtschaft und die Navigation in der Region. Seine Mündung bildet das größte Delta der Welt.

Der Tonle Sap See in Kambodscha ist der größte Süßwassersee Südostasiens. Während der Regenzeit kann sich seine Größe fast verfünffachen und bietet so einen Lebensraum für eine Vielzahl von Fischarten.

Der Amazonas ist nicht nur einer der längsten Flüsse der Welt, sondern beherbergt auch die größte Anzahl bekannter Fischarten in einem einzigen Fluss. Die Region Amazonas ist auch die größte Regenwaldregion der Welt.

Der Sambesi, der viertlängste Fluss in Afrika, ist Heimat der Victoriafälle, einer der größten Wasserfälle der Welt. Die lokale Tonga-Bevölkerung nennt sie "Mosi-oa-Tunya", was "der Donner, der raucht" bedeutet.

Der Eyre-See in Australien ist eigentlich ein Salzsee und meistens trocken. Nur bei starken Regenfällen füllt er sich mit Wasser und zieht dann eine Vielzahl von Vögeln an.

Der Yukon-Fluss in Nordamerika ist bekannt für das Goldfieber im späten 19. Jahrhundert. Heute ist der Fluss ein wichtiger Lebensraum für Lachse, die jedes Jahr flussaufwärts schwimmen, um zu laichen.

Der Mississippi ist der zweitlängste Fluss in Nordamerika. Er ist für den Transport von Gütern von großer Bedeutung und ist durch zahlreiche Lieder und Romane in der Popkultur verewigt.

Der Colorado-Fluss hat den Grand Canyon, eine der bekanntesten geologischen Merkmale der Welt, geformt. Trotz seiner Bedeutung für die Wasserversorgung in der Region ist der Fluss durch Übernutzung und Klimawandel stark gefährdet.

Der Tonle Sap See in Kambodscha verändert seine Fließrichtung zweimal im Jahr. Während der Trockenzeit fließt er in den Mekong und in der Regenzeit umgekehrt.

Der Euphrat und der Tigris, zwei der wichtigsten Flüsse im Nahen Osten, waren die Lebensader der alten mesopotamischen Zivilisationen. Heute sind sie wichtige Wasserversorgungsquellen für mehrere Länder.

Der Orinoco-Fluss in Südamerika ist einer der längsten Flüsse der Welt. Er ist bekannt für seine reiche Tier- und Pflanzenwelt und die zahlreichen indigenen Gemeinschaften, die an seinen Ufern leben.

Der Amazonas ist der wasserreichste Fluss der Welt und transportiert mehr Wasser als die nächsten sieben größten Flüsse zusammen. Er ist auch für seine unglaubliche Biodiversität bekannt, mit Tausenden von Fischarten und einem noch unerforschten Potenzial an unbekannten Arten.

Der Jangtse in China ist der drittlängste Fluss der Welt und der längste Fluss, der vollständig in einem Land fließt. Er spielt eine wichtige Rolle in der chinesischen Wirtschaft, da er einen erheblichen Teil des Binnenverkehrs in China trägt.

Der Titicacasee, der höchstgelegene schiffbare See der Welt, liegt auf einer Höhe von 3.812 Metern in den Anden zwischen Peru und Bolivien. Er ist bekannt für seine schwimmenden Inseln, die von den Uros, einer indigenen Bevölkerungsgruppe, bewohnt werden.

Der Okavango in Botswana ist der größte Binnen-Delta der Welt. Anstatt ins Meer zu münden, fließt das Wasser in der trockenen Kalahari-Wüste aus und schafft ein reiches Ökosystem, das als UNESCO-Weltkulturerbe eingestuft ist.

Der Tschadsee in Zentralafrika, einst der viertgrößte See der Welt, hat in den letzten Jahrzehnten aufgrund von Klimawandel und übermäßiger Wassernutzung dramatisch abgenommen. Dies hat zu einer humanitären Krise in der Region geführt.

Der Lago di Garda ist der größte See in Italien und ein beliebtes Urlaubsziel. Er ist bekannt für seine malerischen Städte, historischen Villen und üppigen Weinberge.

Der Mackenzie ist der längste Fluss in Kanada. Er fließt von den Rocky Mountains bis zur Arktis und spielt eine wichtige Rolle in der kanadischen Ökologie und Wirtschaft.

Der Ladogasee in Russland ist der größte See in Europa. Er ist auch einer der ältesten Seen der Welt, mit einem geschätzten Alter von 3 bis 3,5 Millionen Jahren.

Der Erie See ist der zweitkleinste der fünf großen Seen in Nordamerika. Trotz seiner geringen Größe ist er wichtig für die Trinkwasserversorgung und bietet Lebensraum für zahlreiche Tierarten.

Der Amazonas in Südamerika ist zwar nicht der längste, aber der wasserreichste Fluss der Welt. Er transportiert ein Fünftel des gesamten fließenden Süßwassers der Erde.

Die Donau fließt durch zehn Länder, mehr als jeder andere Fluss auf der Erde. Er ist ein wichtiger Transportweg und spielt eine bedeutende Rolle in der europäischen Geschichte und Kultur.

Kunst

Vincent van Goghs berühmtes Gemälde "Sternennacht" wurde während seines Aufenthalts in einer psychiatrischen Klinik in Saint-Rémy, Frankreich, gemalt. Trotz seiner psychischen Probleme schuf van Gogh einige seiner bekanntesten und anerkanntesten Werke während dieser Zeit.

Pablo Picassos vollständiger Name ist tatsächlich sehr lang: Pablo Diego José Francisco de Paula Juan Nepomuceno María de los Remedios Cipriano de la Santísima Trinidad Martyr Patricio Clito Ruíz y Picasso. Es handelt sich dabei um eine Aneinanderreihung der Namen verschiedener Heiliger und Verwandter.

Jackson Pollock, ein amerikanischer Maler und bedeutender Vertreter des abstrakten Expressionismus, ist berühmt für seinen "Drip-Painting"-Stil. Er ließ Farbe auf seine Leinwände tropfen oder spritzen, die er auf dem Boden ausgebreitet hatte, anstatt sie auf Staffeleien zu stellen.

Der amerikanische Künstler James Turrell verwendet Licht und Raum als Medium für seine Arbeit. Viele seiner Installationen sind so gestaltet, dass sie die Wahrnehmung des Betrachters von Licht und Farbe verändern.

Louise Bourgeois war eine französisch-amerikanische Künstlerin, die für ihre großen, oft sexuell geladenen Skulpturen bekannt ist. Sie arbeitete bis ins hohe Alter und war bekannt für ihre Werke, die persönliche Themen wie Kindheit und Trauma erforschen.

Der Eiffelturm ist ein beliebtes Motiv in der Kunst und wurde über die Jahre hinweg von vielen Künstlern dargestellt, darunter Robert Delaunay und Marc Chagall. Tatsächlich gab es zunächst viel Widerstand gegen den Bau des Eiffelturms, viele Künstler und Intellektuelle nannten ihn eine "schreckliches Stahlmonster".

Salvador Dalí entwarf das Logo für die Lutscher-Marke "Chupa Chups". Dalí hat das Logo 1969 gestaltet und es ist bis heute in Gebrauch.

Der Künstler Christo ist bekannt für seine groß angelegten Verhüllungsprojekte, einschließlich "The Gates" in New Yorks Central-Park und "Wrapped Reichstag" in Berlin. Diese Projekte sind temporär und werden nach einer bestimmten Zeit wieder entfernt, was zu ihrem flüchtigen und vergänglichen Charme beiträgt.

Andy Warhols berühmtes Siebdruck-Porträt von Marilyn Monroe wurde nur wenige Wochen nach ihrem Tod erstellt. Das Bild, das auf einem Pressefoto von Monroe basiert, ist zu einem ikonischen Symbol des 20. Jahrhunderts geworden.

Das älteste bekannte Kunstwerk der Welt ist eine Höhlenmalerei in der "Höhle von El Castillo" in Spanien, die auf über 40.000 Jahre geschätzt wird. Es besteht aus einfachen roten Punkten und Handabdrücken und ist wahrscheinlich das Werk unserer frühen menschlichen Vorfahren.

Die Ikone "Die Schwarze Madonna von Tschenstochau" ist ein berühmtes christliches Kunstwerk in Polen. Sie wird in der Jasna Góra-Klosterkirche in Tschenstochau aufbewahrt und ist ein beliebtes Pilgerziel.

Die berühmte "Terrakotta-Armee" in China besteht aus etwa 8.000 lebensgroßen Tonfiguren. Sie wurden im Mausoleum des ersten chinesischen Kaisers Qin Shi Huang, gefunden und sollten ihn im Jenseits beschützen.

Das bekannteste Werk des mexikanischen Künstlers Diego Rivera ist ein Wandgemälde mit dem Titel "Der Mann am Scheideweg". Das ursprüngliche Gemälde wurde vom Rockefeller Center in New York City in Auftrag gegeben, aber zerstört, weil es ein Bild von Lenin enthielt.

Das Gemälde "Guernica" von Pablo Picasso wurde als Reaktion auf die Bombardierung der baskischen Stadt Guernica während des spanischen Bürgerkriegs gemalt. Das monumentale schwarz-weiße Gemälde gilt als eines der mächtigsten Anti-Kriegsbilder in der Geschichte der Kunst.

Yayoi Kusamas "Infinity Mirror Rooms" sind Installationen, die Räume mit gespiegelten Wänden nutzen, um den Effekt eines unendlichen Raums zu erzeugen. Kusama, eine japanische Künstlerin, hat seit den 1960er-Jahren über ein Dutzend dieser Räume geschaffen.

Das teuerste Gemälde, das jemals verkauft wurde, ist "Salvator Mundi" von Leonardo da Vinci, das für 450,3 Millionen US-Dollar verkauft wurde. Der Käufer des Gemäldes bleibt unbekannt.

Bansky, ein anonymer Straßenkünstler aus England, hat ein Kunstwerk erstellt, das sich selbst zerstörte, kurz nachdem es bei Sotheby's versteigert wurde. Das Kunstwerk, "Girl with Balloon", war mit einem eingebauten Schredder ausgestattet und begann sich zu zerschneiden, sobald es verkauft war.

Der "David" von Michelangelo wurde aus einem einzigen Marmorblock gefertigt. Der Block war so fehlerhaft, dass er fast 40 Jahre lang unberührt blieb, bevor Michelangelo damit begann, seine berühmte Statue zu schaffen.

Der "Schrei" des norwegischen Malers Edvard Munch existiert in vier verschiedenen Versionen. Drei befinden sich in Museen in Norwegen und eine ist in Privatbesitz.

Die Farbe "Preußisch Blau" wurde zufällig entdeckt, als ein Chemiker versuchte, Gold zu machen. Es war die erste synthetisch hergestellte Farbe.

Der Maler Claude Monet hatte Katarakte und es wird angenommen, dass dies seine späteren Gemälde beeinflusst hat, die viel dunkler und roter waren. Nach einer Operation an den Augen änderten sich seine Farbwahlen wieder.

Die Farbe Vantablack ist so dunkel, dass sie alle Details eines dreidimensionalen Objekts verbirgt, wenn es damit beschichtet ist. Sie absorbiert 99,965% des Lichts.

Der Begriff "Impressionismus" kommt von einem Gemälde von Claude Monet mit dem Titel "Impression Sonnenaufgang". Die Bezeichnung war ursprünglich abfällig gemeint, wurde aber später von den Künstlern selbst angenommen.

Der Pop-Art-Künstler Roy Lichtenstein ist bekannt für seine Comic-artigen Gemälde. Aber nicht alle wissen, dass er auch Skulpturen und sogar ein Flugzeug gestaltet hat.

Es ist ein verbreiteter Irrglaube, dass die Menschen in der Vergangenheit nicht lächelten, weil sie schlechte Zähne hatten. Tatsächlich war es in der westlichen Kunst bis zum 18. Jahrhundert üblich, ernste Gesichtsausdrücke zu porträtieren, da das Lächeln als unvorteilhaft oder unangemessen galt.

Georgia O'Keeffe, bekannt für ihre großformatigen Blumenbilder und Landschaften von New Mexico, hat nie Führerschein gemacht. Stattdessen ließ sie sich von ihrem Ehemann Alfred Stieglitz oder Freunden fahren.

Ai Weiwei, ein chinesischer zeitgenössischer Künstler und politischer Aktivist, hat einmal eine antike Urne aus der Han-Dynastie absichtlich zerstört, um ein Statement über den Wert von Kulturgütern und die Rolle der Geschichte zu machen.

Der surrealistische Künstler Salvador Dalí hatte eine echte Ameisenphobie. Ameisen erscheinen oft in seinen Werken als Symbol für Zerfall und Vergänglichkeit.

In der Renaissance wurde Ölfarbe populär, weil sie Künstlern erlaubte, mehr Details und unterschiedliche Lichteffekte zu erzeugen. Vor dieser Zeit wurden die meisten Gemälde mit Tempera, einer Farbe auf Wasserbasis, die Ei als Bindemittel verwendet, hergestellt.

Der britische Künstler Anish Kapoor hält das exklusive Recht, Vantablack S-VIS, die künstlich hergestellte "dunkelste Substanz auf Erden" in Kunstwerken zu verwenden. Dies hat in der Kunstwelt zu Kontroversen geführt, da andere Künstler argumentieren, dass keine Farbe einem einzigen Künstler vorbehalten sein sollte.

Die "Goldene Spirale", eine Form, die in der Natur vorkommt und als ästhetisch angenehm empfunden wird, findet sich in vielen Kunstwerken. Es wird oft behauptet, dass die Spirale in der "Mona Lisa", den Pyramiden von Gizeh und sogar in der Form von Galaxien zu finden ist.

Der Künstler Jean-Michel Basquiat begann seine Karriere als Graffiti-Künstler in New York City. Er wurde schließlich ein Star der New Yorker Kunstszene in den 1980er-Jahren, aber kämpfte mit Drogenabhängigkeit und starb im Alter von nur 27 Jahren.

Die längste Zeichnung der Welt ist ein Werk des indischen Künstlers Aman Singh Gulati. Die Zeichnung ist 504 Meter lang und es hat über zwei Jahre gedauert, um sie zu erstellen.

Louise Bourgeois, eine französische Künstlerin, die für ihre großen Spinnenskulpturen bekannt ist, hat ihre Karriere erst im Alter von 70 Jahren richtig begonnen. Ihre Skulptur "Maman" ist eine der größten und bekanntesten ihrer Werke.

Die größte Skulptur, die jemals aus einem einzigen Baumstamm geschnitzt wurde, ist der "Guanyin von Tsz Shan". Diese 76 Meter hohe Buddhastatue befindet sich in Hongkong.

Der Künstler Maurizio Cattelan verblüffte die Kunstwelt mit seinem Werk "Comedian", einem an die Wand geklebten Obststück. Eine Version dieses "Bananen-Kunstwerks" wurde für 120.000 Dollar verkauft.

Die berühmte blaugrüne Patina auf der Freiheitsstatue ist das Ergebnis einer natürlichen Witterung von Kupfer. Wenn Kupfer im Laufe der Zeit den Elementen ausgesetzt wird, bildet sich eine grünblaue Schicht, die als Patina bekannt ist.

Die Farbe "Pantone 448 C", auch bekannt als "Oger-Ungeschminkt", wurde in einer Studie als die "hässlichste Farbe der Welt" bezeichnet. Sie wurde von der australischen Regierung zur Gestaltung von Zigarettenpackungen verwendet, um das Rauchen weniger attraktiv zu machen.

Der Künstler Jasper Johns ist berühmt für seine Darstellungen der amerikanischen Flagge. Er hat gesagt, die Idee kam ihm in einem Traum.

Die Künstlerin Frida Kahlo ist bekannt für ihre Selbstporträts. Kahlo sagte einmal: "Ich male mich selbst, weil ich so oft allein bin und weil ich das Subjekt bin, das ich am besten kenne."

Die Künstlerin Marina Abramović ist bekannt für ihre leistungsorientierten Arbeiten, die oft die Grenzen des Körpers und des Geistes testen. In "The Artist Is Present" saß sie 736 Stunden lang still in der Mitte des MoMA und blickte jedem, der sich ihr gegenübersetzte, in die Augen.

Der Künstler Katsushika Hokusai, bekannt für sein Werk "Die große Welle vor Kanagawa", änderte seinen Namen mehr als 30 Mal in seiner Karriere. Dies war ein üblicher Brauch in der japanischen Kunstwelt, um verschiedene Perioden in der Arbeit eines Künstlers zu markieren.

Das berühmte Werk "Die Perspektive des Architekten" von M. C. Escher spielt mit der Perspektive und dem optischen Betrug. Escher war bekannt für seine faszinierenden und oft verwirrenden Bilder, die auf komplexen mathematischen Prinzipien basieren.

Die berühmte Skulptur "Der Denker" von Auguste Rodin war ursprünglich als Teil einer größeren Arbeit geplant. Er sollte Dante darstellen, der über sein episches Gedicht "Die Göttliche Komödie" nachdenkt.

Nefertiti, die Gemahlin des ägyptischen Pharaos Echnaton, hat eine der bekanntesten Büsten in der Kunstgeschichte. Obwohl die Büste im Neuen Museum in Berlin ausgestellt ist, gibt es Kontroversen um ihre Rückkehr nach Ägypten.

Der Maler Norman Rockwell ist bekannt für seine Darstellungen des amerikanischen Lebens. Seine Werke erschienen oft auf der Titelseite des "Saturday Evening Post".

Kintsugi ist die japanische Kunst des Reparierens zerbrochener Keramik mit Goldlack. Es wird als eine Philosophie der Wertschätzung der Schönheit der Unvollkommenheit und des Verfalls angesehen.

Die Mona Lisa hat keine sichtbaren Augenbrauen oder Wimpern. Es wird vermutet, dass sie ursprünglich welche hatte, die aber im Laufe der Zeit verschwanden oder durch Restaurierungsarbeiten entfernt wurden.

Vincent Van Gogh hat in seinem kurzen Leben über 900 Gemälde geschaffen. Unglaublicherweise hat er während seines Lebens nur ein einziges Gemälde verkauft.

Der berühmte mexikanische Künstler Diego Rivera war einst mit Frida Kahlo verheiratet. Sie hatten eine stürmische Beziehung und haben beide einander in ihrer Kunst porträtiert.

Pablo Picasso konnte mit 7 Jahren realistisch zeichnen. Es wird gesagt, dass er einmal bemerkte: "Es hat mich ein ganzes Leben gekostet, um wie ein Kind zu malen."

Michelangelo hat die Sixtinische Kapelle im Auftrag des Papstes gemalt. Es dauerte vier Jahre, um das berühmte Deckenfresko zu malen, und es wird angenommen, dass Michelangelo dabei überwiegend auf dem Rücken liegend gearbeitet hat.

Das bekannteste Werk von Grant Wood, "American Gothic", stellt einen Farmer und seine Tochter dar, die oft fälschlicherweise als Ehepaar bezeichnet werden. Wood wurde von einem Haus in seinem Heimatstaat Iowa inspiriert und die Modelle waren sein Zahnarzt und seine Schwester.

Der französische Künstler Henri Matisse begann erst im Alter von 20 Jahren mit dem Malen. Er wurde bekannt für seinen Einsatz von Farben und seine Arbeit spielte eine entscheidende Rolle in der Entwicklung der plastischen Kunst im 20. Jahrhundert.

Georgia O'Keeffe, bekannt für ihre Gemälde von Blumen und Wüstenlandschaften, hat einen Großteil ihrer Karriere in New Mexico verbracht. Ihr Haus und Studio in Abiquiu sind heute ein Museum.

Die abstrakte Expressionistin Helen Frankenthaler war bekannt für ihre "Soak-Stain"-Technik. Sie verdünnte ihre Ölfarben mit Terpentin, um sie in die rohe Leinwand eindringen zu lassen und so eine aquarellartige Wirkung zu erzielen.

Die Künstlerin Yoko Ono, bekannt für ihre Performance-Kunst und ihre Ehe mit John Lennon, hat das "Wish Tree"-Projekt ins Leben gerufen. Besucher können ihre Wünsche auf Papier schreiben und sie an den Baum hängen.

Roy Lichtenstein war ein führender Vertreter der Pop-Art-Bewegung. Er ist bekannt für seine Comic-artigen Bilder, die oft dramatische Szenen oder stereotypisierte weibliche Figuren darstellen.

Barbara Kruger ist bekannt für ihre Schwarz-Weiß-Fotografien, die mit provokanten Texten überlagert sind. Ihr bekanntestes Werk, "I shop therefore I am", kritisiert die Konsumkultur.

Die indische Künstlerin Amrita Sher-Gil ist eine der bekanntesten Malerinnen des 20. Jahrhunderts. Sie malte vorwiegend Porträts und Selbstporträts und ihre Werke sind bekannt für ihren intensiven emotionalen Ausdruck.

Der italienische Künstler Maurizio Cattelan ist bekannt für seine humorvollen und oft kontroversen Skulpturen. Eine seiner bekanntesten Arbeiten ist "America", eine funktionsfähige Toilette aus 18-karätigem Gold.

Yayoi Kusama, eine japanische Künstlerin, ist bekannt für ihre obsessiven Muster und ihre "Infinity Rooms". Sie nutzt ihre Kunst als therapeutisches Mittel, um ihre psychischen Erkrankungen zu bewältigen.

Der belgische Künstler René Magritte ist bekannt für seine surrealistischen Werke, die oft alltägliche Objekte in ungewöhnlichen Kontexten darstellen. Sein bekanntestes Werk, "Der Sohn des Mannes", zeigt einen Mann mit einem grünen Apfel vor dem Gesicht.

Louise Bourgeois war eine französisch-amerikanische Künstlerin, bekannt für ihre großen Spinnenskulpturen. Sie benutzte Spinnen als Symbol für ihre Mutter, die sie als weise, schützend und fleißig empfand.

Der Künstler Jean-Michel Basquiat begann seine Karriere als Graffiti-Künstler in New York. Er wurde in den 1980er-Jahren berühmt für seine rohe und ausdrucksstarke Malerei, die oft soziale und politische Themen behandelt.

Die britische Künstlerin Tracey Emin ist bekannt für ihre provokativen und oft persönlichen Werke. Eines ihrer bekanntesten Werke ist "My Bed", eine Installation, die ihr unordentliches und chaotisches Bett zeigt.

Der Künstler Anish Kapoor ist bekannt für seine großen öffentlichen Skulpturen. Sein bekanntestes Werk, "Cloud Gate" (auch bekannt als "The Bean"), ist eine riesige, spiegelnde Bohne im Millennium Park in Chicago.

Der Künstler Wassily Kandinsky wird oft als der Vater der abstrakten Kunst bezeichnet. Er glaubte, dass Kunst wie Musik fähig sein sollte, Emotionen und Gefühle ohne den Einsatz von realistischen Bildern auszudrücken.

Der uruguayische Künstler Joaquín Torres-García ist bekannt für seine konstruktivistischen Arbeiten. Er kombinierte Elemente der präkolumbischen Kunst mit modernen europäischen Kunstbewegungen.

Der französische Künstler Marcel Duchamp war bekannt für seine "Ready-Mades", alltägliche Objekte, die er als Kunst bezeichnete. Sein bekanntestes Werk ist "Fountain", ein umgedrehtes Urinal, das er 1917 zur Ausstellung einreichte.

Gustav Klimt, der österreichische Symbolist, ist bekannt für seine Verwendung von Goldblatt in Werken wie "Der Kuss" und "Portrait of Adele Bloch-Bauer I". Er war ein zentrales Mitglied der Wiener Secession, einer Gruppe von Künstlern, die sich von der traditionellen akademischen Kunst abwendeten.

Die Performance-Künstlerin Laurie Anderson war die erste und bis heute einzige Künstlerin-in-Residence der NASA. Ihre Arbeit konzentriert sich oft auf Technologie und Kommunikation.

Kehinde Wiley ist bekannt für seine Porträts von Afroamerikanern in den Stilen der alten Meister. Er wurde ausgewählt, das offizielle Porträt von Präsident Barack Obama für die National Portrait Gallery zu malen.

Francis Bacon ist bekannt für seine erschütternden, deformierten menschlichen Figuren. Er malte oft Freunde und Liebhaber, darunter auch den kriminellen George Dyer.

Shirin Neshat ist eine Iranisch-Amerikanische Künstlerin, die sich mit Fragen der Identität, Geschlechterrollen und politischer Unruhen in ihrer Heimat auseinandersetzt. Ihr bekanntestes Werk ist "Women of Allah", eine Reihe von Fotografien von Frauen in Tschadors.

Niki de Saint Phalle war eine französische Künstlerin, die für ihre bunten, üppigen Skulpturen bekannt war. Ihre "Nana"-Figuren, weibliche Formen in leuchtenden Farben und Mustern sind in der ganzen Welt zu finden.

Der Künstler Maurits Cornelis Escher ist bekannt für seine mathematisch inspirierten Werke, die oft unmögliche Konstruktionen und unendliche Wiederholungen zeigen. Sein bekanntestes Werk ist "Relativität", ein Druck von Menschen, die auf Treppen in verschiedenen Richtungen gehen.

Yves Klein ist bekannt für seine Monochromen, insbesondere seine blauen Gemälde. Er hat sogar seine eigene Farbe, dass International Klein Blue (IKB) patentiert.

Der Künstler Lucian Freud, ein Enkel von Sigmund Freud, ist bekannt für seine intensiven und oft unvorteilhaften Porträts. Er malte oft nackte Modelle, darunter auch die Queen von England.

Cindy Sherman ist bekannt für ihre fotografischen Selbstporträts, in denen sie verschiedene Charaktere und Stereotypen spielt. Ihre Arbeit untersucht Themen der Identität, des Geschlechts und der Rolle von Frauen in der Gesellschaft.

David Hockney ist einer der einflussreichsten britischen Künstler des 20. Jahrhunderts. Er ist bekannt für seine leuchtenden, farbenfrohen Darstellungen von Landschaften und Innenräumen, insbesondere von Swimmingpools.

Der britische Künstler Damien Hirst ist bekannt für seine provokativen und oft kontroversen Werke, darunter ein Hai in Formaldehyd und ein menschlicher Schädel, der mit Diamanten besetzt ist. Er ist einer der bekanntesten Vertreter der Young British Artists (YBAs).

Piet Mondrian, ein holländischer Künstler, ist bekannt für seine abstrakten Werke, die aus einfachen geometrischen Formen und primären Farben bestehen. Seine Theorien zur Kunst und Ästhetik waren maßgeblich in der De Stijl-Bewegung.

Keith Haring war ein amerikanischer Künstler, bekannt für seine lebendigen Graffiti und Wandbilder. Seine Kunst adressiert oft politische und soziale Themen wie AIDS, Drogenmissbrauch und Apartheid.

Der Künstler Robert Rauschenberg ist bekannt für seine "Combine"-Gemälde, in denen er nicht traditionelle Materialien und Objekte in seine Arbeiten integriert. Eines seiner bekanntesten Werke, "Erased de Kooning Drawing", ist eine Zeichnung von Willem de Kooning, die Rauschenberg ausradiert hat.

Agnes Martin war eine kanadisch-amerikanische Künstlerin, die für ihre minimalistischen Leinwände bekannt ist, die oft feine Linien und Gitter darstellen. Sie betrachtete ihre Kunst als eine Form der Meditation und sagte oft, dass "Kunst eine Antwort auf das Geheimnis des Lebens ist".

Der Künstler Robert Smithson ist bekannt für seine Land-Art-Projekte, insbesondere für "Spiral Jetty", eine Spirale aus Felsen und Erde, die er 1970 im Great Salt Lake in Utah geschaffen hat. Er glaubte, dass Kunst und Landschaft miteinander verschmelzen sollten.

Der französische Künstler Paul Gauguin ist bekannt für seine Arbeiten, die er auf Tahiti geschaffen hat, wo er einen Großteil seines späteren Lebens verbracht hat. Seine Darstellungen der einheimischen Bevölkerung und der Landschaften sind bekannt für ihre kräftigen Farben und ihre symbolische, fast traumhafte Qualität.

Der schweizerische Künstler Alberto Giacometti ist bekannt für seine dünnen, verlängerten Skulpturen von Menschen. Seine abstrakten und doch lebensechten Figuren sind ikonische Beispiele für die Nachkriegskunst.

Ai Weiwei, ein zeitgenössischer Künstler und Aktivist aus China, ist bekannt für seine groß angelegten Installationen und seinen politischen Aktivismus. Sein bekanntestes Werk "Sunflower Seeds" bestand aus Millionen von handbemalten Porzellansonnenblumensamen.

Frida Kahlo, eine mexikanische Künstlerin, ist bekannt für ihre surrealistischen Selbstporträts, die oft mit intensiven symbolischen Bildern gefüllt sind. Ihre Kunst war stark von ihren körperlichen Leiden und ihrem persönlichen Leben beeinflusst.

Käthe Kollwitz, eine deutsche Künstlerin und Aktivistin, ist bekannt für ihre eindrucksvollen Drucke und Skulpturen, die oft soziale Ungerechtigkeit und Leid darstellen. Sie war die erste Frau, die in die preußische Akademie der Künste gewählt wurde.

Jean-Michel Basquiat begann seine Karriere als Graffiti-Künstler in New York, bevor er in den 1980er-Jahren zu Ruhm kam. Seine Werke sind bekannt für ihre rohe Energie und ihre Kommentare zu Rasse, Klassenzugehörigkeit und Kolonialismus.

Rachel Whiteread ist eine britische Künstlerin, die bekannt ist für ihre Skulpturen, die oft den negativen Raum von Objekten und Gebäuden darstellen. Sie war die erste Frau, die den renommierten Turner-Preis gewann.

Edward Hopper, ein amerikanischer Künstler, ist bekannt für seine ikonischen Bilder des modernen amerikanischen Lebens. Seine Arbeiten wie das berühmte "Nighthawks" vermitteln oft ein Gefühl von Isolation und Melancholie.

Die Guerrilla Girls sind eine anonyme Gruppe von feministischen Künstlerinnen, die für Gleichberechtigung in der Kunstwelt kämpfen. Sie sind bekannt für ihre Plakate und Protestaktionen, die oft Statistiken verwenden, um die Diskriminierung von Frauen und Künstlern der Minderheiten in der Kunstwelt aufzuzeigen.

Caravaggio, ein italienischer Barockkünstler, ist bekannt für seinen dramatischen Einsatz von Licht und Schatten, bekannt als Tenebrismus. Seine oft gewalttätigen und emotionalen Szenen sind bekannt für ihren Realismus und ihre psychologische Tiefe.

René Magritte war ein belgischer surrealistischer Künstler, bekannt für seine verspielten und oft verwirrenden Bilder. Seine Werke wie "The Son of Man", hinterfragen die Wahrnehmung und die Realität.

Diego Rivera, ein mexikanischer Künstler, ist bekannt für seine großflächigen Wandgemälde, die oft soziale und politische Themen darstellen. Er und seine Frau Frida Kahlo waren bedeutende Figuren in der mexikanischen Kunstszene.

Die berühmte "Venus von Milo" wurde eigentlich ohne Arme gefunden. Die Arme waren abgebrochen und bis heute nicht wieder aufgefunden worden.

Marcel Duchamp ist bekannt für seine Konzeptkunst und insbesondere für seine "Readymades", Alltagsgegenstände, die er als Kunst deklariert hat. Sein bekanntestes Readymade, "Fountain", ein umgedrehtes Urinal, war ein Skandal in der Kunstwelt.

Der japanische Künstler Yayoi Kusama ist bekannt für ihre obsessiven, wiederholten Muster und ihre Infinity Rooms, in denen Besucher von unendlichen Spiegelreflexionen umgeben sind. Trotz jahrzehntelanger Kämpfe mit psychischen Problemen bleibt sie eine aktive und einflussreiche Figur in der Kunstwelt.

Die berühmte "Terrakotta-Armee" in China wurde erst 1974 entdeckt. Die Soldaten und Pferde waren ursprünglich farbig bemalt, aber die Farbe blätterte ab, sobald sie dem Sauerstoff ausgesetzt wurden.

Salvador Dalí, ein spanischer surrealistischer Künstler, ist bekannt für seine bizarren und traumhaften Bilder. Seine bekannteste Arbeit, "Die Beständigkeit der Erinnerung", zeigt schmelzende Uhren in einer unwirklichen Landschaft.

Der britische Künstler David Hockney ist bekannt für seine leuchtenden, farbenfrohen Bilder von Los Angeles und seine innovativen Arbeiten mit digitaler Kunst. Er gilt als einer der einflussreichsten Künstler des 20. Jahrhunderts.

Artemisia Gentileschi war eine italienische Barockkünstlerin, die trotz der Diskriminierung, der sie als Frau gegenüberstand, eine erfolgreiche Karriere machte. Viele ihrer Arbeiten, wie "Judith enthauptet Holofernes" stellen starke und unabhängige Frauen dar.

Vögel

Der kleinste Vogel der Welt ist der Bienenelf, ein Kolibri Art aus der Karibik. Er misst nur etwa 5-7 cm und wiegt weniger als 2 Gramm.

Der größte lebende Vogel ist der Strauß. Er kann bis zu 2,7 Meter hoch werden und bis zu 130 Kilogramm wiegen.

Flamingos sind für ihre rosa Farbe bekannt, die von ihrer Ernährung stammt, hauptsächlich von Garnelen und Algen, die Beta-Carotin enthalten. Ohne diese Ernährung würden sie ihre markante Farbe verlieren.

Einige Vögel wie der Kuckuck, legen ihre Eier in die Nester anderer Vogelarten. Sie überlassen die Aufzucht ihrer Küken dann den unwissenden "Adoptiveltern".

Die Vogelart "Große Raubmöwe" frisst eine Vielzahl von Lebensmitteln, darunter auch andere Vögel. Sie sind bekannt dafür, andere Vögel in der Luft zu greifen und zu fressen.

Der Kasuar, ein großer flugunfähiger Vogel aus Neuguinea und Nordaustralien, kann gefährlich sein und wurde als "gefährlichster Vogel der Welt" bezeichnet. Er kann tödliche Tritte mit seinen kräftigen Beinen und großen, scharfen Krallen ausführen.

Der Strauß hat die größten Augen aller Landtiere. Jedes Auge ist größer als sein Gehirn.

Schwalben sind transkontinentale Migranten. Sie legen jedes Jahr Tausende von Kilometern zurück, von ihren Brutplätzen in Nordamerika und Europa zu ihren Winterquartieren in Mittel- und Südamerika oder Afrika.

Die Wachtelkönige sind bekannt für ihren markanten und lauten Ruf, der oft als "peent" oder "vent" beschrieben wird. Obwohl sie nachtaktiv und schwer zu sehen sind, können sie aufgrund ihres Rufs oft gehört werden.

Der Emu ist der zweitgrößte lebende Vogel nach dem Strauß. Sie können trotz ihrer Größe erstaunlich schnell rennen und Geschwindigkeiten von bis zu 50 km/h erreichen.

Die Eulen können ihren Kopf um 270 Grad drehen. Diese bemerkenswerte Flexibilität ermöglicht es ihnen, ihre Umgebung zu beobachten, ohne ihren Körper bewegen zu müssen.

Der Sekretärs Vogel aus Afrika ist bekannt dafür, Schlangen und andere kleine Tiere zu jagen. Er tötet seine Beute, indem er mit seinen kräftigen Füßen darauf tritt.

Der Haussperling ist der am weiteste verbreitete wilde Vogel. Er kommt auf allen Kontinenten außer der Antarktis vor.

Die Kiwis-Vögel sind nachtaktiv und besitzen die größten Eier im Verhältnis zu ihrer Körpergröße von allen Vögeln. Ihre Eier können bis zu 20% ihres Körpergewichts ausmachen.

Der Albatros hat die größte Flügelspannweite aller lebenden Vögel und kann über 3,5 Meter erreichen. Sie sind hervorragende Segelflieger und können stundenlang ohne einen einzigen Flügelschlag fliegen.

Die Brustfedern eines Kolibris ändern ihre Farbe je nach Blickwinkel. Dies liegt an der einzigartigen Struktur ihrer Federn, die das Licht auf besondere Weise bricht.

Einige Arten von Tauben produzieren "Taubenmilch" für ihre Jungen. Sowohl Männchen als auch Weibchen produzieren diese nahrhafte Substanz in ihrem Kropf.

Der Hoatzin, ein Vogel aus Südamerika, hat im jugendlichen Stadium Krallen an den Flügeln. Dies ist eine seltene Eigenschaft, die nur bei wenigen Vogelarten zu finden ist.

Die schnellste Vogelart in Bezug auf den Horizontalflug ist der Wanderfalke. Er erreicht Geschwindigkeiten von bis zu 90 km/h im normalen Flug und über 380 km/h im Sturzflug.

Die Frigatebirds, auch bekannt als "Meerespiraten", stehlen oft Nahrung von anderen Vögeln. Sie greifen andere Vögel an und zwingen sie, ihre Beute fallen zu lassen, die sie dann in der Luft aufgreifen.

Im Gegensatz zu den meisten Vögeln können Papageien ihre Füße verwenden, um Nahrung zu greifen und zu ihrem Mund zu führen. Dies ist eine der Anpassungen, die es ihnen ermöglicht, eine Vielzahl von Nahrungsmitteln zu fressen.

Viele Spechte haben eine spezielle Federstruktur um ihre Nasenöffnungen, die verhindert, dass sie beim Hämmern Holzspäne einatmen. Sie haben auch eine besondere Art von Schwanzfeder, die ihnen hilft, am Rand von Baumstämmen frei zu klettern.

Einige Vogelarten wie der Pfau, haben ein ausgeprägten Geschlechtsdimorphismus, was bedeutet, dass Männchen und Weibchen sehr unterschiedlich aussehen. In solchen Arten sind die Männchen oft farbenprächtiger und auffälliger als die Weibchen.

Der Tölpel ist ein meeresbewohnender Vogel, der für seinen spektakulären Kopfüber-Sturzflug bekannt ist, um Fische zu fangen. Sie können aus einer Höhe von bis zu 30 Metern ins Wasser tauchen und dabei Geschwindigkeiten von bis zu 100 km/h erreichen.

Einige Arten von Nachtigallen sind für ihren schönen Gesang bekannt. Männliche Nachtigallen singen oft die ganze Nacht hindurch, besonders im Frühjahr während der Paarungszeit.

Der Resplendent Quetzal wird in Mittelamerika verehrt und ist ein Symbol für Freiheit, da er in Gefangenschaft nicht überleben kann. Er hat unglaublich lange Schwanzfedern und leuchtend grünes und rotes Gefieder.

Der Potoo ist ein meisterhafter Tarnkünstler. Er kann sich so verstecken, dass er aussieht wie ein Ast, was ihm hilft, Raubtieren zu entkommen.

In der Antarktis überstehen Kaiserpinguine den Winter, indem sie eng zusammenstehen. Dies ermöglicht es ihnen, Wärme zu speichern und den kalten Temperaturen zu widerstehen.

Der Ameisenpitta ist ein Vogel, der fast sein ganzes Leben auf dem Boden verbringt. Er hat kurze Flügel und kann nicht fliegen, aber er kann schnell laufen und springen.

Die Brautenten-Männchen haben einen grünen Kopf und ein auffälliges weißes Band um den Hals. Die Weibchen sind dagegen eher unauffällig und braun gefärbt.

Der Kiwi-Vogel hat eine sehr gute Nase und ist einer der wenigen Vögel, die mit der Nase nach Nahrung suchen. Seine Nase befindet sich am Ende seines langen Schnabels.

Der Fregattvogel hat eine interessante Balztechnik. Das Männchen bläht einen leuchtend roten Kehlsack auf und klappert mit dem Schnabel, um das Weibchen anzulocken.

Goldammern sind bekannt für ihre gelbe Farbe und ihren süßen Gesang. Ihr Gesang wird oft als "Perchickoree" beschrieben.

Der Kakapo ist der schwerste Papagei der Welt und einer der wenigen flugunfähigen Papageien. Er ist nachtaktiv und bekannt für seine freundliche Natur.

Brolgas sind australische Kraniche, die für ihre tänzerischen Paarungsroutinen bekannt sind. Sie springen, schwingen und werfen Stöcke und Gras in die Luft.

Der männliche Andenkondor hat eine Halskrause und weiße Federn um den Hals, während das Weibchen diese Merkmale nicht hat. Sie sind einer der größten fliegenden Vögel der Welt nach den Flügelspannweiten.

Der Weißkopfseeadler ist das nationale Symbol der USA. Er ist auf dem Siegel der USA abgebildet, wo er ein Bündel Pfeile und einen Olivenzweig hält.

Der Grünspecht ist einer der wenigen Vögel, der Ameisen frisst. Er verwendet seine lange, klebrige Zunge, um Ameisen aus ihren Kolonien zu fischen.

Der Weißbauchlaufvogel kann bis zu 30 verschiedene Vogelrufe nachahmen. Es wird angenommen, dass sie dies tun, um Raubtiere zu verwirren und zu täuschen.

Der Grünschwanz Sylphe, ein Kolibri-Art, hat die längsten Schwanzfedern im Verhältnis zur Körpergröße aller Vögel. Diese Federn können dreimal länger sein als der Körper des Vogels.

Die Beine des Straußes sind extrem stark und können einen Löwen mit einem einzigen Tritt töten. Trotz ihres großen Gewichts sind Strauße ausgezeichnete Läufer und können Geschwindigkeiten von bis zu 70 km/h erreichen.

Im Gegensatz zu vielen anderen Vögeln bauen Bienenfresser ihre Nester in Sand- oder Erdhängen. Sie graben lange Tunnel, die zu einer Nistkammer führen.

Der Schuhschnabel-Storch ist bekannt für seinen riesigen, schuhförmigen Schnabel. Dieser Vogel nutzt seinen einzigartigen Schnabel, um große Beute wie Fische und Frösche zu fangen.

Der europäische Goldregenpfeifer ist einer der wenigen Vögel, der eine völlig schwarze Zunge hat. Diese Art ist auch bekannt für ihre melodischen Rufe, die oft nachts gehört werden können.

Die Männchen von Trauerseeschwalbe haben die längste bekannte Migration aller Tiere. Sie fliegen jährlich rund 40.000 Kilometer von ihren Brutgebieten in der Arktis zu ihren Winterquartieren in der Antarktis und zurück.

Der Kookaburra ist bekannt für sein lachendes Rufen, das oft in Filmen verwendet wird, um einen Dschungelhintergrund zu schaffen. Tatsächlich sind Kookaburras in Australien beheimatet, nicht im Dschungel.

Spechte haben eine spezielle Art von Muskel, der als "Stoßdämpfer" wirkt, um ihr Gehirn vor Verletzungen zu schützen, wenn sie in Holz hämmern.

Der Beo ist einer der talentiertesten Vögel, wenn es um das Nachahmen menschlicher Sprache geht. Sie können ganze Sätze und sogar Lieder lernen und wiederholen.

Pinguine haben schuppige Federn, die eng anliegen und eine wasserfeste Schicht bilden. Dies hilft ihnen, sich in eiskaltem Wasser warm zu halten.

Amseln haben ein bemerkenswertes Gesangsvermögen. Sie können komplexe und melodische Lieder singen, die oft in den frühen Morgenstunden gehört werden.

Der maledivische Riffreiher hat eine einzigartige Angewohnheit, seinen Schatten zu verwenden, um Fische zu fangen. Er breitet seine Flügel aus, um einen Schatten auf das Wasser zu werfen, der die Fische anlockt.

Der afrikanische Graupapagei ist bekannt für seine hohe Intelligenz und sein Nachahmungsvermögen. Sie können viele Worte und kurze Sätze lernen und sind in der Lage, einfache Aufgaben und Rätsel zu lösen.

Rotkehlchen sind bekannt für ihre schönen Lieder, die oft im Frühjahr und Herbst zu hören sind. Sie sind auch einer der ersten Vögel, die am Morgen singen, oft vor Sonnenaufgang.

Spatzen sind sehr anpassungsfähige Vögel, die in fast jeder Umgebung leben können. Sie sind oft in städtischen Gebieten zu finden, wo sie von den von Menschen hinterlassenen Nahrungsquellen profitieren.

Der Trauerschwan ist der einzige ganz schwarze Schwan. Sie kommen ursprünglich aus Australien und haben einen roten Schnabel.

Der Mauerläufer ist ein einzigartiger Vogel, der an steilen Klippen und Felswänden lebt. Er hat spezielle Krallen und Federn, die es ihm ermöglichen, an fast vertikalen Oberflächen zu klettern.

Viele Arten von Tauben haben eine bemerkenswerte Fähigkeit zur Navigation. Sie können ihren Heimatort aus großer Entfernung finden, was sie zu ausgezeichneten Brieftauben macht.

Die Kragentrappe ist bekannt für ihr beeindruckendes Balzverhalten. Männchen pusten ihre Federkragen auf und schlagen mit den Flügeln, um Weibchen anzulocken.

Das Perlhuhn hat ein einzigartiges, punktiertes Gefieder. Es wird oft in Afrika gejagt und ist eine wichtige Nahrungsquelle für viele Menschen und Tiere.

Der Schwarzmilan ist einer der am weitesten verbreiteten Greifvögel der Welt. Er kann in einer Vielzahl von Lebensräumen leben, von Wüsten bis zu städtischen Gebieten.

Tukanen sind bekannt für ihre großen, bunten Schnäbel. Diese Schnäbel sind überraschend leicht, da sie hohl sind und aus einer Art von Knochen bestehen, der viel Luft enthält.

Rauchschwalben bauen ihre Nester aus Schlamm und Speichel. Diese Nester sind oft in Form einer Halbkugel und werden an der Seite von Gebäuden oder Klippen gebaut.

Die Bartmeise ist bekannt für ihren langen, dünnen Schwanz und ihren "Bart", eine schwarze Linie, die bei Männchen unter den Augen verläuft. Trotz ihres Namens sind sie nicht eng mit den eigentlichen Meisen verwandt.

Zilpzalps sind kleine Singvögel, die bekannt für ihren ständig wiederholten Gesang sind. Der Name "Zilpzalp" ist eine Nachahmung ihres charakteristischen Rufes.

Der australische Honigfresser hat eine spezielle Zunge, die er benutzt, um Nektar aus Blumen zu saugen. Die Zunge ist in der Form einer Bürste, um so viel Nektar wie möglich aufzunehmen.

Das Männchen des nördlichen Kardinale ist ganz rot, eine seltene Farbe bei Vögeln. Sie sind auch bekannt für ihren lauten und melodischen Gesang.

Der Dreizehenkuckuck hat, wie der Name schon sagt, nur drei Zehen an jedem Fuß. Dies ist ungewöhnlich, da die meisten Vögel vier Zehen haben.

Das Blaukehlchen ist ein kleiner Singvogel, der für seinen blauen Kehlfleck und sein schönes Lied bekannt ist. Trotz seiner auffälligen Farbe ist es oft schwer zu sehen, da es in dichten Büschen und Unterholz lebt.

Der Mönchsgeier ist einer der größten Vögel der Welt, mit einer Flügelspannweite von bis zu 3 Metern. Trotz ihrer Größe sind sie sehr anmutige Flieger.

Der Austernfischer nutzt seinen langen, spitzen Schnabel, um Austern und andere Muscheln zu öffnen. Sie sind auch in der Lage, Würmer und andere Insekten aus dem Boden zu ziehen.

Rauchschwalben sind Langstrecken Migranten, die jedes Jahr Tausende von Kilometern zurücklegen. Sie verbringen den Winter in Afrika und kehren im Frühling nach Europa und Asien zurück, um zu brüten.

Der Storch ist bekannt für seinen langen Hals und seine langen Beine. Sie bauen oft große Nester auf Gebäuden und anderen hohen Strukturen.

Die Albatrosse sind einige der langlebigsten Vögel. Einige Arten können bis zu 70 Jahre alt werden.

Der blaue Pfau ist bekannt für sein beeindruckendes Rad aus Federn. Männchen benutzen dieses Rad, um Weibchen während der Balz anzuziehen.

Die Männchen des Paradiesvogels führen einen ausgeklügelten Balztanz auf, um die Weibchen zu beeindrucken. Sie haben oft bunte und extravagante Federn, die sie während dieser Tänze zur Schau stellen.

Die Weibchen der Wachteln legen oft ihre Eier in die Nester anderer Vögel. Dies wird als Brutschmarotzertum bezeichnet und ist eine Strategie, um die eigene Nachkommenschaft ohne den Aufwand der Brutpflege zu sichern.

Stare können die Stimmen anderer Vögel und sogar menschliche Geräusche nachahmen. Sie sind dafür bekannt, dass sie die Geräusche von Telefonklingeln, Autoalarm und anderen alltäglichen Geräuschen imitieren.

Einige Arten von Greifvögeln wie der Steinadler können ihre Beute aus großer Höhe fallen lassen, um sie zu töten. Sie greifen oft große Tiere wie Ziegen und Schafe an und lassen sie von Klippen fallen.

Der Lyrebird, ein australischer Vogel, ist dafür bekannt, dass er eine Vielzahl von Geräuschen nachahmen kann. Sie können sogar den Klang von Kettensägen und Kameraauslösern imitieren.

Einige Arten von Enten wie die Eiderente haben ein extrem warmes Unterfell, das sie vor kaltem Wasser schützt. Dieses Unterfell wird oft von Menschen genutzt und als Füllmaterial für Kissen und Bettdecken verwendet.

Der Elsternlügner ist ein kleiner australischer Vogel, der dafür bekannt ist, dass er kleine Gegenstände sammelt und sie in sein Nest einbaut. Er hat eine Vorliebe für glänzende Gegenstände und kann sogar Schmuckstücke stehlen.

Die Männchen der Würger Grasmücke sammeln oft Beeren und andere Geschenke, um sie den Weibchen anzubieten. Wenn ein Weibchen das Geschenk annimmt, ist dies oft das Zeichen für eine erfolgreiche Balz.

Geier sind einige der wenigen Vögel, die einen guten Geruchssinn haben. Sie können den Geruch von verrottendem Fleisch aus großer Entfernung wahrnehmen und nutzen diesen Geruchssinn, um Aas zu finden.

Die Rotschwanzamazone, ein Papagei aus Mittel- und Südamerika, kann bis zu 80 Jahre alt werden. Sie sind dafür bekannt, dass sie eine enge Bindung zu ihrem menschlichen Besitzer aufbauen können und sehr gesellig sind.

Der Eisvogel stürzt sich kopfüber ins Wasser, um nach Fischen zu jagen. Er hat spezielle Augen, die ihm erlauben, unter Wasser zu sehen, und er kann dabei Geschwindigkeiten von bis zu 90 km/h erreichen.

Die Elfenbeinmöwe, die in der Arktis lebt, ist einer der wenigen Vögel, die den Winter in dieser kalten Region verbringen. Sie sind in der Lage, in Temperaturen von bis zu -30 Grad Celsius zu überleben.

Der Kaiserpinguin ist der größte aller Pinguine und kann bis zu 1,2 Meter groß werden. Sie leben in den kältesten Regionen der Antarktis und können Temperaturen von bis zu -60 Grad Celsius standhalten.

Der Kondor ist einer der größten fliegenden Vögel und hat eine Flügelspannweite von bis zu 3 Metern. Sie sind Aasfresser und spielen eine wichtige Rolle im Ökosystem, indem sie tote Tiere beseitigen.

Der Raubwürger ist ein kleiner Vogel, der dafür bekannt ist, dass er seine Beute auf Dornen oder spitze Zweige spießt. Er macht dies, um seine Beute zu lagern und um potenzielle Beutetiere anzulocken.

Der Pelikan hat einen großen Kehlsack, den er benutzt, um Fische und andere Beutetiere zu fangen. Er kann bis zu 13 Liter Wasser in seinem Kehlsack aufnehmen, das er dann herausfiltert, um die Fische zu behalten.

Die Weißwangengans ist dafür bekannt, dass sie eine monogame Lebensweise führt. Einmal gepaart, bleiben die Paare oft ihr ganzes Leben lang zusammen.

Der Ara, ein großer Papagei aus Mittel- und Südamerika, hat starke Kiefer, die ihm erlauben, harte Nüsse und Samen zu knacken. Sie sind auch sehr intelligent und können eine Vielzahl von Tricks lernen.

Der Hausrotschwanz ist ein kleiner Singvogel, der oft in der Nähe von Menschen lebt. Sie bauen ihre Nester oft in Gebäuden und anderen von Menschen gemachten Strukturen.

Der Rabe ist einer der intelligentesten Vögel und ist in der Lage, komplexe Probleme zu lösen. Sie sind auch bekannt dafür, dass sie Werkzeuge benutzen können, um an Futter zu kommen.

Der Gelbschnabel-Sturmtaucher, ein Seevogel aus dem südlichen Ozean, ist einer der langlebigsten Vögel. Einige Individuen wurden bekanntermaßen über 50 Jahre alt.

Der Pinguin hat eine spezielle Drüse, die es ihm ermöglicht, Salzwasser zu trinken. Diese Drüse filtert das Salz aus dem Wasser und ermöglicht es dem Pinguin, in Gebieten zu leben, in denen Süßwasser knapp ist.

Der Kormoran kann bis zu 45 Meter tief tauchen, um nach Fischen zu suchen. Sie haben spezielle Federn, die weniger wasserdurchlässig sind, was ihnen hilft, schneller zu tauchen.

Der Keilschwanzadler ist der größte Raubvogel Australiens und kann eine Flügelspannweite von bis zu 2,5 Metern erreichen. Trotz ihrer Größe sind sie sehr anmutige Flieger und können stundenlang ohne zu flattern in der Luft bleiben.

Die Schnee-Eule ist bekannt dafür, dass sie hauptsächlich nachtaktiv ist. Sie haben spezielle Federn, die ihnen helfen, sich in der schneebedeckten Tundra zu tarnen.

Der Papageientaucher ist bekannt für seine bunten Schnäbel und sein flammendes Aussehen. Trotz ihres Aussehens sind sie sehr gute Taucher und können bis zu 60 Meter tief tauchen.

Der Gelbschnabelkakadu ist bekannt für seine lauten und rauchigen Rufe. Sie sind sehr gesellig und leben oft in großen Schwärmen.

Die Spießente hat den längsten Schwanz aller Enten. Der Schwanz kann bis zu 17 Zentimeter lang werden und wird oft von den Männchen als Teil ihrer Balzzeremonie verwendet.

Der Seeadler ist der größte Raubvogel Nordeuropas und hat eine Flügelspannweite von bis zu 2,4 Metern. Sie ernähren sich hauptsächlich von Fischen, die sie aus dem Wasser greifen.

Der Truthahn ist einer der wenigen Vögel, die bei der Balz ein Gobble-Geräusch erzeugen. Dieses Geräusch kann über eine Entfernung von bis zu 1 Kilometer gehört werden.

Der Rotmilan ist ein großer Raubvogel, der dafür bekannt ist, dass er sich hauptsächlich von Aas ernährt. Sie haben eine ausgezeichnete Sehkraft und können Aas aus einer Entfernung von bis zu 2 Kilometern lokalisieren.

Die Männchen der Schmuck fasane sind für ihr farbenprächtiges und extravagantes Gefieder bekannt. Sie führen oft komplexe Balztänze auf, um die Weibchen zu beeindrucken.

Der Silbersittich ist ein kleiner Papagei, der für seine Fähigkeit bekannt ist, menschliche Sprache zu imitieren. Sie sind sehr gesellig und bauen oft enge Bindungen zu ihrem menschlichen Besitzer auf.

Der Schopfkarakara ist ein großer Raubvogel, der dafür bekannt ist, dass er seine Beute stiehlt. Sie sind oft opportunistisch und werden Nahrung stehlen, wo immer sie können.

Der Schneegimpel ist ein kleiner Singvogel, der in den hohen Bergregionen Europas und Asiens lebt. Sie sind dafür bekannt, dass sie sich in großen Schwärmen versammeln und in der Dämmerung singen.

Der Bergpapagei, auch Kea genannt, ist der einzige alpine Papagei der Welt. Sie sind bekannt für ihre Neugier und ihre Fähigkeit, Probleme zu lösen.

Der Rostkappenspecht ist ein kleiner Specht, der dafür bekannt ist, dass er seine Nester in toten Bäumen baut. Sie haben eine spezielle Zunge, die es ihnen ermöglicht, Insekten aus der Rinde von Bäumen zu ziehen.

Der Kereru, auch neuseeländische Taube genannt, ist für sein auffälliges, grünblaues Gefieder bekannt. Sie sind wichtige Samenverteiler in den Wäldern Neuseelands und helfen bei der Verbreitung von Pflanzen.

Der Bartgeier ist ein großer Raubvogel, der dafür bekannt ist, dass er Knochen frisst. Sie haben starke Magensäuren, die es ihnen ermöglichen, Knochen zu verdauen und die darin enthaltenen Nährstoffe aufzunehmen.

Die Trottellumme ist ein Seevogel, der dafür bekannt ist, dass er vom Rand von Klippen springt, bevor er anfängt zu fliegen. Sie können bis zu 180 Meter tief tauchen, um nach Nahrung zu suchen.

Der Sonnenvogel ist ein kleiner Vogel aus Afrika und Asien, der für sein leuchtendes, buntes Gefieder bekannt ist. Sie ernähren sich hauptsächlich von Nektar und spielen eine wichtige Rolle bei der Bestäubung von Blumen.

Der Goldfasan ist ein farbenprächtiger Vogel, der in den Wäldern Chinas lebt. Sie sind bekannt für ihre komplexen Balzzeremonien, bei denen die Männchen ihre bunten Federn zur Schau stellen.

Der Rothals-Safranfink ist ein kleiner Singvogel, der für seinen leuchtend roten Hals bekannt ist. Sie ernähren sich hauptsächlich von Samen und können oft in großen Schwärmen gesehen werden.

Der Galapagos-Pinguin ist der einzige Pinguin, der in der nördlichen Hemisphäre lebt. Sie sind angepasst an ein Leben in den Tropen und haben spezielle Drüsen, die ihnen helfen, überschüssige Wärme abzugeben.

Der Gelbbrustara ist ein großer Papagei aus Mittel- und Südamerika, der für seine Fähigkeit bekannt ist, menschliche Sprache zu imitieren. Sie haben eine Lebenserwartung von bis zu 35 Jahren und bauen oft enge Bindungen zu ihren menschlichen Besitzern auf.

Der Nandu ist ein großer, flugunfähiger Vogel aus Südamerika, der sich hauptsächlich von Pflanzen ernährt. Sie können Geschwindigkeiten von bis zu 60 km/h erreichen und sind ausgezeichnete Schwimmer.

Der Diamantfasan ist ein prächtig gefärbter Vogel, der in den Bergen Chinas heimisch ist. Sie sind bekannt für ihre komplexen Balzzeremonien, bei denen die Männchen ihre farbenprächtigen Federn zur Schau stellen.

Das Purpurhuhn ist ein Wasservogel, der dafür bekannt ist, dass er während der Balz ein lautes, trommelndes Geräusch erzeugt. Dieses Geräusch entsteht, wenn sie mit ihren Flügeln auf das Wasser schlagen.

Der Satyrtragopan ist ein farbenprächtiger Fasan, der in den Wäldern des Himalayas lebt. Sie sind bekannt für ihre komplexen Balzzeremonien, bei denen die Männchen ihre farbenprächtigen Federn zur Schau stellen.

Der Waldkauz ist die am weitesten verbreitete Eulen Art der Welt und kommt auf allen Kontinenten außer der Antarktis vor. Sie haben ein ausgezeichnetes Gehör und können Mäuse und andere kleine Tiere aus einer Entfernung von bis zu 30 Metern lokalisieren.

Der Kleiber ist einer der wenigen Vögel, der kopfüber an Bäumen hinunterklettern kann. Sie tun dies, indem sie ihre starken Beine und ihre scharfen Krallen benutzen.

Die Schleiereule hat ein sehr empfindliches Gehör und kann Mäuse und andere kleine Tiere in völliger Dunkelheit lokalisieren. Sie haben ein herzförmiges Gesicht, das dabei hilft, Geräusche auf ihre Ohren zu lenken.

Der Hoatzin ist ein Vogel aus Südamerika, der für seinen unangenehmen Geruch bekannt ist. Sie haben ein einzigartiges Verdauungssystem, das es ihnen ermöglicht, Blätter und andere Pflanzen zu fressen, die für die meisten anderen Vögel unverdaulich sind.

Der Zwergscharrel ist der kleinste Watvogel der Welt und misst nur 13-15 cm. Trotz ihrer geringen Größe wandern sie jedes Jahr Tausende von Kilometern zwischen ihren Brut- und Überwinterungsgebieten.

Der Weißstirnamazon ist ein kleiner Papagei aus Mittel- und Südamerika, der für seine Fähigkeit bekannt ist, menschliche Sprache zu imitieren. Sie sind sehr gesellig und bauen oft enge Bindungen zu ihren menschlichen Besitzern auf.

Der Uhu ist die größte Eulen Art der Welt und kann eine Spannweite von bis zu 1,7 Metern erreichen. Sie haben sehr starke Krallen und können Beute fangen, die so groß ist wie sie selbst.

Der Kasuare ist ein großer, flugunfähiger Vogel aus Neuguinea und Nordostaustralien. Sie haben einen großen, helmähnlichen Auswuchs auf dem Kopf, der sie vor Verletzungen schützt.

Der Rotkehlchen-Kolibri ist der kleinste Vogel Nordamerikas und wiegt weniger als 3 Gramm. Trotz ihrer geringen Größe können sie bis zu 50 km/h fliegen und sind bekannt dafür, dass sie in der Luft stehen bleiben können.

Der Auerhahn ist der größte Hühnervogel Europas und kann bis zu 4,1 Kilogramm wiegen. Die Männchen haben ein prächtiges, glänzendes Gefieder und führen während der Balz komplexe Tänze auf.

Der Königspinguin ist der zweitgrößte Pinguin und kann bis zu 1 Meter hoch werden. Sie können bis zu 500 Meter tief tauchen und bis zu 9 Minuten unter Wasser bleiben.

Der Sonnenbitter ist ein seltener und schwer zu sehender Vogel, der für sein leuchtendes gelbes Gefieder bekannt ist. Sie haben einen langen, gebogenen Schnabel, den sie verwenden, um Insekten aus dem Boden zu ziehen.

Der Pfeifenschwan ist der größte Wasservogel in Nordamerika und kann bis zu 15 Kilogramm wiegen. Sie sind bekannt für ihre lauten, pfeifenden Rufe, die oft während der Balz zu hören sind.

Der Haubentaucher ist ein Wasservogel, der dafür bekannt ist, dass er während der Balz ein komplexes Ritual durchführt. Dieses Ritual beinhaltet das gegenseitige Füttern von Wasserpflanzen und synchronisierte Schwimmbewegungen.

Der Rotschwanzbussard ist ein großer Raubvogel aus Nordamerika, der für seine breiten, runden Flügel und seinen rostroten Schwanz bekannt ist. Sie sind sehr anpassungsfähig und können in einer Vielzahl von Lebensräumen von Wüsten bis zu Wäldern leben.

Der Gelbspötter ist ein kleiner Singvogel, der dafür bekannt ist, dass er sein Nest auf dem Boden baut. Trotz der Gefahr von Bodenraubtieren bauen sie ihr Nest oft in dichter Vegetation, um es zu verstecken.

Der Braunkehl-Solitär ist ein kleiner Vogel aus den Rocky Mountains in Nordamerika, der für seinen melodischen Gesang bekannt ist. Sie singen oft in Duett mit ihrem Partner, wobei sie abwechselnd kurze, flüssige Phrasen singen.

Der Goldflügelkolibri ist ein kleiner Vogel aus Mittel- und Südamerika, der für seine leuchtend goldfarbenen Flügel bekannt ist. Sie sind ausgezeichnete Bestäuber und spielen eine wichtige Rolle bei der Bestäubung von Blumen in ihrem Lebensraum.

Pinguine sind hervorragende Schwimmer und können Geschwindigkeiten von bis zu 36 km/h erreichen. Trotz ihres aquatischen Talents sind sie die einzigen wenigen Vögel, die nicht fliegen können.

Pfauen sind in der Lage, ihr Rad aus Federn als eine Art von Sonar zu verwenden. Sie können die Vibrationen, die durch das Rasseln ihrer Federn erzeugt werden, nutzen, um andere Pfauen auf große Entfernungen zu lokalisieren.

Der Kagu ist ein seltener und bedrohter Vogel, der nur auf der Pazifikinsel Neukaledonien lebt. Trotz seiner Flugunfähigkeit hat er große, bunte Flügel, die er oft zur Abschreckung von Raubtieren aufplustert.

Wetter

Die höchste jemals gemessene Temperatur auf der Erde war 56,7 Grad Celsius in Furnace Creek Ranch, Kalifornien, USA im Juli 1913. Diese Rekordtemperatur wurde vom World Meteorological Organization's (WMO) als die heißeste jemals aufgezeichnete Lufttemperatur auf der Erde bestätigt.

Der kälteste Ort auf der Erde ist die Hoch-Antarktis. Hier wurde im August 2010 eine Temperatur von minus 93,2 Grad Celsius gemessen.

Mawsynram in Indien gilt als der regenreichste Ort der Welt. Jedes Jahr fällt hier durchschnittlich rund 11,871 Liter Regen auf den Quadratmeter.

Die Sonne kann auch Schnee erzeugen. Dieses Phänomen wird als Diamantstaub bezeichnet und tritt auf, wenn die Temperatur unter -30 Grad Celsius fällt.

Im Jahr 1971 regnete es in Kerala, Indien, Frösche. Dieses seltene Wetterphänomen wird durch heftige Winde und Regen verursacht, die kleine Tiere in die Luft wirbeln.

Eine Schneeflocke kann aus bis zu 200 Kristallen bestehen. Die genaue Form und Struktur der Schneeflocke hängt von der Temperatur und der Feuchtigkeit zum Zeitpunkt der Kristallbildung ab.

Ein Regenbogen entsteht durch die Brechung und Reflexion von Sonnenlicht in Regentropfen. Um einen Regenbogen zu sehen, muss man sich mit dem Rücken zur Sonne befinden.

Ein Quadratkilometer Schnee kann bis zu 75.000 Kubikmeter Wasser enthalten. Dies hängt natürlich von der Dichte und Dicke der Schneeschicht ab.

Die längste Dauer eines einzelnen Blitzes wurde am 4. August 2020 gemessen und dauerte 17,1 Sekunden. Dieser Blitz trat über Nordargentinien auf.

Der Tornado mit der längsten bekannten Strecke ereignete sich im Jahr 1925 in den USA und durchquerte drei Bundesstaaten. Der "Tri-State Tornado" legte in etwa 3,5 Stunden eine Strecke von 352 Kilometern zurück.

Die größten Hagelkörner der Welt wurden 2010 in Vivian South Dakota, USA gemessen und hatten einen Durchmesser von 20 Zentimetern. Sie wogen fast ein Kilogramm.

Der tiefste je gemessene Luftdruck betrug 870 Hektopascal und wurde während des Taifuns Tip im Westpazifik im Jahr 1979 gemessen. Normaler Luftdruck auf Meereshöhe beträgt 1013 Hektopascal.

Die Sahara-Wüste ist nicht nur die größte Wüste der Welt, sondern auch die heißeste. Die Temperaturen können hier bis zu 50 Grad Celsius erreichen.

Das schnellste jemals gemessene Regenereignis fiel in Unionville, Maryland, im Jahr 1956, als in einer Minute 31,2 Millimeter Regen fielen. Das entspricht fast 2 Litern pro Quadratmeter in nur 60 Sekunden.

Tornados treten am häufigsten in den USA auf, insbesondere in einer Region, die als Tornado Alley bekannt ist. Jedes Jahr werden hier etwa 1.200 Tornados verzeichnet.

Die Gewitteraktivität ist am Äquator am höchsten. Die Stadt Kisangani in der Demokratischen Republik Kongo hat die höchste durchschnittliche jährliche Gewitteraktivität.

Im Jahr 2003 fielen in der chinesischen Stadt Wuhan farbige Schneeflocken. Dieses Phänomen wurde durch eine Mischung aus Staub, Sand und Verunreinigungen in der Atmosphäre verursacht.

Im Jahr 1876 fielen in Kentucky, USA, Fleischstücke vom Himmel. Dieses seltsame Wetterereignis wird auf einen heftigen Sturm zurückgeführt, der eine Gruppe von Geiern zum Erbrechen zwang.

Das Wetter kann die Form eines Regentropfens beeinflussen. Trotz der weitverbreiteten Vorstellung, dass Regentropfen tränenförmig sind, sind sie tatsächlich eher flach und Burger ähnlich.

Der Durchmesser eines Hurrikans kann bis zu 1.000 Kilometer betragen. Damit könnten sie die Fläche eines kleineren Landes wie Deutschland bedecken.

Der Sahara-Staub, der jedes Jahr über den Atlantik weht, ist ein wichtiger Nährstofflieferant für den Amazonas-Regenwald.

Wind entsteht durch Unterschiede im Luftdruck. Luft bewegt sich von Gebieten mit hohem Druck zu Gebieten mit niedrigem Druck, was Wind erzeugt.

Das Ozonloch über der Antarktis ist im September am größten. Es hat sich seit dem Verbot ozonabbauender Chemikalien in den 1980er-Jahren langsam geschlossen.

Der wärmste Ozean der Welt ist der Indische Ozean. Seine durchschnittliche Wassertemperatur beträgt etwa 22 Grad Celsius.

Die meisten Blitze treten in Afrika auf. Der Lake Maracaibo in Venezuela hält den Rekord mit den meisten Blitzen pro Quadratkilometer pro Jahr.

Tornados können Fische vom Himmel regnen lassen. Tornados, die über Wasser fegen, können Fische in die Luft saugen und sie kilometerweit transportieren.

"Superzellen" sind die größten und stärksten Gewitter. Sie können Tornados, Hagel, starke Winde und Blitze produzieren.

Tornados sind in den USA am häufigsten. Jährlich gibt es dort etwa 1.200 Tornados.

In der Sahara kann der Temperaturunterschied zwischen Tag und Nacht bis zu 40 Grad Celsius betragen. Dies ist auf die geringe Luftfeuchtigkeit und das Fehlen von Wolken zurückzuführen, die Wärme halten könnten.

Der schlimmste Staubsturm der Geschichte, bekannt als der Dust Bowl, fand in den 1930er-Jahren in den USA statt. Millionen von Tonnen Staub wurden über weite Teile des Landes geweht.

Die meisten Tornados treten im Frühjahr auf. Das liegt daran, dass in dieser Jahreszeit kalte und warme Luftmassen häufig aufeinandertreffen.

Der größte jemals gemessene Schneefall in einem Jahr ereignete sich in Mount Rainier, Washington, USA, im Winter 1971-1972. Es fielen 31,1 Meter Schnee.

Der durchschnittliche Hurrikan erzeugt die Energie von 10.000 Kernwaffen. Glücklicherweise verteilt sich diese Energie über eine große Fläche und eine lange Zeit.

Jedes Jahr werden etwa 16 Millionen Gewitter weltweit beobachtet. Das sind etwa 44.000 Gewitter pro Tag.

In den USA ereignen sich jedes Jahr etwa 10.000 Gewitter. Das entspricht etwa 27 Gewittern pro Tag.

Die Farbe eines Tornados kann variieren, abhängig von seiner Umgebung und der Tageszeit. Sie können weiß, grau, blau oder sogar rot erscheinen.

Die dickste Eisschicht, die jemals gemessen wurde, befand sich in der Antarktis und war 4897 Meter dick. Sie wurde 1982 entdeckt.

Im Jahr 2003 wurde eine neuartige Wolkensorte namens "Asperitas" entdeckt. Sie sieht aus wie eine raue Meeresoberfläche von unten betrachtet.

Eisstürme sind gefährliche Wetterereignisse, bei denen Regen gefriert, sobald er den Boden oder andere Oberflächen berührt. Sie können zu erheblichen Schäden und Gefahren führen.

Der regenreichste Monat in der Geschichte der USA wurde 1862 in San Francisco, Kalifornien, aufgezeichnet. Es fielen 1.300 mm Regen.

Der Begriff "Monsoon" kommt vom arabischen Wort "mausim", was "Saison" bedeutet. Es bezieht sich auf die jährlichen Windmuster, die starken Regen bringen, besonders in Süd- und Südostasien.

Die Atmosphäre der Erde wiegt etwa 5,5 Billionen Tonnen. Das ist mehr als 1 Million Mal schwerer als der größte Blauwal.

Die höchste Luftfeuchtigkeit, die jemals aufgezeichnet wurde, war 100% in mehreren Orten wie Hawaii und Indonesien. Absolute Luftfeuchtigkeit tritt auf, wenn die Luft vollständig mit Wasserdampf gesättigt ist und keine weiteren Wasser Tröpfchen mehr aufnehmen kann.

Die Sahara kann die heißeste Region der Welt sein, aber es kann auch Schnee fallen. Schnee ist selten, aber nicht unbekannt - zuletzt fiel er in der Sahara im Jahr 2018.

Tau entsteht, wenn kalte Oberflächen nachts schnell abkühlen und die umgebende feuchte Luft abkühlen und Wasser Tröpfchen bilden. Dies geschieht häufig in den Morgenstunden.

Regen enthält Vitamin B12. Dieses wichtige Vitamin kann von den Bakterien und Algen produziert werden, die in der Atmosphäre leben und von den Regentropfen aufgenommen werden.

Frost entsteht, wenn die Temperatur der Erdoberfläche unter den Gefrierpunkt fällt und dass in der Luft enthaltene Wasser gefriert. Dies führt zu den charakteristischen eisigen Mustern, die wir oft an kalten Morgen sehen.

St. Elmo's Fire ist ein Wetterphänomen, bei dem leuchtende blaue oder violette Strahlen von spitzen Gegenständen wie Mastspitzen oder Flugzeugflügeln ausgehen. Es tritt auf, wenn die Atmosphäre stark elektrisch geladen ist.

Der höchste jemals aufgezeichnete Schneefall in einem 24-Stunden-Zeitraum war in Silver Lake, Colorado, im Jahr 1921, als 1,93 Meter Schnee fielen. Silver Lake liegt in den Rocky Mountains, wo extreme Wetterbedingungen üblich sind.

Staubstürme, auch bekannt als Haboobs, treten auf, wenn einen herabstürzenden Luftstrom in einer Gewitterzelle eine Menge Staub und Schmutz aufwirbelt. Sie sind in Wüstenregionen wie dem Nahen Osten und dem Südwesten der USA üblich.

Wüsten machen etwa ein Drittel der Erdoberfläche aus. Dabei handelt es sich nicht nur um sandige Wüsten - einige wie die Antarktis sind eisig.

Die durchschnittliche Regenmenge, die jedes Jahr auf die Erde fällt, beträgt etwa 1 Meter. In regenreichen Gebieten kann sie jedoch auf über 7 Meter ansteigen.

Ein durchschnittlicher Regentropfen fällt mit einer Geschwindigkeit von etwa 20 km/h auf die Erde. Je größer der Tropfen ist, desto schneller fällt er.

Tropische Stürme drehen sich gegen den Uhrzeigersinn auf der Nordhalbkugel und im Uhrzeigersinn auf der Südhalbkugel. Dies wird durch die Corioliskraft verursacht, die durch die Rotation der Erde entsteht.

Die kälteste Hauptstadt der Welt ist Ulaanbaatar in der Mongolei, wo die Temperaturen im Winter auf -30 Grad Celsius fallen können.
Der heißeste bewohnte Ort der Welt ist das Dorf Dallol in Äthiopien, wo die durchschnittliche Jahrestemperatur 34,4 Grad Celsius beträgt.

Der Klimawandel verändert die Intensität und Frequenz von Wetterereignissen. Beispielsweise sind Hitzewellen und extreme Regenereignisse in einigen Teilen der Welt häufiger und intensiver geworden.

Es gibt eine Wolkenart, die "Mammatus" genannt wird, weil sie wie eine Reihe von Beuteln oder Brüsten aussieht. Sie treten oft nach starken Gewittern auf und sind ein Zeichen für intensive Turbulenzen in der Wolke.

Der größte Regenfall in 24 Stunden wurde in Cilaos, La Réunion aufgezeichnet, als 1952 während des Zyklons 1870 Liter Regen pro Quadratmeter fielen.

Die durchschnittliche Lebensdauer einer Wolke beträgt etwa eine Stunde. Während dieser Zeit kann sie Tausende von Litern Wasser enthalten.

Manche Blitze sind fast unsichtbar. Sie werden "dark lightning" genannt und senden Röntgen- und Gammastrahlen aus, anstatt sichtbares Licht.

Das Donnergrollen, das wir bei Gewittern hören, entsteht durch die rapide Ausdehnung und Zusammenziehung der Luft um den Blitz.

In der Antarktis fallen pro Jahr nur 15 cm Schnee. Das ist weniger als in der Sahara-Wüste.

Regenbogen sind in Wirklichkeit Kreise. Aus der Ferne betrachtet, können wir nur den oberen Teil des Kreises sehen.

Die lauteste natürliche Geräuschquelle auf Erden sind Vulkanausbrüche. Der Ausbruch des Krakatau 1883 erzeugte Schallwellen, die sogar noch 3.000 Meilen entfernt gehört wurden.

Der heißeste Ort der Welt ist der Lut-Wüste im Iran. Dort wurde 2005 eine Bodentemperatur von 70,7 Grad Celsius gemessen.

Manchmal können wir zwei Regenbögen auf einmal sehen. Der zweite, schwächere Regenbogen wird durch eine doppelte Reflexion des Lichts im Inneren der Regentropfen erzeugt und seine Farben sind umgekehrt.

Das längste jemals aufgezeichnete Gewitter dauerte 159 Stunden und fand 2020 in Argentinien statt.

Ein Blitz kann Temperaturen von bis zu 30.000 Grad Celsius erreichen, das ist fünfmal heißer als die Oberfläche der Sonne. Allerdings dauert ein Blitz nur einen Bruchteil einer Sekunde.

Die schnellste Windgeschwindigkeit, die jemals auf der Erde aufgezeichnet wurde, betrug 484 km/h. Dieser Wind wurde 1999 während eines Tornados in Oklahoma gemessen.

Gewitterwolken, bekannt als Cumulonimbus, können bis zu 20 km hoch werden. Bei großen Gewittern können diese Wolken Hagel, Blitze, Tornados und sogar Schneestürme produzieren.

Ein durchschnittlicher Tornado hat eine Geschwindigkeit von 177 km/h. Allerdings können die stärksten Tornados Geschwindigkeiten von 484 km/h erreichen.

Ein Hurrikan entsteht, wenn die Oberflächentemperatur des Ozeans mindestens 26,5 Grad Celsius beträgt. Dies erzeugt die notwendige Energie für die Entstehung dieser mächtigen Stürme.

Die durchschnittliche Geschwindigkeit einer fallenden Schneeflocke beträgt etwa 5 km/h. Aber sie kann je nach Größe und Form der Flocke und den Wetterbedingungen variieren.

Es gibt verschiedene Arten von Eis, einschließlich blauem Eis, das auf Gletschern vorkommt, und schwarzem Eis, das auf Straßen vorkommt und besonders gefährlich ist, da es oft nicht sichtbar ist.

In der Sahara-Wüste kann es nachts bis zu -6 Grad Celsius kalt werden. Trotz der hohen Tagestemperaturen kühlt die trockene Wüstenluft nachts stark ab.

Regenbögen entstehen durch die Brechung und Reflexion von Licht in Regentropfen. Sie haben immer die gleiche Farbreihenfolge mit Rot an der Außenseite und Violett in der Mitte.

Das Prinzip der Corioliskraft bewirkt, dass Winde auf der Nordhalbkugel nach rechts abgelenkt werden, während sie auf der Südhalbkugel nach links abgelenkt werden. Dieses Phänomen wird auch als Coriolis-Effekt bezeichnet.

Die stärksten Wirbelstürme auf der Erde sind Taifune im Westpazifik. Sie können Windgeschwindigkeiten von mehr als 250 km/h erreichen.´

In der Antarktis fällt im Durchschnitt nur 166 mm Niederschlag pro Jahr. Das meiste davon fällt als Schnee.

Die Sonne erwärmt die Erde nicht gleichmäßig, was zur Entstehung von Wind führt. Warme Luft steigt auf, und kühlere Luft strömt nach, um sie zu ersetzen.

Ein Quadratkilometer Nebel enthält weniger als einen Liter Wasser. Das liegt daran, dass Nebeltropfen extrem klein sind.

Das Auftreten von Wetterleuchten, also weit entferntem, aber sichtbarem Blitz ohne hörbaren Donner, liegt an der Begrenzung der Schallausbreitung in der Atmosphäre. Der Schall des Donners reicht nur etwa 20 Kilometer weit, während der Blitz unter guten Bedingungen bis zu 100 Kilometer sichtbar sein kann.

Die durchschnittliche Lebensdauer eines Regentropfens von seiner Bildung in einer Wolke bis zum Aufprall auf die Erdoberfläche beträgt etwa 2 Minuten.

Ein Wetterballon kann bis in eine Höhe von etwa 30 Kilometern aufsteigen, bevor er platzt. Dabei sammelt er wichtige Daten über Temperatur, Feuchtigkeit, Windrichtung und -geschwindigkeit.

Hagel entsteht in Gewitterwolken, wenn es Auf- und Abwinde gibt, die Regentropfen hoch in die Wolke tragen, wo sie gefrieren. Sie können mehrere Zentimeter Durchmesser erreichen und erhebliche Schäden verursachen.

Die stärksten Niederschläge fallen normalerweise in der Nähe des Äquators. Hier sorgt die hohe Sonneneinstrahlung für eine starke Verdunstung und damit für viel Niederschlag.

Der Windchill-Effekt beschreibt, wie kalt es sich bei bestimmten Windgeschwindigkeiten anfühlt. Je stärker der Wind, desto kälter fühlt es sich an, selbst wenn die tatsächliche Temperatur gleichbleibt.

Ein "Staubteufel" oder "Dust Devil" ist ein kleiner Wirbelwind, der sich bei heißen Bedingungen bilden kann und Staub und Schmutz in die Luft wirbelt. Sie können eine Höhe von mehreren Hundert Metern erreichen.

Schnee ist eigentlich farblos. Er erscheint weiß, weil das Licht von den vielen verschiedenen Oberflächen und Facetten der Schneekristalle in alle Richtungen reflektiert wird.

Der sogenannte "El Niño" ist ein Klimaphänomen, das alle paar Jahre auftritt und das Wetter auf der ganzen Welt beeinflusst. Es verursacht oft extreme Wetterbedingungen, einschließlich Dürren, Überschwemmungen und Stürme.

Die tiefsten Temperaturen auf der Erde werden nicht am geografischen Südpol gemessen, sondern an einer hoch gelegenen Stelle in der Antarktis, die als "Dome Fuji" und "Dome Argus" bekannt ist.

Die "doldrums" ist eine Region um den Äquator, in der es oft sehr wenig Wind gibt. Sie war berüchtigt bei Seglern, die in ihren Segelschiffen stecken bleiben konnten.

Die Menge an Wasser in der Atmosphäre beträgt etwa 13.000 Kubikkilometer. Das ist genug, um den gesamten Planeten mit einer Schicht von etwa 2,5 cm Wasser zu bedecken.

Regen enthält mehr Sauerstoff als normalerweise in der Atmosphäre vorhanden ist. Das liegt daran, dass Wasser H2O ist, also zwei Teile Wasserstoff und ein Teil Sauerstoff.

Eiskristalle in Wolken sind sechseckig. Diese Form entsteht durch die molekulare Struktur des Wassers, wenn es gefriert.

Sport

In der Sportart Cricket gibt es eine Spielform, die "Test Match" genannt wird und bis zu fünf Tage dauern kann. Das längste bekannte Cricket-Match dauerte 12 Tage, wurde aber letztendlich aufgrund von zeitlichen Beschränkungen als unentschieden erklärt.

Beim Baseball gibt es eine Situation, die als "perfektes Spiel" bezeichnet wird, wenn kein gegnerischer Spieler die erste Base erreicht. Bis heute gab es in der Geschichte der Major League Baseball nur 23 perfekte Spiele.

Das höchste jemals erzielte Ergebnis in einem professionellen Fußballspiel war ein 149:0-Sieg des AS Adema über den SO l'Emyrne in Madagaskar. Die Mannschaft von SO l'Emyrne schoss absichtlich Eigentore als Protest gegen eine umstrittene Schiedsrichterentscheidung in einem vorherigen Spiel.

Der australische Rugbyspieler Norm Provan und der britische Rugbyspieler Mal Reilly sind die einzigen Spieler, die in vier aufeinanderfolgenden Jahrzehnten professionelles Rugby gespielt haben. Provan spielte von den 1950ern bis in die 1980er und Reilly von den 1960ern bis in die 1990er.

Michael Jordan, einer der bekanntesten Basketballspieler aller Zeiten, wurde in seiner High-School zunächst nicht in das Basketballteam aufgenommen. Er nutzte diese Ablehnung als Motivation, um besser zu werden, und wurde später einer der größten Spieler in der Geschichte der NBA.

Die Sportart Bossaball, die Volleyball, Fußball, Gymnastik und Capoeira kombiniert, wird auf einem aufblasbaren Spielfeld mit integrierten Trampolinen gespielt. Diese einzigartige Sportart wurde im 21. Jahrhundert in Spanien erfunden.

Während viele Leute wissen, dass der brasilianische Fußballspieler Pelé drei Weltmeisterschaften gewonnen hat, ist es weniger bekannt, dass er auch einen Grammy gewonnen hat. Er erhielt den Preis für sein Lied "Aquarela do Brasil", das er für den Soundtrack des Films "Pelé" aufnahm.

Beim Sumo-Ringen gibt es eine Zeremonie namens "Dohyō-iri", bei der die Ringer vor dem Wettkampf den Ring betreten und rituelle Handlungen durchführen, um böse Geister zu vertreiben. Diese Zeremonie ist ein wichtiger Bestandteil der sumo-traditionellen Etikette.

Der britische Squashspieler Jahangir Khan hält den Rekord für die längste Siegesserie in der Geschichte des professionellen Squash. Er gewann zwischen 1981 und 1986 insgesamt 555 Spiele in Folge.

Billardkugeln waren ursprünglich aus Elfenbein, aber wegen der Bedrohung der Elefanten durch die Elfenbeinjagd wurde ein Ersatzstoff gesucht. John Wesley Hyatt erfand in den 1860er Jahren die Zelluloid-Billardkugel und trug damit zur Rettung der Elefanten bei.

Der Rekord für den längsten Profi-Boxkampf wurde 1893 aufgestellt, als Andy Bowen und Jack Burke über sieben Stunden und 19 Minuten über 110 Runden gegeneinander kämpften. Der Kampf wurde schließlich als unentschieden erklärt, weil beide Boxer zu erschöpft waren, um weiterzumachen.

Im Pferderennsport gibt es eine spezielle Regel für tote Rennen. Wenn zwei Pferde gleichzeitig die Ziellinie überqueren, wird das Rennen als "tot" erklärt und das Preisgeld wird zwischen den beiden Pferden aufgeteilt.

Obwohl Golf oft als ein ruhiger und entspannter Sport angesehen wird, können Golfer pro Runde mehr als 7 Kilometer laufen. Dies hängt natürlich davon ab, wie genau ihre Schläge sind und wie groß der Golfplatz ist.

Der schnellste Tennisaufschlag in einem professionellen Tennismatch wurde 2012 von dem australischen Tennisspieler Sam Groth mit einer Geschwindigkeit von 263,4 km/h erreicht. Diese erstaunliche Leistung wurde jedoch von der ATP nicht offiziell anerkannt, da sie nicht die dafür vorgesehenen Messgeräte benutzten.

Die "Tour de France", eines der bekanntesten Radrennen der Welt, wurde erstmals 1903 ausgetragen. Sie wurde ursprünglich ins Leben gerufen, um die Verkäufe der Zeitung "L'Auto" zu steigern, der Vorgängerin der heutigen Sportzeitung "L'Équipe".

Im Jahr 1963 wurde in der NBA ein Spiel ausgetragen, in dem keiner der beiden Mannschaften in einem Viertel Punkte erzielte. Die Detroit Pistons und die Denver Nuggets blieben im dritten Viertel ihres Spiels beide punktlos.

In der Formel 1 wird der Fahrer mit der schnellsten Runde im Rennen seit der Saison 2019 mit einem zusätzlichen Punkt belohnt. Diese Regel galt bereits in den ersten zehn Jahren der Formel 1, wurde dann aber 1959 abgeschafft und erst 60 Jahre später wiedereingeführt.

Die Tradition, dass amerikanische Footballteams am Thanksgiving-Tag spielen, geht auf das Jahr 1920 zurück. Die Detroit Lions und die Dallas Cowboys sind die zwei Teams, die fast jedes Jahr am Thanksgiving-Tag spielen.

Beim Polo, einem Teamsport, bei dem Spieler auf Pferden einen kleinen Ball mit einem langen Schläger in ein Tor schlagen, gibt es eine Regel, dass die Spieler nur mit ihrer rechten Hand schlagen dürfen. Dies ist eine Sicherheitsmaßnahme, um Kollisionen auf dem Spielfeld zu vermeiden.

Die höchste Punktzahl, die jemals in einem NFL-Spiel erzielt wurde, waren 73 Punkte, erreicht von den Chicago Bears gegen die Washington Redskins im Jahr 1940. Dieses Spiel war auch das erste Live im Fernsehen übertragene NFL-Spiel.

Der brasilianische Fußballspieler Rogério Ceni, der als Torwart spielte, ist der torgefährlichste Torwart in der Geschichte des Fußballs. Er erzielte während seiner Karriere 131 Tore, hauptsächlich durch Freistöße und Elfmeter.

Die am häufigsten gespielte Rivalität im College Football sind die "Lafayette Leopards" und die "Lehigh Mountain Hawks", die seit 1884 jedes Jahr gegeneinander antreten. Bis heute haben sie über 150 Spiele gegeneinander ausgetragen.

Die Sportart "Sepak Takraw" stammt aus Südostasien und wird oft als "Kick Volleyball" bezeichnet. Dabei wird ein Ball aus Rattan oder Kunststoff mit allem außer den Händen über ein Netz gespielt.

Die höchste Punktzahl in einem einzelnen Basketballspiel wurde von Wilt Chamberlain erzielt, der 100 Punkte in einem NBA-Spiel im Jahr 1962 erzielte. Dieser Rekord steht bis heute.

Ultimate Frisbee ist ein Teamsport mit einer fliegenden Scheibe. Es hat kein Schiedsrichter und betont den "Spirit of the Game", oder sportliches Verhalten.

Die "Tour de France" ist mit über 3.000 Kilometern das längste Radrennen der Welt. Sie besteht aus 21 Etappen, die über einen Zeitraum von 23 Tagen ausgetragen werden.

Das "Ultraman Triathlon" in Hawaii ist eines der härtesten Ausdauersportevents der Welt. Es besteht aus 10 Kilometern Schwimmen, 421 Kilometern Radfahren und 84 Kilometern Laufen und wird über einen Zeitraum von drei Tagen ausgetragen.

Das höchste jemals gespielte Cricket-Spiel fand auf dem Mount Everest statt. Im Jahr 2009 spielten zwei Teams auf einer Höhe von 5.165 Metern ein Twenty20-Spiel, um Geld für eine Wohltätigkeitsorganisation zu sammeln.

Der russische Schachmeister Garry Kasparov wurde mit 22 Jahren der jüngste unbestrittene Schachweltmeister der Geschichte. Er hielt den Titel 15 Jahre lang, von 1985 bis 2000.

In Neuseeland gibt es eine Sportart namens "Schaf-Scheren", die auf vielen Farmen praktiziert wird. Seit 1980 gibt es sogar eine Weltmeisterschaft im Schaf-Scheren.

In Finnland gibt es eine jährlich stattfindende Weltmeisterschaft im Handy-Weitwurf. Dabei werfen die Teilnehmer ihr Handy so weit wie möglich, wobei verschiedene Wurftechniken angewendet werden dürfen.

Im Eishockey gibt es eine sogenannte "Enforcer"-Rolle. Diese Spieler sind dafür bekannt, ihre Mannschaftskameraden vor rauem Spiel zu schützen und sind oft in körperliche Auseinandersetzungen auf dem Eis verwickelt.

Ein Baseball wird im Durchschnitt nur für etwa sieben Pitches in einem Major-League-Spiel verwendet. Danach wird er ausgetauscht, oft aufgrund von Abnutzung, Schmutz oder weil er aus dem Spielfeld geschlagen wurde.

Die Sportart "Buzkashi" ist der Nationalsport Afghanistans und ähnelt einer rauen Form von Polo, wobei die Spieler versuchen, eine Ziegenleiche in ein Ziel zu bringen. Sie wird oft auf Pferden gespielt und kann mehrere Tage dauern.

In Japan gibt es einen alten und respektierten Sumo-Wrestler namens Akebono, der ursprünglich aus Hawaii stammt. Er war der erste Nicht-Japaner, der jemals den höchsten Rang im Sumo erreicht hat.

Schach wird manchmal als Sport bezeichnet, obwohl es sich eigentlich um ein Strategiespiel handelt. Es wird von der Internationalen Olympischen Komitee anerkannt und es gibt Diskussionen, es zu einer olympischen Sportart zu machen.

Im antiken Rom war Wagenrennen ein sehr beliebter Sport. Das Kolosseum konnte bis zu 250.000 Zuschauer aufnehmen, die die Rennen verfolgten.

Das höchste jemals erreichte Break im Snooker ist 155 Punkte. Dies kann jedoch nur erreicht werden, wenn ein Spieler nach einem Foul des Gegners mit einem "Free Ball" beginnt.

Die goldene Trophäe, die beim Super Bowl in der National Football League vergeben wird, heißt "Vince Lombardi Trophy". Sie wurde nach dem Trainer der Green Bay Packers benannt, die die ersten beiden Super Bowls gewonnen haben.

In Kanada gibt es eine Sportart namens Ringette, die ähnlich wie Eishockey gespielt wird, aber anstelle eines Pucks wird ein Ring verwendet und anstelle von Schlägern werden gerade Stöcke verwendet. Das Spiel wurde in den 1960er-Jahren entwickelt, um Mädchen und Frauen eine Alternative zu Eishockey zu bieten.

Der erste dokumentierte Marathonlauf fand 1896 bei den ersten modernen Olympischen Spielen in Athen statt. Der Lauf wurde von einem griechischen Briefträger namens Spiridon Louis gewonnen.

Obwohl Cricket ein typisch britischer Sport ist, hat England die Cricket-Weltmeisterschaft erst 2019 gewonnen. Das Finale gegen Neuseeland war ein sehr spannendes Spiel, das durch ein Super Over entschieden wurde.

Das längste Tennismatch in der Geschichte wurde bei Wimbledon 2010 zwischen John Isner und Nicolas Mahut ausgetragen. Das Spiel dauerte über drei Tage und endete mit einem Sieg für Isner mit 70:68 im finalen Satz.

Im Jahr 1974 gab es in den USA ein Baseballspiel, das aufgrund von zu vielen Grashüpfern auf dem Spielfeld abgebrochen werden musste. Das Spiel zwischen den Cleveland Indians und den Texas Rangers wurde wegen der Insektenplage nicht wiederaufgenommen.

In Schottland gibt es ein jährliches Ereignis namens "Cooper's Hill Cheese-Rolling", bei dem die Teilnehmer einen Hügel hinunterlaufen und versuchen, einen rollenden Käserad einzuholen. Trotz der hohen Verletzungsgefahr ist es ein sehr beliebtes Ereignis.

Beim Curling, einer Wintersportart, die oft als "Schach auf Eis" bezeichnet wird, besteht das Ziel darin, spezielle Steine so nah wie möglich an einen bestimmten Punkt auf dem Eis zu schieben. Es ist bekannt für seine strategische Komplexität und die Tatsache, dass es oft mit Besen gespielt wird, die verwendet werden, um das Eis zu glätten und den Stein zu führen.

Jedes Jahr findet in Wales das "Man vs. Horse Marathon" statt, bei dem Menschen gegen Pferde in einem 22 Meilen langen Rennen antreten. Menschen haben das Rennen nur zweimal gewonnen seit seiner Gründung im Jahr 1980.

Beim traditionellen Bogenschießen der mongolischen Steppe werden die Pfeile oft mit einer "Daumenschlinge" abgefeuert. Dies ist eine spezielle Technik, bei der der Daumen verwendet wird, um den Pfeil zu halten und zu lösen, und sie ermöglicht es den Schützen, auch im Galopp genau zu schießen.

Beim Bungee-Jumping, einem Extremsport, bei dem eine Person von einer hohen Plattform springt und an einem elastischen Seil hängt, kommt es auf die Länge und das Gewicht des Seils sowie das Gewicht der springenden Person an. Das längste kommerzielle Bungee-Jumping der Welt befindet sich in Macau und ist 233 Meter hoch.

Im professionellen Boxen ist es üblich, dass die Boxer vor dem Kampf aufeinander zugehen und sich die Handschuhe berühren. Dies wird als Zeichen des Respekts und der Sportsgeist interpretiert.

Im Baseball ist es eine gängige Tradition, dass der Trainer seine Spieler vor dem Spiel auf die Schulter klopft. Dies soll den Spielern Glück bringen und ihre Moral stärken.

Im Australien Football gibt es eine einzigartige Punktevergabe: Ein Tor, das zwischen den beiden mittleren Pfosten erzielt wird, ist sechs Punkte wert, während ein "Behind", das zwischen einem inneren und einem äußeren Pfosten erzielt wird, nur einen Punkt wert ist.

Im Rugby ist es eine gängige Praxis, dass der Kapitän seiner Mannschaft vor dem Spiel eine motivierende Rede hält. Diese Tradition soll die Moral der Spieler stärken und sie auf das Spiel vorbereiten.

Im antiken Griechenland war Diskuswerfen eine wichtige Disziplin bei den Olympischen Spielen. Es wurde mit einem schweren Scheiben aus Stein oder Bronze durchgeführt.

Bandy ist ein Wintersport, der ähnlich wie Eishockey ist, aber mit einem Ball gespielt wird und die Eisfläche ist größer. Es ist besonders populär in Russland und Schweden.

Unihockey, auch bekannt als Floorball, ist ein in Schweden entwickelter Sport. Es ist eine Hallenvariante des Hockeys, wird aber mit einem leichten Plastikball und -schlägern gespielt.

Die längste Golfloch der Welt ist das 7. Löcher auf dem Satsuki Golf Course in Japan. Es misst beeindruckende 964 Meter.

Die höchstgelegene Cricket-Ground der Welt ist der Chail Cricket Ground in Indien, der sich auf einer Höhe von 2444 Metern über dem Meeresspiegel befindet. Er wurde 1893 erbaut und ist auch ein Teil der Chail Military School.

Im professionellen Sumo-Ringen gibt es sechs Turniere pro Jahr, die jeweils 15 Tage dauern. Die Ringer müssen während des gesamten Turniers im Sumo-Stall leben und bestimmte Rituale befolgen.

In der Formel 1 wurden bis 1990er-Jahren noch Reifen mit Profil verwendet. Heute werden sogenannte Slicks verwendet, die keine Profilrillen haben und damit mehr Haftung auf der Straße bieten.

Das längste Tennisspiel ohne Pause dauerte 80 Stunden und wurde von Scott W. Perlman und Phil R. Keidaish im Jahr 1984 in Amerika gespielt. Sie wollten Geld für die Krebsforschung sammeln.

Beim Jai Alai, einem Spiel, das seinen Ursprung im Baskenland hat, wird der Ball mit Geschwindigkeiten von bis zu 300 km/h geschlagen. Damit gilt es als schnellster Ballsport der Welt.

Skijöring, ein Wintersport, bei dem eine Person auf Skiern von einem Pferd, einem Hund oder einem Motorfahrzeug gezogen wird, ist in einigen Ländern ein professioneller Sport. Es war eine Demonstrationssportart bei den olympischen Winterspielen 1928.

Kanupolo ist eine Kombination aus Kanufahren und Wasserball. Teams bestehen aus fünf Spielern, und das Ziel ist es, den Ball ins gegnerische Tor zu werfen.

Quidditch, der fiktive Sport aus den "Harry Potter"-Büchern, wurde als echter Sport adaptiert. Die Spieler laufen mit Stöcken zwischen ihren Beinen und versuchen, Tore zu erzielen oder den "Schnatz" zu fangen.

Slamball ist eine Variante des Basketballes, bei der vier Trampoline in das Spielfeld integriert sind, um den Spielern das Springen und Slam-Dunken zu ermöglichen. Es wurde 2002 in den USA eingeführt.

Sepak Takraw ist ein Sport aus Südostasien, der Volleyball ähnelt, aber die Spieler verwenden ihre Füße anstatt ihre Hände um den Ball über das Netz zu treten. Es ist besonders populär in Thailand, Malaysia und Indonesien.

Pato ist ein traditioneller argentinischer Sport, der Elemente aus Polo und Basketball kombiniert. Es wird auf Pferden gespielt und das Ziel ist es, einen Ball in ein hohes Netz zu werfen.

Die höchste professionelle Baseball-Liga in Japan heißt Nippon Professional Baseball. Es besteht aus zwei Ligen, der Central League und der Pacific League, und das Endspiel heißt Japan Series.

Camel Racing ist ein populärer Sport im Nahen Osten, insbesondere in Saudi-Arabien, den Vereinigten Arabischen Emiraten und Katar. In jüngerer Zeit wurden Roboterjockeys eingeführt, um die Verwendung von Kinderjockeys zu verhindern.

In Australien gibt es einen jährlichen Wettbewerb namens "Henley-on-Todd Regatta", bei dem Teams trockene Boot-Rennen in dem trockenen Flussbett des Todd River halten. Das Event ist das einzige Bootrennen der Welt, das abgesagt wird, wenn der Fluss Wasser führt.

Der längste dokumentierte Home Run im Baseball wurde von Mickey Mantle im Jahr 1953 geschlagen. Der Ball flog geschätzte 565 Fuß (172 Meter).

Während die meisten Ruderwettbewerbe auf gerade Strecken stattfinden, gibt es auch einen Wettbewerb namens "Head of the River Race", der auf der Themse in London stattfindet. Es ist ein Zeitrennen über 4,25 Meilen (6,84 Kilometer).

Lacrosse war ursprünglich ein Spiel, das von den indigenen Völkern Nordamerikas gespielt wurde. Es wurde als "das Spiel, das vom Schöpfer gespielt wurde", bezeichnet und diente sowohl religiösen als auch militärischen Zwecken.

Underwater Rugby ist ein Sport, der unter Wasser in einem Schwimmbad gespielt wird. Die Spieler tragen Schnorchelausrüstung und versuchen, einen Ball in das gegnerische Tor zu bringen.

Cricket wird auf einer ovalen oder kreisförmigen Spielfläche, dem sogenannten Pitch, gespielt. Es ist die zweitbeliebteste Sportart der Welt, gemessen an der Zuschauerzahl.

Bei den Olympischen Spielen 1900 in Paris gab es eine Disziplin namens "Live pigeon shooting", bei der echte Tauben als Ziele verwendet wurden. Es war das einzige Mal, dass Tiere in olympischen Sportarten getötet wurden.

Bei den Olympischen Spielen 1936 in Berlin gab es einen Wettbewerb namens "Town Planning", der als Teil der Kunstwettbewerbe stattfand. Die Teilnehmer mussten Entwürfe für Sportstätten einreichen.

Pesäpallo ist eine finnische Variante des Baseballs und gilt als National-Sport in Finnland. Es wurde vom finnischen Sportlehrer Lauri Pihkala nach einem Besuch in den USA in den 1920er-Jahren entwickelt.

Im Jahr 2008 wurde der "World Mind Sports Games" ins Leben gerufen, ein Wettbewerb für geistige Sportarten wie Schach, Bridge, Go und Dame. Das erste Event fand in Beijing, China statt.

Kabaddi ist ein Kontaktsport, der seinen Ursprung auf dem indischen Subkontinent hat. Es erfordert sowohl körperliche Kraft als auch strategisches Denken, da die Spieler versuchen, die gegnerische Mannschaft zu "taggen" und dann sicher in ihre eigene Hälfte zurückzukehren.

In der Sportart Parkour geht es darum, sich effizient durch den urbanen oder natürlichen Raum zu bewegen. Es wurde in Frankreich entwickelt und hat seine Wurzeln in der militärischen Hindernislaufausbildung.

Skateboarding wurde in den späten 1940er oder frühen 1950er-Jahren von Surfern in Kalifornien entwickelt, die eine Alternative suchten, wenn die Wellen zu flach zum Surfen waren. Es wurde zuerst "Sidewalk Surfing" genannt.

Synchronschwimmen wurde in den 1920er-Jahren in Chicago entwickelt, um die Ausdauer und die Wasserkompetenz zu verbessern. Es wurde zunächst als "Wasserballett" bezeichnet und war ursprünglich nur ein Männersport.

Das höchstgelegene Fußballspiel, das jemals gespielt wurde, fand 2007 auf dem Gipfel des Mount Kilimandscharo statt. Es war ein Frauenfußballspiel und diente dazu, das Bewusstsein für die Gleichstellung der Geschlechter im Sport zu fördern.

Stand Up Paddleboarding (SUP) hat seine Wurzeln in den alten hawaiischen Kanu-Traditionen. Es hat in den letzten Jahren weltweit an Popularität gewonnen.

Die längste professionelle Baseball-Spiel dauerte 33 Innings. Es war ein Spiel zwischen den Pawtucket Red Sox und den Rochester Red Wings im Jahr 1981.

Rogaining ist eine Sportart, die Langstrecken-Orientierungslauf mit Cross-Country-Lauf kombiniert. Es wurde in Australien entwickelt und das Wort "Rogaining" ist ein Akronym aus den Namen der Gründer.

In der Mongolei ist Wrestling einer der "drei Spiele der Männer", zusammen mit Reiten und Bogenschießen. Es gibt keine Gewichtsklassen und keine zeitlichen Begrenzungen, und der Gewinner ist derjenige, der zuerst einen Teil des Körpers seines Gegners außerhalb der Füße und Hände auf den Boden bringt.

Im professionellen Sumo gibt es eine Kategorie namens "Yokozuna", die nur an Ringer vergeben wird, die außergewöhnliche Fähigkeiten und Würde bewiesen haben. Einmal erreicht, kann man den Yokozuna-Status nie verlieren.

Ultimate Tazer Ball war eine kurze, aber kontroverse Sportart, in der Spieler einen großen Ball ins gegnerische Tor bringen mussten, während sie versuchten, gegnerische Spieler mit Tasern zu schocken. Es wurde 2012 ins Leben gerufen, aber schnell aufgrund von Sicherheitsbedenken abgebrochen.

Es gibt eine Version von Polo, die mit Elefanten statt Pferden gespielt wird. Es ist besonders populär in Nepal, Sri Lanka und Thailand.

Bei den Olympischen Spielen 1896 wurde ein Marathon über die historische Strecke von Marathon nach Athen ausgetragen, um an die Legende von Pheidippides zu erinnern. Er soll die Strecke gelaufen sein, um die Nachricht vom Sieg der Athener über die Perser zu überbringen, bevor er zusammenbrach und starb.

Padel ist ein Racket-Sport, der Elemente aus Tennis und Squash kombiniert. Es wurde 1969 in Mexiko erfunden und hat in den letzten Jahren in Europa an Popularität gewonnen.

Der längste Profi-Basketballspiel in der Geschichte war ein Spiel zwischen den Indianapolis Olympians und den Rochester Royals im Jahr 1951, das 6 Überstunden dauerte. Die Olympians gewannen schließlich mit 75:73.

High Diving ist eine Sportart, bei der Taucher von Plattformen in 27 Meter Höhe in das Wasser springen. Sie führen akrobatische Manöver durch, bevor sie das Wasser erreichen, und die Landung erfolgt normalerweise mit den Füßen zuerst.

Gaelic Football ist eine traditionelle irische Sportart, die Elemente aus Fußball und Rugby kombiniert. Es wird mit einem runden Ball gespielt und das Ziel ist es, Tore zu erzielen, indem man den Ball ins Netz kickt oder über die Torstange wirft.

Das Eröffnungsspiel der Fußball-Weltmeisterschaft 1950 in Brasilien wurde im Maracanã-Stadion ausgetragen, das damals eine Zuschauerkapazität von etwa 200.000 hatte. Es war das größte Stadion der Welt zu seiner Zeit.

Die erste Rugby-Weltmeisterschaft wurde 1987 in Australien und Neuseeland ausgetragen. Neuseeland gewann das Turnier und wurde damit die erste Mannschaft, die den Webb Ellis Cup gewann.

Bei den Olympischen Spielen 1912 in Stockholm gab es einen Kunstwettbewerb in der Kategorie "Musik". Kein Teilnehmer erhielt jedoch die Goldmedaille, da die Jury der Ansicht war, dass keiner der Beiträge gut genug war.

Beim Bosseln, einer Sportart aus Norddeutschland, werfen die Spieler einen Ball so weit wie möglich entlang einer festgelegten Strecke. Es ähnelt Boule, wird aber auf Straßen oder Wegen gespielt.

Bei den Olympischen Spielen 1904 in St. Louis gab es einen Wettbewerb im Tauziehen. Es war eine der Disziplinen im Rahmen des Leichtathletikprogramms und die Goldmedaille ging an das Team der Polizei von Milwaukee.

Der schnellste Knock-out in einem professionellen Boxkampf wurde von Sek Sealy im Jahr 1946 erzielt. Er schlug seinen Gegner in nur 2 Sekunden nach dem Gong aus.

Im professionellen Tennis gibt es vier Grand-Slam-Turniere: Die Australian Open, die French Open, Wimbledon und die US Open. Sie sind die wichtigsten Ereignisse im Tennis-Kalender und ziehen die besten Spieler aus der ganzen Welt an.

Roller Derby ist ein Kontaktsport, der auf Rollschuhen gespielt wird. Es wurde in den 1930er-Jahren in den USA populär und erlebt seit den 2000er-Jahren eine weltweite Renaissance.

Das "Race Across America" ist ein ultralanges Einzelfahrradrennen über die gesamte Länge der Vereinigten Staaten. Die Strecke ist ungefähr 30% länger als die die Tour de France, und die Rennfahrer schlafen normalerweise nur wenige Stunden pro Nacht.

In Bhutan ist der Nationalsport Bogenschießen. Es wird auf einer Distanz von etwa 145 Metern gespielt, was mehr als doppelt so weit ist wie die olympische Entfernung.

Rugby wurde ursprünglich im 19. Jahrhundert an der Rugby School in England erfunden, als ein Schüler während eines Fußballspiels den Ball aufhob und damit lief. Das Spiel wurde später in zwei verschiedene Sportarten aufgeteilt: Rugby Union und Rugby League.

Die frühesten Formen des Golfspiels wurden im 15. Jahrhundert in Schottland gespielt. Es wurde von König James II. verboten, weil er befürchtete, dass es die militärischen Fähigkeiten seiner Untertanen beeinträchtigen würde.

Cricket war eine der ersten Sportarten, die in den Olympischen Spielen 1900 in Paris vorgestellt wurde. Nur zwei Teams nahmen teil, Großbritannien und Frankreich. Großbritannien gewann das Spiel.

Base-Jumping ist eine Extremsportart, bei der die Teilnehmer von hohen Gebäuden, Antennen, Brücken oder Klippen springen und dann mit einem Fallschirm landen. Es ist wegen seiner hohen Risiken in vielen Ländern illegal.

Berufe

Im Mittelalter war der Beruf des "Knockers-Up" in England und Irland verbreitet. Dieser Mensch hatte die Aufgabe, mit einem langen Stock gegen Fenster zu klopfen oder mit einer Erbsenflinte zu schießen, um Arbeiter zu wecken.

"Pantomime-Pferde" sind Menschen, die in Kostümen auftreten, die ein Pferd darstellen. Diese Rollen erfordern zwei Personen, eine für den vorderen Teil und eine für den hinteren Teil des Pferdes.

In Japan gibt es einen Beruf namens "Nakiya", der übersetzt "Weinender" bedeutet. Diese Person wird engagiert, um auf Beerdigungen zu weinen, um die Stimmung zu setzen und Trauer auszudrücken.

In Indien gibt es einen Beruf namens "Rudra Veena Spieler". Dies ist ein spezielles Musikinstrument, das nur von wenigen Menschen beherrscht wird, und es erfordert jahrelange Übung und Engagement, um es zu meistern.

Ein "Falkner" ist ein Mensch, der sich auf die Zucht, das Training und das Fliegen von Falken spezialisiert hat. Dieser Beruf hat eine lange Geschichte und war in vielen Kulturen sehr angesehen.

In England und anderen Ländern gibt es einen Beruf namens "Queens Guard". Diese Wachen sind dafür bekannt, dass sie bewegungslos bleiben und ihre Positionen unabhängig von den Umständen beibehalten.

Der Beruf des "Flavoristen" besteht darin, künstliche und natürliche Aromen für eine Vielzahl von Produkten zu schaffen. Sie können Aromen für Lebensmittel, Getränke, Süßigkeiten, Kaugummi und sogar einige Medikamente kreieren.

Der Beruf des "Korbflechters" ist einer der ältesten Handwerksberufe der Welt. Sie stellen Körbe, Möbel und andere Gegenstände aus verschiedenen Arten von Weiden her.

Der Beruf des "Snake Milker" besteht darin, das Gift aus lebenden Schlangen zu extrahieren. Dieses Gift wird für medizinische Zwecke und zur Herstellung von Antiserum verwendet.

Ein "Oshiya" ist eine Person, deren Beruf es ist, Passagiere in die überfüllten Züge von Tokio zu schieben. Dieser Beruf ist in Japan sehr verbreitet, insbesondere während der Stoßzeiten.

Ein "Tee-Verkoster" hat die Aufgabe, Tees zu probieren und zu bewerten. Sie müssen eine gründliche Kenntnis der verschiedenen Teesorten haben und in der Lage sein, subtile Unterschiede in Geschmack und Aroma zu erkennen.

Ein "Elefantenflüsterer" ist eine Person, die die Fähigkeit hat, Elefanten zu trainieren und zu pflegen. Sie bauen eine starke Bindung zu den Tieren auf und verstehen ihre Verhaltensweisen und Bedürfnisse.

Ein "Müllforscher" studiert und analysiert Müll, um mehr über menschliches Verhalten und Konsumgewohnheiten zu erfahren. Sie sammeln und sortieren Abfälle und verwenden die Daten fur verschiedene Forschungszwecke.

Ein "Gumologist" ist ein Experte für Kaugummi. Sie testen und entwickeln neue Kaugummi-Aromen und -Texturen und müssen eine Vielzahl von Kaugummis probieren und bewerten.

Ein "Foley Artist" ist eine Person, die Geräusche für Filme und Fernsehshows erzeugt. Sie verwenden eine Vielzahl von Objekten und Techniken, um realistische Geräuscheffekte zu erzeugen.

Ein "Panda-Pfleger" arbeitet in Zoos oder Naturschutzgebieten und kümmert sich um Pandas. Sie füttern die Pandas, reinigen ihre Lebensräume und helfen bei der medizinischen Versorgung.

Ein "Professional Cuddler" bietet körperlichen Kontakt und Umarmungen gegen Bezahlung an. Sie bieten eine Form der Berührungstherapie an, die helfen kann, Stress abzubauen und das allgemeine Wohlbefinden zu verbessern.

Ein "Professioneller Bügler" ist jemand, der speziell dafür bezahlt wird, Kleidung zu bügeln. Es mag wie ein alltäglicher Job erscheinen, aber es erfordert Geschicklichkeit und Präzision, um Falten und Knitterfalten aus einer Vielzahl von Stoffen zu entfernen.

Ein "Zungenbrecher-Tester" ist jemand, dessen Job es ist, Zungenbrecher auf ihre Schwierigkeit zu testen. Sie müssen die Zungenbrecher mehrmals schnell aussprechen und herausfinden, welche am schwierigsten zu sagen sind.

Ein "Wasser-Rutscher-Tester" ist jemand, dessen Job es ist, Wasserrutschen auf Sicherheit und Spaß zu testen. Sie fahren auf verschiedenen Rutschen in Wasserparks und geben ihr Feedback zur Geschwindigkeit, Sicherheit und dem allgemeinen Vergnügen der Rutsche.

Ein "Vogelscheuchen-Macher" ist jemand, der Vogelscheuchen für Bauern und Gärtner herstellt. Diese handgemachten Vogelscheuchen können in vielen verschiedenen Stilen und Designs kommen, je nach den Bedürfnissen und Vorlieben des Kunden.

Ein "Buch-Schnüffler" ist jemand, der speziell dafür eingestellt wurde, den Geruch von Büchern zu bewerten. Sie schnüffeln an den Seiten von Büchern, um den Geruch zu beurteilen, der oft ein wichtiger Faktor für Bücherliebhaber ist.

Ein "Seifen-Aufseher" ist jemand, dessen Job es ist, sicherzustellen, dass alle Seifen in einem Hotel oder Restaurant ordnungsgemäß aufgefüllt sind. Sie überprüfen jeden Tag die Seifenspender und füllen sie bei Bedarf nach.

Ein "Streichholz-Beurteiler" ist jemand, der die Qualität von Streichhölzern bewertet. Sie müssen das Aussehen, die Brenndauer und die Benutzerfreundlichkeit jedes Streichholzes beurteilen.

Ein "Eisbergschlepper" ist jemand, der Eisberge von einer Stelle zur anderen schleppt. Dieser Beruf ist wichtig, um Schiffe vor Kollisionen mit Eisbergen zu schützen und in einigen Fällen um Süßwasserquellen zu erschließen.

Ein "Kartoffelchip-Inspektor" ist jemand, der die Qualität von Kartoffelchips überprüft. Sie müssen das Aussehen, den Geschmack und die Textur jedes Chips beurteilen, um sicherzustellen, dass er den Qualitätsstandards entspricht.

Der Beruf des "Olfaktorischen Beraters" ist eine spezialisierte Rolle, die auf dem Verständnis und der Anwendung von Düften basiert. Sie können in verschiedenen Branchen tätig sein, von der Parfümherstellung bis hin zur Qualitätskontrolle in der Lebensmittelindustrie.

Im alten Rom gab es einen Beruf namens "Vestal Virgin", dessen Aufgabe es war, das heilige Feuer im Tempel der Vesta zu hüten. Sie waren hoch angesehene Priesterinnen, die ein Gelübde der Keuschheit ablegten.

"Golfballtaucher" ist ein spezialisierter Beruf, bei dem Personen Golfbälle aus den Teichen und Seen auf Golfplätzen bergen. Trotz des Risikos, auf Alligatoren oder giftige Schlangen zu stoßen, kann der Job sehr lukrativ sein, da die geborgenen Bälle gereinigt und wieder verkauft werden können.

In einigen Kulturen, wie z.B. in Japan, gibt es einen Beruf, der sich "Tofuya" nennt, und diese Handwerker sind ausschließlich für die Herstellung von Tofu zuständig. Ihre Fähigkeiten und Techniken werden oft von Generation zu Generation weitergegeben.

Es gibt einen Beruf namens "Pet Food Taster", der darin besteht, Tiernahrung zu probieren und zu bewerten. Obwohl es sich vielleicht nicht nach einem attraktiven Job anhört, müssen diese Fachleute den Geschmack und die Textur von Haustierfutter überprüfen, um sicherzustellen, dass es den Qualitätsstandards entspricht.

Der Beruf des "Paparazzo" besteht darin, Prominente zu verfolgen und Bilder oder Videos von ihnen zu machen, oft ohne deren Wissen oder Zustimmung. Diese Bilder werden dann an Medienunternehmen verkauft, die sie in Zeitungen, Zeitschriften oder online veröffentlichen.

Es gibt einen Beruf namens "Python Jäger" in Florida, USA, dessen Aufgabe es ist, invasive Pythons zu jagen und zu entfernen. Die Pythons, die ursprünglich als Haustiere eingeführt wurden, haben sich zu einer Plage entwickelt und stellen eine erhebliche Bedrohung für das lokale Ökosystem dar.

Der Beruf des "Astrobiologen" besteht darin, das Leben im Universum zu studieren. Sie untersuchen, wie das Leben auf der Erde entstanden ist und ob es anderswo im Universum Leben geben könnte.

Es gibt einen Beruf namens "Ethical Hacker", dessen Aufgabe es ist, Computersysteme auf Sicherheitslücken zu überprüfen. Sie nutzen ihre Fähigkeiten in der Cybersicherheit, um Unternehmen dabei zu helfen, ihre Systeme vor echten Hackern zu schützen.

Der Beruf des "Forensischen Odontologen" besteht darin, Zahnspuren und Zähne zu untersuchen, um kriminelle Aktivitäten aufzuklären. Sie können dazu beitragen, die Identität von unbekannten Leichen zu bestimmen oder Beweise in Beißattacken zu sammeln.

Es gibt einen Beruf namens "Schneeskulpteur", der darin besteht, Kunstwerke aus Schnee zu schaffen. Sie können alles von kleinen Skulpturen bis hin zu großen Installationen schaffen, die in Schneefestivals auf der ganzen Welt gezeigt werden.

Der Beruf des "Kaugummi-Entferners" besteht darin, unerwünschtes Kaugummi von öffentlichen Gehwegen und anderen Bereichen zu entfernen. Sie verwenden spezielle Ausrüstung, um das Kaugummi zu entfernen, ohne den darunterliegenden Boden zu beschädigen.

"Wolkenkratzer-Fensterputzer" haben die gefährliche Aufgabe, die Fenster von hohen Gebäuden zu reinigen. Sie müssen schwindelfrei sein und spezielle Sicherheitsausrüstung tragen, um diesen Job auszuführen.

Es gibt einen Beruf namens "U-Boot-Koch", dessen Aufgabe es ist, Mahlzeiten für die Crew eines U-Boots zu zubereiten. Sie müssen in der Lage sein, eine Vielzahl von Gerichten zu kochen, da die Besatzungsmitglieder oft für längere Zeit unter Wasser sind.

"Fischzähler" sind Wissenschaftler, die die Anzahl und Arten von Fischen in einem bestimmten Gebiet aufzeichnen. Diese Informationen werden verwendet, um den Zustand der Fischbestände und die Gesundheit der Meeresökosysteme zu bewerten.

Der Beruf des "Professionellen Schläfers" besteht darin, zu schlafen, während Wissenschaftler verschiedene Aspekte des Schlafes studieren. Sie können in Schlafstudien, Matratzentests und ähnlichen Projekten eingesetzt werden.

Es gibt einen Beruf namens "Buchwurm", der darin besteht, Bücher für Fehler zu durchsuchen, bevor sie veröffentlicht werden. Sie müssen aufmerksam und detailorientiert sein, um Grammatik-, Rechtschreib- und Formatierungsfehler zu finden.

"Professionelle Queuers" sind Personen, die dafür bezahlt werden, in Schlangen zu stehen. Sie werden oft eingestellt, wenn ein neues Produkt auf den Markt kommt oder ein wichtiges Ereignis stattfindet, und die Leute wollen sicherstellen, dass sie einen Platz bekommen.

Der Beruf des "Eisforschers" besteht darin, Eis und Schnee zu studieren. Sie untersuchen Gletscher, Eisberge und andere Eisschichten, um das Klima und die Umweltbedingungen der Vergangenheit zu verstehen.

Der Beruf des "Nuklear-Tauchers" besteht darin, in strahlungsintensiven Umgebungen zu arbeiten, oft in Kernkraftwerken. Sie führen Wartungsarbeiten und Inspektionen unter Wasser durch, während sie einer hohen Strahlung ausgesetzt sind.

Es gibt einen Beruf namens "Geruchsinspektor", dessen Aufgabe es ist, Gerüche zu identifizieren und zu bewerten. Sie arbeiten oft in Branchen wie der Abwasserbehandlung oder der Lebensmittelherstellung, um unangenehme Gerüche zu minimieren.

Der Beruf des "Skyscraper Climbers" besteht darin, hohe Gebäude, Antennen und andere Strukturen zu erklimmen. Sie führen oft Wartungsarbeiten und Reparaturen durch und müssen in der Lage sein, in großen Höhen zu arbeiten.

Es gibt einen Beruf namens "Pantomime-Künstler", der darin besteht, Geschichten und Emotionen durch Körperbewegungen und Gesichtsausdrücke darzustellen, ohne Worte zu verwenden. Sie treten oft in Theatern, auf Straßenfestivals und in anderen öffentlichen Räumen auf.

"Bienenwächter" sind Fachleute, die Bienenstöcke pflegen und überwachen. Sie sammeln Honig, züchten Bienen und überwachen die Gesundheit des Bienenstocks, um sicherzustellen, dass die Bienen gesund und produktiv sind.

Es gibt einen Beruf namens "Professioneller Vogelscheucher", der darin besteht, Vögel von bestimmten Bereichen fernzuhalten. Sie verwenden verschiedene Techniken, von Geräuschen über Bewegungen bis hin zu speziellen Geräten, um Vögel abzuschrecken.

Der Beruf des "Underwater Archaeologists" besteht darin, archäologische Stätten unter Wasser zu erforschen. Sie studieren versunkene Schiffe, alte Städte und andere Strukturen, um die Geschichte und Kulturen der Vergangenheit zu verstehen.

Der Beruf des "Erdbebeningenieurs" besteht darin, Gebäude und Infrastrukturen so zu gestalten und zu bauen, dass sie Erdbeben standhalten können. Sie nutzen ihr Verständnis von Erdbeben und Bautechniken, um sicherzustellen, dass Strukturen sicher sind.

Ein "Geruchsrichter" ist ein realer Beruf, bei dem es darum geht, die Wirksamkeit von Produkten wie Deodorants oder Mundwässern zu testen. Diese Personen müssen einen starken Geruchssinn haben und sich einer Reihe von Geruchstests unterziehen.

Die "Spinnenmilker" extrahieren Gift von Spinnen für Forschungszwecke und zur Herstellung von Medikamenten. Dieser Beruf erfordert eine sehr ruhige Hand und die Fähigkeit, mit potenziell gefährlichen Tieren umzugehen.

Es gibt Berufe, die sich auf das Zählen von Dingen spezialisiert haben, wie z. B. "Verkehrszähler". Sie werden oft beauftragt, Autos, Personen oder Tiere für verschiedene statistische Zwecke zu zählen.

Ein „Feng-Shui-Berater" hilft Kunden, ihre Häuser und Büros so zu gestalten, dass sie den Prinzipien des Feng-Shui entsprechen. Sie glauben, dass dies den Menschen dabei hilft, Harmonie und Glück in ihr Leben zu bringen.

Ein "Lebensmittel-Stylist" ist dafür verantwortlich, Lebensmittel für Fotoshootings so appetitlich und ästhetisch ansprechend wie möglich aussehen zu lassen. Sie können sogar Tricks verwenden, wie z. B. Motoröl als Sirup, um das perfekte Bild zu erhalten.

Essen & Trinken

Die Farbe der Orangenschale hat keinen Einfluss auf den Geschmack der Frucht. Eine grüne Schale bedeutet nicht, dass die Orange nicht reif ist.

Erdnüsse sind in Wirklichkeit keine Nüsse. Sie gehören zur Familie der Hülsenfrüchte, genau wie Erbsen und Linsen.

Champagnerflaschen haben einen Druck von etwa 5-6 bar. Das ist dreimal so viel wie in einem Autoreifen.

Die beliebteste Pizza in Amerika ist die Salami-Pizza. Über 3 Milliarden Pizzen werden jährlich in den USA verkauft.

Eine der teuersten Kaffeesorten der Welt, Kopi Luwak, wird aus Kaffeebohnen hergestellt, die von einer bestimmten Art von Schleichkatze gegessen und dann ausgeschieden wurden. Sie kann bis zu 600 US-Dollar pro Pfund kosten.

Der Korken in einer Weinflasche dient nicht nur dazu, den Wein frisch zu halten. Er ermöglicht es auch, den Wein in der Flasche zu "atmen", was den Geschmack verbessert.

Eines der teuersten Sandwiches der Welt liegt bei 214 US-Dollar. Das "Quintessential Grilled Cheese" wird im Serendipity 3 in New York City serviert.

In Frankreich gibt es mehr als 400 Sorten Käse. Aber es ist schwer, eine genaue Zahl zu ermitteln, da viele Käsesorten saisonal oder regional sind.

Schokolade war ursprünglich ein Getränk. Die Azteken tranken es als bitteres Getränk namens "xocoatl".

Die weltweit größte Pasta-Produktion findet in Italien statt. Es gibt mehr als 600 verschiedene Pasta Formen.

Die Avocado ist technisch gesehen eine Beere. Sie ist auch das Lebensmittel mit dem höchsten Proteingehalt unter allen Früchten.

Wein wird auf jedem Kontinent außer der Antarktis hergestellt. Europa produziert den Großteil der weltweiten Weinmenge.

Fast ein Drittel aller Kartoffeln wird zu Pommes frites verarbeitet. In den USA sind Pommes frites das meistverkaufte Kartoffelprodukt.

Es gibt über 7.500 Apfelsorten auf der Welt. Aber nur ein kleiner Prozentsatz davon wird kommerziell angebaut und verkauft.

Pekannüsse sind besonders nahrhaft und enthalten mehr als 19 Vitamine und Mineralien. Sie sind der offizielle Staatsbaum von Texas.

Die Margarita ist ein Cocktail aus Tequila, Orangenlikör und Limettensaft. Es gibt viele Theorien über den Ursprung des Cocktails, aber seine genaue Geschichte ist unbekannt.

Einer der größten Hamburger der Welt wiegt 913,54 Kilogramm. Er wurde 2012 in Carlton, Minnesota, USA, hergestellt.

Einer des teuersten Bieres der Welt, "Allsopp's Arctic Ale", wurde 1875 für eine Polarexpedition gebraut und kostete bei einer Auktion über 500.000 US-Dollar. Es ist bekannt für seinen starken, malzigen Geschmack.

Einer der größten jemals hergestellten Schokoladentafel wog 5.792 Kilogramm. Sie wurde 2011 von der britischen Schokoladenfirma Thorntons hergestellt.

Die meisten kommerziell angebauten Bananen sind genetisch identisch. Sie stammen alle von einem einzigen "Mutterpflanze" ab, die vor über 10.000 Jahren gefunden wurde.

Es gibt über 2.000 Sorten Reis weltweit. Aber nur Oryza sativa und Oryza glaberrima werden kommerziell angebaut.

Der größte Kaffeeproduzent der Welt ist Brasilien. Das Land produziert etwa ein Drittel des weltweiten Kaffees.

Tee ist nach Wasser das am zweithäufigsten konsumierte Getränk der Welt. Es gibt vier Haupttypen: grün, schwarz, weiß und Oolong.

Einer der längsten Sushi-Rolle der Welt wurde in Russland hergestellt und war 2,5 Kilometer lang. Sie enthielt traditionelle Zutaten wie Reis, Avocado und Fisch.

Honig ist das einzige Lebensmittel, das nie verdirbt. Archäologen haben essbaren Honig in alten ägyptischen Gräbern gefunden.

Wassermelonen sind zu 92% Wasser. Aber sie sind auch eine gute Quelle für Vitamine A und C.

Eines des teuersten Steaks der Welt, das Kobe-Rindfleisch, kann bis zu 300 US-Dollar pro Pfund kosten. Die Kühe werden mit Bier gefüttert und täglich massiert.

Die größte jemals geerntete Karotte wog 9,1 Kilogramm. Sie wurde 2016 von einem Mann in Minnesota gezogen.

Die meisten Sorten Brot verwenden Hefe zum Aufgehen. Aber es gibt auch Arten von Brot, wie das irische Soda-Brot, das Backpulver verwendet.

Die "Ghost Pepper" Chili-Schote war bis 2011 die schärfste Chili-Schote der Welt. Sie wurde von der "Carolina Reaper" abgelöst.

Ketchup war ursprünglich eine Soße aus Fisch und Gewürzen. Tomaten wurden erst im 18. Jahrhundert hinzugefügt.

In China gibt es eine Tradition, hundertjährige Eier zu essen. Sie sind jedoch eigentlich nur wenige Wochen bis Monate alt.

Die "Wolfsbeere" oder "Goji-Beere" ist bekannt für ihre gesundheitlichen Vorteile. Sie enthält mehr Vitamin C pro 100g als Orangen.

Die Länge der Weinstöcke in allen Weinbergen der Welt würde viermal um die Erde reichen. Der Großteil dieser Weinstöcke befindet sich in Europa.

Der höchste Bierkonsum pro Kopf findet in der Tschechischen Republik statt. Dort konsumiert jeder Bürger durchschnittlich 142,6 Liter pro Jahr.

Der größte Produzent von Maissirup ist die USA. Maissirup wird oft als billiger Ersatz für Zucker in verarbeiteten Lebensmitteln verwendet.

Die "Habanero" Chili-Schote ist eine der schärfsten Chilis. Sie hat eine Schärfe von 100.000 bis 350.000 Scoville-Einheiten.

Sushi stammt ursprünglich aus Südostasien und wurde als Methode zur Konservierung von Fisch entwickelt. Es wurde erst im 19. Jahrhundert in Japan populär.

Der "Jabuticaba" Baum in Brasilien trägt seine Früchte direkt auf dem Stamm. Es ist eine der wenigen Bäume auf der Welt, die dies tun.

In Frankreich ist es gesetzlich vorgeschrieben, dass Bäckereien zu unterschiedlichen Zeiten schließen. Dies soll sicherstellen, dass frisches Brot immer verfügbar ist.

Einer der teuersten Flaschen Wein, ein "Château Margaux 1787", wurde für $225,000 verkauft. Leider wurde die Flasche versehentlich zerstört.

Einer der weltweit größten Pizza wurde 2012 in Rom Italien, hergestellt und hatte einen Durchmesser von 13,58 Metern. Die Pizza wurde "Ottavia" genannt, ein Wort aus dem Lateinischen, das "achte" bedeutet, was eine Hommage an die achte Königin Roms ist.

Der älteste Obstbaum der Welt ist ein 2.000 Jahre alter Johannisbrotbaum auf der Insel Zypern. Die Frucht wird oft als natürlicher Süßstoff verwendet.

Ananas brauchen drei Jahre, um zu reifen. Jede Pflanze produziert nur eine Frucht.

In Japan gibt es KitKat-Schokoriegel in über 400 Geschmacksrichtungen, darunter Wasabi und Sojasoße. Sie sind ein beliebtes Mitbringsel, da "KitKat" auf Japanisch wie "Sie werden sicher gewinnen" klingt.

Das teuerste Gewürz der Welt ist Safran, das aus dem getrockneten Stigma einer Krokusblüte gewonnen wird. Es benötigt 75.000 Blüten, um ein einziges Pfund Safran zu produzieren.

Es gibt über 1.000 verschiedene Arten von Bananen in der Welt, aber die meisten Supermärkte verkaufen nur eine Sorte, die Cavendish. Sie ist resistent gegen einen Pilz, der viele andere Bananensorten bedroht.

Jede Sekunde werden weltweit 6.000 Coca-Cola-Produkte konsumiert. Coca-Cola ist in fast jedem Land der Welt erhältlich, mit Ausnahme von Nordkorea und Kuba.

Der Rekord für die meisten Pfannkuchen, die in einer Stunde serviert wurden, liegt bei 34.818. Der Rekord wurde 2009 von der IHOP-Kette in den USA aufgestellt.

Die älteste bekannte Flasche Wein ist über 1.650 Jahre alt und wird im historischen Museum der Pfalz in Deutschland aufbewahrt. Sie wurde in einem römischen Grab gefunden und ist versiegelt und intakt.

Einer der längsten Tafel Schokolade der Welt war 34 Meter lang. Sie wurde 2018 in Bulgarien hergestellt.

Die einzige kommerzielle Teeplantage in den Vereinigten Staaten befindet sich auf Wadmalaw Island, South Carolina. Sie heißt Charleston Tea Plantation.

Einer der größten Sandwichs der Welt wurde 2005 in Libanon hergestellt. Es war 735 Meter lang.

"Nutraloaf" ist ein Gericht, das in einigen US-Gefängnissen als Strafe serviert wird. Es enthält alle notwendigen Nährstoffe, ist aber absichtlich geschmacklos und unappetitlich.

Die weltweit größte Joghurtmarke ist "Yili" aus China. Sie hat mehr Umsatz als die nächstfolgenden vier Marken zusammen.

Es gibt eine Frucht namens "Miracle Fruit", die dazu führt, dass saure Lebensmittel süß schmecken. Sie enthält ein Protein namens "Miraculin", das die Geschmacksknospen vorübergehend manipuliert.

Einer der teuersten Teeblätter der Welt werden von den Exkrementen von Pandas gewonnen. Der Tee kostet etwa 200 Dollar pro Tasse.

Einer der teuersten Cocktails der Welt wird für 12.040 Dollar in Melbourne, Australien, verkauft. Er enthält zwei verschiedene Arten von Vintage-Cognac, die beide über 100 Jahre alt sind.

Einer der größten Schüssel Nudeln der Welt wurde 2018 in China hergestellt. Sie wog 1.359 Kilogramm.

Die kleinste Frucht der Welt ist die "Wolfsbeere". Sie ist nur 1 mm groß und kommt in Australien vor.

Jedes Jahr werden weltweit über 60 Milliarden Hühner verzehrt. Das sind mehr als acht Hühner pro Person.

Der größte Produzent von Mandeln ist der US-Bundesstaat Kalifornien. Er produziert etwa 80% der weltweiten Mandeln.

Einer der teuersten Honig der Welt wird von den Bienen der türkischen Schwarzen Honigbiene produziert. Ein Kilogramm kann bis zu 7.000 Dollar kosten.

Einer der teuersten Melonen der Welt ist die japanische Yubari-Königsmelone. Ein Paar dieser Melonen wurde für 23.000 Dollar verkauft.

Die häufigste Zutat in der Welt ist Wasser. Es ist in fast jedem Rezept enthalten.

Einer der teuersten Fisch, der jemals verkauft wurde, war ein blauer Thunfisch, der 2013 auf einer Auktion in Tokio, Japan, für 1,76 Millionen Dollar verkauft wurde. Er wog 222 Kilogramm.

Es gibt eine Traube namens "Ruby Roman" in Japan, die bis zu 90 Dollar pro Traube kosten kann. Sie sind besonders groß und süß.

Einer der teuersten Kuchen der Welt wurde 2011 in China für 32,4 Millionen Dollar verkauft. Er war mit 2.000 Diamanten besetzt.

Einer der teuersten Kaviar der Welt wird aus dem iranischen Beluga-Fisch gewonnen. Ein Kilo kann bis zu 25.000 Dollar kosten.

Einer der teuersten Desserts der Welt kostet 25.000 Dollar und wird in einem Restaurant in New York City serviert. Es ist ein Eisbecher, der mit essbarem Gold und Diamanten verziert ist.

Die am meiste verzehrte Frucht der Welt ist die Tomate. Obwohl sie oft als Gemüse angesehen wird, ist sie technisch gesehen eine Frucht.

Einer der teuersten Weinflaschen, war ein "Screaming Eagle Cabernet 1992", der für 500.000 Dollar verkauft wurde. Er wurde auf einer Wohltätigkeitsauktion verkauft.

Der heißeste Chili der Welt ist der "Carolina Reaper". Er wurde von der Guinness World Records im Jahr 2013 anerkannt.

In den USA wird jeden Tag genug Käse produziert, um 11 Fußballfelder zu bedecken. Wisconsin produziert die meiste Menge an Käse in den USA.

Das erste in Massenproduktion hergestellte Lebensmittel war Quaker Oats Haferflocken. Sie begannen ihre Produktion im Jahr 1877.

Die meisten Äpfel, die in den USA verkauft werden, kommen aus dem Bundesstaat Washington. Sie produzieren 58% der Äpfel in den USA.

Der weltweit größte Produzent von Kakao ist die Elfenbeinküste. Sie produziert etwa 40% des weltweit angebauten Kakaos.

Die kleinsten Samen der Welt gehört zu einer Orchideenart. Jede Samenkapsel kann bis zu 3 Millionen Samen enthalten.

Einer der teuersten Kartoffel der Welt heißt "La Bonnotte". Sie wird auf der Insel Noirmoutier in Frankreich angebaut und kann bis zu 500 Dollar pro Kilo kosten.

Es gibt einen Burger, der 5.000 Dollar kostet und im Fleur Restaurant in Las Vegas, USA, serviert wird. Der Burger enthält Kobe-Rindfleisch, Foie Gras, Trüffel und wird mit einer Flasche Chateau Petrus serviert.

Einer der teuersten Flaschen Wasser der Welt kostet 60.000 Dollar und heißt "Acqua di Cristallo Tributo a Modigliani". Sie ist mit 24 Karat Gold bedeckt.

Die Durian ist eine Frucht aus Südostasien, die für ihren starken Geruch bekannt ist. In vielen Hotels und öffentlichen Verkehrsmitteln in der Region ist es verboten, sie zu tragen.

Im Jahr 2001 verbrannte eine Pizza, die von Astronauten im Weltraum zubereitet wurde, und erzeugte so viel Rauch, dass sie die Sensoren der internationalen Raumstation auslöste.

Der weltweit größte Produzent von Vanille ist Madagaskar. Die Insel produziert etwa 80% der weltweiten Vanille.

Jährlich werden weltweit mehr als 300 Milliarden Tassen Tee konsumiert, was ihn zum zweithäufigsten Getränk nach Wasser macht.

Der größte Produzent von Mais ist die USA. Sie produzieren fast 40% des weltweit angebauten Mais.

Einer der teuersten Essiggurken der Welt wurde für 1.300 Dollar bei einer Auktion in der UK verkauft. Sie wurde aus einem 150 Jahre alten Rezept hergestellt.

Es gibt eine Schneckenart, die als "Escargot" bezeichnet wird und in Frankreich als Delikatesse gilt. Jährlich werden in Frankreich etwa 30.000 Tonnen davon verzehrt.

Der größte Produzent von Ananas ist Costa Rica. Das Land produziert etwa ein Drittel der weltweiten Ananas.

Es gibt eine Sorte von schwarzem Tee in China, der als "Panda-Tee" bekannt ist. Er wird aus den Exkrementen von Pandas hergestellt, die einen hohen Prozentsatz von unverdautem Bambus enthalten.

Im Jahr 2016 produzierte China mehr als 4 Millionen Tonnen Schweinefleisch, was es zum größten Produzenten von Schweinefleisch der Welt macht.

Eine der teuersten Schokolade der Welt wird aus Kakao hergestellt, der von der seltenen Kakaosorte "Criollo" stammt. Eine Tafel dieser Schokolade kann bis zu 260 Dollar kosten.

Es gibt eine Biersorte in Belgien, die als "Westvleteren XII" bekannt ist und als eines der besten Biere der Welt gilt. Es wird nur in geringen Mengen hergestellt und ist oft schwer zu bekommen.

Der größte Produzent von Olivenöl ist Spanien. Das Land produziert etwa 50% des weltweiten Olivenöls.

Einer des teuersten Brote der Welt wird in einer Boutique-Bäckerei in Spanien hergestellt. Es ist mit Blattgold bedeckt und kostet 150 Euro pro Laib.

Einer der teuersten Kaffeesorten der Welt ist "Black Ivory", die aus den Exkrementen von thailändischen Elefanten hergestellt wird. Ein Pfund dieses Kaffees kann bis zu 500 Dollar kosten.

Die meisten Äpfel werden in China produziert. Im Jahr 2019 produzierte das Land mehr als 40 Millionen Tonnen Äpfel.

In Südkorea gibt es eine traditionelle Speise namens "Sannakji", die aus lebenden Oktopus-Tentakeln besteht. Die Tentakel bewegen sich oft noch, wenn sie serviert werden.

Eine der teuersten Teesorten der Welt ist "Da Hong Pao", ein seltener chinesischer Oolong-Tee. Ein Gramm dieses Tees kann bis zu 1.400 Dollar kosten.

Die kleinste Weinproduktion der Welt befindet sich auf der Insel Mykonos in Griechenland. Die gesamte Produktionsfläche beträgt weniger als 1 Hektar.

Die meisten Orangen werden in Brasilien produziert. Das Land produziert etwa 30% der weltweiten Orangen.

Die am häufigsten verzehrte Nuss der Welt ist die Erdnuss. Sie wird in mehr als 100 Ländern angebaut.

In Schottland gibt es ein traditionelles Gericht namens Haggis, das aus den Innereien eines Schafes hergestellt wird. Es wird traditionell in den Magen des Tieres gefüllt und gekocht.

In Frankreich gibt es ein Gericht namens Ortolan, das aus einem kleinen Vogel hergestellt wird. Der Vogel wird oft im Ganzen gegessen, einschließlich der Knochen.

Einer der teuersten Weinflasche der Welt wurde für 350.000 Dollar verkauft. Es handelte sich um eine Flasche Chateau Margaux 1787.

Die meisten Tomaten werden in China produziert. Im Jahr 2019 produzierte das Land mehr als 60 Millionen Tonnen Tomaten.

In Japan gibt es eine Biersorte namens "Space Barley", die aus Gerste hergestellt wird, die im Weltraum angebaut wurde. Eine Packung mit sechs Flaschen kostet 110 Dollar.

Die am häufigsten verzehrte Frucht der Welt ist die Banane. Jährlich werden weltweit mehr als 100 Milliarden Bananen verzehrt.

Einer der teuersten Käse der Welt wird in Serbien hergestellt und heißt "Pule". Er wird aus der Milch von balkanischen Eseln hergestellt und kostet 1.000 Dollar pro Kilogramm.

Die meisten Weintrauben werden in Italien produziert. Im Jahr 2018 produzierte das Land mehr als 8 Millionen Tonnen Weintrauben.

In Japan gibt es einen Tee namens "Gyokuro", der als einer der teuersten und hochwertigsten Tees des Landes gilt. Er wird in der Präfektur Kyushu angebaut und kostet etwa 65 Dollar pro 100 Gramm.

Eine der längsten Pizza der Welt wurde 2016 in Neapel, Italien, hergestellt. Sie war 1,8 km lang und benötigte 2.000 kg Mehl, um hergestellt zu werden.

Einer der teuersten Whisky der Welt wurde für 1,9 Millionen Dollar verkauft. Es handelte sich um eine Flasche Macallan Fine and Rare 60-Year-Old 1926.

Eine der teuersten Flasche Champagner der Welt wurde für 2,07 Millionen Dollar verkauft. Es handelte sich um eine Flasche "Goût de Diamants, Taste of Diamonds", die mit einem 19-Karat-Diamanten verziert war.

Die am häufigsten verzehrte Fischsorte der Welt ist der Alaska-Seelachs. Im Jahr 2018 wurden weltweit mehr als 3 Millionen Tonnen davon verzehrt.

In Japan gibt es eine Art von Eiscreme, die Geschmacksrichtungen wie "Tintenfisch" und "Pferdefleisch" enthält. Sie wird als Gastronomie-Abenteuer für die Mutigen angesehen.

Der kleinste Obstbaum der Welt ist der Bonchi, eine japanische Version des Bonsais. Er produziert tatsächlich essbare Früchte, die oft in der japanischen Küche verwendet werden.

Die größte Traube der Welt wurde 1984 in Chile geerntet und wog 8,2 kg. Sie war so groß wie ein kleine Wassermelone.

In China gibt es eine Teesorte, die "Drachenperlen" genannt wird. Jedes Teeblatt wird von Hand gerollt und entfaltet sich beim Brauen zu einer schönen Blume.

Der größte Apfel der Welt wurde 2005 in Japan geerntet und wog 1,849 kg. Er war größer als ein Softball.

Einer der teuersten Fische der Welt ist der Blauflossen-Thunfisch. Ein Exemplar wurde 2013 auf einer Auktion in Japan für 1,76 Millionen Dollar verkauft.

Das am weiteste gereiste Essen ist das Space Food der NASA. Es wird speziell entwickelt, um den Anforderungen der Raumfahrt gerecht zu werden.

Der erste vegetarische Burger, der aus Pflanzen hergestellt wurde und wie echtes Fleisch schmeckt, wurde 2016 von der Firma Impossible Foods eingeführt. Seitdem ist der Markt für pflanzliche Fleischalternativen exponentiell gewachsen.

Das älteste bekannte Rezept der Welt ist für Bier. Es wurde auf einer 4.000 Jahre alten sumerischen Tontafel gefunden.

Der größte Produzent von Hühnereiern ist China. Im Jahr 2018 produzierte das Land über 500 Milliarden Eier.

Einer der teuerste Salate der Welt ist der "Florette Sea and Earth", der mit Beluga-Kaviar, Kartoffeltrüffeln und Goldblättern garniert ist. Er kostet 620 Pfund.

Der meistverkaufte Snack der Welt sind Chips. Laut Statistiken wurden 2019 weltweit 28 Milliarden US-Dollar für Chips ausgegeben.

Die älteste Schokolade der Welt wurde in einer Maya-Potterie in Belize gefunden. Sie ist über 2.600 Jahre alt.

Eine der teuersten Pizza der Welt kostet 12.000 Dollar und wird in Italien serviert. Sie wird von drei Köchen zubereitet und enthält Zutaten wie drei Arten von Kaviar, Hummer aus Norwegen und Meersalz aus Australien.

Eine der meistverkauften Kekssorte der Welt ist der Oreo. Seit seiner Einführung im Jahr 1912 wurden weltweit über 450 Milliarden Oreo-Kekse verkauft.

Eine der größten Wassermelonen der Welt wurde 2013 in Tennessee, USA, angebaut und wog 159 kg.

Der größte Verbraucher von Kaviar ist Russland. Im Jahr 2017 verbrauchte das Land 2.000 Tonnen Kaviar.

Französische Fritten wurden tatsächlich in Belgien erfunden. Es besteht jedoch eine laufende Debatte zwischen den beiden Ländern, wer wirklich für die Erfindung der beliebten Beilage verantwortlich ist.

Der größte Schokoladenhersteller der Welt ist Mars Inc., der jährlich über 18 Milliarden Dollar Umsatz macht.

Einer der größten Käse der Welt wurde 1964 in Wisconsin, USA, hergestellt und wog über 15.000 kg.

Einer der größten Apfelkuchen der Welt wurde 1997 in Washington State, USA gebacken und hatte einen Durchmesser von 9,6 Metern.

Der größte Verbraucher von Bier pro Kopf ist Tschechien. Im Jahr 2018 verbrauchte jeder Einwohner im Durchschnitt 191 Liter Bier.

Der größte Produzent von Orangen ist Brasilien. Im Jahr 2018 produzierte das Land über 17 Millionen Tonnen Orangen.

Eine der längste Nudelstränge der Welt wurde 2017 in China hergestellt. Sie war 3.084 Meter lang.

Eine der ältesten Flasche Champagner der Welt wurde in einem Schiffswrack in der Ostsee gefunden. Sie ist über 200 Jahre alt.

Einer der längsten Hotdogs der Welt wurde 2011 in Paraguay hergestellt und war 203 Meter lang.

Der größte Verbraucher von Kaffee pro Kopf ist Finnland. Im Jahr 2018 verbrauchte jeder Einwohner im Durchschnitt 12 kg Kaffee.

Der größte Produzent von Wein ist Italien. Im Jahr 2018 produzierte das Land über 54 Millionen Hektoliter Wein.

Eine der teuersten Kakaobohnen der Welt stammt von der Insel St. Lucia und kostet 273 Dollar pro Pfund.

Der größte Produzent von Tee ist China. Im Jahr 2018 produzierte das Land über 2,5 Millionen Tonnen Tee.

Einer der teuersten Mandeln der Welt stammt aus der australischen Region Riverina und kostet 30 Dollar pro Pfund.

Der größte Verbraucher von Schokolade pro Kopf ist die Schweiz. Im Jahr 2018 verbrauchte jeder Einwohner im Durchschnitt 8,8 kg Schokolade.

Der größte Verbraucher von Coca-Cola pro Kopf ist Mexiko. Im Jahr 2018 verbrauchte jeder Einwohner im Durchschnitt 135 Liter Coca-Cola.

Pizza Margherita wurde angeblich zu Ehren der italienischen Königin Margherita kreiert. Die rot-weiß-grünen Zutaten sollen die Farben der italienischen Flagge repräsentieren.

Der "Cronut", eine Kreuzung aus Croissant und Donut, wurde erstmals im Jahr 2013 in New York City eingeführt. Er wurde schnell zu einem viralen Phänomen und hat seitdem weltweit Nachahmer gefunden.

In Schweden gibt es ein Gericht namens "Surströmming", das aus fermentiertem Hering besteht. Es ist bekannt für seinen extrem starken Geruch und wird oft als eine der "schlimmsten" Delikatessen der Welt bezeichnet.

Der größte Produzent von Honig ist China. Sie produzieren jährlich über 450.000 Tonnen Honig.

Eine der längsten Nudeln der Welt wurde in China hergestellt und maß 3.084 Meter. Sie wurde von einem Team von Meistern mit mehr als 50 Jahren Erfahrung hergestellt.

In Japan gibt es ein Gericht namens "Fugu", das aus dem Kugelfisch hergestellt wird. Es ist giftig, wenn es nicht richtig zubereitet wird und kann beim Verzehr tödlich sein.

Einer der teuersten Desserts der Welt, der "Strawberry Arnaud", kostet 9,85 Millionen Dollar. Es besteht aus Erdbeeren, Portwein, Gewürzen, Zitrusfrüchten, Vanilleeis und einem 7,09 Karat rosa Diamantring.

In China gibt es ein traditionelles Gericht namens "Century Eggs" oder "Tausendjährige Eier". Sie werden durch die Fermentation von Eiern in einer Mischung aus Lehm, Asche, Salz, Kalk und Reisspelzen hergestellt.

Hummer galt einst als "Arme-Leute-Essen" und wurde häufig an Gefangene und Diener verfüttert. Heutzutage ist es eine Delikatesse und in vielen Teilen der Welt sehr teuer.

Einer der teuersten Sandwichs der Welt, das "von Essen Platinum Club Sandwich", kostet rund 200 Dollar. Es wird in einem Hotel in Essen, Deutschland serviert und enthält unter anderem Iberico-Schinken und weißem Trüffel.

Brot wird in fast allen Kulturen weltweit gegessen. Das älteste bekannte Brot, das gefunden wurde, ist über 14.000 Jahre alt und stammt aus Jordanien.

Käse wird seit Tausenden von Jahren hergestellt. Der älteste bekannte Käse wurde in ägyptischen Grabmalen gefunden und ist über 4.000 Jahre alt.

Foie gras, eine Delikatesse aus der Leber einer gemästeten Ente oder Gans, ist in vielen Teilen der Welt umstritten. Es ist in einigen Ländern, darunter Indien und Teilen der USA, verboten.

Die Molekularküche ist eine moderne Art zu kochen, die wissenschaftliche Techniken verwendet, um Aromen und Texturen zu verändern. Ein bekanntes Gericht ist der "kugelförmige Kaviar", der aus flüssigen Tropfen besteht, die in einer Gelatinehülle eingeschlossen sind.

In Island gibt es ein traditionelles Gericht namens "Hákarl", das aus fermentiertem Haifisch besteht. Es hat einen sehr starken Geschmack und Geruch und ist bekannt als eine der herausforderndsten Delikatessen der Welt.

Der am häufigsten gegessene Fleischtyp weltweit ist Schweinefleisch. Es wird in vielen verschiedenen Arten von Gerichten verwendet, von Würstchen und Schinken bis hin zu gebratenem Schweinefleisch und Schweinekoteletts.

Die am meisten verzehrte Nussart weltweit ist die Erdnuss. Sie wird in vielen verschiedenen Arten von Gerichten und Snacks verwendet, von Erdnussbutter und Erdnusssoße bis hin zu Erdnusskeksen und Erdnussschokolade.

Eines des teuersten Brotes der Welt, das "Gold-Crusted Bread", kostet etwa 120 Dollar pro Laib. Es wird mit 24-karätigem Goldstaub bestreut und in einem High-End-Restaurant in Chicago verkauft.

Einer der größten Donut der Welt wurde in den USA hergestellt und wog über 1,7 Tonnen. Er war mit rosa Zuckerguss und bunten Streuseln bedeckt.

Einer der teuersten Käsekuchen der Welt, das "Raffaello", kostet etwa 5.000 Dollar. Er ist mit weißer Schokolade, Kokosnuss, Mandeln und Vanille gefüllt.

Einer der größten Omeletts der Welt wurde in Portugal hergestellt und wog über 6 Tonnen. Es wurde von einem Team von 55 Köchen hergestellt und benötigte 145.000 Eier.

Eine der teuersten Pasta der Welt, "White Truffle and Gold Leaf Tagliolini", kostet etwa 250 Dollar pro Portion. Es wird mit weißen Trüffeln und 24-karätigem Blattgold serviert.

Eine der teuersten Pizza der Welt, die "Louis XIII", kostet etwa 12.000 Dollar. Sie wird mit drei Arten von Kaviar, rotem Hummer und Meeresfrüchten serviert.

Einer der teuersten Burger der Welt, der "FleurBurger 5000", kostet etwa 5.000 Dollar. Er wird mit Kobe-Rindfleisch, Foie gras, Trüffeln und einem Vintage-1990 Chateau Petrus serviert.

Einer der größten Kuchen der Welt wurde in Indien hergestellt und war über 16.000 Quadratmeter groß. Er war mit Schokolade, Nüssen, Beeren und Zuckerguss gefüllt.

Einer der teuersten Curry der Welt, das "Samundari Khazana Curry", kostet etwa 3.200 Dollar. Es wird mit Hummer, Kaviar, Abalone, Trüffel und essbarem Gold serviert.

Eine der größten Schüssel Ramen der Welt wurde in Japan hergestellt und enthielt über 100 Portionen. Es enthielt Nudeln, Schweinefleisch, Eier, Bambussprossen und Nori.

Einer der teuersten Hotdogs der Welt, der "Juuni Ban", kostet etwa 169 Dollar. Es wird mit Wagyu-Rindfleisch, Foie gras, Trüffeln, Kaviar und Blattgold serviert.

Einer der teuersten Omeletts der Welt, das "Zillion Dollar Lobster Frittata", kostet etwa 1.000 Dollar. Es wird mit Hummer, Kaviar und Eiern serviert.

Es gibt ein Eis am Stiel das "exzellente" und kostet etwa 1.000 Dollar. Es ist mit 24-karätigem Blattgold bedeckt und enthält essbare Diamanten.

Einer der größten Schokoriegel der Welt wurde in den USA hergestellt und wog über 4.700 Kilogramm. Er bestand aus Schokolade, Karamell und Nüssen.

Einer der teuersten Schokoladenriegel der Welt, der "Wispa Gold", wurde für 1.600 Dollar verkauft. Er wurde mit essbarem Gold überzogen.

Einer der teuersten Eis der Welt, das "Black Diamond", kostet etwa 817 Dollar pro Kugel. Es ist mit 23-karätigem Gold bedeckt und enthält Madagaskar-Vanille und iranischen Safran.

Die größte Sammlung von McDonald's Memorabilien befindet sich in den USA. Sie enthält über 75.000 Stücke, darunter Spielzeug, Uniformen und Werbeartikel.

Es wurde ein Schokoladen-Osterei in Argentinien hergestellt und das war fast 11 Meter hoch. Es wog über 8.000 Kilogramm und wurde aus dunkler Schokolade gemacht.

Limonade ist eines der ältesten Getränke der Welt. Sie wurde erstmals im alten Ägypten hergestellt und bestand aus Zitronensaft, Zucker und Wasser.

Einer der teuersten Sake der Welt, der "Kikunoi Honten", kostet bis zu 1.000 Dollar pro Flasche. Er wird in Japan hergestellt und ist für seinen reichen und komplexen Geschmack bekannt.

Einer der größten Käsekuchen der Welt wurde in Mexiko hergestellt und wog über 9 Tonnen. Er wurde aus Frischkäse, Eiern, Zucker, Sahne und Vanille hergestellt.

Es gibt ein Keks der wurde in den USA hergestellt und maß über 30 Meter im Durchmesser. Er wurde aus Mehl, Zucker, Eiern und Schokoladenstückchen hergestellt.

Einer der teuersten Rum der Welt, der "Legacy by Angostura", kostet bis zu 25.000 Dollar pro Flasche. Er wird in Trinidad und Tobago hergestellt und ist auf 20 Flaschen limitiert.

Einer der teuersten Schinken der Welt, der "Manchado de Jabugo", kostet bis zu 4.600 Dollar pro Kilogramm. Er wird in Spanien hergestellt und ist für seinen einzigartigen Geschmack bekannt.

Grün- und Schwarztee stammen von derselben Pflanze, Camellia sinensis. Der Unterschied liegt in der Verarbeitung der Blätter.

Mate, ein traditionelles südamerikanisches Getränk, wird aus den getrockneten Blättern des Mate-Baums hergestellt. Es wird oft in einer speziellen Trinkröhre namens Bombilla serviert.

Einer der teuersten Donut der Welt der "Krispy Kreme Luxus-Donut", kostet 1.685 Dollar. Er wird mit 24-karätigem Gold, Champagner und essbaren Diamanten serviert.

Einer der größten Fleischklops der Welt wurde in den USA hergestellt und wog über 500 Kilogramm. Er wurde aus Rindfleisch, Eiern, Paniermehl und Gewürzen hergestellt.

Einer der teuersten Bagel der Welt, der "Westin Bagel", kostet 1.000 Dollar. Er wird mit weißem Trüffelcreme, Goji-Beerenmarmelade und Goldflocken serviert.

Eine der größten Torte der Welt wurde in China hergestellt und maß über 500 Quadratmeter. Sie wurde mit Sahne, Beeren und Schokolade verziert.

Einer der teuersten Kaviar der Welt, der "Almas", kostet bis zu 35.000 Dollar pro Kilogramm. Er wird aus dem Rogen der Beluga-Stör hergestellt.

Einer der größten Brotlaib der Welt wurde in Indien hergestellt und wog über 1.500 Kilogramm. Er wurde aus Weizenmehl, Wasser und Hefe hergestellt.

Einer der teuersten Toasts der Welt, der einst von der Königin von England gegessen wurde, wurde für 500 Dollar verkauft. Er wurde bei der Hochzeit von Prinz Charles und Prinzessin Diana serviert.

Es gibt eine Wurst die wurde in Argentinien hergestellt und maß über 2.000 Meter. Sie wurde aus Rindfleisch, Schweinefleisch und Gewürzen hergestellt.

Einer der teuersten Wodka der Welt, der "Billionaire Vodka" kostet bis zu 3,7 Millionen Dollar pro Flasche. Er wird dreifach destilliert und mit Diamantenstaub filtriert.

Einer der größten Kürbiskuchen der Welt wurde in den USA hergestellt und wog über 900 Kilogramm. Er wurde aus Kürbis, Zucker, Eiern und Gewürzen hergestellt.

Einer der teuersten Whisky der Welt, der "Macallan 1926", wurde für 1,9 Millionen Dollar verkauft. Er wurde in Schottland hergestellt und ist auf 40 Flaschen limitiert.

Einer der größten Marshmallows der Welt wurde in den USA hergestellt und wog über 1.000 Kilogramm. Er wurde aus Zucker, Wasser und Gelatine hergestellt.

Einer der teuersten Champagner der Welt, der "Goût de Diamants", kostet bis zu 1,8 Millionen Dollar pro Flasche. Er wird in Frankreich hergestellt und die Flasche ist mit Diamanten und Gold verziert.

Eine der größten Salzstange der Welt wurde in den USA hergestellt und maß über 8 Meter. Sie wurde aus Weizenmehl, Salz und Hefe hergestellt.

Die erste bekannte Destillation von Alkohol fand im antiken China statt. Sie nannten das erzeugte Getränk "jou".

Champagner darf nur so genannt werden, wenn er in der Champagne-Region in Frankreich hergestellt wird. Andernfalls wird er als Schaumwein bezeichnet.

Die Marke Coca-Cola ist das am zweithäufigsten verstandene Wort auf der ganzen Welt nach "okay". Es wird täglich mehr als 1,9 Milliarden Mal konsumiert.

Einer der teuersten Wasser der Welt, Acqua di Cristallo Tributo a Modigliani, kostet etwa 60.000 US-Dollar pro 750 Milliliter. Es wird in einer 24-karätigen Goldflasche geliefert.

Bier ist eines der ältesten und am weitesten verbreiteten alkoholischen Getränke der Welt. Es wurde bereits 5.000 v. Chr. von den Sumerern hergestellt.

Kaffee ist nach Tee das am dritthäufigsten konsumierte Getränk auf der Welt. Es wird geschätzt, dass täglich über 2 Milliarden Tassen Kaffee getrunken werden.

Das beliebteste alkoholfreie Flaschengetränk der Welt ist Wasser. Er wird täglich von mindestens zwei Dritteln der Weltbevölkerung getrunken.

Die meisten Weine enthalten nicht nur Trauben, sondern auch Hefe. Diese Hefe ist verantwortlich für den Alkoholgehalt im Wein.

Die „Screwdriver"-Cocktail entstand, als amerikanische Ölarbeiter in den 1920er-Jahren ihren Wodka-Orange mit Schraubenziehern umrührten, weil sie keine Löffel hatten.

„Pulque" ist ein traditionelles mexikanisches Getränk, das aus dem Fermentieren des Safts der Agavenpflanze hergestellt wird. Es hat ein milchiges Aussehen und einen leicht sauren Geschmack.

Kombucha, ein fermentiertes Teegetränk, stammt ursprünglich aus Nordostchina und ist über 2000 Jahre alt. Es wird für seine gesundheitlichen Vorteile gelobt, einschließlich der Unterstützung der Verdauung und der Stärkung des Immunsystems.

Der Tequila ist ein Destillat, das aus der blauen Agave hergestellt wird. Es muss in bestimmten Regionen Mexikos hergestellt werden, um sich Tequila nennen zu dürfen.

Chai-Tee ist ein aromatisiertes Teegetränk aus Indien, das aus schwarzem Tee, Milch und einer Mischung aus Gewürzen besteht. "Chai" bedeutet eigentlich "Tee" in vielen Teilen der Welt.

Wodka war im 14. Jahrhundert in Russland und Polen ein gängiges Desinfektionsmittel und Antiseptikum. Es wurde später zu einem beliebten alkoholischen Getränk.

Whiskey und Bourbon sind beide Arten von destillierten Alkohol, aber Bourbon muss in den USA hergestellt und in neuen verkohlten Eichenfässern gelagert werden. Whisky kann weltweit hergestellt werden und hat keine spezifischen Lageranforderungen.

Jägermeister enthält 56 verschiedene Zutaten, darunter Kräuter, Früchte, Gewürze und Wurzeln. Die genaue Rezeptur ist jedoch ein streng gehütetes Geheimnis.

Absinth wurde ursprünglich als Heilmittel erfunden. Es wurde im 19. Jahrhundert als alkoholisches Getränk populär, aber sein hohes Thujon-Niveau führte dazu, dass es in vielen Ländern verboten wurde.

Met, ein alkoholisches Getränk, das aus Honig und Wasser hergestellt wird, wird oft als das älteste bekannte alkoholische Getränk der Welt bezeichnet. Es wird in vielen alten Kulturen und Schriften, einschließlich der griechischen Mythologie und der nordischen Folklore erwähnt.

Der Mimosa-Cocktail, eine Mischung aus Champagner und Orangensaft, wurde nach der Mimosa-Pflanze benannt, die wegen ihrer leuchtend gelben Blüten bekannt ist. Es ist ein beliebtes Getränk für Brunch und besondere Anlässe.

Der Bellini-Cocktail, eine Mischung aus Prosecco und Pfirsichpüree, wurde im Harry's Bar in Venedig, Italien, erfunden. Er wurde nach dem venezianischen Maler Giovanni Bellini benannt, weil die Farbe des Getränks an eine der Farben in Bellinis Gemälden erinnert.

Der Mojito-Cocktail stammt aus Kuba und besteht aus fünf Zutaten: Weißrum, Zucker (traditionell Zuckerrohrsaft), Limettensaft, Soda und Minze. Es hat einen erfrischenden, zitrusfrischen Geschmack.

Einer der größten Pasta der Welt wurde in Italien hergestellt und maß über 600 Meter. Sie wurde aus Hartweizengrieß und Wasser hergestellt.

Jedes Jahr werden weltweit mehr als 500 Milliarden Tassen Kaffee konsumiert. Der durchschnittliche Kaffeetrinker konsumiert drei Tassen pro Tag.

Cider ist ein alkoholisches Getränk, das aus fermentiertem Apfelsaft hergestellt wird. Es ist besonders in Großbritannien und Irland beliebt, wo es oft als Alternative zu Bier serviert wird.

Eiskaffee wurde erstmals in den 1840er-Jahren in Algerien erfunden. Es wurde Mazagran genannt und war ein kalter, süßer Kaffee, der mit Eiswasser gemischt wurde.

Das "Bloody Mary" Cocktail wurde in den 1920er-Jahren in Paris erfunden. Es ist nach der englischen Königin Mary I. benannt, die für ihre blutige Herrschaft bekannt ist.

Eistee wurde auf der Weltausstellung 1904 in St. Louis popularisiert, als der Tee-Händler Richard Blechynden aufgrund der Hitze begann, seinen Tee kalt zu servieren. Heute ist es ein beliebtes Getränk, besonders in den südlichen USA.

Prosecco, ein italienischer Schaumwein, ist nach dem Dorf Prosecco in der Region Friaul-Julisch Venetien benannt. Es ist für seinen frischen, fruchtigen Geschmack und seine sprudelnde Textur bekannt.

Glühwein, ein heißer, würziger Wein, wird traditionell in Deutschland und Österreich während der Weihnachtszeit serviert. Es wird oft mit Orangenschalen, Zimtstangen, Nelken und Sternanis gewürzt.

Horchata ist ein traditionelles Getränk aus Spanien und Lateinamerika. Es wird aus Reis, Mandeln oder Chufa (Erdmandel) hergestellt und ist oft mit Zimt und Zucker gesüßt.

Die Long Island Iced Tea-Cocktail enthält keinen Tee. Stattdessen besteht es aus fünf verschiedenen Arten von Spirituosen, Zitronensaft und einem Schuss Cola.

Die Shirley Temple, ein nicht-alkoholisches Getränk, wurde in den 1930er-Jahren für die damals junge Schauspielerin Shirley Temple kreiert. Es besteht aus Limonade, Ingwerlimonade und einer Kirsche.

Irish Coffee, eine Mischung aus Kaffee, Whiskey und Schlagsahne, wurde in den 1940er-Jahren in Irland erfunden. Es wurde ursprünglich serviert, um müde Reisende zu beleben.

Der Negroni-Cocktail wurde in Italien erfunden und besteht aus gleichen Teilen Gin, rotem Wermut und Campari. Es wird oft als Aperitif serviert.

Der Aperol Spritz ist ein beliebter italienischer Cocktail, der aus Prosecco, Aperol und Sodawasser besteht. Es wird oft mit einer Scheibe Orange garniert.

Der Martini-Cocktail besteht typischerweise aus Gin und Wermut und wird oft mit einer Olive oder Zitronenschale garniert. Es ist ein klassisches Getränk, das oft in Filmen und Büchern erwähnt wird.

Der Cosmopolitan ist ein Wodka-basierter Cocktail, der auch Cointreau, Limettensaft und Preiselbeersaft enthält. Es wurde durch die TV-Show "Sex and the City" populär gemacht.

Der Old Fashioned ist ein klassischer Cocktail, der aus Bourbon oder Rye Whiskey, Zucker, Wasser und Bitters besteht. Es wird oft in einem kurzen, runden Glas serviert und mit einer Orangenschale und einer Kirsche garniert.

Der Tom Collins ist ein Gin basierter Cocktail, der auch Zitronensaft, Zuckersirup und Sodawasser enthält. Es ist nach einer fiktiven Figur aus einem Streich in den 1870er-Jahren in New York benannt.

Saké ist ein japanischer Reiswein, der durch Fermentation von Reis hergestellt wird, der poliert wurde, um das äußere Getreide zu entfernen. Es kann entweder warm oder kalt serviert werden und wird oft zu Sushi oder anderen japanischen Gerichten getrunken.

Der Espresso Martini wurde in den 1980er-Jahren vom Barkeeper Dick Bradsell erfunden. Es wird gesagt, dass ein Model in seine Bar kam und ihn bat, ein Getränk zu mixen, das sie aufwecken und betrunken machen würde.

Baijiu ist die meistverkaufte Spirituose der Welt, obwohl sie außerhalb Chinas wenig bekannt ist. Es ist ein klarer Schnaps mit einem starken Geschmack, der häufig zu besonderen Anlässen und bei feierlichen Mahlzeiten getrunken wird.

Im 18. und 19. Jahrhundert wurde Gin oft zur Behandlung von medizinischen Beschwerden wie Gicht und Malaria eingesetzt. Heute ist es eine Hauptzutat in vielen beliebten Cocktails.

Das belgische Bier Lambic ist einzigartig, da es durch spontane Gärung gebraut wird. Die Hefe und Bakterien in der Luft sind verantwortlich für die Gärung, anstatt dass Brauer eine bestimmte Hefesorte hinzufügen.

Aquavit ist eine aromatisierte Spirituose, die in den nordischen Ländern populär ist. Es wird oft mit Gewürzen und Kräutern wie Kümmel, Dill, Fenchel und Koriander aromatisiert.

Root Beer ist ein süßes nordamerikanisches Getränk, das ursprünglich aus Rinde des Sassafras-Baumes hergestellt wurde. Heute wird es hauptsächlich aus künstlichen Aromen hergestellt, da die FDA Sassafrasöl wegen Gesundheitsrisiken verboten hat.

.Chicha ist ein traditionelles Getränk in Zentral- und Südamerika, das aus fermentiertem Mais hergestellt wird. In einigen Kulturen wird es noch auf traditionelle Weise hergestellt, indem der Mais gekaut und dann fermentiert wird.

In Peru ist Pisco Sour ein Nationalgetränk, bestehend aus Pisco (Traubenschnaps), Limettensaft, Eiweiß und Angostura-Bitter. Der Cocktail hat sogar einen offiziellen Feiertag, der am ersten Samstag im Februar gefeiert wird.

Caipirinha ist ein brasilianischer Cocktail, der aus Cachaça (Zuckerrohrschnaps), Limette und Zucker hergestellt wird. Es wird oft als Nationalcocktail Brasiliens angesehen.

Die Blue Blazer ist ein historischer Cocktail, der aus Whisky, kochendem Wasser und Zucker besteht. Es ist bekannt für sein Ritual, bei dem das brennende Getränk zwischen zwei Bechern hin und her gegossen wird.

Chicha Morada ist ein peruanisches Getränk, das aus lila Mais hergestellt wird. Es ist nicht alkoholisch und wird oft mit Zitrone und Zucker gesüßt.

Sambuca ist ein italienischer Anislikör, der oft mit Kaffeebohnen serviert wird. Die Kaffeebohnen sollen das "Auge der Kaffeefrucht" darstellen, und es ist üblich, drei Bohnen für Gesundheit, Glück und Wohlstand hinzuzufügen.

Frappuccino ist ein Markenprodukt von Starbucks, das eine Mischung aus Kaffee oder Crème-Basis mit verschiedenen Aromen und Süßstoffen ist. Es wurde 1995 eingeführt und ist besonders bei jüngeren Kunden beliebt.

Eiskaffee wird auf viele verschiedene Arten auf der ganzen Welt serviert. In Vietnam zum Beispiel wird er oft mit gesüßter Kondensmilch serviert, während er in Griechenland oft mit Zucker und Milch gemischt und dann mit Eis geschüttelt wird.

Kombucha ist ein fermentiertes Getränk, das aus Tee, Zucker und einer Kultur aus Bakterien und Hefen (auch als "SCOBY" bekannt) hergestellt wird. Es ist in den letzten Jahren aufgrund seiner angeblichen gesundheitlichen Vorteile populär geworden.

Sekt ist ein deutscher Schaumwein, ähnlich wie Champagner oder Prosecco. Es wird nach der traditionellen Methode hergestellt, bei der die zweite Gärung in der Flasche erfolgt.

In Schweden ist Glögg, ein gewürzter und oft alkoholhaltiger Wein, ein traditionelles Getränk in der Weihnachtszeit. Es wird oft mit Zimt, Nelken, Kardamom, Ingwer und Bitterorange gewürzt und kann mit Mandeln und Rosinen serviert werden.

Mezcal ist eine mexikanische Spirituose, die aus Agave hergestellt wird. Es ist ähnlich wie Tequila, wird aber oft als rauchiger und komplexer im Geschmack beschrieben.

Raki ist eine anisflavoured Spirituose aus der Türkei. Es wird oft mit Wasser und Eis serviert und die Mischung verwandelt sich in eine milchige Farbe, was ihm den Spitznamen "Löwenmilch" einbringt.

Der Espresso Romano ist eine Variante des Espressos, bei dem eine Scheibe Zitrone serviert wird. Die Zitrone soll die süßen Aromen des Kaffees hervorheben, ist aber in Italien selbst nicht üblich.

Limoncello ist ein italienischer Zitronenlikör, der hauptsächlich in Süditalien hergestellt wird. Es wird oft nach dem Essen als Verdauungsgetränk serviert.

In Marokko wird grüner Tee oft mit Minze und Zucker serviert. Dieses Getränk, bekannt als marokkanischer Minztee, wird oft in kleinen Gläsern serviert und ist ein Zeichen der Gastfreundschaft.

Das Getränk Pulque ist ein traditioneller mexikanischer Alkohol aus fermentiertem Agavensaft. Es war bei den Azteken heilig und wird noch heute in Teilen von Mexiko getrunken.

Pastis ist ein Anislikör, der in Frankreich beliebt ist, insbesondere in der Region Provence. Es wird oft mit Wasser verdünnt, was dazu führt, dass es milchig wird.

Masala Chai ist ein aromatisiertes Teegetränk aus dem indischen Subkontinent. Er besteht aus schwarzem Tee, Milch und Gewürzen wie Zimt, Kardamom, Nelken und Ingwer.

Das belgische Bier Trappist wird von Mönchen in Trappistenklöstern gebraut. Es gibt nur 14 Klöster auf der Welt, die das Bier brauen dürfen, und jeder muss strengen Regeln folgen.

Guinness, das berühmte irische Stout, wurde ursprünglich als "Porter" eingeführt, weil es bei den Hafenarbeitern in London beliebt war. Es enthält weniger Kalorien als die meisten alkoholischen Getränke.

Die Coca-Cola-Formel ist eine der am besten gehüteten Geheimnisse der Welt. Nur ein paar Menschen wissen die genaue Formel, und sie ist in einem Tresor in Atlanta, Georgia, eingesperrt.

Das Gruitbier war in vielen Teilen Europas vor der Einführung von Hopfen das beliebteste Bier. Es wurde mit einer Mischung aus Kräutern und Gewürzen anstelle von Hopfen gebraut.

Das Getränk Soju ist der meistverkaufte Alkohol der Welt. Es ist ein klarer, süßlicher Spirituose aus Korea, der normalerweise aus Reis oder anderen Getreidearten hergestellt wird.

Vermouth ist ein aromatisierter Wein, der oft als Aperitif getrunken oder in Cocktails verwendet wird. Er wird mit einer Mischung aus Kräutern und Gewürzen aromatisiert, die je nach Marke variiert.

Der White Russian ist ein Cocktail aus Wodka, Kaffee-Likör und Sahne. Er wurde durch den Film "The Big Lebowski" populär, in dem der Hauptcharakter das Getränk bevorzugt.

Die Bloody Caesar ist ein Cocktail aus Wodka, Muschelsaft, Tomatensaft und Gewürzen. Es ist in Kanada sehr populär und wird oft als Katergetränk betrachtet.

In Japan gibt es eine Tradition namens "Kanpai", bei der alle anwesenden Personen gleichzeitig anstoßen. Es wird oft bei gesellschaftlichen Anlässen und Feiern praktiziert.

Horchata ist ein Getränk aus Spanien und Lateinamerika, das aus Reis, Mandeln oder Tigernüssen hergestellt wird. Es wird oft mit Zimt und Zucker gesüßt und gekühlt serviert.

Irn-Bru ist ein kohlensäurehaltiges Softgetränk aus Schottland. Es ist nach Whisky das meistverkaufte Getränk in Schottland und hat einen einzigartigen Geschmack, der oft als "rostige Orange" beschrieben wird.

In Russland wird Wodka oft in einem einzigen Schluck getrunken, anstatt in kleinen Schlucken genossen zu werden. Dies wird als "zum Boden" Trinken bezeichnet.

Der Singapore Sling ist ein Cocktail, der ursprünglich im Raffles Hotel in Singapur kreiert wurde. Er enthält Gin, Kirschlikör, Cointreau, DOM Benedictine, Grenadine, Ananassaft, Limettensaft und Angostura-Bitter.

Der Begriff "Toast" stammt aus dem alten Rom, wo ein Stück geröstetes Brot in den Wein getaucht wurde, um unangenehme Aromen zu mildern. Heute verwenden wir den Begriff, um auf etwas oder jemanden zu trinken.

Das Getränk Kwas wird in vielen osteuropäischen Ländern hergestellt und besteht aus fermentiertem Brot. Es hat einen leicht sauren Geschmack und ist normalerweise nicht sehr alkoholisch.

Die Tequila-Sorte "Mezcal" ist dafür bekannt, dass sie manchmal einen "Wurm" in der Flasche hat. Dies ist tatsächlich eine Hypopta agavis-Raupe, und sie wird oft als Marketing-Gimmick hinzugefügt.

Der größte Produzent von Pistazien ist der Iran. Er produziert mehr als 50% der weltweiten Pistazien.

Der größte Reiskuchen der Welt wurde in China hergestellt und wog über 3 Tonnen. Er wurde aus Klebreis, Zucker und Hefe hergestellt.

Die am häufigsten verzehrte Gemüsesorte der Welt ist die Kartoffel. Sie wird in über 130 Ländern angebaut und hat über 4.000 Sorten.

Piña colada, was auf Spanisch "gesiebte Ananas" bedeutet, wurde 1954 in Puerto Rico erfunden. Es ist ein süßer Cocktail aus Rum, Kokosnusscreme und Ananassaft.

Das größte Sushi der Welt wurde in Japan hergestellt und wog über 6 Tonnen. Es war mit Thunfisch, Garnelen, Krabben und Tintenfisch gefüllt.

Das "Phantom", ein Baguette-Sandwich, das mit Kaviar, Hummer, Trüffeln und Blattgold gefüllt ist, ist einer der teuersten Sandwiches der Welt und kostet etwa 200 Dollar.

Amaretto ist ein süßer italienischer Likör, der oft mit Mandelaroma hergestellt wird. Trotz seines Namens der "ein wenig bitter" bedeutet, ist es meist süß und wird oft in Desserts und Cocktails verwendet.

Der größte Verbraucher von Reis ist China. Im Jahr 2019 verbrauchte das Land über 143 Millionen Tonnen Reis.

Internet

Das Internet wurde ursprünglich als ARPANET durch das US-Verteidigungsministerium in den 1960er-Jahren entwickelt. Es wurde hauptsächlich für militärische und regierungsinterne Kommunikation genutzt.

Das erste E-Mail-Programm wurde 1971 von Ray Tomlinson entwickelt. Die erste jemals gesendete E-Mail lautete "QWERTYUIOP".

Die durchschnittliche Person verbringt mehr als 6 Stunden pro Tag online. Das entspricht etwa einem Drittel ihres Wachlebens.

Es gibt mehr als 1,7 Milliarden Websites im Internet. Allerdings sind nur etwa 200 Millionen aktiv.

Über 90% aller Internetnutzer verwenden Google als ihre Standard-Suchmaschine. Das entspricht über 3,5 Milliarden Suchanfragen pro Tag.

China hat mit über 854 Millionen die meisten Internetnutzer. Dies entspricht etwa 20% der gesamten Internetnutzer weltweit.

Das Internet besteht aus über 75 Millionen Servern. Diese Server speichern und übertragen die Daten, die wir täglich verwenden.

X (ehemals Twitter) generiert über 500 Millionen Beiträge pro Tag. Das entspricht etwa 6.000 Beiträge pro Sekunde.

Die am häufigsten gesuchte Frage auf Google im Jahr 2019 war "Was ist Area 51?". Dies folgte der viralen "Storm Area 51"-Bewegung.

Der meistgesehene YouTube-Video ist "Baby Shark Dance" mit über 9 Milliarden Aufrufen. Es wurde im Juni 2016 veröffentlicht.

Über 500 Stunden Videomaterial werden jede Minute auf YouTube hochgeladen. Das entspricht etwa 30.000 Stunden Videomaterial pro Stunde.

Die durchschnittliche Person hat 7 Social-Media-Konten. Dies hat sich seit 2012 mehr als verdoppelt, als die durchschnittliche Person nur 3 Konten hatte.

Das durchschnittliche Kind bekommt sein erstes Smartphone im Alter von 12 Jahren. Fast 80% der Jugendlichen besitzen bis zum Alter von 15 Jahren ein Smartphone.

Facebook hat mehr als 2,8 Milliarden aktive Nutzer. Das ist mehr als ein Drittel der gesamten Weltbevölkerung.

Der meist gestreamte Song auf Spotify ist "Shape of You" von Ed Sheeran mit über 2,7 Milliarden Streams. Der Song wurde im Januar 2017 veröffentlicht.

Über 80% aller Online-Traffic wird durch Video-Streaming generiert. Dies ist hauptsächlich auf die Popularität von Plattformen wie YouTube und Netflix zurückzuführen.

Die durchschnittliche Person verbringt mehr als 2 Stunden pro Tag auf Social-Media-Plattformen. Das sind über 5 Jahre und 4 Monate im Laufe eines Lebens.

Instagram hat über 1 Milliarde aktive Nutzer. Mehr als 500 Millionen Menschen nutzen Instagram Stories täglich.

Jeden Tag werden mehr als 65 Milliarden WhatsApp-Nachrichten versendet. Das sind mehr als 750.000 Nachrichten pro Sekunde.

Über 60% aller Internetnutzer haben bereits Online-Shopping betrieben. Im Jahr 2019 betrug der weltweite Online-Verkauf 3,5 Billionen Dollar.

Die durchschnittliche Person hat 27 Online-Konten. Dies beinhaltet alles von Social-Media-Konten bis hin zu Online-Banking-Konten.

Die erste jemals durchgeführte Online-Transaktion war der Verkauf von Marihuana. Dies geschah in den 1970er-Jahren zwischen Studenten der Stanford University und der MIT.

Jede Sekunde werden über 70.000 Stunden Netflix gestreamt. Das entspricht mehr als 6 Millionen Stunden Streaming pro Tag.

Der Begriff "Surfen im Internet" wurde von der Internet-Pionierin Jean Armour Polly geprägt. Sie verwendete den Begriff zum ersten Mal in einem Artikel aus dem Jahr 1992.

Es gibt mehr als 3,5 Milliarden Smartphone-Nutzer weltweit. Dies entspricht fast der Hälfte der gesamten Weltbevölkerung.

Der meistgesehene Live-Stream auf Twitch war das Fortnite-Event "The End" mit über 1,7 Millionen Zuschauern. Das Event fand im Oktober 2019 statt.

Facebook war die erste Social-Media-Plattform, die 1 Milliarde Nutzer erreichte. Dies geschah im Oktober 2012.

YouTube hat mehr als 2 Milliarden aktive Nutzer. Das entspricht fast einem Drittel aller Internetnutzer.

Die durchschnittliche Person verbringt täglich mehr als eine Stunde auf YouTube. Das sind mehr als 15 Tage im Jahr.

Jeden Tag werden mehr als 4 Milliarden Videos auf Facebook angesehen. Das entspricht mehr als 100.000 Stunden Videomaterial pro Tag.

Es gibt mehr als 2,7 Milliarden Suchanfragen auf X (ehemals Twitter) pro Tag. Das entspricht mehr als 31.000 Suchanfragen pro Sekunde.

Der meistverkaufte E-Book-Titel auf Amazon ist "Fifty Shades of Grey". Das Buch wurde über 90 Millionen Mal verkauft.

Die am meiste heruntergeladene App aller Zeiten ist Facebook. Die App wurde über 4,6 Milliarden Mal heruntergeladen.

Über 95% aller Instagram-Nutzer verwenden die Plattform täglich. Das entspricht mehr als 950 Millionen Nutzern.

Der meistgesehene YouTube-Kanal ist "T-Series", ein indischer Musikvideo-Kanal. Der Kanal hat über 140 Milliarden Aufrufe.

Der erste jemals gesendete Tweet lautete "just setting up my twttr". Er wurde von Jack Dorsey, dem Mitbegründer von Twitter, gesendet.

Die meistgenutzte Social-Media-Plattform in den USA ist Facebook. Über 70% aller Erwachsenen in den USA verwenden die Plattform.

Über 50% aller Website-Traffic wird von Mobilgeräten generiert. Das entspricht mehr als 2,5 Milliarden Smartphone-Nutzer weltweit.

Die am meiste gesuchte Person auf Google im Jahr 2019 war die Fußballlegende Neymar. Er wurde im Jahr 2019 mehr als 50 Millionen Mal gesucht.

Das meistgesehene Video auf YouTube in den ersten 24 Stunden nach seiner Veröffentlichung war "Boy With Luv" von BTS. Das Video hatte in den ersten 24 Stunden über 74,6 Millionen Aufrufe.

Das erste Banner-Werbeformat wurde 1994 auf der Website HotWired.com eingeführt. Es hatte eine Click-Through-Rate von 44 %, was im Vergleich zu heutigen Standards unglaublich hoch ist.

Im Jahr 2013 wurde ein Bitcoin-Transaktionsrekord aufgestellt, als ein Benutzer 194.993 Bitcoins (im Wert von etwa 147 Millionen US-Dollar) transferierte. Interessanterweise betrug die Transaktionsgebühr nur 0,0001 Bitcoin etwa 0,08 US-Dollar.

Der schnellste Internetdienst der Welt befindet sich in Südkorea. Das durchschnittliche Internet in Südkorea hat eine Geschwindigkeit von 26,7 Megabit pro Sekunde.

Es gibt mehr Webseiten als Menschen auf der Erde. Im Jahr 2021 gab es schätzungsweise 1,83 Milliarden Webseiten, verglichen mit der globalen Bevölkerung von etwa 7,8 Milliarden Menschen.

Es gibt weltweit etwa 7 Millionen öffentliche WLAN-Hotspots. Diese Zahl soll bis 2023 auf 432 Millionen steigen.

Einer der größten Datenverluste in der Geschichte ereignete sich 2013, als Yahoo bekannt gab, dass Daten von allen 3 Milliarden seiner Benutzerkonten gestohlen wurden. Die gestohlenen Daten enthielten Namen, E-Mail-Adressen, Telefonnummern, Geburtsdaten und verschlüsselte Passwörter.

Der größte Cyberangriff in der Geschichte wurde 2018 durchgeführt und zielte auf GitHub ab. Der Angriff erreichte 1,35 Terabyte pro Sekunde.

Das längste Passwort, das jemals geknackt wurde, hatte 96 Zeichen. Es wurde von einem Team von Hackern geknackt, die eine Brute-Force-Technik verwendeten.

Das erste öffentliche Internet-Café wurde 1994 in London eröffnet. Es hieß "Cyberia" und bot Kunden Zugang zum Internet und Kurse an, um den Umgang mit dem Internet zu erlernen.

Der erste Online-Banking-Service wurde 1983 in den USA eingeführt. Er wurde von der Stanford Federal Credit Union angeboten.

Der am meisten heruntergeladene Torrent aller Zeiten war der Trailer zum Film "The Dark Knight". Er wurde über 2 Millionen Mal heruntergeladen.

Die erste Social-Media-Plattform war SixDegrees.com. Sie wurde 1997 gegründet und ermöglichte es Benutzern, Profile zu erstellen und Freundschaftsanfragen zu versenden.

Der teuerste Domainname der Welt ist LasVegas.com. Et wurde 2005 für 90 Millionen US-Dollar verkauft.

Der teuerste virtuelle Gegenstand, der jemals verkauft wurde, ist ein virtueller Planet namens "Planet Calypso". Er wurde in einem Online-Spiel namens "Entropia Universe" für 6 Millionen US-Dollar verkauft.

Jeden Tag werden 306,4 Milliarden E-Mails versendet. Etwa 55% dieser E-Mails sind Spam.

51% der Internetnutzer weltweit sind zwischen 16 und 24 Jahre alt. Das entspricht etwa 2,5 Milliarden Menschen.

Im Jahr 2021 waren 92% der globalen Internetnutzer auf mindestens einer Social-Media-Plattform aktiv. Das entspricht etwa 4,5 Milliarden Menschen.

Amazon.com war ursprünglich als "Cadabra" bekannt. Der Name wurde jedoch geändert, weil er oft mit "Cadaver" (Leiche auf Englisch) verwechselt wurde.

Der erste Virus, der jemals über das Internet verbreitet wurde, war "Creeper". Er wurde 1971 entwickelt und verbreitete sich über das ARPANET.

Das erste Produkt, das auf eBay verkauft wurde, war ein defekter Laserpointer. Er wurde 1995 für 14,83 US-Dollar verkauft.

Die längste Domain der Welt hat 63 Zeichen. Sie lautet "thelongestlistofthelongeststuffatthelongestdomainnameatlonglast.com".

Im Jahr 2021 betrug das geschätzte globale digitale Werbevolumen 389 Milliarden US-Dollar. Dies entspricht einem Anstieg von 17% im Vergleich zum Vorjahr.

Google verarbeitet durchschnittlich 3,5 Milliarden Suchanfragen pro Tag. Das entspricht 40.000 Suchanfragen pro Sekunde.

Der durchschnittliche Internetnutzer verbringt täglich 6 Stunden und 42 Minuten online. Das entspricht etwa einem Drittel des Tages.

Das erste Online-Dating-Portal wurde 1995 eingeführt. Es hieß "Match.com".

Der erste YouTube-Clip, der 1 Milliarde Aufrufe erreichte, war das Musikvideo "Gangnam Style" von PSY. Dieser Meilenstein wurde im Jahr 2012 erreicht.

59% der gesamten Internetnutzung erfolgt über mobile Geräte. Das entspricht etwa 2,9 Milliarden Menschen.

Die erste E-Commerce-Transaktion fand 1994 statt. Ein Mann namens Phil Brandenberger kaufte eine Sting-CD für 12,48 $, plus Versand.

Netflix ist verantwortlich für 15% des gesamten globalen Internet-Datenverkehrs. Der durchschnittliche Netflix-Benutzer schaut jeden Tag 3,2 Stunden.

Die schnellste Internetverbindung der Welt wurde 2020 von Forschern in Australien erreicht. Sie erreichten eine Geschwindigkeit von 44,2 Terabit pro Sekunde.

Der meistgekaufte Artikel bei Amazon ist der Fire TV Stick. Es wurde seit seiner Einführung im Jahr 2014 mehrere Millionen Mal verkauft.

Der erste Blog wurde 1994 von Justin Hall erstellt. Er nannte es "Justin's Links from the Underground".

Mehr als 50% der Internetnutzer haben online eingekauft. Das entspricht etwa 2,5 Milliarden Menschen.

Die erste Online-Petition wurde 1998 eingereicht. Sie richtete sich gegen ein Gesetz, das die Verwendung von Kryptografie im Internet einschränkte.

Die erste Suchmaschine war "Archie". Sie wurde 1990 entwickelt und durchsuchte FTP-Server.

Die ersten Emojis wurde 1999 von Shigetaka Kurita erstellt. Er war ein Mitarbeiter von NTT DoCoMo, einem japanischen Mobilfunkanbieter.

"Facebook" ist eins das häufigste nachgefragte Wort in der Google-Suche. Es wird jeden Monat durchschnittlich 3,5 Milliarden Mal gesucht.

Gebäude

Das Burj Khalifa in Dubai, Vereinigte Arabische Emirate, ist mit 828 Metern das höchste Gebäude der Welt. Es hat 163 Etagen und 57 Aufzüge, und der Bau dauerte sechs Jahre, von 2004 bis 2010.

Das chinesische Ping An Finance Center ist das zweithöchste Gebäude der Welt mit einer Höhe von 599,1 Metern. Es verfügt über 115 Stockwerke und wurde 2017 fertiggestellt.

Die Aussichtsplattform auf dem Schanghai Tower in China ist die höchste der Welt. Sie befindet sich auf einer Höhe von 562 Metern.

Das Empire State Building in New York wurde in nur 410 Tagen zwischen 1930 und 1931 erbaut. Dieser Zeitraum hat ihm den Spitznamen "das 13-Monate-Wunder" eingebracht.

Das Pantheon in Rom, Italien, hat die größte unverstärkte Betonkuppel der Welt. Die genaue Methode, die die Römer zum Bau der Kuppel verwendeten, ist immer noch ein Rätsel.

Das Sydney Opera House in Australien besteht aus 1.056.006 Dachfliesen. Alle wurden von der schwedischen Firma Höganäs hergestellt.

Die größte Ziegelsteinpyramide der Welt ist die große Pyramide von Cholula in Mexiko. Sie hat ein Volumen von 4,45 Millionen Kubikmetern.

Das Weiße Haus in Washington, D.C., hat 132 Zimmer, 35 Badezimmer und 6 Etagen. Es wird jedes Jahr von etwa 6.000 Menschen besucht.

Die Basilika Sagrada Familia in Barcelona, Spanien, ist seit 1882 im Bau. Obwohl sie noch nicht fertig ist, zieht sie jährlich Millionen von Touristen an.

Das Pentagon in Arlington, Virginia, USA, ist das größte Bürogebäude der Welt. Es hat eine Fläche von über 6,5 Millionen Quadratfuß und beherbergt etwa 26.000 Angestellte.

Der Palast der Parlamente in Bukarest, Rumänien, ist das schwerste Gebäude der Welt. Es wiegt schätzungsweise 4.098.500.000 Kilogramm.

Der Willis Tower in Chicago, auch bekannt als Sears Tower, war von 1973 bis 1994 das höchste Gebäude der Welt. Er wurde von dem Architekten Bruce Graham und dem Struktur-Ingenieur Fazlur Rahman Khan der Architekturfirma Skidmore, Owings & Merrill entworfen.

Das CN Tower in Toronto, Kanada, ist das höchste freistehende Bauwerk in der westlichen Hemisphäre. Die Gesamthöhe des Turms beträgt 553,33 Meter.

Das Gebäude "30 St Mary Axe" in London, besser bekannt als "The Gherkin" (Die Gurke), ist wegen seiner einzigartigen Form bekannt. Es hat 41 Stockwerke und wurde von dem Architekten Sir Norman Foster entworfen.

Die Basilika Notre-Dame in Montreal, Kanada, ist bekannt für ihre aufwendig gestaltete Innenausstattung, die komplett in Holz ausgeführt ist. Die Kirche beherbergt auch eine der größten Orgeln der Welt, die von der kanadischen Firma Casavant Frères gebaut wurde.

Der Palast von Versailles in Frankreich ist eines der größten und opulentesten Schlösser der Welt. Er erstreckt sich über eine Fläche von 63.154 Quadratmetern, enthält 2.300 Räume und hat einen 800 Hektar großen Garten.

Die Freiheitsstatue in New York City, obwohl technisch gesehen eine Skulptur und kein Gebäude, beherbergt im Inneren eine Aussichtsplattform und ein Museum. Sie wurde Frankreich zum 100. Geburtstag der amerikanischen Unabhängigkeit geschenkt und steht auf Liberty Island in der New Yorker Bucht.

Das Gebäude "The Shard" in London ist das höchste Gebäude in Westeuropa. Es wurde vom italienischen Architekten Renzo Piano entworfen und 2012 fertiggestellt.

Die vatikanischen Museen in Vatikanstadt beherbergen eine der größten und wichtigsten Kunstsammlungen der Welt. Sie umfassen 54 Galerien und beherbergen alles von ägyptischer Kunst bis zu moderner religiöser Kunst.

Die Sydney Opera House in Australien ist eines der berühmtesten Gebäude der Welt und wurde von dem dänischen Architekten Jørn Utzon entworfen. Seine ikonischen Dachschalen wurden von der Form von Segeln inspiriert.

Die Petronas Towers in Kuala Lumpur, Malaysia, waren von 1998 bis 2004 die höchsten Zwillingstürme der Welt. Sie wurden von dem argentinisch-amerikanischen Architekten César Pelli entworfen.

Das Kapitol in Washington D.C. ist das Zentrum der Legislative der Vereinigten Staaten. Es wurde im Jahr 1800 fertiggestellt, obwohl es seitdem mehrere Male erweitert und renoviert wurde.

Der Leuchtturm von Alexandria, einer der sieben antiken Weltwunder, war der erste Leuchtturm der Welt. Obwohl er im 14. Jahrhundert bei einem Erdbeben zerstört wurde, gelten seine Überreste immer noch als eine architektonische und ingenieurtechnische Meisterleistung.

Die Château Frontenac in Québec, Kanada, ist eines der meistfotografierten Hotels der Welt. Es wurde 1893 erbaut und bietet einen atemberaubenden Blick auf den St. Lorenz-Strom.

Das Kolosseum in Rom ist das größte Amphitheater der Welt und konnte bis zu 80.000 Zuschauer aufnehmen. Es wurde für Gladiatorenkämpfe, öffentliche Spektakel und Theateraufführungen genutzt.

Die Pyramiden von Gizeh in Ägypten sind die letzten der sieben antiken Weltwunder, die noch existieren. Sie wurden als Grabstätten für ägyptische Pharaonen erbaut und sind ein Wahrzeichen für fortgeschrittene antike Technik und Design.

Das One World Trade Center in New York City ist das höchste Gebäude der westlichen Hemisphäre. Es wurde gebaut, um die Zwillingstürme des World Trade Centers zu ersetzen, die bei den Terroranschlägen am 11. September 2001 zerstört wurden.

Die Chinesische Mauer ist das längste Bauwerk der Welt und wurde über einen Zeitraum von etwa 2000 Jahren erbaut. Es diente ursprünglich dazu, das Kaiserreich China vor verschiedenen nomadischen Stämmen aus der mongolischen Steppe zu schützen.

Der Buckingham-Palast ist die offizielle Residenz der britischen Monarchin in London. Ursprünglich als Stadthaus für den Duke of Buckingham im Jahr 1703 erbaut, wurde es 1761 von König George III. gekauft und ist seitdem die Hauptresidenz der britischen Könige und Königinnen.

Das Empire State Building in New York City war von seiner Fertigstellung im Jahr 1931 bis zur Fertigstellung des North Tower des World Trade Center im Jahr 1971 das höchste Gebäude der Welt. Es hat 102 Stockwerke und ist ein Wahrzeichen der Stadt.

Die Basilika Sacré-Cœur in Paris ist bekannt für ihre atemberaubende weiße Fassade, die aus Travertin besteht, einem Stein, der eine chemische Reaktion mit Regenwasser hat, die ihn weiß hält. Die Basilika bietet auch einen der besten Aussichtspunkte über die Stadt Paris.

Das Hotel Marina Bay Sands in Singapur ist bekannt für sein beeindruckendes Dach in Form eines Schiffes, das auf drei Türmen ruht. Es beherbergt das höchstgelegene Infinity-Pool der Welt.

Der Leaning Tower von Pisa in Italien ist berühmt für seinen unbeabsichtigten Neigungswinkel. Er begann während seiner Konstruktion im 12. Jahrhundert zu neigen und hat seitdem viele Rettungs- und Stabilisierungsversuche unternommen.

Die Golden Gate Bridge in San Francisco enthält zahlreiche Strukturen, darunter Türme, Ankerblöcke und das Fort Point Museum. Sie wurde 1937 eröffnet und war bis 1964 die längste Hängebrücke der Welt.

Der Parthenon auf der Akropolis in Athen, Griechenland, ist ein Tempel, der der Göttin Athena gewidmet ist. Es gilt als das feinste Beispiel für griechische Architektur und ist bekannt für seine Verwendung des "Goldenen Schnitts" in seinem Design.

Die große Moschee von Mecca, auch bekannt als die heilige Moschee, ist die größte Moschee der Welt und das wichtigste religiöse Gebäude des Islams. Sie kann bis zu vier Millionen Menschen während der Hadsch-Pilgerfahrt aufnehmen.

Der Berliner Fernsehturm ist mit einer Höhe von 368 Metern das höchste Bauwerk Deutschlands und das vierthöchste frei stehende Bauwerk Europas. In seinem Inneren gibt es eine Aussichtsplattform und ein Drehrestaurant.

Der Hoover-Staudamm in den USA ist ein Betonbogen-Staudamm im Black Canyon des Colorado River an der Grenze zwischen den US-Bundesstaaten Nevada und Arizona. Er wurde während der großen Depression erbaut und stellt eine bedeutende Leistung in den Bereichen Ingenieurwesen und Bau dar.

Das Sydney Opera House in Australien, obwohl es "Opernhaus" genannt wird, beherbergt nicht nur Opern, sondern auch Konzerte, Theater und andere Performances. Sein einzigartiges Design wurde von dem dänischen Architekten Jørn Utzon entworfen und wurde 2007 zum UNESCO-Weltkulturerbe erklärt.

Das Gebäude des Europäischen Parlaments in Brüssel, Belgien, genannt das "Paul-Henri Spaak Gebäude", wurde nach dem belgischen Politiker und einer der Gründerväter der europäischen Integration benannt. Es ist bekannt für seine beeindruckende Glasfront und sein einzigartiges Design.

Die Skyline von Schanghai, China ist bekannt für ihre futuristischen Gebäude, darunter das Schanghai World Financial Center, das mit 492 Metern das zweithöchste Gebäude in China ist. Sein einzigartiges Design beinhaltet ein großes Quadrat auf der Spitze, dass wie ein Flaschenöffner aussieht.

Das Schloss Neuschwanstein in Deutschland, das oft als "Märchenschloss" bezeichnet wird, wurde von König Ludwig II. von Bayern gebaut und war eine Hommage an den Komponisten Richard Wagner. Es ist eines der bekanntesten Touristenziele in Deutschland und inspirierte das Design des Schlosses in Disneyland.

Die Casa Milà, auch bekannt als La Pedrera, ist ein Gebäude in Barcelona, Spanien, das von dem berühmten Architekten Antoni Gaudí entworfen wurde. Es ist bekannt für seine einzigartige felsige Fassade und wurde 1984 zum UNESCO-Weltkulturerbe erklärt.

Das Weiße Haus in Washington D.C., USA, ist die offizielle Residenz und der Arbeitsplatz des Präsidenten der Vereinigten Staaten. Es wurde 1800 fertiggestellt und wurde von jedem US-Präsidenten seit John Adams bewohnt.

Der Louvre in Paris, Frankreich, war ursprünglich eine königliche Festung, bevor er in ein Museum umgewandelt wurde und ist jetzt das größte Kunstmuseum der Welt. Es beherbergt einige der bekanntesten Kunstwerke der Welt, darunter die Mona Lisa und die Venus von Milo.

Das Guggenheim Museum in Bilbao, Spanien, ist bekannt für sein innovatives und wellenförmiges Design, das vom berühmten Architekten Frank Gehry entworfen wurde. Es wurde 1997 eröffnet und beherbergt eine große Sammlung moderner und zeitgenössischer Kunst.

Die Hagia Sophia in Istanbul, Türkei, war ursprünglich eine byzantinische Kathedrale, wurde später in eine Moschee umgewandelt und ist jetzt ein Museum. Es ist bekannt für seine massive Kuppel und gilt als Meisterwerk der byzantinischen Architektur.

Das Flatiron Building in New York City, USA, ist aufgrund seiner ungewöhnlichen dreieckigen Form eines der bekanntesten Gebäude der Stadt. Es wurde 1902 erbaut und war eines der höchsten Gebäude der Stadt zur damaligen Zeit.

Das rote Fort in Delhi, Indien, wurde im 17. Jahrhundert vom Mogul-Kaiser Shah Jahan erbaut. Es diente als Residenz der Kaiser der Mogul-Dynastie für fast 200 Jahre, bis 1857.

Das Atomium in Brüssel, Belgien, wurde für die Weltausstellung 1958 gebaut und stellt ein Eisenkristall vergrößert dar. Es enthält neun verbundene Kugeln und dient als Museum.

Die Pyramiden von Gizeh in Ägypten, die im 26. Jahrhundert v. Chr. erbaut wurden, sind die Einzigen der sieben Weltwunder der Antike, die noch heute existieren. Die größte von ihnen, die große Pyramide, war fast 4.000 Jahre lang das höchste von Menschenhand geschaffene Gebäude der Welt.

Das Kolosseum in Rom, Italien war das größte Amphitheater der Römischen Reich und wurde für Gladiatorenkämpfe und öffentliche Spektakel genutzt. Trotz seiner teilweisen Zerstörung ist es noch heute eines der besten Beispiele für römische Architektur und Ingenieurskunst.

Der Taj Mahal in Agra, Indien, ist ein weißes Marmor-Mausoleum, das vom Mogul-Kaiser Shah Jahan zum Gedenken an seine verstorbene Frau Mumtaz Mahal erbaut wurde. Es ist eines der bekanntesten Gebäude in Indien und wurde zum UNESCO-Weltkulturerbe erklärt.

Die Basilika von Frau von Guadalupe in Mexiko-Stadt ist eine der meistbesuchten katholischen Wallfahrtsstätten der Welt. Jedes Jahr kommen Millionen von Pilgern, um die berühmte Ikone der Jungfrau von Guadalupe zu sehen.

Das Pantheon in Rom, Italien, wurde im 2. Jahrhundert n. Chr. erbaut und ist eines der am besten erhaltenen Gebäude des alten Roms. Es ist bekannt für seine große Kuppel mit einer zentralen Öffnung der sogenannten "Oculus".

Die Villa Savoye in Poissy, Frankreich, wurde vom schweizerischen Architekten Le Corbusier entworfen und gilt als eines der Meisterwerke der modernen Architektur. Es wurde 1931 fertiggestellt und diente als Wochenendhaus für die Savoye-Familie.

Die Moschee-Catedral de Córdoba, auch bekannt als die große Moschee von Córdoba, in Spanien, ist ein beeindruckendes Beispiel für die mozarabische Architektur. Ursprünglich im 8. Jahrhundert als Moschee erbaut, wurde sie im 13. Jahrhundert in eine christliche Kathedrale umgewandelt.

Die Kristallkathedrale in Garden Grove, Kalifornien, USA, ist eine der größten Glasgebäude der Welt. Es wurde vom Architekten Philip Johnson entworfen und 1980 fertiggestellt und dient als Zentrum für den Fernsehgottesdienst "Hour of Power".

Die Villa d'Este in Tivoli, Italien ist bekannt für ihre prächtigen Gärten und Fontänen. Es wurde im 16. Jahrhundert erbaut und diente als Sommerresidenz für Kardinal Ippolito II. d'Este.

Das Space Needle in Seattle, USA, ist ein Aussichtsturm und Wahrzeichen der Stadt. Es wurde für die Weltausstellung 1962 erbaut und bietet einen 360-Grad-Blick auf die Stadt und die umliegenden Gebiete.

Die Basilika Notre-Dame de la Garde in Marseille, Frankreich, ist eine bedeutende lokale Sehenswürdigkeit und Wallfahrtsstätte. Es befindet sich auf dem höchsten natürlichen Punkt in Marseille und bietet einen Panoramablick auf die Stadt.

Der Mailänder Dom in Italien ist die fünftgrößte christliche Kirche der Welt und hat mehr Statuen als jede andere Kirche. Es sind 3.400 Statuen, 135 Gargoyles und 700 Figuren, die in den zahlreichen Reliefs eingearbeitet sind.

Die Sankt Petersburg Eremitage in Russland ist eines der größten und ältesten Kunstmuseen der Welt. Sie besteht aus mehreren Gebäuden, darunter der Winterpalast, die ehemalige Residenz der russischen Kaiser.

Die Grote Kerk in Den Haag, Niederlande hat den höchsten Kirchturm in den Niederlanden. Die Kirche ist ein wichtiger Bestandteil der Stadt und wird häufig für königliche Hochzeiten und Taufen genutzt.

Das Burj Al Arab in Dubai, Vereinigte Arabische Emirate, wird oft als das luxuriöseste Hotel der Welt bezeichnet. Das Hotel ist auf einer künstlichen Insel gelegen und wird durch eine private Brücke mit dem Festland verbunden.

Die Casa Batlló in Barcelona, Spanien, wurde vom berühmten Architekten Antoni Gaudí entworfen und gilt als eines seiner Meisterwerke. Das Gebäude ist bekannt für seine einzigartige und farbenfrohe Fassade.

Der Olympiaturm in München, Deutschland, wurde für die Olympischen Sommerspiele 1972 gebaut. Mit 291 Metern Höhe ist er der höchste Turm in München und bietet einen atemberaubenden Blick auf die Stadt.

Die Las Lajas Kathedrale in Kolumbien ist eine Kirche, die in eine Schlucht gebaut wurde. Die Brücke, die zur Kathedrale führt, ist 50 Meter hoch und erstreckt sich über den Fluss Guáitara.

Das Taipei 101 in Taiwan war von 2004 bis 2010 das höchste Gebäude der Welt. Das Gebäude wurde nach dem traditionellen chinesischen Konzept des Feng-Shui gestaltet.

Die Casa da Música in Porto, Portugal ist ein Konzerthaus, das vom niederländischen Architekten Rem Koolhaas entworfen wurde. Das Gebäude ist für seine einzigartige und futuristische Architektur bekannt.

Der Tokyo Skytree in Japan ist der zweithöchste Turm der Welt. Der Turm ist ein Fernseh- und Radio-Sendeturm und verfügt auch über eine Aussichtsplattform und ein Einkaufszentrum.

Der Sears Tower (jetzt Willis Tower) in Chicago, USA, war von 1973 bis 1998 das höchste Gebäude der Welt. Der Skydeck, eine Aussichtsplattform im 103. Stock, bietet einen atemberaubenden Blick auf die Stadt.

Die Christusstatue in Rio de Janeiro, Brasilien, ist eine der größten Statuen von Jesus Christus. Sie steht auf dem Corcovado-Berg und ist eines der bekanntesten Wahrzeichen Brasiliens.

Die Basilika Notre-Dame de la Paix in Yamoussoukro, Elfenbeinküste, ist die größte Kirche der Welt. Sie wurde von dem ivorischen Präsidenten Félix Houphouët-Boigny in Auftrag gegeben.

Das Pantheon in Rom, Italien ist das am besten erhaltene antike Gebäude in Rom. Es wurde ursprünglich als Tempel für alle Götter erbaut.

Der Tower of London in England ist ein historisches Schloss an der Nordbank der Themse in Zentral-London. Er hat eine Geschichte, die mehr als tausend Jahre zurückreicht und war einst ein königlicher Palast, eine Münzstätte, ein Gefängnis und ein Zoo.

Das Schloss Schönbrunn in Wien, Österreich war die Sommerresidenz der österreichischen Habsburger. Es ist bekannt für seine prächtige Architektur und seine wunderschönen Gärten.

Der Eiffelturm in Paris, obwohl technisch gesehen ein Turm und kein Gebäude, enthält Restaurants und Aussichtsplattformen und ist eine der bekanntesten Strukturen der Welt. Er wurde ursprünglich als temporäres Bauwerk für die Weltausstellung von 1889 gebaut.

Meerestiere

Die Qualle Turritopsis nutricula kann theoretisch unsterblich sein. Sie hat die Fähigkeit, ihre Zellen zurückzusetzen und von Neuem zu beginnen.

Seepferdchen sind die einzigen Tiere, bei denen die Männchen die Eier austragen und gebären. Sie können bis zu 2.000 Eier in ihrer "Tasche" tragen.

Der Grönlandhai kann über 500 Jahre alt werden. Er ist damit das langlebigste bekannte Wirbeltier.

Der elektrische Aal erzeugt Stromstöße von bis zu 600 Volt zur Verteidigung und zum Fang seiner Beute. Trotz seines Namens ist er eigentlich kein Aal, sondern gehört zur Familie der Messerfische.

Die Krake hat drei Herzen. Zwei pumpen Blut zu den Kiemen, während das dritte das Blut zum Rest des Körpers pumpt.

Seeigel haben keine Gehirne. Sie haben stattdessen ein Nervennetz, das ihre Körperfunktionen steuert.

Der große weiße Hai ist der größte Raubtierfisch der Welt. Er kann bis zu 6 Meter lang werden und über 2 Tonnen wiegen.

Die giftige Substanz Tetrodotoxin, die im Kugelfisch gefunden wird, ist etwa 1.200 Mal giftiger als Cyanid. Es gibt kein bekanntes Gegenmittel.

Schwämme sind die einfachsten mehrzelligen Tiere auf der Erde. Sie haben kein Gehirn, kein Herz und kein Nervensystem.

Der Schwertfisch ist einer der schnellsten Fische und kann Geschwindigkeiten von bis zu 65 km/h erreichen. Seine lange, spitze Schnauze wird zum Stich und zur Verletzung der Beute verwendet.

Die Lederschildkröte ist die größte aller lebenden Schildkröten. Sie kann bis zu 2 Meter lang werden und über 700 kg wiegen.

Der Barrakuda kann bis zu 2,5 Meter lang werden. Sie sind bekannt für ihre beeindruckende Geschwindigkeit und ihre starken Kiefer mit messerscharfen Zähnen.

Die Alge "Posidonia oceanica" kann bis zu 100.000 Jahre alt werden und ist damit das älteste bekannte Lebewesen der Welt. Sie bildet unter Wasser riesige Wiesen, die als wichtiger Lebensraum für viele Arten dienen.

Thunfische können bis zu 80 km/h schnell schwimmen. Sie sind außerdem in der Lage, ihre Körpertemperatur zu regulieren, eine Eigenschaft, die bei Fischen selten ist.

Pottwale sind die tiefsten tauchenden Säugetiere und können bis zu 3 km tief tauchen. Sie können dabei bis zu 90 Minuten lang den Atem anhalten.

Anemonenfische, auch bekannt als Clownfische, haben eine symbiotische Beziehung mit Seeanemonen. Sie sind gegen das Gift der Anemone immun und verwenden sie als Schutz vor Raubtieren.

Der Koloss-Kalmar ist das größte wirbellose Tier der Erde. Obwohl er schwer zu erforschen ist, wird geschätzt, dass er bis zu 14 Meter lang werden kann.

Der atlantische Lachs ist bekannt dafür, dass er stromaufwärts schwimmt, um zu laichen. Diese Fische können dabei Sprünge von bis zu 3 Metern aus dem Wasser machen.

Quallen sind einige der ältesten Meeresbewohner der Erde und existieren seit mehr als 500 Millionen Jahren. Sie bestehen zu 95% aus Wasser.

Der Aal kann sowohl im Süß- als auch im Salzwasser leben. Er wandert zum Laichen ins Meer, wo er stirbt, und seine Jungen reisen dann zurück ins Süßwasser.

Krokodilfische können bis zu 5 Meter lang werden. Sie sind nachtaktiv und verbringen den Tag, eingegraben im Sand oder im Schlamm verborgen.

Die Fliegenden Fische können sich mit ihren flügelähnlichen Flossen bis zu 400 Meter weit und bis zu 60 Sekunden lang über das Wasser "fliegen". Dieses Verhalten ist eine Anpassung, um Raubtieren zu entkommen.

Das kleinste Meerestier ist das Plankton. Trotz ihrer Größe spielen sie eine entscheidende Rolle im marinen Ökosystem und sind eine wichtige Nahrungsquelle für viele größere Tiere.

Es gibt über 1.500 Arten von Seesterne weltweit. Trotz ihres Namens sind sie keine Fische, sondern gehören zu den Stachelhäutern.

Krabben können ihre Scheren verlieren und diese regenerieren. Dieser Prozess kann mehrere Monate dauern.

Das Gehäuse eines Nautilus besteht aus vielen einzelnen Kammern. Sie verwenden diese Kammern, um ihren Auftrieb zu kontrollieren und zu tauchen oder an die Oberfläche zu steigen.

Seeschlangen können bis zu 8 Stunden lang den Atem anhalten. Sie absorbieren zusätzlich Sauerstoff durch ihre Haut.

Muränen haben zwei Sätze von Kiefern. Der zweite Satz befindet sich in ihrer Kehle und hilft ihnen, Beute zu fangen und zu halten.

Kaisergranat, auch bekannt als norwegischer Hummer, kann bis zu 60 Jahre alt werden. Sie sind bekannt für ihre leuchtend rote oder orangefarbene Schale.

Die Peitschenkoralle ist eigentlich ein Tier, nicht eine Pflanze. Sie lebt in tiefem Wasser und kann bis zu 6 Meter lang werden.

Seepocken sind sesshafte Meerestiere, die ihr gesamtes Leben an einem Ort verbringen. Sie verwenden ihre gefiederten Beine, um Plankton und Detritus aus dem Wasser zu filtern.

Seeigel sind nahe Verwandte von Seesternen und gehören zur Klasse der Stachelhäuter. Ihre "Stacheln" sind eigentlich verlängerte Knochenplatten, die aus ihrem Skelett herausragen.

Meeresschnecken sind eine vielfältige Gruppe von Mollusken, die in den Ozeanen auf der ganzen Welt zu finden sind. Einige Arten produzieren starke Gifte und können für den Menschen gefährlich sein.

Schwertwale, auch bekannt als Orcas, sind eigentlich Delfine. Sie sind die größte Delfinart und bekannt für ihre Intelligenz und ihr soziales Verhalten.

Die weiße Haifischflosse, die aus dem Wasser ragt, ist ein bekanntes Bild. Allerdings machen Haie dies normalerweise nicht und schwimmen lieber unter der Wasseroberfläche.

Riesenmuscheln sind die größten lebenden Muscheln der Welt. Sie können über 1,3 Meter lang werden und mehr als 200 kg wiegen.

Seegurken spielen eine wichtige Rolle in ihrem Ökosystem. Sie essen Detritus und organischen Abfall und helfen dabei, den Meeresboden sauber zu halten.

Muscheln haben eine einzigartige Art der Fortbewegung. Sie nutzen einen muskulösen "Fuß", um sich durch das Substrat zu graben und sich fortzubewegen.

Korallenriffe sind einige der vielfältigsten Ökosysteme der Welt. Sie sind Heimat für etwa 25% aller bekannten Meeresarten.

Kofferfische haben einen einzigartigen, kastenförmigen Körper. Wenn sie bedroht sind, können sie ein Gift absondern, das andere Fische tötet.

Seewölfe sind tatsächlich eine Art von Seebarsch. Sie sind bekannt für ihre Aggressivität und ihre Fähigkeit, fast alles zu essen.

Meeresschildkröten können mehrere Tausend Kilometer wandern, um zu ihren Brutstätten zurückzukehren. Sie verwenden das Erdmagnetfeld, um ihren Weg zu finden.

Viele Tiefseefische haben Biolumineszenz, die Fähigkeit, Licht zu erzeugen. Sie verwenden dieses Licht, um Beute anzulocken, Raubtiere abzuschrecken oder Partner zu finden.

Blaupunktrochen sind kleine Rochen, die für ihre hellblauen Punkte bekannt sind. Sie sind zwar nicht aggressiv, können aber ein schmerzhaftes Gift abgeben, wenn sie bedroht oder gestört werden.

Der Rotfeuerfisch ist für seine auffälligen roten und weißen Streifen bekannt. Seine Flossenstrahlen enthalten ein starkes Gift, das ihn vor Raubtieren schützt.

Der Lungenfisch ist einer der wenigen Fische, die Luft atmen können. Er kann in Gewässern leben, die fast vollständig ausgetrocknet sind, indem er sich im Schlamm vergräbt und eine Art Kokon bildet.

Der Hammerhai hat eine ungewöhnliche Kopfform, die ihm hilft, Beute zu lokalisieren. Seine Augen sind an den Enden des "Hammers" positioniert, was ihm ein breiteres Sichtfeld gibt.

Der Riesenhai ist der zweitgrößte lebende Fisch nach dem Walhai. Trotz seiner Größe ernährt er sich hauptsächlich von Plankton.

Die Meeresschnecke "Conus geographus" produziert ein Gift, das stark genug ist, um einen Menschen zu töten. Es gibt kein bekanntes Gegengift.

Der pazifische Rotlachs ist bekannt für seine beeindruckende Wanderung stromaufwärts, um zu laichen. Nach dem Laichen sterben die Fische.

Der Stichrochen ist bekannt für seinen langen, stacheligen Schwanz. Der Stachel enthält ein Gift, das sehr schmerzhaft sein kann, aber selten tödlich ist.

Die Leuchtqualle kann Licht in verschiedenen Farben erzeugen. Sie nutzt diese Fähigkeit, um Raubtiere abzuschrecken und Beute anzulocken.

Der gepunktete Adlerschnabel ist eine seltene und wenig erforschte Art von Tiefseefisch. Sein markantes Merkmal ist sein langer, spitzen Schnabel.

Die Königskrabbe ist die größte Krabbenart. Sie kann eine Spannweite von bis zu 1,8 Metern erreichen und bis zu 14 kg wiegen.

Der Dornhai ist einer der wenigen Haie, die Eier legen. Die Eier werden als "Meeresteufel" bezeichnet und haben eine charakteristische spiralförmige Form.

Riesenmuscheln können bis zu 100 Jahre alt werden. Sie sind Symbionten mit Algen, die in ihrem Gewebe leben und ihnen Nährstoffe liefern.

Die Riesenkrake ist der größte Oktopus der Welt. Er kann eine Spannweite von bis zu 9 Metern erreichen und bis zu 50 kg wiegen.

Das Mimic Octopus kann das Aussehen und Verhalten von mindestens 15 verschiedenen Meerestieren imitieren. Es ist das einzige bekannte Tier, das diese Fähigkeit besitzt.

Der Seeteufel ist bekannt für sein bizarres Aussehen und seine Fähigkeit, Beute mit einem "Köder" anzulocken. Der "Köder" ist ein verlängerter Strahl der Rückenflosse, der über dem Maul hängt.

Der Meereswurm Eunice aphroditois, auch bekannt als Bobbit-Wurm, ist ein gefürchteter Räuber. Er kann bis zu 3 Meter lang werden und verwendet seine starken Kiefer, um Beute zu packen und unter den Sand zu ziehen.

Die Mantarochen sind die größten Rochen der Welt und können eine Flügelspannweite von bis zu 9 Metern erreichen. Sie ernähren sich hauptsächlich von Plankton, das sie mit ihrem breiten Maul aus dem Wasser filtern.

Der Steinbeißer ist ein faszinierender Bodenfisch, der bekannt ist für sein ungewöhnliches Maul und seine Fähigkeit, sich perfekt in den Ozeanboden zu tarnen. Er öffnet sein großes Maul, um Beute einzusaugen.

Hummer können bis zu 100 Jahre alt werden. Sie wachsen ihr ganzes Leben lang und es gibt keine bekannte maximale Größe, die sie erreichen können.

Der Dornenkronenseestern ist einer der größten Seesterne und kann einen Durchmesser von bis zu 1 Meter erreichen. Er ernährt sich von Korallen und kann in großen Populationen erheblichen Schaden an Korallenriffen anrichten.

Die Nacktkiemer sind eine Gruppe von Meerschnecken, die sich durch ihr farbenfrohes und oft auffälliges Aussehen auszeichnen. Sie sind eine wichtige Gruppe für die wissenschaftliche Forschung, insbesondere in den Bereichen Evolution und Ökologie.

Der Leuchttintenfisch besitzt biolumineszente Organe, die ihm helfen, Beute anzulocken. Er kann Lichtblitze erzeugen, die Beute verblüffen und einfangen.

Die pelagische Seegurke ist eine der wenigen Seegurkenarten, die frei im Wasser schweben kann. Sie hat einen durchscheinenden Körper, durch den ihre inneren Organe sichtbar sind.

Die nördliche Seekröte ist ein Bodenfisch, der bekannt ist für seine Tarnfähigkeit und seine ungewöhnliche Fortpflanzungsmethode. Das Weibchen legt Eier auf den Meeresboden, die das Männchen dann befruchtet und bewacht.

Die Kompassqualle ist nach dem markanten Muster auf ihrem Glockenhut benannt, dass an einen Kompass erinnert. Sie hat 24 Augen, mit denen sie die Richtung des Lichts und die Orientierung ihres Körpers erkennen kann.

Seesterne haben die Fähigkeit, verlorene Arme zu regenerieren. In einigen Fällen kann ein neuer Seestern aus einem einzelnen verlorenen Arm wachsen, wenn er genug des zentralen Körperabschnitts enthält.

Die Sägefische sind bekannt für ihre lange, sägeartige Schnauzen. Diese Schnauze ist mit Elektrorezeptoren ausgekleidet, die ihnen helfen, Beute im Sand zu lokalisieren.

Der atlantische Wolfsfisch hat starke Kiefer und scharfe Zähne, die er benutzt, um harte Beute wie Seeigel und Krebstiere zu fressen. Trotz seines furchterregenden Aussehens ist er für den Menschen harmlos und wird sogar kommerziell gefischt.

Seeigel haben eine Vielzahl von Farben, darunter rot, lila, grün und blau. Sie bewegen sich mithilfe von kleinen, rohrförmigen Füßen, die durch einen Wasserdruck-Mechanismus gesteuert werden.

Der Tiefseeanglerfisch benutzt einen leuchtenden "Köder", um Beute in die Dunkelheit der Tiefsee zu locken. Der Köder ist eigentlich ein Stück modifizierter Rückenflosse.

Seeschlangen sind in der Regel giftiger als Land schlangen, aber sie sind weniger aggressiv und beißen nur, wenn sie sich bedroht fühlen. Sie können durch ihre Haut atmen und müssen daher nur selten zum Atmen an die Oberfläche kommen.

Der Langusten Krebs hat eine ausgezeichnete Farbwahrnehmung und kann sogar ultraviolettes Licht sehen. Sie haben eine der komplexesten Augenstrukturen im Tierreich.

Die Sepia, auch bekannt als Tintenfisch, ist bekannt für ihre Fähigkeit, Tinte zu sprühen, um Raubtiere abzulenken. Sie können auch die Farbe und Textur ihrer Haut verändern, um sich zu tarnen oder um andere Sepien zu kommunizieren.

Der Tiefseehundshai hat einen leuchtenden Bauch, den er verwendet, um Beute von unten anzulocken. Seine Zähne sind klein und scharf und perfekt dazu geeignet, weiche Beute zu fressen.

Der echte Bonito ist ein schneller Schwimmer und kann Geschwindigkeiten von bis zu 75 km/h erreichen. Er ist ein pelagischer Fisch und ernährt sich von kleinen Fischen und Tintenfischen.

Die Riesenqualle Nemopilema nomurai ist eine der größten Quallen Arten. Sie kann einen Durchmesser von bis zu 2 Metern erreichen und ihre Tentakeln können bis zu 5 Meter lang werden.

Der Seeteufel hat eine ungewöhnliche Fortpflanzungsmethode, bei der das kleinere Männchen sich an das größere Weibchen klammert und mit ihm verschmilzt. Im Laufe der Zeit wird das Männchen zu nichts mehr als einem Samenspender.

Der Pfeilschwanzkrebs ist eigentlich kein Krebs, sondern gehört zur Gruppe der Spinnentiere. Sie haben blaues Blut, das eine Substanz namens Hämocyanin enthält, die Sauerstoff trägt.

Quallen haben kein Gehirn, kein Herz und keine Knochen. Sie bestehen zu 95% aus Wasser.

Der Löffelstör hat einen langen, flachen Rüssel, der ihm hilft, Nahrung im Sand zu finden. Er ist ein urtümliches Tier und hat sich seit Millionen von Jahren kaum verändert.

Die Gorgonien, auch bekannt als Seefächer, sind Kolonien von Polypen, die harte baumartige Strukturen bilden. Sie filtern Plankton und andere kleine Partikel aus dem Wasser für ihre Nahrung.

Meeresschwämme haben keine Nerven, Muskeln oder Organe und ihr Körper besteht aus einer Masse von spezialisierten Zellen. Sie filtern das Wasser um sie herum, um Nahrung und Sauerstoff zu erhalten.

Die Knochenfische, zu denen die meisten Fischarten gehören, haben Schwimmblasen, die es ihnen ermöglichen, im Wasser aufzusteigen oder abzusinken, ohne schwimmen zu müssen. Sie regulieren den Druck in dieser Blase, um ihren Auftrieb zu steuern.

Krabben kommunizieren miteinander durch Trommeln oder Winken mit ihren Scheren. Sie können auch Geschlecht, Alter und Art von Artgenossen erkennen.

Das Peitschenschwanz-Kalmar kann bei Gefahr einen seiner Arme abwerfen, ähnlich wie eine Eidechse seinen Schwanz abwirft. Der abgeworfene Arm zuckt und bewegt sich weiter, um Raubtiere abzulenken, während der Kalmar entkommt.

Der Steinfisch ist einer der giftigsten Fische der Welt. Sein Gift ist stark genug, um einen Menschen zu töten und er ist in der Lage, sich perfekt mit dem Meeresboden zu tarnen.

Der glatte Hammerhai hat die breitesten "Hammer" unter allen Hammerhaien. Die Hammerform des Kopfes verbessert die Manövrierfähigkeit des Hais und erhöht das elektrische Feld, das er für die Ortung von Beute verwendet.

Kraken haben eine unglaubliche Intelligenz und können Probleme lösen, Werkzeuge verwenden und sogar aus verschlossenen Gläsern entkommen. Sie haben auch die Fähigkeit, ihre Farbe und Form zu verändern, um sich perfekt in ihre Umgebung einzufügen.

Der Riesenkalmar kann eine Länge von bis zu 18 Metern erreichen und ist einer der größten bekannten Weichtiere. Trotz seiner enormen Größe bleibt viel über dieses tiefe Meerestier unbekannt.

Der Pfeilschwanzkrebs hat ein blutgerinnungshemmendes Mittel in seinem Blut, das in der medizinischen Forschung verwendet wird. Es ist eines der ältesten Tiere auf der Erde und hat sich seit 450 Millionen Jahren kaum verändert.

Die pazifische Blaupunktkrabbe ist bekannt für ihre leuchtend blauen Flecken. Diese Flecken dienen als Warnsignal für Raubtiere, dass die Krabbe giftig ist.

Die Mantisgarnele hat eine der schnellsten und stärksten Schläge im Tierreich. Ihre Schlaggeschwindigkeit kann dazu führen, dass das Wasser um sie herum kocht und sie kann sogar Glas zerbrechen.

Der Seeteufel ist ein bodenbewohnender Fisch, der sein Maul und seinen Magen erheblich ausdehnen kann, um Beute zu schlucken, die größer ist als er selbst. Er hat eine modifizierte Flosse auf seinem Kopf, die als "Angel" dient, um Beute anzulocken.

Der Fetzenfisch ist bekannt für seine ungewöhnliche Fortpflanzungsmethode, bei der das Männchen auf das Weibchen parasitiert. Sobald das Männchen sich an das Weibchen angeheftet hat, verschmelzen ihre Gewebe und Blutkreisläufe und das Männchen wird zu einem permanenten Fortpflanzungsorgan.

Die Riesen-Seespinnenkrabbe ist das größte lebende Arthropod und kann eine Spannweite von bis zu 3,8 Metern erreichen. Trotz ihrer beeindruckenden Größe sind sie bekannt dafür, sanft und relativ harmlos zu sein.

Die Seegurke hat ein einzigartigen Verteidigungsmechanismus, bei dem sie ihre inneren Organe ausstößt, um Raubtiere abzuschrecken. Nachdem sie ihre Organe ausgestoßen hat, kann sie sie nachwachsen lassen.

Das Gehirn eines Tintenfisches ist in Form eines Donuts, wobei seine Speiseröhre durch das Loch läuft. Wenn ein Tintenfisch zu große Beute schluckt, kann es sein Gehirn verletzen.

Die Fächerkoralle ist eigentlich eine Kolonie von winzigen Tieren, die als Polypen bekannt sind. Sie filtern Nährstoffe aus dem Wasser und bauen eine harte baumartige Struktur auf, die zur Unterstützung dient.

Die Lungenbrötchen -Schnecke kann sowohl auf dem Land als auch im Wasser leben. Sie atmet mithilfe einer Lunge, wenn sie an Land ist, und mit Kiemen, wenn sie im Wasser ist.

Tintenfische haben die Fähigkeit, Farbe und sogar Textur ihrer Haut zu verändern. Sie nutzen diese Fähigkeiten, um sich vor Raubtieren zu verstecken oder um miteinander zu kommunizieren.

Der Blobfisch wurde zum "hässlichsten Tier der Welt" gewählt. Er lebt in tiefen Gewässern und sein Körper ist weniger dicht als Wasser, sodass er auf dem Meeresboden schweben kann, ohne Energie zu verbrauchen.

Die große Riesenmuschel ist das größte lebende Bivalven-Mollusce. Sie kann bis zu 1,2 Meter breit werden und über 200 Kilogramm wiegen.

Die Knochen eines Hais bestehen aus Knorpel und nicht aus hartem Knochen. Dies macht ihre Körper leichter und flexibler.

Kegelschnecken sind kleine Meeresgastropoden, die ein starkes Gift produzieren. Dieses Gift kann stark genug sein, um einen Menschen zu töten.

Der weiße Hai ist der größte Raubtierfisch und ist bekannt für seine Größe und Stärke. Er kann Geschwindigkeiten von bis zu 60 km/h erreichen.

Seeigel haben fünf Zähne, die sie ständig nachwachsen lassen. Diese Zähne sind so stark, dass sie sogar Stein durchbohren können.

Der gelbe Schwamm ist das älteste bekannte Tier und es gibt Beweise, dass er seit über 600 Millionen Jahren existiert. Er lebt auf dem Meeresboden und filtert das Wasser, um Nahrung zu sammeln.

Der Schleimaal ist bekannt für die große Menge an Schleim, den er produziert. Wenn er bedroht wird, kann er genug Schleim produzieren, um einen Eimer zu füllen.

Die Orang-Utan-Krabbe ist nach ihrem haarigen Körper und ihren langen Armen benannt. Sie sind sehr klein und messen nur etwa 2 cm im Durchmesser.

Der weiße Hai hat einen sehr ausgeprägten Geruchssinn und kann einen einzigen Tropfen Blut in einem olympischen Schwimmbad erkennen. Sie können auch das schwache elektrische Feld erkennen, das von der Muskelbewegung ihrer Beute erzeugt wird.

Der Tiefseekrebs Kiwa tyleri, auch bekannt als Yeti-Krebs, hat haarige Klauen, die Bakterien beherbergen. Diese Bakterien dienen als Nahrung für den Krebs.

Der Riesenkalmar hat das größte Auge im Tierreich. Jedes Auge kann bis zu 27 cm im Durchmesser messen.

Der gelbe Schwefelschwamm kann über 2 Meter hoch werden und hat ein komplexes, honigwabenartiges Skelett. Es ist auch in der Lage, sich selbst zu regenerieren und kann bis zu 300 Jahre alt werden.

Der Weißspitzen-Riffhai ist bekannt dafür, dass er das Riff gründlich nach Beute absucht. Er ist in der Lage, in sehr kleinen Spalten und Höhlen nach Beute zu suchen, wo andere Haie nicht hinkommen können.

Der Mondfisch ist der schwerste bekannte Knochenfisch und kann bis zu 2.300 kg wiegen. Er ernährt sich hauptsächlich von Quallen und hat wenige natürliche Feinde.

Mode

Der Mini-Rock wurde in den 1960er-Jahren von der britischen Designerin Mary Quant eingeführt. Es war eine radikale Abkehr von den langen Röcken der 1950er-Jahre und wurde zum Symbol der Frauenbefreiung.

Das T-Shirt wurde ursprünglich als Unterwäsche in der US-Navy eingeführt. Es hat sich seitdem zu einem Grundpfeiler der modernen Garderobe entwickelt.

Coco Chanel hat das "Kleine Schwarze" eingeführt. Es wurde in den 1920er-Jahren populär und bleibt bis heute ein Modeklassiker.

Die erste Modenschau wurde im späten 19. Jahrhundert in Paris abgehalten. Sie war eine Möglichkeit für Designer, ihre neuesten Designs zu präsentieren.

Der BH wurde im frühen 20. Jahrhundert eingeführt und ersetzte das Korsett. Es wurde von der Frauenbewegung als Befreiung von der Beschränkung des Korsetts begrüßt.

Die Stiletto-Heels wurden in den 1950er-Jahren populär. Sie wurden nach dem dünnen, spitzen Dolch benannt, der als "Stiletto" bekannt ist.

Die Bomberjacke stammt aus dem Militär und wurde ursprünglich für Piloten entwickelt. Sie wurde in den 1980er-Jahren zu einem Modeartikel und bleibt bis heute populär.

Der Reißverschluss wurde 1893 patentiert, kam aber erst in den 1930er-Jahren in der Mode zur Anwendung. Vor dem Reißverschluss waren Knöpfe die übliche Methode, um Kleidung zu schließen.

Die Fliege hat ihren Ursprung in Kroatien. Kroatische Soldaten trugen sie im 17. Jahrhundert als Teil ihrer Uniformen.

Der Begriff "Jeans" kommt vom französischen Wort für Genua, Italien - "Gênes". In dieser Stadt wurde ein ähnlicher robuster Baumwollstoff hergestellt.

Die ersten Modemagazine erschienen im späten 18. Jahrhundert. Sie wurden zunächst von Männern herausgegeben, bis Frauen begannen, ihre eigenen zu veröffentlichen.

Pelzmäntel wurden bereits in der Antike getragen. Sie waren ein Statussymbol und wurden aus einer Vielzahl von Tierfellen hergestellt.

Der Begriff "Haute Couture" bezeichnet exklusive maßgeschneiderte Kleidung. Es ist ein geschützter Begriff in Frankreich und kann nur von Designern verwendet werden, die bestimmte Standards erfüllen.

Die "New Look"-Silhouette, gekennzeichnet durch eine betonte Taille und einen vollen Rock, wurde in den 1940er-Jahren von Christian Dior eingeführt. Sie wurde nach dem Zweiten Weltkrieg populär, als Frauen nach einer Rückkehr zur Weiblichkeit in der Mode suchten.

Der Ausdruck "Business Casual" wurde in den 1970er-Jahren eingeführt. Er bezeichnet einen weniger formellen Dresscode, der in vielen Büros und bei beruflichen Veranstaltungen akzeptiert wird.

Die Ascot-Krawatte stammt aus dem 19. Jahrhundert und wurde nach dem britischen Pferderennen Royal Ascot benannt. Sie wird traditionell mit einem Morgenanzug getragen.

Die ersten Designer-Sonnenbrillen wurden in den 1930er-Jahren von Ray-Ban eingeführt. Sie wurden ursprünglich für Piloten entwickelt, um ihre Augen vor der Sonne zu schützen.

Die "Peacock Revolution" in den 1960er-Jahren brachte farbenfrohe und extravagante Mode für Männer. Es war eine Abkehr von der konservativen Kleidung, die Männer traditionell trugen.

"Vogue" ist die meistverkaufte Modezeitschrift der Welt. Sie wurde erstmals 1892 in den USA veröffentlicht.

Das Stirnband wurde in den 1960er-Jahren populär und wurde von Frauen und Männern gleichermaßen getragen. Es war ein Symbol für die Hippie-Bewegung und die 1960er-Jahre im Allgemeinen.

Pailletten wurden ursprünglich aus kleinen Metallscheiben hergestellt. Heute sind sie oft aus Kunststoff und werden auf Kleidung und Accessoires für zusätzlichen Glanz aufgenäht.

Der Begriff "Vintage" in der Mode bezieht sich auf Kleidung aus einer früheren Ära. Es ist ein beliebter Trend, Vintage-Kleidung zu tragen oder alte Styles in neue Designs zu integrieren.

Die ersten Sport-BHs wurden in den 1970er-Jahren entwickelt. Sie wurden entwickelt, um Frauen mehr Komfort und Unterstützung beim Sport zu bieten.

Der Fedora-Hut wurde nach dem Theaterstück "Fédora" von Victorien Sardou benannt. Es wurde in den 1880er-Jahren populär und ist bis heute ein klassischer Hutstil.

Der Ausdruck "Fashion Forward" bezeichnet jemanden, der die neuesten Modetrends trägt oder setzt. Es ist oft ein Kompliment für jemanden, der einen einzigartigen und modernen Modegeschmack hat.

Die erste Designer-Handtasche wurde in den 1800er-Jahren von Louis Vuitton eingeführt. Sie wurde "Speedy" genannt und ist bis heute ein beliebtes Modell.

Der Strohhut, bekannt als "Boater", wurde in den 1860er-Jahren populär. Er wurde ursprünglich von Männern im Sommer getragen und war ein Zeichen des sozialen Status.

Der Blazer wurde ursprünglich als Teil der Uniform für das Ruder-Team der Universität Cambridge eingeführt. Er wurde später zu einem Standardteil der Garderobe für Männer und Frauen.

Der Begriff "Boutique" kommt vom griechischen Wort "Apotheke" was "Laden" bedeutet. Es bezieht sich auf einen kleineren Laden, der oft Designer- oder Luxusartikel verkauft.

Der Choker, ein eng anliegender Halsreif, wurde im späten 19. Jahrhundert populär. Er hat eine lange Geschichte und wurde in vielen verschiedenen Kulturen und Zeiträumen getragen.

Die "Power Dressing"-Bewegung in den 1980er-Jahren förderte die Idee, dass Frauen durch das Tragen bestimmter Kleidung im Berufsleben erfolgreich sein können. Es umfasste oft Schulterpolster und hohe Absätze.

Das "Flapper"-Kleid der 1920er-Jahre war eine Abkehr von den eng anliegenden, korsettierten Silhouetten der viktorianischen Ära. Es war oft kurz, locker und mit Fransen oder Perlen verziert.

Die "Hippie"-Bewegung der 1960er-Jahre hatte einen großen Einfluss auf die Mode. Sie förderte lockere, bequeme Kleidung, natürliche Materialien, bunte Drucke und ethnische Einflüsse.

Die ersten Badeanzüge wurden im 19. Jahrhundert eingeführt und waren oft vollständig bedeckend und aus Wolle. Sie entwickelten sich allmählich zu den leichteren, freizügigeren Designs, die wir heute kennen.

Die ersten Laufstegmodelle waren tatsächlich Mannequins. Sie wurden in den 1800er-Jahren in Paris von Charles Frederick Worth, dem "Vater der Haute Couture", verwendet.

Der erste modische "Zoo-Anzug" mit breiten Schultern und schmaler Taille wurde in den 1940er-Jahren populär. Er wurde oft von Swing Tänzern und Jazzmusikern getragen.

Die erste moderne Pyjamahose wurde im 17. Jahrhundert in Persien eingeführt. Es wurde später in den Westen gebracht und ist heute ein Standardteil der Nachtwäsche.

Die ersten High-Heel-Schuhe wurden im 16. Jahrhundert im Iran eingeführt. Sie wurden ursprünglich von Männern getragen, um ihnen zu helfen, beim Reiten in den Steigbügeln zu bleiben.

Das "Bandana" stammt ursprünglich aus Indien und bedeutet "gebundenes Tuch". Es wurde in den 1970er-Jahren populär und ist oft mit der Rock 'n' Roll- und Biker-Kultur verbunden.

Die erste Lederjacke wurde in den 1920er-Jahren für Piloten eingeführt. Sie wurde später von der Motorrad- und Rock-'n' Roll-Kultur übernommen und bleibt ein ikonisches Kleidungsstück.

Das "Polo"-Shirt wurde ursprünglich von Tennisspielern getragen und wurde von Rene Lacoste, einem berühmten Tennisspieler, populär gemacht. Es ist heute ein Standard in der lässigen Herrengarderobe.

Die "Tube"-Socke wurde in den 1960er-Jahren populär. Sie ist oft mit der Hip-Hop- und Skate-Kultur verbunden.

Der Bleistiftrock wurde in den 1950er-Jahren durch den Designer Christian Dior populär. Er ist bekannt für seine schmale und taillierte Silhouette.

Der "Bikini" wurde 1946 von dem französischen Designer Louis Réard eingeführt und nach dem Bikini-Atoll benannt, wo Atomtests stattfanden. Es war anfangs umstritten, wurde aber in den 1960er-Jahren populär.

Die Strumpfhose wurde in den 1960er-Jahren populär und ersetzte Strümpfe und Strumpfhalter. Sie revolutionierte die Damenmode und ermöglichte kürzere Röcke und Kleider.

Die ersten "Sneakers" wurden in den 1860er-Jahren eingeführt. Sie wurden ursprünglich "plimsolls" genannt und hatten eine einfache Gummisohle.

Der "Dufflecoat" wurde ursprünglich von der britischen Marine im Ersten Weltkrieg eingeführt. Er ist bekannt für seine große Kapuze und seine Knebelverschlüsse.

Der "Trenchcoat" wurde ursprünglich von Thomas Burberry für die britischen Streitkräfte im Ersten Weltkrieg entworfen. Er ist heute ein klassisches und zeitloses Kleidungsstück.

"Haute Couture" ist ein französischer Begriff und bezeichnet Kleidung, die auf Bestellung für einzelne Kunden hergestellt wird. Nur Modehäuser, die von der Französischen Chambre Syndicale de la Haute Couture anerkannt sind, dürfen diesen Begriff verwenden.

Der "Cheongsam" oder "Qipao" ist ein traditionelles chinesisches Kleidungsstück für Frauen. Es ist bekannt für seinen hohen Kragen, figurbetonte Silhouette und seitliche Schlitze.

Die Mode der 1970er-Jahre war von Vielfalt und Experimentierfreude geprägt. Sie umfasste Stile wie Disco, Punk, Hippie und Glam Rock.

Der Begriff "Prêt-à-Porter" stammt aus dem Französischen und bedeutet "bereit zu tragen". Er bezieht sich auf Kleidung, die in Standardgrößen und nicht auf individuelle Maße hergestellt wird.

Der "Bowler"-Hut wurde ursprünglich 1849 in London von den Hutmachern Thomas und William Bowler kreiert. Er ist auch bekannt als "Derby"-Hut in den Vereinigten Staaten.

Die ersten modischen "Handtaschen" für Frauen kamen in den 1910er Jahren auf. Vorher waren Taschen meist in der Kleidung versteckt oder wurden als Geldbeutel getragen.

"Paisley" ist ein orientalisches Tränenmuster, das ursprünglich aus Persien stammt. Es wurde im 19. Jahrhundert im Westen durch importierte Schals aus Kaschmir beliebt.

Die ersten "Jeans" wurden von Levi-Strauss und Jacob Davis in den 1870er-Jahren eingeführt. Sie wurden ursprünglich für Goldgräber in Kalifornien entworfen.

Der "Zylinder" wurde in den 1790er-Jahren populär. Er wurde ursprünglich von der englischen Oberschicht getragen und ist heute oft bei formellen Anlässen und bei Pferderennen zu sehen.

Die erste "Baseballkappe" wurde in den 1860er-Jahren eingeführt. Sie wurde ursprünglich von Baseballspielern getragen, ist aber heute ein beliebtes Freizeitkleidungsstück.

Die "Anzugjacke" wurde ursprünglich im 19. Jahrhundert von der britischen Oberschicht getragen. Sie ist heute ein Standardkleidungsstück in der Herrengarderobe.

Die "Stiletto"-Absätze wurden in den 1950er-Jahren populär. Sie sind bekannt für ihre sehr hohen und dünnen Absätze.

"Krawatten" stammen ursprünglich aus Kroatien und wurden im 17. Jahrhundert von kroatischen Soldaten getragen. Sie wurden später von der französischen Oberschicht übernommen und sind heute ein Standard in der Herrengarderobe.

Die "Kapuzenjacke" wurde in den 1930er-Jahren von Champion eingeführt. Sie wurde ursprünglich für Arbeiter in kalten Lagerhäusern entworfen, ist aber heute ein beliebtes Freizeitkleidungsstück.

Die "Windjacke" oder "Anorak" wurde ursprünglich von den Inuit entworfen. Sie ist bekannt für ihre Leichtigkeit und ihren Windschutz.

"Cord" ist ein strapazierfähiger Stoff mit vertikalen Rippen oder "Schnüren". Er wurde im 18. Jahrhundert populär und ist bekannt für seine Wärme und Haltbarkeit.

Die "Bluse" wurde im 19. Jahrhundert populär und war ursprünglich ein Kleidungsstück für Kinder und Frauen. Sie ist heute ein Standard in der Damengarderobe.

Der "Bustier" wurde in den 1980er-Jahren populär und ist ein eng anliegendes Oberteil, das die Büste stützt. Er wurde oft mit High-Waist-Jeans getragen.

Die "Flanellhemd" wurde in den 1990er-Jahren durch die Grunge-Bewegung populär. Sie ist bekannt für ihr kariertes Muster und ihren bequemen Schnitt.

"Khakis" sind leichte Hosen, die ursprünglich von der britischen Armee im 19. Jahrhundert getragen wurden. Sie sind nach der Farbe "Khaki", einer hellbraunen Farbe benannt.

"Lingerie" ist ein französischer Begriff und bezeichnet Damenunterwäsche und Nachtwäsche. Es ist oft aus luxuriösen Materialien wie Seide und Spitze hergestellt.

Der "Monokini" wurde in den 1960er-Jahren von dem Designer Rudi Gernreich eingeführt. Es ist ein einteiliger Badeanzug, der nur den unteren Teil des Körpers bedeckt.

Die "Parka" wurde ursprünglich von den Inuit entworfen und ist bekannt für ihre Kapuze und ihren Windschutz. Sie wurde in den 1950er-Jahren in der westlichen Mode populär.

Die A-Linie-Silhouette, gekennzeichnet durch einen Rock, der von der Taille bis zu den Hüften reicht, wurde in den 1950er-Jahren von Christian Dior eingeführt. Sie wurde nach dem Buchstaben "A" benannt, der die Form des Rocks darstellt.

Der "Bandeau" ist ein einfacher Stoffstreifen, der um die Brust gewickelt wird. Er wurde in den 1940er-Jahren als Badeanzug-Top populär.

Der "Haremshose" wurde in den 1980er-Jahren durch die Hip-Hop-Kultur populär. Sie ist bekannt für ihren niedrigen Schritt und ihren bequemen Schnitt.

Die "Tunika" ist ein traditionelles Kleidungsstück aus dem alten Rom. Sie ist ein langes, lockeres Oberteil, das oft mit einem Gürtel getragen wird.

Der "Kimono" ist ein traditionelles japanisches Kleidungsstück. Er ist ein langes, lockeres Kleid mit breiten Ärmeln und wird oft mit einem breiten Gürtel dem "Obi" getragen.

Der "Poncho" ist ein traditionelles Kleidungsstück aus Südamerika. Es ist ein einfacher Stoffstreifen mit einem Loch in der Mitte für den Kopf.

Der "Sarong" ist ein traditionelles Kleidungsstück aus Südostasien. Es ist ein großer Stoffstreifen, der um den Körper gewickelt und oft als Rock getragen wird.

Der Begriff "Punk" in der Mode entstand in den 1970er-Jahren und bezeichnet einen rebellischen Stil, der oft zerrissene Kleidung, Leder, Nieten und unkonventionelle Haarfarben umfasst.

Olympia

Die Olympischen Spiele wurden ursprünglich in der Antike in Griechenland ausgetragen. Die ersten Aufzeichnungen stammen aus dem Jahr 776 v. Chr.

Das olympische Motto "Citius, Altius, Fortius" bedeutet "Schneller, höher, stärker". Es wurde 1894 von Pierre de Coubertin, dem Begründer der modernen Olympischen Spiele, vorgeschlagen.

Die Goldmedaillen bei den Olympischen Spielen bestehen hauptsächlich aus Silber. Seit 1912 bestehen die Goldmedaillen aus 92,5% Silber und sind nur mit 6 Gramm Gold überzogen.

Die erste Stadt, die die Olympischen Spiele zweimal ausrichtete, war London. Die Stadt war Gastgeber für die Spiele 1908 und 1948.

Der jüngste Olympiasieger der Geschichte war Dimitrios Loundras, der 1896 im Alter von nur 10 Jahren Bronze im Turnen gewann. Heutzutage müssen alle Teilnehmer mindestens 16 Jahre alt sein.

Die olympischen Ringe repräsentieren die fünf Kontinente. Blau steht für Europa, Gelb für Asien, Schwarz für Afrika, Grün für Australien und Rot für Amerika.

Die ersten Olympischen Winterspiele fanden 1924 in Chamonix, Frankreich statt. Zuvor waren Wintersportarten Teil des Sommerprogramms.

Fünf Sportarten haben bei jeder Sommerolympiade seit 1896 teilgenommen: Leichtathletik, Radsport, Fechten, Gymnastik und Schwimmen.

Kunstwettbewerbe von 1912 bis 1948 waren Teil der Olympischen Spiele. Künstler konnten in Disziplinen wie Malerei, Skulptur, Literatur, Musik und Architektur Medaillen gewinnen.

Die Olympischen Spiele wurden bisher dreimal wegen Kriegen abgesagt: 1916 wegen des Ersten Weltkriegs und 1940 und 1944 wegen des Zweiten Weltkriegs.

Die erste afrikanische Nation, die eine Goldmedaille gewann, war Südafrika im Jahr 1908. Sie gewannen im Rugby.

Die meisten Medaillen, die ein Athlet bei den Olympischen Spielen gewonnen hat, sind 28. Dieser Rekord wird von Michael Phelps, einem Schwimmer aus den USA, gehalten.

Der olympische Fackellauf begann bei den Spielen 1936 in Berlin. Das Feuer wird traditionell in Olympia, Griechenland entzündet und dann zur Gastgeberstadt getragen.

Der modernste Sport, der bei den Olympischen Spielen hinzugefügt wurde, ist Skateboarding. Es wurde 2021 bei den Spielen in Tokio eingeführt.

Einige Sportarten, die früher bei den Olympischen Spielen vertreten waren, sind heute nicht mehr Teil des Programms. Dazu gehören Krocket, Lacrosse und Polo.

Die ersten Paralympischen Spiele fanden 1960 in Rom statt. Ursprünglich waren sie für Kriegsveteranen mit Rückenmarksverletzungen gedacht, aber heute sind sie für alle Athleten mit körperlichen Behinderungen geöffnet.

Bei den Olympischen Spielen 1900 gab es gemischte Teams, die aus Männern und Frauen bestanden. Dies geschah in den Segelwettbewerben.

Der einzige Olympiasieger, der später Staatsoberhaupt wurde, ist der Herzog von Edinburgh (Prince Philip), der 1960 Gold im Drachenbootsegeln gewann.

Bei den Olympischen Spielen 1908 in London wurde erstmals ein Marathonlauf über die Distanz von 42,195 Kilometern ausgetragen. Dies wurde zur Standardstrecke für Marathonläufe.

Die meisten Gastgeberländer haben bei den Olympischen Spielen mehr Medaillen gewonnen. Dies wird als "Heimvorteil" bezeichnet.

Es wurden nur drei moderne Olympische Spiele nicht in Englisch oder Französisch eröffnet. Sie waren Moskau, 1980 (Russisch), Athen, 2004 (Griechisch) und Peking 2008 (Chinesisch).

Bei den Olympischen Spielen 1968 in Mexiko-Stadt wurden erstmals Dopingkontrollen durchgeführt. Die ersten positiven Dopingtests wurden jedoch erst bei den Spielen 1972 in München aufgezeichnet.

Der amerikanische Schwimmer Mark Spitz gewann bei den Olympischen Spielen 1972 in München sieben Goldmedaillen. Dies war ein Rekord, bis er 2008 von Michael Phelps übertroffen wurde.

Die Olympischen Spiele 1980 in Moskau wurden von 65 Nationen boykottiert, hauptsächlich aufgrund der sowjetischen Invasion in Afghanistan. Dies war der größte Boykott in der Geschichte der Olympischen Spiele.

Die Olympischen Spiele 1972 in München waren die ersten, bei denen eine weibliche Athletin vier Goldmedaillen in einzelnen Disziplinen gewann. Die Athletin war die sowjetische Gymnastin Olga Korbut.

Die erste Stadt in Südamerika, die die Olympischen Spiele ausrichtete, war Rio de Janeiro. Sie waren Gastgeber der Spiele 2016.

Bei den Olympischen Spielen 1960 in Rom wurden erstmals Athleten aus allen fünf Kontinenten Medaillengewinner.

Der Einstieg von Profisportlern in die Olympischen Spiele wurde erst 1986 erlaubt. Dies ermöglichte es NBA-Spielern, bei den Spielen 1992 in Barcelona teilzunehmen und das "Dream Team" zu bilden.

Die längste olympische Karriere hatte der kanadische Eisschnellläufer Gaétan Boucher, der an fünf aufeinanderfolgenden Winterspielen von 1976 bis 1994 teilnahm.

Bei den Olympischen Spielen 2000 in Sydney wurde die Triathlon-Veranstaltung eingeführt. Dies war das erste Mal, dass diese Sportart Teil des olympischen Programms war.

Die erste Frau, die bei den Olympischen Spielen eine Medaille gewann, war die Britin Charlotte Cooper. Sie gewann 1900 in Paris im Einzel-Tennis.

Bei den Olympischen Spielen 2016 in Rio de Janeiro, Brasilien, nahm erstmals ein Team von Flüchtlingen teil. Das Team bestand aus zehn Athleten aus vier Ländern.

Bei den Olympischen Spielen 1980 in Moskau wurde Handball erstmals als Indoor-Sportart eingeführt. Zuvor wurde es als Feldsportart gespielt.

Die Olympischen Spiele 1904 in St. Louis, USA waren die Ersten, die auf einem anderen Kontinent als Europa ausgetragen wurden. Sie waren auch die ersten Spiele, die Gold-, Silber- und Bronzemedaillen verliehen.

Bei den Olympischen Spielen 1900 in Paris gab es ein 200 Meter Hindernisschwimmen. Die Schwimmer mussten über Fässer springen und unter Booten hin durchschwimmen.

Das erste Land, das bei den Olympischen Spielen eine Medaille gewann, ohne Gastgeber zu sein, war Australien. Sie gewannen eine Bronzemedaille im Rugby bei den Spielen 1908 in London.

Bei den Olympischen Spielen 1932 in Los Angeles wurde das Dorf der Athleten eingeführt. Dies war das erste Mal, dass ein spezieller Wohnbereich für die Athleten bereitgestellt wurde.

Bei den Olympischen Spielen 1900 in Paris gab es einen Wettbewerb im Ballonfahren. Es war das erste und einzige Mal, dass diese Sportart Teil des olympischen Programms war.

Die Olympischen Spiele 1984 in Los Angeles waren die ersten Spiele, die vollständig von privaten Mitteln finanziert wurden. Sie waren auch die ersten Spiele, die einen Überschuss erwirtschafteten.

Der älteste Olympiasieger der Geschichte war der schwedische Schütze Oscar Swahn. Er gewann 1912 im Alter von 64 Jahren seine letzte Goldmedaille.

Die meisten Goldmedaillen, die eine Nation bei einer einzigen Olympiade gewonnen hat, sind 83. Dieser Rekord wurde 1984 von den Vereinigten Staaten in Los Angeles aufgestellt.

Die Olympischen Spiele wurden erstmals 776 v. Chr. in Olympia Griechenland, abgehalten. Sie wurden 393 n. Chr. verboten und erst 1896 in Athen wiederbelebt.

Frauen durften erst 1900 in Paris zum ersten Mal an den Olympischen Spielen teilnehmen. Sie konkurrierten in fünf Sportarten: Tennis, Segeln, Golf, Krocket und Reiten.

Die ersten Winterspiele fanden 1924 in Chamonix, Frankreich statt. Vor dieser Zeit wurden alle Wettbewerbe einschließlich der Wintersportarten in den Sommerspielen ausgetragen.

Der Sprung von Bob Beamon im Weitsprung bei den Olympischen Spielen 1968 in Mexiko-Stadt gilt als einer der größten Momente der Olympischen Spiele. Beamons Sprung von 8,90 Metern brach den bestehenden Weltrekord um fast 60 Zentimeter.

Bei den Olympischen Spielen 1972 in München wurden elf Mitglieder des israelischen Olympiateams von palästinensischen Terroristen ermordet. Dieses tragische Ereignis führte zur Gründung der Anti-Terror-Einheit des Internationalen Olympischen Komitees.

Die Olympischen Spiele 1996 in Atlanta, USA, waren die ersten Spiele mit 197 teilnehmenden Nationen. Dies war die größte Anzahl von Nationen bei Olympischen Spielen bis zu diesem Zeitpunkt.

Die Olympischen Spiele 2000 in Sydney - Australien waren die ersten Spiele, die im neuen Jahrtausend stattfanden. Sie wurden auch als die "Grünen Spiele" bezeichnet, weil sie nachhaltige Praktiken förderten.

Bei den Olympischen Spielen 2008 in Peking China, wurden 43 neue Weltrekorde aufgestellt. Dies war die größte Anzahl von Weltrekorden, die jemals bei Olympischen Spielen aufgestellt wurden.

Der äthiopische Läufer Abebe Bikila gewann den Marathon bei den Olympischen Spielen 1960 in Rom barfuß. Er wiederholte seinen Sieg vier Jahre später in Tokio, diesmal jedoch mit Schuhen.

Die Olympischen Spiele 2012 in London waren die ersten Spiele, bei denen jede teilnehmende Nation mindestens eine weibliche Athletin ins Rennen schickte. Saudi-Arabien, Katar und Brunei hatten zuvor noch nie eine Frau zu den Spielen geschickt.

Das Rennen um die Austragung der Olympischen Spiele ist oft ein kostspieliges Unterfangen für Gaststädte. Peking investierte geschätzte 40 Milliarden Dollar für die Austragung der Olympischen Spiele 2008.

Die Olympischen Spiele 1936 in Berlin waren die ersten, die im Fernsehen übertragen wurden. Die Übertragung erreichte jedoch nur lokale Zuschauer in Berlin und Potsdam.

Die Olympischen Spiele 1960 in Rom waren die ersten, die in Farbe im Fernsehen übertragen wurden. Damit erreichten sie ein weltweites Publikum.

Fünfkampf und moderner Fünfkampf sind die einzigen Disziplinen, die speziell für die Olympischen Spiele entwickelt wurden. Sie wurden eingeführt, um die Fähigkeiten eines idealen Soldaten zu testen.

Pelé, einer der größten Fußballer aller Zeiten, hat niemals eine olympische Goldmedaille gewonnen. Fußball wurde erst 1984 als olympische Disziplin anerkannt, nachdem Pelé seine Karriere beendet hatte.

Die Olympischen Spiele 2004 in Athen waren die ersten, bei denen die traditionellen griechischen Spiele von 776 v. Chr. nachgebildet wurden. Die Athleten trugen Kleidung im Stil der antiken Griechen.

Der längste Fackellauf in der Geschichte der Olympischen Spiele fand 2014 in Sotschi Russland, statt. Der Fackellauf erstreckte sich über 65.000 Kilometer und durchquerte 83 Regionen Russlands.

Das schnellste Tor in der Geschichte des olympischen Fußballs wurde von der Kanadierin Janine Beckie erzielt. Sie traf nach nur 20 Sekunden im Spiel gegen Australien bei den Olympischen Spielen 2016 in Rio.

Der erste Marathon bei den Olympischen Spielen 1896 in Athen wurde auf einer Distanz von 40 Kilometern gelaufen. Die Distanz wurde erst 1908 auf 42,195 Kilometer festgelegt.

Bei den Olympischen Spielen 1964 in Tokio wurde Judo erstmals als olympische Sportart anerkannt. Es war die erste asiatische Sportart, die in das olympische Programm aufgenommen wurde.

Die Olympischen Spiele von 1896 in Athen waren die ersten modernen Olympischen Spiele. Sie fanden in Griechenland statt, dem Geburtsort der antiken Olympischen Spiele.

Der jamaikanische Sprinter Usain Bolt hält den Rekord für die schnellsten 100m und 200m in der olympischen Geschichte. Er setzte diese Rekorde bei den Olympischen Spielen 2008 in Peking.

Bei den Olympischen Spielen 2004 in Athen nahmen erstmals mehr Frauen als Männer für die USA teil. Dies war das erste Mal, dass ein Land mehr weibliche als männliche Athleten zu den Spielen schickte.

Bei den Olympischen Spielen 1896 in Athen gab es keine Goldmedaillen. Die Gewinner erhielten Silbermedaillen, die zweitplatzierten Kupfermedaillen und die Drittplatzierten gingen leer aus.

Bei den Olympischen Spielen 1920 in Antwerpen fand der längste Boxkampf in der olympischen Geschichte statt. Der Leichtgewichts-Boxkampf dauerte über vier Stunden.

Das kleinste Land, das jemals an den Olympischen Spielen teilgenommen hat, ist Monaco. Sie haben seit 1920 an fast jeder Ausgabe der Sommerspiele teilgenommen, haben aber noch nie eine Medaille gewonnen.

Die Olympischen Spiele 1972 in München waren die ersten Spiele, bei denen ein Maskottchen eingeführt wurde. Das Maskottchen war ein Dackel namens Waldi.

Bei den Olympischen Spielen 1900 in Paris war Golf eine Disziplin, wurde aber nach dieser Ausgabe aus dem Programm genommen. Erst bei den Spielen 2016 in Rio de Janeiro wurde Golf wiederaufgenommen.

Bei den Olympischen Spielen 1968 in Mexiko-Stadt führte der australische Schwimmer David Theile den Eid der Athleten in Englisch vor. Es war das erste Mal, dass der Eid auf Englisch gesprochen wurde.

Der australische Schwimmer Ian Thorpe, auch bekannt als "Thorpedo", gewann bei den Olympischen Spielen 2000 in Sydney drei Goldmedaillen. Er war der erfolgreichste Athlet dieser Spiele.

Bei den Olympischen Spielen 1984 in Los Angeles gewann Carl Lewis vier Goldmedaillen in den Leichtathletik-Disziplinen. Er wiederholte damit das Kunststück von Jesse Owens bei den Olympischen Spielen 1936.

Der amerikanische Basketballspieler Michael Jordan gewann 1992 mit dem "Dream Team" eine Goldmedaille. Es war das erste Mal, dass NBA-Spieler bei den Olympischen Spielen mitspielen durften.

Bei den Olympischen Spielen 2000 in Sydney wurden erstmals Taekwondo und Triathlon als offizielle Sportarten aufgenommen. Beide Sportarten sind noch heute Teil des olympischen Programms.

Bei den Olympischen Spielen 1976 in Montreal gewann der rumänische Turnerin Nadia Comăneci sieben perfekte 10er. Sie war die erste Turnerin in der Geschichte, die eine perfekte Punktzahl erhielt.

Bei den Olympischen Spielen 2008 in Peking wurden erstmals Medaillen für BMX-Rennen vergeben. Die ersten Goldmedaillen gingen an Maris Strombergs aus Lettland und Anne-Caroline Chausson aus Frankreich.

Bei den Olympischen Spielen 1960 in Rom gewann der Boxer Muhammad Ali (damals noch Cassius Clay) die Goldmedaille im Halbschwergewicht. Er war damals erst 18 Jahre alt.

Die Olympischen Spiele 2020 in Tokio waren die ersten Spiele, die aufgrund einer Pandemie (COVID-19) verschoben wurden. Sie fanden ein Jahr später im Sommer 2021 statt.

Bei den Olympischen Spielen 1988 in Seoul gewann der kanadische Sprinter Ben Johnson die Goldmedaille im 100-Meter-Lauf, wurde aber später disqualifiziert. Er wurde des Dopings überführt und seine Medaille wurde ihm aberkannt.

Die Olympischen Spiele 1952 in Helsinki waren die ersten Spiele, an denen die Sowjetunion teilnahm. Sie gewann 71 Medaillen und wurde Zweiter im Medaillenspiegel hinter den Vereinigten Staaten.

Die Olympischen Spiele 1992 in Barcelona waren die letzten Spiele, bei denen Sommer- und Winterspiele im selben Jahr abgehalten wurden. Danach wurden die Winterspiele auf die geraden Jahre zwischen den Sommerspielen verlegt.

Bei den Olympischen Spielen 1996 in Atlanta wurde Softball erstmals als offizielle Sportart eingeführt. Die USA gewannen die Goldmedaille.

Bei den Olympischen Spielen 1908 in London wurde das olympische Programm erstmals auf mehrere Wochen ausgedehnt. Die Spiele dauerten vom 27. April bis zum 31. Oktober.

Bei den Olympischen Spielen 2008 in Peking war China mit 51 Goldmedaillen das erfolgreichste Land. Es war das erste Mal, dass ein Land andere als die USA oder die Sowjetunion/ Russland die meisten Goldmedaillen gewann.

Bei den Olympischen Spielen 1924 in Paris wurde erstmals Winter-Olympia veranstaltet. Die Winterspiele wurden zunächst als Teil der Sommerspiele gehalten, bevor sie 1928 ihre eigene separate Veranstaltung bekamen.

Bei den Olympischen Spielen 2000 in Sydney gewann der amerikanische Wrestler Rulon Gardner die Goldmedaille im griechisch-römischen Ringen. Er besiegte den russischen Wrestler Alexander Karelin, der zuvor in 13 Jahren ungeschlagen war.

Bei den Olympischen Spielen 1956 in Melbourne konnten die Reitwettbewerbe aufgrund australischer Quarantänebestimmungen nicht in Australien stattfinden. Stattdessen wurden sie in Stockholm, Schweden, abgehalten.

Die Olympischen Spiele 1940 sollten ursprünglich in Tokio Japan, stattfinden, wurden aber aufgrund des Ausbruchs des Zweiten Weltkriegs abgesagt. Es wäre das erste Mal gewesen, dass die Spiele in Asien stattfinden.

Bei den Olympischen Spielen 1960 in Rom wurde die olympische Fackel zum ersten Mal von einer Frau der griechischen Leichtathletin Anna Korakaki, entzündet. Dies war ein bedeutender Moment in der Geschichte der Gleichberechtigung bei den Olympischen Spielen.

Die Olympischen Spiele 1920 in Antwerpen waren die ersten Spiele nach dem Ersten Weltkrieg. Deutschland, Österreich, Ungarn, Bulgarien und das Osmanische Reich wurden jedoch wegen ihrer Rolle im Krieg von den Spielen ausgeschlossen.

Die Olympischen Spiele 1968 in Mexiko-Stadt waren die ersten Spiele, die in einem Entwicklungsland ausgetragen wurden. Sie waren auch die ersten Spiele, die in Höhenlage stattfanden.

Die Olympischen Spiele 1976 in Montreal waren die ersten Spiele, die auf künstlichem Gras (Astroturf) ausgetragen wurden. Dies betraf vor allem die Hockey-Wettbewerbe.

Bei den Olympischen Spielen 1988 in Seoul nahmen erstmals alle drei baltischen Staaten (Estland, Lettland, Litauen) als unabhängige Nationen teil. Sie waren zuvor Teil der Sowjetunion.

Bei den Olympischen Spielen 1996 in Atlanta gewann der südafrikanische Schwimmer Penny Heyns Goldmedaillen über 100m und 200m Brustschwimmen. Sie war die erste Frau, die bei denselben Spielen beide Brustschwimmdistanzen gewann.

Bei den Olympischen Spielen 2004 in Athen gewann der griechische Gewichtheber Pyrros Dimas seine vierte olympische Medaille. Er ist der erfolgreichste Gewichtheber in der olympischen Geschichte.

Bei den Olympischen Spielen 2000 in Sydney nahmen erstmals Athleten aus Osttimor als unabhängige Nation teil. Sie nahmen unter der Bezeichnung "Individual Olympic Athletes" teil, da Osttimor noch kein anerkanntes Mitglied des Internationalen Olympischen Komitees war.

Bei den Olympischen Spielen 2008 in Peking gab es erstmals Wettbewerbe im Marathon-Schwimmen für Männer und Frauen. Die erste Goldmedaille bei den Männern gewann Maarten van der Weijden aus den Niederlanden und bei den Frauen Larisa Ilchenko aus Russland.

Bei den Olympischen Spielen 2012 in London gab es erstmals Wettbewerbe im Frauenboxen. Die erste Goldmedaille in dieser Disziplin gewann Nicola Adams aus Großbritannien.

Bei den Olympischen Spielen 2016 in Rio de Janeiro wurde Rugby Sevens erstmals als olympische Sportart eingeführt. Die ersten Goldmedaillen gewannen die Frauen aus Australien und die Männer aus Fidschi.

Bei den Olympischen Spielen 1996 in Atlanta wurde Beachvolleyball erstmals als olympische Sportart eingeführt.

Die ersten Goldmedaillen gewannen Karch Kiraly und Kent Steffes aus den USA bei den Männern und Jackie Silva und Sandra Pires aus Brasilien bei den Frauen.

Bei den Olympischen Spielen 2020 in Tokio wurde Karate erstmals als olympische Sportart eingeführt. Die ersten Goldmedaillen gewannen die japanischen Karatekas Ryo Kiyuna und Ueda Miho.

Die Olympischen Spiele 1948 in London waren die ersten Spiele nach dem Zweiten Weltkrieg. Deutschland und Japan wurden wegen ihrer Rolle im Krieg von den Spielen ausgeschlossen.

Bei den Olympischen Spielen 1920 in Antwerpen fand der erste olympische Hockey-Wettbewerb statt. Die Goldmedaille gewann das britische Team.

Bei den Olympischen Spielen 1984 in Los Angeles fand der erste Frauen-Marathon statt. Die erste Goldmedaille in dieser Disziplin gewann Joan Benoit aus den USA.

Die Olympischen Spiele 1956 in Melbourne waren die ersten Spiele auf der südlichen Hemisphäre. Sie waren auch die ersten Spiele, die außerhalb Europas und Nordamerikas stattfanden.

Bei den Olympischen Spielen 1992 in Barcelona gewann der deutsche Reiter Nicole Uphoff ihre zweite Goldmedaille im Einzel-Dressurreiten. Sie war die erste Reiterin, die diesen Titel zweimal in Folge gewann.

Bei den Olympischen Spielen 1932 in Los Angeles wurde erstmals das Foto-Finish verwendet. Es wurde im Leichtathletik-Wettbewerb eingeführt, um genaue Platzierungen zu ermitteln.

Bei den Olympischen Spielen 2000 in Sydney gewann die australische Schwimmerin Susie O'Neill die Goldmedaille über 200 Meter Freistil. Sie war die erste australische Frau, die diese Distanz bei den Olympischen Spielen gewann.

Bei den Olympischen Spielen 2012 in London gewann die ungarische Schwimmerin Katinka Hosszú ihre erste olympische Medaille. Sie gewann Silber im 200 Meter Einzelmedley.

Bei den Olympischen Spielen 2004 in Athen gewann der argentinische Fußballspieler Carlos Tevez die Goldmedaille. Er war der Top-Torschütze des Turniers mit acht Toren.

Bei den Olympischen Spielen 2008 in Peking gewann die deutsche Hockeyspielerin Fanny Rinne die Goldmedaille. Sie war die Top-Torschützin des Turniers mit zehn Toren.

Computer

Der erste programmierbare Computer der Welt wurde von Konrad Zuse im Jahr 1941 erbaut. Der Z3, wie er genannt wurde, verwendete elektromechanische Teile und konnte automatisch rechnen.

Das "WWW" in einer Web-URL steht für "World Wide Web", das 1989 von Tim Berners-Lee erfunden wurde. Es repräsentiert das System von miteinander verknüpften Dokumenten und anderen Ressourcen, die über das Internet verbunden sind.

Der Begriff "Bug", der oft verwendet wird, um einen Fehler in der Software zu bezeichnen, stammt tatsächlich von einem echten Käfer. Im Jahr 1947 fand Grace Hopper einen toten Motten in einem frühen Computer und prägte den Ausdruck "Debugging", um den Prozess der Fehlerbehebung zu beschreiben.

Das erste kommerzielle Computerspiel war Pong, ein einfaches Ping-Pong-Spiel. Es wurde 1972 von Atari veröffentlicht und gilt als Beginn der Videospiel-Industrie.

Der durchschnittliche Computer enthält Elemente aus 60 verschiedenen Mineralien. Diese Elemente sind wichtig für die Funktion der verschiedenen Komponenten, von der CPU bis zum Bildschirm.

Der erste vollständig tragbare Laptop wurde 1981 von Adam Osborne entwickelt. Der Osborne 1 wog etwa 24 Pfund und kostete knapp 1800 US-Dollar.

Das erste Virenschutzprogramm wurde 1987 von Bernd Fix entwickelt. Es war in der Lage, den "Vienna Virus" zu entfernen, einen frühen Computervirus der Dateien infizierte und beschädigte.

CAPTCHA, die verwirrenden Buchstaben und Zahlen, die wir eingeben müssen, um zu beweisen, dass wir Menschen sind, stehen für "Completely Automated Public Turing test to tell Computers and Humans Apart". Es wurde entwickelt, um zu verhindern, dass Bots und automatisierte Skripte bestimmte Aktionen auf Webseiten ausführen.

Der schnellste Supercomputer der Welt, der Fugaku in Japan, kann mehr als 442 Petaflops (Billiarden Berechnungen pro Sekunde) erreichen. Um das in Perspektive zu setzen: Wenn jeder Mensch auf der Erde eine Berechnung pro Sekunde machen würde, würde es 28 Jahre dauern, um das zu errechnen, was Fugaku in einer Sekunde schafft.

Die Programmiersprache Python wurde nicht nach der Schlange benannt. Der Schöpfer, Guido van Rossum, benannte sie nach der britischen Comedy-Gruppe "Monty Python".

Der erste Apple-Computer, der Apple I, wurde von Steve Jobs und Steve Wozniak in einer Garage gebaut. Er wurde im Jahr 1976 für 666,66 Dollar verkauft.

Das erste soziale Netzwerk wurde 1997 eingeführt und hieß Six Degrees. Es ermöglichte den Nutzern, Profile zu erstellen und Freundschaftsanfragen zu senden.

Der erste Mikroprozessor wurde 1971 von Intel entwickelt. Der Intel 4004 war der Anfang der Mikroprozessor-Revolution, die zur Entwicklung von Personal Computern führte.

Das Symbol @, auch "at" genannt, wird in E-Mail-Adressen verwendet. Es wurde 1971 von Ray Tomlinson ausgewählt, der das erste E-Mail-System entwickelte.

Die erste Domain, die jemals registriert wurde, ist symbolics.com. Sie wurde am 15. März 1985 registriert und gehört immer noch der Symbolics Inc.

Die Idee für das USB (Universal Serial Bus) System wurde 1994 von Ajay Bhatt von Intel entwickelt. Heute sind USB-Ports und -Stecker allgegenwärtig und ermöglichen die Verbindung von Geräten wie Druckern, Kameras und Flash-Laufwerken mit Computern.

Mehr als 80% des E-Mail-Verkehrs weltweit sind Spam-Nachrichten. Dieser Prozentsatz kann je nach Region variieren, aber Spam bleibt eine erhebliche Belastung für das Internet.

Die erste Webseite wurde am 6. August 1991 von Tim Berners-Lee, dem Erfinder des World Wide Web, online gestellt. Sie ist immer noch online und kann unter der Adresse http://info.cern.ch/hypertext/WWW/TheProject.html aufgerufen werden.

Der erste Computerwurm der "Morris-Wurm", wurde 1988 von Robert Tappan Morris erstellt. Er infizierte etwa 6.000 Computer und verursachte Schäden in Millionenhöhe.

Der erste Google Doodle, eine spezielle Version des Google-Logos, wurde 1998 verwendet, um das Burning Man Festival zu feiern. Es wurde von den Google-Gründern Sergey Brin und Larry Page erstellt, um zu signalisieren, dass sie beim Festival waren und nicht im Büro, falls der Server abstürzen sollte.

Facebook, das größte soziale Netzwerk der Welt, wurde ursprünglich nur für Studenten der Harvard University erstellt. Es wurde im Februar 2004 von Mark Zuckerberg und seinen Mitbewohnern gegründet und später für alle Hochschulstudenten, dann für High-School-Studenten und schließlich für jeden, der über 13 Jahre alt ist, geöffnet.

Die Computertastatur QWERTY, die am häufigsten verwendete Tastaturbelegung, wurde 1868 von Christopher Latham Sholes, dem Erfinder der Schreibmaschine, erfunden. Sie wurde entworfen, um die Häufigkeit von Staus zu reduzieren, indem häufig zusammen genutzte Tasten weit voneinander entfernt platziert wurden.

Die erste Version von Microsoft Windows, Windows 1.0, wurde 1985 veröffentlicht. Sie war nicht sehr populär, aber spätere Versionen wurden zu den am weitesten verbreiteten Betriebssystemen der Welt.

Die erste Version von Adobe Photoshop, einem beliebten Bildbearbeitungsprogramm, wurde 1988 von den Brüdern Thomas und John Knoll entwickelt. Sie nannten es ursprünglich "Display", dann "ImagePro", bevor sie sich schließlich für Photoshop entschieden.

Das erste Online-Banking-System wurde 1981 von der New Yorker Bank Citibank eingeführt. Es ermöglichte Kunden, ihre Konten zu überprüfen und Geld zwischen Konten zu überweisen.

Die erste Webkamera wurde 1991 von den Informatikern der Universität Cambridge installiert, um den Füllstand einer Kaffeemaschine zu überwachen. Sie wollten vermeiden, dass sie umsonst zur Kaffeemaschine gingen, wenn sie leer war.

Das erste Online-Forum Usenet, wurde 1979 von zwei Studenten der Duke University und der University of North Carolina entwickelt. Es ermöglichte Benutzern, Nachrichten in Diskussionsgruppen zu posten und zu lesen.

Die erste digitale Währung, Bitcoin, wurde 2009 von einer anonymen Person oder Gruppe unter dem Pseudonym Satoshi Nakamoto eingeführt. Sie wurde als dezentralisiertes und anonymes Zahlungssystem entwickelt.

Der erste Internet-Browser, Mosaic, wurde 1993 von einem Team am National Center for Supercomputing Applications entwickelt. Er ermöglichte es den Benutzern, Text, Bilder und Hyperlinks anzuzeigen und zu verwenden.

Die erste Künstliche Intelligenz (KI) wurde 1956 auf der Dartmouth-Konferenz entwickelt. Sie war ein einfacher Algorithmus, der Schach spielte.

Das erste Online-Shopping-System wurde 1979 von Michael Aldrich eingeführt. Es nutzte ein modifiziertes Fernsehgerät, das mit einem Telefon verbunden war, um Produkte zu bestellen.

Das erste kommerziell erhältliche Mobiltelefon war das Motorola DynaTAC 8000X. Es wurde 1983 eingeführt und kostete 3.995 Dollar.

Der erste 3D-Drucker wurde 1983 von Chuck Hull, dem Gründer von 3D Systems, entwickelt. Er verwendete eine Technik namens Stereolithografie, um dreidimensionale Objekte Schicht für Schicht zu erstellen.

Der erste Internet-Service-Provider, CompuServe, wurde 1969 gegründet. Er bot ursprünglich Zeitsynchronisierung und Wetterdaten an, fügte aber später E-Mail und Nachrichten hinzu.

Die Firma Hewlett-Packard wurde 1939 in einer Garage in Palo Alto, Kalifornien, gegründet. Diese Garage wird oft als Geburtsort des Silicon Valley bezeichnet.

Der erste drahtlose Router wurde 1997 von der Firma Lucent Technologies eingeführt. Er verwendete die 802.11b Wi-Fi-Technologie und ermöglichte es Benutzern, eine Internetverbindung ohne Kabel zu teilen.

Das erste vollständig integrierte Computer-Gehirn-Interface wurde 2006 von der Firma Cyberkinetics entwickelt. Es ermöglichte gelähmten Personen, einen Computer nur mit ihren Gedanken zu steuern.

Das erste in Masse produzierte Solid-State-Laufwerk (SSD) wurde 1991 von SanDisk eingeführt. Es bot 20 MB Speicherplatz und war ursprünglich für den Einsatz in Militär- und Industrieanwendungen gedacht.

Das erste Virtual-Reality-Headset wurde 1968 von Ivan Sutherland und Bob Sproull entwickelt. Es wurde "The Sword of Damocles" genannt, weil es so schwer war, dass es an der Decke aufgehängt werden musste.

Der erste kommerziell erhältliche Handheld-Computer war der Palm Pilot 1000. Er wurde 1996 eingeführt und hatte 128 KB Speicherplatz.

Das erste in Masse produzierte GPS-Gerät wurde 1990 von Magellan Navigation eingeführt. Es hieß NAV 1000 und war etwa so groß wie eine TV-Fernbedienung.

Das erste kommerzielle Antivirenprogramm wurde 1987 von der Firma G Data Software AG entwickelt und trug den Namen "Ultimate Virus Killer". Es konnte Viren erkennen und entfernen, was zur Entwicklung einer ganzen Branche von Antivirensoftware führte.

Der erste kommerzielle Internetbrowser, Netscape Navigator, wurde 1994 veröffentlicht. Er dominierte den Markt, bis Microsoft seinen Internet Explorer veröffentlichte und die sogenannten "Browser-Kriege" begannen.

Die erste kommerziell erhältliche Maus wurde 1981 von der Firma Xerox eingeführt. Sie kostete rund 300 US-Dollar, was heute etwa 800 US-Dollar entspricht.

Der erste E-Mail-Dienst CompuServe's Electronic Mail, wurde 1979 eingeführt. Er ermöglichte es Benutzern, Nachrichten über das Telefonnetz zu senden und zu empfangen.

Der erste in Masse produzierte USB-Stick wurde 2000 von der Firma Trek Technology entwickelt. Er hatte eine Speicherkapazität von 8 Megabyte.

Der erste in Masse produzierte Tablet-Computer war der GRiDPad, der 1989 eingeführt wurde. Er hatte einen monochromen Touchscreen und kostete etwa 2.370 US-Dollar.

Der erste kommerziell erhältliche CD-Brenner wurde 1988 von der Firma Philips eingeführt. Er konnte CDs mit einer Geschwindigkeit von 1x brennen und kostete etwa 1.000 US-Dollar.

Der erste in Masse produzierte 3D-Drucker wurde 1988 von der Firma 3D Systems entwickelt. Er verwendete eine Technik namens Stereolithografie, um dreidimensionale Objekte zu erstellen.

Der erste kommerziell erhältliche MP3-Player, der MPMan F10, wurde 1998 eingeführt. Er hatte eine Speicherkapazität von 32 MB, was etwa einer Stunde Musik entspricht.

Der erste kommerziell erhältliche Heimcomputer war der Altair 8800, der 1975 eingeführt wurde. Er kostete 439 US-Dollar als Bausatz und 621 US-Dollar fertig montiert.

Der erste in Masse produzierte Computerchip, der Intel 4004, wurde 1971 eingeführt. Er hatte eine Taktfrequenz von 740 kHz und kostete etwa 200 US-Dollar.

Die erste kommerziell erhältliche Spielkonsole, die Magnavox Odyssey, wurde 1972 eingeführt. Sie wurde mit sechs Spielkarten und zwei Controllern geliefert.

Die erste kommerziell erhältliche digitale Kamera, die Kodak DCS 100, wurde 1991 eingeführt. Sie hatte eine Auflösung von 1,3 Megapixeln und kostete etwa 13.000 US-Dollar.

Der erste in Masse produzierte Farbcomputermonitor wurde 1981 von der Firma IBM eingeführt. Er konnte 16 Farben anzeigen und kostete etwa 1.230 US-Dollar.

Der erste in Masse produzierte Flachbildschirmmonitor wurde 1997 von der Firma Sharp eingeführt. Er hatte eine Bildschirmdiagonale von 14 Zoll und kostete etwa 1.500 US-Dollar.

Der erste in Masse produzierte Scanner wurde 1984 von der Firma Hewlett-Packard eingeführt. Er hieß HP ScanJet und konnte Schwarz-Weiß-Bilder mit einer Auflösung von 300 dpi scannen.

Der erste in Masse produzierte DVD-Player wurde 1996 von der Firma Toshiba eingeführt. Er hieß SD-3000 und kostete etwa 600 US-Dollar.

Die erste kommerziell erhältliche Tastatur, die IBM Model M, wurde 1984 eingeführt. Sie wurde für ihre robuste Konstruktion und ihren taktilen Rückkopplungsmechanismus gelobt.

Das erste in Masse produzierte Bluetooth-Gerät wurde 1999 von der Firma Ericsson eingeführt. Es war ein drahtloses Headset für Mobiltelefone.

Die erste kommerziell erhältliche drahtlose Maus wurde 1984 von der Firma Logitech eingeführt. Sie hieß Logitech Cordless Mouse und kostete etwa 100 US-Dollar.

Das Erste in Masse produzierte Virtual-Reality-Headset, das Forte VFX1, wurde 1995 eingeführt. Es hatte einen monochromen Bildschirm und kostete etwa 600 US-Dollar.

Das erste in Masse produzierte OLED-Display wurde 1997 von der Firma Pioneer eingeführt. Es wurde in einem Autoradio verwendet und bot einen höheren Kontrast als LCD-Displays.

Die erste kommerziell erhältliche KI, die IBM Watson, wurde 2011 eingeführt. Sie gewann die Fernsehquizshow "Jeopardy!" gegen menschliche Gegner.

Das erste in Masse produzierte Hologramm wurde 1962 von der Firma Opti-Graphics eingeführt. Es wurde in Kreditkarten verwendet, um Fälschungen zu verhindern.

Die erste kommerziell erhältliche Computeruhr, die Seiko UC-2000, wurde 1984 eingeführt. Sie hatte einen monochromen LCD-Bildschirm und kostete etwa 300 US-Dollar.

Die erste kommerziell erhältliche Smartwatch, die IBM WatchPad, wurde 2001 eingeführt. Sie hatte einen monochromen Touchscreen und kostete etwa 500 US-Dollar.

Die erste in Masse produzierte Touchscreen-Technologie wurde 1983 von der Firma Elo Touch Systems eingeführt. Sie wurde in der Gastronomie und im Einzelhandel eingesetzt.

Die erste kommerziell erhältliche Flash-Speicherkarte, die CompactFlash, wurde 1994 eingeführt. Sie hatte eine Speicherkapazität von 2 MB und kostete etwa 70 US-Dollar.

Die erste kommerziell erhältliche Grafikkarte, die IBM Color Graphics Adapter, wurde 1981 eingeführt. Sie konnte 16 Farben in einer Auflösung von 320 x 200 Pixeln anzeigen.

Die erste kommerziell erhältliche Spracherkennungssoftware Dragon Dictate, wurde 1990 eingeführt. Sie konnte Wörter mit einer Genauigkeit von etwa 80% erkennen.

Das erste in Masse produzierte VoIP-Telefon, das InfoGear iPhone, wurde 1998 eingeführt. Es ermöglichte Benutzern, Telefonanrufe über das Internet zu tätigen.

Die erste kommerziell erhältliche PC-Soundkarte, die Creative Music System, wurde 1987 eingeführt. Sie konnte bis zu 12 Töne gleichzeitig erzeugen.

Der erste in Masse produzierte Blu-ray-Player, der BDZ-1000, wurde 2006 von der Firma Sony eingeführt. Er konnte Filme in High Definition abspielen und kostete etwa 1.000 US-Dollar.

Die erste in Masse produzierte Speicherkarte, die PCMCIA-Karte, wurde 1990 eingeführt. Sie hatte eine Speicherkapazität von 1 MB und kostete etwa 200 US-Dollar.

Die erste kommerziell erhältliche Drahtlosnetzwerkkarte, die WaveLAN, wurde 1990 von der Firma NCR eingeführt. Sie ermöglichte es Computern, sich drahtlos mit Netzwerken zu verbinden.

Der erste kommerziell erhältliche Flachbettscanner, der HP ScanJet, wurde 1987 eingeführt. Er konnte Farbbilder mit einer Auflösung von 300 dpi scannen.

Die erste kommerziell erhältliche Webcam, die QuickCam, wurde 1994 von der Firma Connectix eingeführt. Sie konnte Schwarz-Weiß-Bilder mit einer Auflösung von 320 x 240 Pixeln aufnehmen.

Die erste in Masse produzierte mobile Breitbandverbindung, die GPRS, wurde 2000 eingeführt. Sie ermöglichte eine Datenübertragungsgeschwindig keit von bis zu 114 kbps.

Das erste in Masse produzierte Spracherkennungssystem, das Dragon Dictate, wurde 1990 eingeführt. Es konnte Wörter mit einer Genauigkeit von etwa 80% erkennen.

Die erste kommerziell erhältliche Lasermaus, die Logitech MX1000, wurde 2004 eingeführt. Sie bot eine höhere Genauigkeit und Zuverlässigkeit als optische Mäuse.

Der erste funktionierende Quantencomputer wurde 2019 von Google vorgestellt. Er konnte eine Berechnung in 200 Sekunden durchführen, für die ein herkömmlicher Supercomputer 10.000 Jahre benötigen würde.

Der erste in Masse produzierte Prozessor mit mehr als einem Kern der IBM Power4, wurde 2001 eingeführt. Er hatte zwei Kerne und kostete etwa 1.000 US-Dollar.

Der erste kommerziell erhältliche E-Book-Reader war der Rocket eBook. Er wurde 1998 eingeführt und konnte etwa 10 Bücher speichern.

Naturkatastrophen

Ein Erdbeben unter Wasser kann einen Tsunami auslösen. Die stärkste aufgezeichnete Tsunami-Welle ereignete sich 1958 in Alaska und erreichte eine Höhe von 524 Metern.

Der Vesuv-Ausbruch im Jahr 79 n. Chr. der die Städte Pompeji und Herculaneum begrub, spuckte etwa 1 Kubikkilometer Material aus. Es wird geschätzt, dass 16.000 Menschen durch den Ausbruch starben.

Die schlimmste Dürre in der Geschichte der USA fand in den 1930er-Jahren statt und wird als Dust Bowl bezeichnet. Sie führte zu massiven Staubstürmen, die Teile des Landes unbewohnbar machten.

Der schlimmste Waldbrand in der Geschichte der USA fand 1910 in Idaho und Montana statt. Er verbrannte mehr als 1,2 Millionen Hektar Land und tötete 87 Menschen.

Ein Hurrikan kann mehrere Wochen dauern. Der längste jemals aufgezeichnete Hurrikan "Hurrikan John" im Jahr 1994 dauerte 31 Tage.

Eine Lawine kann Geschwindigkeiten von über 120 km/h erreichen. Sie kann innerhalb weniger Sekunden ein gesamtes Dorf oder eine Skistation zerstören.

Die schlimmste Hitzewelle in der modernen Geschichte ereignete sich im Sommer 2003 in Europa. Es wird geschätzt, dass durch die extreme Hitze über 70.000 Menschen starben.

In den 1980er-Jahren führte eine Dürre in der Sahelzone Afrikas zu massiven Hungersnöten. Es wird geschätzt, dass mehr als eine Million Menschen starben.

Tornados sind die tödlichsten Stürme in den USA. Der tödlichste Tornado in der Geschichte der USA ereignete sich 1925 und tötete 695 Menschen.

Ein Meteoriteneinschlag kann eine Naturkatastrophe von epischen Ausmaßen verursachen. Das Aussterben der Dinosaurier vor 65 Millionen Jahren wird einem solches Ereignis zugeschrieben.

Erdbeben können Tsunamis auslösen, aber sie können auch Landmassen permanent verschieben. Das Erdbeben in Chile im Jahr 1960 hob Teile des Landes um mehrere Meter an.

In Florida gibt es mehr Tornados pro Flächeneinheit als in jedem anderen US-Bundesstaat. Jedoch sind die Tornados in Florida in der Regel weniger stark als die in der "Tornado Alley".

Blitze können Waldbrände verursachen. Etwa 25% aller Waldbrände in den USA werden durch Blitze ausgelöst.

Hochwasser ist die häufigste und weit verbreitete Naturkatastrophe. Sie können durch heftige Regenfälle, Schneeschmelze oder durch Bruch von Staudämmen verursacht werden.

Die schlimmste Flut in der Geschichte der USA ereignete sich 1927 entlang des Mississippi. Sie tötete 500 Menschen und verursachte Schäden in Höhe von über 1 Milliarde Dollar.

Der Ausbruch des Krakataus im Jahr 1883 erzeugte den lautesten Sound in der menschlichen Geschichte. Er konnte noch 4.800 Kilometer entfernt gehört werden.

Die El Niño-Südoszillation, ein Klimaphänomen im Pazifik, kann weltweit zu schweren Wetteranomalien führen. Sie kann Dürren, Überschwemmungen und andere Naturkatastrophen verursachen.

Ein einzelner Vulkanausbruch kann das globale Klima verändern. Der Ausbruch des Mount Pinatubo auf den Philippinen im Jahr 1991 führte zu einer vorübergehenden Abkühlung der globalen Temperaturen.

Die meisten Todesfälle bei Erdbeben werden durch einstürzende Gebäude und andere Strukturen verursacht, nicht durch das Erdbeben selbst. Daher ist es entscheidend, dass Gebäude erdbebensicher gebaut werden.

Zyklone und Taifune sind eigentlich Hurrikane, sie werden nur in verschiedenen Teilen der Welt unterschiedlich genannt. Sie alle bezeichnen ein tropisches Sturmsystem mit starken Winden und heftigen Regenfällen.

Schneestürme können ebenso verheerend sein wie Hurrikane. Der schlimmste Schneesturm in der Geschichte der USA fand 1888 statt und tötete mehr als 400 Menschen.

Dürren können jahrelang andauern. Die schlimmste Dürre in der modernen Geschichte dauerte in der Sahelzone Afrikas von den späten 1960er bis zu den frühen 1980er-Jahren.

Eine Flutwelle ist nicht dasselbe wie ein Tsunami. Flutwellen werden durch Wind und Gezeiten verursacht, während Tsunamis durch unterseeische Erdbeben oder andere seismische Aktivitäten ausgelöst werden.

Tsunamis können Tausende von Kilometern über den Ozean reisen und immer noch verheerende Schäden anrichten. Der Tsunami im Indischen Ozean 2004 wurde durch ein Erdbeben vor der Küste Sumatras ausgelöst und tötete rund 230.000 Menschen in 14 Ländern.

Sandstürme können in Wüstengebieten ernsthafte Probleme verursachen. Sie können die Sicht stark einschränken, was zu Verkehrsunfällen führen kann.

Ein Tsunami kann durch ein Erdbeben, einen Vulkanausbruch oder einen Erdrutsch ausgelöst werden. Die meisten Tsunamis ereignen sich jedoch im Pazifischen Ozean, wo tektonische Aktivitäten häufig sind.

Der schlimmste Hurrikan in der Geschichte der USA war der Galveston-Hurrikan von 1900. Er tötete zwischen 8.000 und 12.000 Menschen und richtete verheerende Schäden an.

Erdbeben können auch in Gebieten auftreten, die nicht in der Nähe von tektonischen Platten liegen. Diese sogenannten intraplate Erdbeben sind selten, aber können sehr stark sein.

Der schlimmste Waldbrand in der Weltgeschichte ereignete sich 1871 in Peshtigo, Wisconsin. Er tötete schätzungsweise 1.500 Menschen und verbrannte 1,2 Millionen Acres Land.

Hurrikane können mehrere Wochen Dauern und extreme Regenfälle, heftige Winde und Sturmfluten verursachen. Der schlimmste jemals aufgezeichnete Hurrikan, der Hurrikan Bhola, tötete 1970 in Bangladesch etwa 500.000 Menschen.

Die Tsunamiwelle, die 2004 den Indischen Ozean traf, erreichte eine Höhe von bis zu 30 Metern. Das entspricht in etwa der Höhe eines 10-stöckigen Gebäudes.

Der Ausbruch des Vulkans Tambora in Indonesien im Jahr 1815 führte zum "Jahr ohne Sommer". Die Asche und Staub in der Atmosphäre verursachten eine weltweite Abkühlung und Missernten.

Hurrikane sind die größten Sturmsysteme der Erde. Sie können einen Durchmesser von bis zu 1.000 Kilometern haben.

Der Begriff "Hundertjährige Flut" bezeichnet eine Flut, die statistisch gesehen einmal in hundert Jahren in einem bestimmten Gebiet auftritt. Dies bedeutet jedoch nicht, dass solche Fluten nur alle hundert Jahre auftreten.

Lawinen können durch eine Vielzahl von Faktoren ausgelöst werden, darunter Schneefall, Wind, Temperatur und die Steilheit des Hangs. Sie können mehrere Tonnen Schnee bewegen.

Überschwemmungen können auch positive Auswirkungen haben, indem sie fruchtbaren Schlamm und Nährstoffe auf Felder bringen. Dies ist insbesondere entlang des Nils in Ägypten der Fall.

Die schlimmste Flut in der Geschichte Asiens ereignete sich 1931 am Jangtse in China. Sie tötete schätzungsweise 1 bis 4 Millionen Menschen.

Hitzewellen können die Landwirtschaft stark beeinträchtigen, indem sie Ernten vernichten und Wasservorräte erschöpfen. Sie können auch zu Wasserknappheit und Waldbränden führen.

Der stärkste jemals aufgezeichnete Zyklon war der Super-Taifun Haiyan, der 2013 auf den Philippinen landete. Er hatte Windgeschwindigkeiten von bis zu 315 km/h.

Blizzards können gefährlich sein, weil sie starke Winde, kalte Temperaturen und schlechte Sicht kombinieren. Sie können zu Verkehrsunfällen, Unterkühlung und in extremen Fällen zum Tod führen.

Hailstorms können erheblichen Schaden anrichten. Der größte jemals gemessene Hagelstein hatte einen Durchmesser von 20 cm und wurde 2010 in South Dakota, USA, gefunden.

Die Erde hat etwa 1.500 aktive Vulkane. Jedes Jahr brechen durchschnittlich 50 bis 70 Vulkane aus.

Ein Erdbeben der Stärke 6 auf der Richterskala setzt so viel Energie frei wie die Explosion von 15.000 Tonnen TNT.

Die Osterinsel wurde durch massive Entwaldung und Bodenerosion in eine unfruchtbare Landschaft verwandelt. Dies ist ein Beispiel für eine von Menschen verursachte ökologische Katastrophe.

Im Jahr 1931 führten starke Regenfälle in China zu den schlimmsten Überschwemmungen der Geschichte. Sie töteten schätzungsweise 1 bis 4 Millionen Menschen.

Tornados können Objekte einsaugen und über weite Entfernungen transportieren. In einigen Fällen wurden leichte Gegenstände Hunderte von Kilometern weit getragen.

Die Dürre von 2011-2017 in Kalifornien war die Schlimmste in der Geschichte des Staates. Sie führte zu strengen Wassereinsparmaßnahmen und weit verbreiteten Waldbränden.

Der schlimmste Waldbrand in der australischen Geschichte ereignete sich am 7. Februar 2009. Er wird als "Black Saturday" bezeichnet und tötete 173 Menschen.

Im Jahr 1970 wurde die Stadt Yungay in Peru durch einen Gletscherabbruch vollständig zerstört. Dabei kamen etwa 20.000 Menschen ums Leben.

1974 erlebte die Stadt Darwin in Australien den schwersten Zyklon in der australischen Geschichte, den Zyklon Tracy. Über 70% der Häuser der Stadt wurden zerstört oder stark beschädigt.

Im Jahr 2005 war Hurrikan Katrina einer der tödlichsten Hurrikane in der Geschichte der Vereinigten Staaten. Er tötete über 1.200 Menschen und verursachte Schäden in Höhe von 125 Milliarden US-Dollar.

Die große Hungersnot in Irland zwischen 1845 und 1852 wurde durch eine Kartoffelkrankheit verursacht und führte zu einer großen Anzahl von Todesfällen und Auswanderungen.

Das schlimmste Erdbeben in der europäischen Geschichte ereignete sich 1755 in Lissabon, Portugal. Es tötete etwa 60.000 Menschen und zerstörte 85% der Stadt.

Der Tsunami im Indischen Ozean 2004 wurde durch ein unterseeisches Erdbeben ausgelöst und tötete etwa 230.000 bis 280.000 Menschen in 14 Ländern.

Der Ausbruch des Vulkans Mount St. Helens im Jahr 1980 war der verheerendste in der Geschichte der Vereinigten Staaten. Er tötete 57 Menschen und verursachte Schäden in Höhe von über 1 Milliarde US-Dollar.

Im Jahr 1931 verursachten starke Regenfälle in China die schlimmste Überschwemmung der Geschichte. Sie tötete schätzungsweise zwischen 1 und 4 Millionen Menschen.

Im Jahr 2011 ereignete sich in Japan ein Erdbeben der Stärke 9,1. Es löste einen Tsunami aus, der zur Nuklearkatastrophe von Fukushima führte.

Im Jahr 1906 ereignete sich in San Francisco ein Erdbeben der Stärke 7,9. Es löste ein Feuer aus, das die Stadt großflächig zerstörte.

Die teuerste Naturkatastrophe in der Geschichte war der Tohoku-Erdbeben und Tsunami in Japan im Jahr 2011. Die Kosten für die Schäden beliefen sich auf etwa 360 Milliarden US-Dollar.

Im Jahr 1556 tötete das Erdbeben von Shaanxi in China schätzungsweise 830.000 Menschen. Es ist das tödlichste Erdbeben in der Geschichte.

Das stärkste je aufgezeichnete Erdbeben ereignete sich 1960 in Valdivia, Chile. Es hatte eine Stärke von 9,5 auf der Richterskala und löste einen Tsunami aus, der bis nach Hawaii und Japan reichte.

Der Vulkan Eyjafjallajökull in Island sorgte 2010 für eine riesige Aschewolke, die den Flugverkehr in Europa für sechs Tage lahmlegte.

Zyklone, Taifune und Hurrikane sind eigentlich alle dasselbe Phänomen. Der Name ändert sich nur je nachdem, wo sie auftreten.

In Bangladesch ereignete sich 1970 der tödlichste Zyklon der Geschichte. Er tötete schätzungsweise 300.000 bis 500.000 Menschen.

Einige der verheerendsten Naturkatastrophen sind durch menschliches Handeln verursacht worden. Dazu gehören die Dust Bowl in den 1930er-Jahren in den USA und die Umweltkatastrophe von Tschernobyl im Jahr 1986.

Ein einziger Hurrikan kann bis zu 2,4 Billionen Liter Wasser pro Tag verdunsten lassen. Das entspricht der Menge an Wasser, die die Niagarafälle in sechs Monaten abgeben.

Ein Erdbeben der Stärke 7 auf der Richterskala ist etwa zehnmal stärker als ein Erdbeben der Stärke 6. Die Skala ist logarithmisch, nicht linear.

Eine massive Hitzewelle in Europa im Jahr 2003 tötete schätzungsweise 70.000 Menschen. Es war eine der tödlichsten Wetterkatastrophen der modernen Geschichte.

Die Eiszeit, die vor etwa 2,6 Millionen Jahren begann, ist technisch gesehen immer noch im Gange. Wir leben derzeit nur in einer relativ warmen Phase namens "Interglazial".

Der Staubsturm, der 1934 die amerikanischen Prärien traf, war so heftig, dass er sogar in New York City und Washington D.C. Staub hinterließ. Dieses Ereignis trug zur "Staub-Schüssel"-Ära während der großen Depression bei.

Ein Tsunami kann auf dem offenen Meer nur wenige Zentimeter hoch sein, aber seine Wellenlänge kann Hunderte von Kilometern betragen. Erst wenn er sich dem Ufer nähert, baut sich die Höhe der Welle auf.

Vulkane können "Vulkangewitter" erzeugen. Dieses Phänomen tritt auf, wenn ein Ausbruch genug Staub und Asche in die Luft wirft, um statische Elektrizität und schließlich Blitze zu erzeugen.

Im Jahr 1811-1812 traten in New Madrid, Missouri, drei der stärksten Erdbeben in den kontinentalen USA auf. Sie waren so stark, dass sie den Flusslauf des Mississippi vorübergehend umkehrten.

Ein Zyklon namens "Bhola" tötete 1970 in Bangladesch und Westbengalen etwa 500.000 Menschen. Es war die tödlichste tropische Wirbelsturm-Katastrophe in der Geschichte.

Die Gegend um den Pazifischen Ozean ist bekannt als "Ring des Feuers", weil sie mehr Erdbeben und Vulkanausbrüche erlebt als jede andere Region der Erde. Sie ist Heimat von 75% der aktiven Vulkane der Welt.

1952 traf der Smog, der als "Großer Smog von London" bekannt ist, die Stadt. Er dauerte fünf Tage und führte zu mindestens 4.000 Todesfällen.

Der größte gemessene Schneefall in 24 Stunden wurde 1921 in Colorado, USA, registriert. Es fielen 193 Zentimeter Schnee.

Hitzewellen können zu mehr Todesfällen führen als viele andere Naturkatastrophen. Vor allem ältere Menschen, Kinder und Menschen mit chronischen Krankheiten sind gefährdet.

Der Hurrikan Katrina war die teuerste Naturkatastrophe in der Geschichte der USA. Er verursachte Schäden in Höhe von 125 Milliarden US-Dollar.

Der Indische Ozean hat im Durchschnitt weniger Hurrikane als der Atlantische Ozean und der Pazifische Ozean. Dies liegt an seiner geografischen Lage und dem Klima in der Region.

Das Gelbe Flussbecken in China ist bekannt als die "Wiege der chinesischen Zivilisation", aber es hat auch die meisten Überschwemmungen aller Flüsse auf der Welt erlebt. Es ist bekannt als "Chinas Sorge".

Ein Erdbeben kann tatsächlich dazu führen, dass die Tage auf der Erde kürzer werden. Das Erdbeben in Chile 2010 verkürzte den Tag um 1,26 Mikrosekunden.

Das große Kanto-Erdbeben von 1923 in Japan tötete etwa 140.000 Menschen und zerstörte einen Großteil von Tokio und Yokohama. Es war eines der tödlichsten Erdbeben in der Geschichte.

Eine der tödlichsten Hitzewellen in der Geschichte ereignete sich 2010 in Russland, bei der etwa 55.000 Menschen starben. Der Schaden belief sich auf etwa 15 Milliarden Dollar.

Sandstürme, auch bekannt als "Haboobs" treten häufig in trockenen Regionen wie der Sahara und dem Nahen Osten auf. Sie können so dicht sein, dass sie die Sonne blockieren und die Sicht auf wenige Meter reduzieren.

Der Vulkan Mauna Loa auf Hawaii ist der größte aktive Vulkan der Erde. Er bedeckt eine Fläche von etwa 5.271 Quadratkilometern.

In den USA ist Florida der Bundesstaat mit der höchsten Wahrscheinlichkeit, von Hurrikanen getroffen zu werden. Von 1851 bis 2010 wurde der Staat von 114 Hurrikanen getroffen.

Trotz seiner Größe hat Antarktis die niedrigste seismische Aktivität aller Kontinente. Dies liegt daran, dass es sich nicht an einer tektonischen Plattengrenze befindet.

Der Osten Afrikas erlebt derzeit eine geologische Spaltung, die letztendlich dazu führen könnte, dass ein großer Teil Äthiopiens, Somalias und Kenias von Afrika abgetrennt wird und ein neuer Ozean entsteht. Dies wird jedoch wahrscheinlich mehrere Millionen Jahre dauern.

Tsunamis können Geschwindigkeiten von bis zu 500 Meilen pro Stunde (ca. 800 km/h) erreichen, wenn sie sich durch tiefe Gewässer bewegen. Ihre Geschwindigkeit verringert sich, wenn sie sich flachen Küstengewässern nähern, aber ihre Höhe nimmt zu.

Der große Galveston-Hurrikan von 1900 ist die tödlichste Naturkatastrophe in der Geschichte der Vereinigten Staaten. Zwischen 6.000 und 12.000 Menschen starben infolge des Sturms.

Pflanzen

Die Titanenwurz ist eine Pflanze, die den größten einzelnen Blütenstand der Welt hervorbringt. Interessanterweise riecht diese Blüte nach verwesendem Fleisch, um Aasfliegen und Käfer anzulocken, die ihre Bestäuber sind.

Die Venusfliegenfalle ist eine fleischfressende Pflanze, die ihre Beute durch ihre schnellen, klappmäuligen Blätter fängt. Es ist eine der wenigen Pflanzen, die in der Lage ist, schnelle Bewegungen auszuführen, um Insekten zu fangen.

Sonnenblumen bewegen ihre Köpfe tatsächlich, um der Sonne zu folgen. Dieses Phänomen wird als Heliotropismus bezeichnet und ist besonders bei jungen Pflanzen ausgeprägt.

Die Mimose ist eine Pflanze, die bei Berührung zusammenzuckt. Diese einzigartige Bewegung ist als Thigmonastie bekannt und dient wahrscheinlich dazu, Pflanzenfresser abzuschrecken.

Es gibt eine Pflanze namens "Schlauchpflanze", die Insekten und kleine Tiere in ihren tiefen, röhrenförmigen Blättern einfängt. Die gefangenen Tiere ertrinken und zersetzen sich, wodurch der Pflanze Nährstoffe zur Verfügung gestellt werden.

Einige Orchideenarten sind bekannt dafür, Insekten und Vögel zu imitieren, um Bestäuber anzulocken. Dies ist ein einzigartiges Beispiel für pflanzliche Mimikry.

Die Erbse ist eine der ältesten bekannten Kulturpflanzen. Archäologische Funde deuten darauf hin, dass sie bereits vor etwa 7.000 bis 9.000 Jahren in Teilen des heutigen Nahen Ostens kultiviert wurden.

Die Chilipflanze produziert Capsaicin, eine Substanz, die für die Schärfe von Chili verantwortlich ist. Interessanterweise sind Vögel immun gegen die Wirkung von Capsaicin und können daher Chilisamen verbreiten, ohne von der Schärfe beeinträchtigt zu werden.

Die größte Blume der Welt, Rafflesia arnoldii, kann einen Durchmesser von mehr als 1 Meter erreichen. Diese riesige Pflanze ist auch bekannt für ihren unangenehmen Geruch, der oft mit dem Geruch von verwesendem Fleisch verglichen wird.

Die Eibe ist eine der wenigen Pflanzen, deren Samen von einem fleischigen "Arillus" umgeben sind, der wie eine Beere aussieht, aber technisch gesehen keiner ist. Interessanterweise ist der Arillus der einzige Teil der Eibe, der nicht giftig ist.

Der Riesenbärenklau ist eine Pflanze, die phototoxische Substanzen produziert. Dies bedeutet, dass der Kontakt mit der Pflanze in Kombination mit Sonnenlicht zu schweren Hautreaktionen führen kann.

Die Kartoffel ist die am vierthäufigste angebaute Nutzpflanze der Welt. Sie wurde ursprünglich in den Anden Südamerikas domestiziert und ist heute auf der ganzen Welt verbreitet.

Die Aloe Vera ist bekannt für ihre heilenden Eigenschaften und wird oft in Kosmetika und Heilmitteln verwendet. Ihr Gel hat entzündungshemmende und beruhigende Eigenschaften und kann zur Behandlung von Hautirritationen verwendet werden.

Der Kaffeebaum kann bis zu 10 Meter hoch werden, wird aber normalerweise auf Plantagen auf eine Höhe von 2-4 Metern beschnitten, um die Ernte zu erleichtern. Die Pflanze produziert Kaffeekirschen, die jeweils zwei Samen enthalten - die Kaffeebohnen.

Die Erdnuss ist eigentlich keine Nuss, sondern eine Hülsenfrucht. Im Gegensatz zu den meisten Pflanzen wächst die Erdnussfrucht nach der Bestäubung unterirdisch, wo sich die Nüsse entwickeln.

Der größte Kürbis, der jemals gewogen wurde, wog über 1.200 Kilogramm. Kürbisse sind Mitglieder der Kürbisfamilie und verwandt mit anderen Nutzpflanzen wie Gurken, Melonen und Zucchini.

Tulpen waren im 17. Jahrhundert in den Niederlanden so wertvoll, dass sie als Währung verwendet wurden. Dieser Zeitraum, der als "Tulpenmanie" bekannt ist, ist eines der ersten bekannten Beispiele für eine Spekulationsblase.

Die Lotosblume ist in vielen Kulturen ein Symbol für Reinheit und Erneuerung, da sie jeden Morgen aus dem Schlamm auftaucht und makellos blüht. Sie hat auch die bemerkenswerte Fähigkeit, sich selbst zu reinigen, ein Phänomen, das als "Lotos-Effekt" bekannt ist.

Der Rhabarber ist eine Pflanze, deren Stiele essbar sind, aber deren Blätter giftig sind. Sie enthalten Oxalsäure, eine Substanz, die in großen Mengen toxisch sein kann.

Krokusse sind einige der ersten Blumen, die im Frühjahr blühen. Sie sind auch bekannt für ihre Rolle bei der Herstellung von Safran, einem der teuersten Gewürze der Welt, dass aus den getrockneten Stempeln der Safrankrokusblüte hergestellt wird.

Der Kaktus ist eine Pflanze, die an extrem trockene Bedingungen angepasst ist. Seine dicken, fleischigen Stängel speichern Wasser und seine Stacheln bieten Schutz vor Pflanzenfressern.

Die Passionsblume ist für ihre einzigartige, komplizierte Blütenstruktur bekannt. Sie wurde von frühen christlichen Missionaren so benannt, weil sie die Elemente der Passion Christi repräsentiert sahen: die Dornenkrone, die Nägel des Kreuzes und die zwölf Apostel.

Die Bohne ist eine der ältesten Kulturpflanzen der Welt und wurde schon vor 7.000 bis 8.000 Jahren in Mittel- und Südamerika angebaut. Heute werden Bohnen auf der ganzen Welt in unzähligen Sorten angebaut.

Der Mais ist eigentlich eine Grasart und wurde ursprünglich in Mexiko domestiziert. Er hat die höchste Produktion aller Getreidearten, wobei die meisten Produzenten in den USA, China und Brasilien zu finden sind.

Die blaue Mauritius ist eine der seltensten und wertvollsten Briefmarken der Welt, aber sie ist nach einer Pflanze benannt - der Mauritius-Palme, die auf der Insel Mauritius endemisch ist.

Die Zuckerrübe ist eine wichtige Quelle für Zucker und kann fast 20% Zucker in ihrer trockenen Masse enthalten. Die Zuckergewinnung aus Rüben wurde erstmals im 19. Jahrhundert entwickelt, als Napoleons Kontinentalsperre den Import von Rohrzucker blockierte.

Die Quitte war wahrscheinlich die "goldene Frucht", die in der antiken griechischen Mythologie erwähnt wurde. Sie wurde lange vor dem Apfel im Mittelmeerraum kultiviert und kann roh, sehr hart und sauer sein, wird aber beim Kochen süß und aromatisch.

Die Gartenlupine ist bekannt für ihre farbenfrohen Blütenstände und ihre Fähigkeit, den Boden zu verbessern, indem sie Stickstoff aus der Luft fixiert. Sie wird oft zur Bodenverbesserung und als Zierpflanze verwendet.

Der Buchweizen ist trotz seines Namens kein Getreide und gehört nicht zur Familie der Gräser. Er ist tatsächlich eng verwandt mit Rhabarber und Sauerampfer und seine Samen werden als Pseudogetreide verwendet.

Die Sumpfdotterblume ist eine einheimische nordamerikanische Wildblume, die oft in feuchten Gebieten und am Rande von Teichen wächst. Trotz ihrer schönen, sonnigen Blüten ist sie giftig und kann bei Verzehr zu schweren Vergiftungen führen.

Der Baumwollstrauch ist die wichtigste Quelle für natürliche Textilfasern in der Welt. Jede Baumwollkapsel enthält mehrere Samen, die von einer Masse aus weichen, flauschigen Fasern umgeben sind.

Der Blaue Eisenhut ist eine der giftigsten Pflanzen in Europa. Alle Teile der Pflanze sind giftig und können beim Menschen ernsthafte Gesundheitsprobleme verursachen.

Die Baldrianpflanze ist bekannt für ihre beruhigenden Eigenschaften. Ihr Wurzelextrakt wird in vielen traditionellen Medizinen zur Behandlung von Schlaflosigkeit und Angstzuständen verwendet.

Der Leinsamen ist eine der ältesten Kulturpflanzen und wurde bereits im alten Ägypten für seine Fasern und Samen angebaut. Heute wird es sowohl für Leinöl als auch für Leinenstoff verwendet.

Die Pfefferminze ist eine Hybride aus Wasserminze und grüner Minze und ist bekannt für ihren starken, erfrischenden Duft. Sie wird oft in Tees, Süßigkeiten und Zahnpasta verwendet.

Der Weizen ist eine der wichtigsten Getreidearten und ein Grundnahrungsmittel für einen großen Teil der Weltbevölkerung. Die ersten Formen von Weizen wurden wahrscheinlich vor etwa 10.000 Jahren im Nahen Osten domestiziert.

Die Sonnenblume ist die einzige große Nutzpflanze, die in Nordamerika heimisch ist. Sie wurde von den Ureinwohnern schon lange vor der Ankunft der Europäer für ihre essbaren Samen und ihren ölreichen Kern angebaut.

Die Pflanze Gelsemium sempervirens, auch bekannt als gelber Jasmin, ist eine schöne, aber potenziell tödliche Pflanze. Trotz ihres Namens ist sie nicht mit den echten Jasminpflanzen verwandt und ihr Verzehr kann zu schweren Vergiftungen führen.

Der Rizinusstrauch ist die einzige Quelle für Rizinusöl, das sowohl in der Medizin als auch in der Industrie verwendet wird. Die Pflanze produziert auch Rizin, eines der tödlichsten natürlich vorkommenden Gifte.

Die Baldachin-Schote, auch bekannt als die "Schreiende Bohne", ist eine tropische Pflanze, die lange, hängende Schoten produziert, die beim Trocknen aufplatzen und ihre Samen mit einem lauten Knall ausschleudern.

Die Topinambur ist eine Sonnenblumenart, die für ihre knolligen Wurzeln angebaut wird. Sie wurden von den Ureinwohnern Nordamerikas angebaut und sind eine hervorragende Quelle für Inulin, eine Art löslicher Ballaststoffe.

Der Riesenkürbis ist eine Unterart des gewöhnlichen Kürbisses, der dafür gezüchtet wurde, extrem große Früchte zu produzieren. Der größte jemals gezüchtete Riesenkürbis wog über 1.200 Kilogramm.

Der Ginkgo biloba ist eine der ältesten Pflanzenarten auf der Erde mit Fossilien, die bis zu 270 Millionen Jahre zurückreichen. Diese Art überlebte als einzige ihrer Familie die Eiszeit und wird heute oft als "lebendes Fossil" bezeichnet.

Das Vergissmeinnicht ist eine zarte, mehrjährige Wildblume, die für ihre kleinen, hellblauen Blüten bekannt ist. Sie ist das Symbol für dauerhafte Erinnerung und wird oft in Poesie und Literatur erwähnt.

Die Passionsblume ist eine Kletterpflanze, die für ihre einzigartigen, komplexen Blüten bekannt ist. Der Name bezieht sich auf die Passion (Leiden) Christi; spanische Missionare nutzten die Pflanze als visuelle Darstellung der Kreuzigung.

Das Mutterkraut ist eine traditionelle medizinische Pflanze, die zur Behandlung von Kopfschmerzen und Fieber verwendet wurde. Es hat einen starken, charakteristischen Geruch, der oft als unangenehm beschrieben wird.

Die Rose von Jericho ist eine erstaunliche Pflanze, die in der Lage ist, über Jahre hinweg vollständig auszutrocknen und dann wiederaufzuleben, wenn sie Wasser erhält.
Diese "Auferstehungspflanze" wird oft in botanischen Demonstrationen verwendet, um die Anpassungsfähigkeit von Pflanzen zu zeigen.

Die Efeutute ist eine sehr verbreitete Zimmerpflanze, die in einer Vielzahl von Bedingungen gedeiht. Sie ist auch als "Teufelsrebe" bekannt, wegen ihrer Fähigkeit, schnell zu wachsen und andere Pflanzen zu überholen.

Das Schneeglöckchen ist eine der ersten Blütenpflanzen, die im Frühjahr blüht. Es ist ein Symbol für die Rückkehr des Frühlings und wird oft in Poesie und Literatur erwähnt.

Der Löwenzahn ist eine sehr anpassungsfähige Wildblume, die in vielen Teilen der Welt als Unkraut gilt. Sie produziert "Flugsamen", die sich im Wind verbreiten, und kann unter fast allen Bedingungen wachsen.

Die Venusfliegenfalle ist eine der bekanntesten fleischfressenden Pflanzen. Sie nutzt speziell angepasste Blätter, um Insekten zu fangen und zu verdauen, was ihr hilft, in nährstoffarmen Böden zu überleben.

Die Kornblume ist eine helle, blau blühende Wildblume, die in vielen Teilen Europas heimisch ist. Sie ist das nationale Symbol Estlands und war einst ein häufiger Anblick in britischen Kornfeldern.

Die blaue Mauritius ist eine seltene Pflanze, die nur auf der Insel Mauritius im Indischen Ozean vorkommt. Sie produziert leuchtend blaue Blüten und ist ein Symbol für den Naturschutz auf der Insel.

Das Riesen-Bärenklau ist eine invasive Pflanze, die für ihre großen weißen Blütendolden bekannt ist. Der Saft der Pflanze kann bei Kontakt mit der Haut schwere Verbrennungen verursachen, wenn er dem Sonnenlicht ausgesetzt ist.

Die Fackellilie ist eine auffällige Pflanze, die große, leuchtend rote Blütenstände produziert. Sie ist auch als "Rote heiße Poker-Pflanze" bekannt und wird oft in trockenen, warmen Klimazonen angepflanzt.

Die blaue Lupine ist eine Wildblume, die in vielen Teilen Nordamerikas heimisch ist. Sie ist für ihre langen, spitzen Blütenstände bekannt und wird oft zur Bodenverbesserung angepflanzt, da sie Stickstoff aus der Luft binden kann.

Der Eibisch ist eine Pflanze, die für ihre großen, auffälligen Blüten und ihre samtigen Blätter bekannt ist. Der Wurzelextrakt der Pflanze wurde in der Vergangenheit zur Herstellung von Marshmallows verwendet.

Der Sonnenhut ist eine mehrjährige Blume, die für ihre großen, leuchtend gelben oder orangefarbenen Blüten bekannt ist. Sie wird oft in der traditionellen Medizin verwendet, insbesondere zur Stärkung des Immunsystems.

Die Hortensie ist eine blühende Strauchart, die für ihre großen, ballförmigen Blütenstände bekannt ist. Der pH-Wert des Bodens kann die Farbe der Blüten beeinflussen; saure Böden erzeugen eher blaue Blüten, während alkalische Böden rosa Blüten hervorbringen.

Die Glockenblume ist eine große Gattung von blühenden Pflanzen, die für ihre glockenförmigen Blüten bekannt sind. Sie kommen in einer Vielzahl von Formen und Farben vor und sind in der nördlichen Hemisphäre weit verbreitet.

Der Ingwer ist eine tropische Pflanze, die für ihre duftenden, scharfen Wurzeln bekannt ist. Sie wird in vielen Küchen weltweit verwendet und hat auch eine lange Geschichte in der traditionellen Medizin.

Das Maiglöckchen ist eine zarte, mehrjährige Wildblume, die für ihre kleinen, weißen, glockenförmigen Blüten bekannt ist. Sie ist das nationale Symbol Finnlands und wird oft in Poesie und Literatur erwähnt.

Der Hibiskus ist eine blühende Pflanze, die für ihre großen, leuchtenden Blüten bekannt ist. Sie wird in vielen tropischen und subtropischen Regionen angebaut und ist die Nationalblume von Malaysia und Südkorea.

Die Lilie ist eine blühende Pflanze, die für ihre großen, auffälligen Blüten bekannt ist. Sie ist das Symbol für Reinheit und wird oft in religiösen und kulturellen Zeremonien verwendet.

Die Dahlie ist eine blühende Pflanze, die für ihre vielfältigen und auffälligen Blüten bekannt ist. Sie wurde nach dem schwedischen Botaniker Anders Dahl benannt und ist die Nationalblume von Mexiko.

Der Efeu ist eine Kletterpflanze, die für ihr immergrünes Laub und ihre Fähigkeit, an nahezu jeder Oberfläche zu haften bekannt ist. Sie wird oft in der Gartenkunst verwendet und ist ein Symbol für ewige Treue.

Die Orchidee ist eine große und vielfältige Familie von blühenden Pflanzen, die für ihre einzigartigen und oft auffälligen Blüten bekannt sind. Sie sind auf jedem Kontinent außer der Antarktis heimisch und kommen in fast jeder denkbaren Umgebung vor.

Der Flieder ist ein blühender Strauch, der für seine duftenden, hellvioletten Blüten bekannt ist. Er ist ein Symbol für den Frühling und wird oft in Poesie und Literatur erwähnt.

Die Petunie ist eine blühende Pflanze, die für ihre trichterförmigen Blüten und ihren angenehmen Duft bekannt ist. Sie wird häufig in Gärten und Blumenkästen angebaut und kommt in einer Vielzahl von Farben vor.

Die Ringelblume ist eine blühende Pflanze, die für ihre leuchtenden, orangefarbenen oder gelben Blüten bekannt ist. Sie wird oft in der traditionellen Medizin verwendet und hat auch eine lange Geschichte als kulinarische Zutat.

Der Weinstock ist eine Kletterpflanze, die für ihre Frucht, die Traube und die daraus hergestellten Weine bekannt ist. Sie hat eine lange Geschichte des Anbaus, die bis in die Antike zurückreicht.

Der Lavendel ist eine mehrjährige Pflanze, die für ihren duftenden Geruch und ihre lila Blüten bekannt ist. Sie wird häufig in der Parfümindustrie verwendet und hat eine lange Geschichte in der traditionellen Medizin.

Der Klee ist eine mehrjährige Pflanze, die für ihre dreiblättrigen, manchmal vierblättrigen Blätter bekannt ist. Sie wird oft als Symbol für Glück und Wohlstand angesehen.

Die Begonie ist eine blühende Pflanze, die für ihre auffälligen Blüten und ihr attraktives Laub bekannt ist. Sie wird häufig als Zierpflanze angebaut und kommt in einer Vielzahl von Formen und Farben vor.

Das Bambus ist eine sehr schnell wachsende Pflanze, der für seine hohen, geraden Stängel bekannt ist. Sie wird in vielen Teilen der Welt als Baumaterial, Nahrungsquelle und Symbol für Langlebigkeit und Flexibilität verwendet.

Die Kamille ist eine mehrjährige Pflanze, die für ihre kleinen weißen Blüten und ihren angenehmen Duft bekannt ist. Sie wird häufig in der traditionellen Medizin verwendet, insbesondere zur Beruhigung und Entspannung.

Die Fuchsia ist eine blühende Pflanze, die für ihre einzigartigen, hängenden Blüten bekannt ist. Sie wird oft als Zierpflanze in Gärten und Blumenkästen angebaut.

Der Mohn ist eine blühende Pflanze, die für ihre leuchtenden, oft roten Blüten bekannt ist. Sie wird oft als Symbol für Schlaf und Vergessenheit angesehen, da einige Arten von Mohn Alkaloide enthalten, die sedierende Effekte haben können.

Der Kaktus ist eine Familie von sukkulenten Pflanzen, die für ihre Fähigkeit, in trockenen und unwirtlichen Umgebungen zu überleben, bekannt sind. Sie haben oft auffällige Formen und können in einigen Arten beeindruckende Blüten produzieren.

Die Vanille ist eine Orchideenart, die für ihre duftenden Fruchtschoten bekannt ist. Sie ist die einzige Orchidee, die kommerziell für ihre Früchte angebaut wird, aus denen das bekannte Gewürz Vanille gewonnen wird.

Die Chrysantheme ist eine blühende Pflanze, die für ihre großen, ballförmigen Blüten bekannt ist. Sie wird oft als Symbol für Langlebigkeit und Unsterblichkeit angesehen und ist eine wichtige Pflanze in vielen Kulturen.

Die Narzisse ist eine blühende Pflanze, die für ihre leuchtenden, trompetenförmigen Blüten bekannt ist. Sie ist ein Symbol für den Frühling und wird oft in Poesie und Literatur erwähnt.

Der Farn ist eine Familie von Pflanzen, die für ihre gefiederten Blätter und ihren Lebenszyklus ohne Blüten oder Samen bekannt ist. Sie sind eine der ältesten Pflanzengruppen auf der Erde mit Fossilien, die bis in das Devon-Zeitalter zurückreichen.

Die Gänseblümchen ist eine blühende Pflanze, die für ihre kleinen weißen Blüten mit einem gelben Zentrum bekannt ist. Sie wird oft als Symbol für Unschuld und Reinheit angesehen und wird häufig in Volksliedern und -geschichten erwähnt.

Früchte

Erdbeeren sind gar keine Beeren, sondern gehören zur Familie der Rosengewächse. Aber Bananen, Paprikas und Tomaten, die man nicht als Beeren bezeichnet, sind botanisch gesehen tatsächlich welche.

Es gibt eine Sorte Traube, die nach Erdbeere schmeckt. Sie wird auch "Strawberry Grape" genannt und ist besonders in Süditalien beliebt.

China ist der größte Produzent von Äpfeln weltweit. Im Jahr 2019 produzierte China fast 41 Millionen Tonnen Äpfel.

Der größte Anbauer von Birnen ist ebenfalls China. Das Land produziert mehr als 15 Millionen Tonnen Birnen pro Jahr.

Wassermelonen bestehen zu etwa 92% aus Wasser. Das macht sie zum perfekten Sommer-Snack.

Orangen sind nicht immer orange. In wärmeren Klimazonen bleiben Orangen grün oder gelb, auch wenn sie reif sind.

Ananas wachsen nicht auf Bäumen, sondern als einzelne Pflanze auf dem Boden. Jede Pflanze produziert nur eine Ananas pro Jahr.

Die Kaktusfeige, auch als Opuntia bekannt, ist die Frucht des Feigenkaktus. Sie ist essbar und hat einen süßen Geschmack, der oft mit Wassermelone verglichen wird.

Zitronen enthalten mehr Zucker als Erdbeeren. Sie schmecken saurer, weil sie mehr Säure enthalten, die den süßen Geschmack überdeckt.

Die Avocado wurde ursprünglich als "ahuacatl" von den Azteken bezeichnet, was in ihrer Sprache "Hoden" bedeutet. Das ist wahrscheinlich auf die Form und die doppelte Anordnung der Früchte am Baum zurückzuführen.

Granatäpfel haben eine beeindruckende Anzahl an Samen. Jeder Granatapfel kann zwischen 200 und 1400 Samen enthalten.

Die Jackfrucht ist die größte Frucht, die an einem Baum wächst. Sie kann bis zu 35 Kilogramm wiegen und einen Durchmesser von 90 cm haben.

Die Schale einer Banane kann tatsächlich zum Polieren von Schuhen verwendet werden. Das Innere der Schale enthält Öle und Kalium, die für einen schönen Glanz sorgen.

Der Durian, auch bekannt als "Stinkfrucht", ist in einigen öffentlichen Verkehrsmitteln in Südostasien verboten. Das liegt an seinem starken Geruch, der von vielen Menschen als unangenehm empfunden wird.

Guaven enthalten viermal mehr Vitamin C als Orangen. Sie sind auch reich an Ballaststoffen, Vitamin A und Kalium.

Himbeeren sind nicht nur rot. Es gibt auch schwarze, lila, goldene und sogar weiße Himbeeren.

Es gibt eine Apfelsorte namens "Black Diamond", die fast schwarz ist. Diese seltene Apfelsorte wird nur in den tibetischen Bergen Chinas angebaut.

Es dauert etwa sieben bis zehn Jahre, bis ein Kiwibaum Früchte trägt. Die Pflanzen müssen während dieser Zeit sorgfältig gepflegt werden.

Mangos wurden vor über 5.000 Jahren erstmals in Indien kultiviert. Sie werden dort als Symbol des Lebens verehrt und in vielen religiösen Ritualen verwendet.

Der Kaffeebaum trägt Früchte, die als Kaffeekirschen bekannt sind. Jede Kirsche enthält zwei Kaffeebohnen.

Die Grapefruit ist eigentlich das Ergebnis einer zufälligen Kreuzung zwischen Orange und Pomelo. Sie wurde erstmals im 18. Jahrhundert auf Barbados entdeckt.

Kokosnüsse sind eigentlich keine Nüsse. Sie sind Steinfrüchte, genau wie Pfirsiche, Pflaumen und Kirschen.

Cranberries können auf Wasser schwimmen. Dies liegt an kleinen Lufttaschen in den Beeren, die sie ideal für die Flut-Ernte machen.

Feigen sind eigentlich umgekehrte Blüten. Die Frucht entsteht aus der Blume, die sich nach innen wendet.

Der "Jazz Apple" ist eine Kreuzung aus der Royal Gala- und der Braeburn-Apfelsorte. Er wurde in Neuseeland entwickelt.

Es gibt eine Apfelsorte namens "Arctic Apple", die nicht braun wird. Sie wurde genetisch so verändert, dass sie, wenn sie geschnitten wird, ihre Farbe behält.

Rambutan, eine tropische Frucht, bedeutet "haarig" auf Malaiisch. Diese Bezeichnung ist auf das einzigartige, haarähnliche Aussehen der Frucht zurückzuführen.

Die Maracuja hat eine natürliche, beruhigende Wirkung. Sie wird oft verwendet, um Schlaflosigkeit, Angstzustände und Stress abzubauen.

Goji-Beeren, auch als Wolfsbeeren bekannt, sind in China seit mindestens dem 3. Jahrhundert n. Chr. als medizinische und kulinarische Zutat bekannt.

Die Mispel ist eine der ältesten bekannten Früchte. Sie wurde bereits von den alten Griechen und Römern kultiviert.

Die Physalis ist eine kleine Beere, die in einer papierähnlichen Hülle wächst. Sie ist verwandt mit der Tomate und der Aubergine.

Die Charentais-Melone ist eine spezielle Sorte von Cantaloupe, die in Frankreich gezüchtet wurde. Sie wird für ihr süßes und aromatisches Fruchtfleisch geschätzt.

Blaubeeren sind eine der wenigen natürlichen Lebensmittel, die tatsächlich blau sind. Sie enthalten Anthocyane, die für die blaue Farbe verantwortlich sind.

Die "Honeycrisp"-Apfelsorte wurde an der Universität von Minnesota gezüchtet. Sie wurde für ihren knackigen Biss und ihren süßen Geschmack berühmt.

Papayas enthalten das Enzym Papain, das zum Zerlegen von Proteinen verwendet wird. Es wird oft als Fleischzartmacher verwendet.

Die Litschi ist eine tropische Frucht, die ursprünglich aus China stammt. Sie ist bekannt für ihr süßes, blumiges Aroma und ihr saftiges Fruchtfleisch.

Weintrauben trocknen in der Sonne zu Rosinen. Sie verlieren dabei bis zu 80% ihres Wassergehalts.

"Hass" ist die beliebteste Avocado-Sorte. Sie wurde zufällig von einem Briefträger namens Rudolph Hass entdeckt.

Olivenbäume können Hunderte von Jahren alt werden. Der älteste bekannte Olivenbaum, der noch Früchte trägt, ist über 2000 Jahre alt.

Pfirsiche und Nektarinen sind eigentlich die gleiche Frucht. Der einzige Unterschied ist, dass Nektarinen keine Fuzz auf ihrer Haut haben.

Brombeeren sind keine Beeren im botanischen Sinne. Sie sind sogenannte Sammelsteinfrüchte.

Der Ackee ist die nationale Frucht von Jamaika. Sie muss vollständig reif sein, bevor sie gegessen wird, da sie sonst giftig ist.

Die Pitanga, auch als Surinam-Kirsche bekannt, hat ein starkes, harziges Aroma. Sie ist eine wichtige Quelle für Vitamin C und Beta-Carotin.

Die Açai-Beere ist eine dunkle, purpurfarbene Beere, die in den Açai-Palmen des Amazonas-Regenwaldes wächst. Sie ist ein wichtiger Bestandteil der Ernährung der einheimischen Bevölkerung.

Der Cashewapfel ist die Frucht des Cashewbaums, aber die Cashewnuss hängt eigenartig an seinem Boden. Beides, die Frucht und die Nuss sind essbar.

Die Durio zibethinus ist die einzige Spezies der Durian, die international exportiert wird. Sie ist bekannt für ihre stinkenden Früchte.

Das Hala-Frucht kommt aus dem Pazifik und ist für seine einzigartige Erscheinung bekannt. Sie hat mehrere Abschnitte, die sich auffächernd ausbreiten und einen sehr exotischen Look bieten.

Die schwarze Sapote, auch als "Schokoladenpudding-Frucht" bekannt, hat ein dunkles, puddingartiges Fruchtfleisch, das nach Schokolade schmeckt. Sie ist eine gute Quelle für Vitamin C und Kalium.

Mandarinen sind eigentlich eine Art von Orangen. Sie sind kleiner und ihre Haut lässt sich leichter ablösen.

Die Kumquat ist eine kleine Zitrusfrucht, die ganz inklusive der Schale gegessen wird. Sie hat einen süßen Geschmack mit einem leicht säuerlichen Kick.

Kiwis sind ursprünglich aus China, wurden aber in Neuseeland populär. Sie wurden nach dem Kiwi-Vogel benannt, weil sie kleine, flauschige, braune Vögel ähneln.

Äpfel gehören zur Familie der Rosengewächse. Sie teilen diese Familie mit einer Vielzahl von Blumen sowie Früchten wie Pfirsichen, Himbeeren und Kirschen.

Drachenfrüchte, auch als Pitahaya bekannt, stammen von einem bestimmten Kaktus. Das Fruchtfleisch kann weiß oder rot sein und ist mit kleinen, essbaren Samen gesprenkelt.

Mangos sind die meistverzehrte Frucht der Welt. Sie sind auch nationaler Obst von Indien, Pakistan und den Philippinen.

Erdbeeren sind die einzige Frucht, deren Samen außen liegen. Es gibt durchschnittlich 200 Samen auf jeder Erdbeere.

Die Jabuticaba, auch als brasilianische Traube bekannt, wächst direkt am Stamm des Baumes. Die Frucht ist reich an Antioxidantien und Vitaminen.

Die Größe einer Banane kann Aufschluss über ihre Süße geben. Je größer die Banane, desto süßer ist sie wahrscheinlich, da sie mehr Zucker enthält.

Granatäpfel wurden schon in alten ägyptischen Grabmalereien abgebildet. Sie symbolisieren Fruchtbarkeit und Wiedergeburt.

Die Akebie ist eine japanische Frucht, die oft roh gegessen wird. Sie hat einen süßen, zarten Geschmack und wird manchmal zur Dekoration von Gerichten verwendet.

Nashi-Birnen, auch als asiatische Birnen bekannt, haben eine knusprige Textur wie Äpfel. Sie sind sehr saftig und haben einen süßen, milden Geschmack.

Avocados sind in der Tat Früchte, genauer gesagt Beeren. Sie haben mehr Kalium als Bananen und sind reich an gesunden Fetten.

Sternfrucht, auch Carambola genannt, ist für ihre einzigartige sternförmige Form bekannt. Sie hat einen sauren, süßen Geschmack und ist reich an Vitamin C.

Die Gac-Frucht, auch als Baby-Jackfrucht bekannt, ist in Südostasien sehr verbreitet. Sie enthält das Carotinoid Lycopin, das als Antioxidans wirkt.

Pflaumen sind reich an Vitamin C und Ballaststoffen. Sie können roh oder getrocknet als Pflaumen gegessen werden.

Quitten sind Verwandte von Äpfeln und Birnen. Sie sind zu hart, um sie roh zu essen, aber sie sind köstlich, wenn sie gekocht werden und ihren süßen Geschmack entfalten.

Die Mispel ist eine alte Frucht, die in der Antike im Mittelmeerraum gegessen wurde. Sie muss überreif sein, um genossen werden zu können, eine Eigenschaft, die als "Bletting" bekannt ist.

Kirschen sind Mitglieder der Familie der Rosengewächse. Sie sind in zwei Hauptkategorien unterteilt: Süßkirschen und Sauerkirschen.

Guaven sind reich an Vitamin C und Ballaststoffen. Sie haben ein süßsaures Aroma und können mit Schale gegessen werden.

Passionsfrüchte sind bekannt für ihr zartes, süßsaures Fruchtfleisch und ihre knusprigen Samen. Sie sind eine gute Quelle für Vitamin C und Ballaststoffe.

Die Feijoa oder Ananas-Guave stammt aus Südamerika, ist aber in Neuseeland und Kalifornien sehr beliebt. Sie hat einen süßen, aromatischen Geschmack, der oft als eine Mischung aus Ananas, Guave und Erdbeere beschrieben wird.

Goji-Beeren, auch als Wolfbeeren bekannt, werden in Asien seit Jahrtausenden als Heilpflanze verwendet. Sie sind reich an Antioxidantien und Vitamin A.

Die Cherimoya, auch als "Eiscremefrucht" bekannt, hat ein cremiges, süßes Fruchtfleisch. Es hat die Textur von Sorbet und einen Geschmack, der oft als eine Mischung aus Banane, Ananas, Pfirsich und Erdbeere beschrieben wird.

Die Cassabanana ist eine südamerikanische Frucht, die trotz ihres Namens nicht zur Familie der Bananen gehört. Sie hat eine harte lila bis schwarze Schale und ein süßes, helloranges Fruchtfleisch.

Die Luffa ist eine Frucht, die oft als Schwamm verwendet wird. Wenn sie vollständig ausgereift ist, hat sie eine faserige Textur, die sich perfekt zum Schrubben eignet.

Der Salak oder "Schlangenfrucht" hat eine schuppige Haut, die an die Haut einer Schlange erinnert. Die Frucht darunter ist süß und sauer mit einer knusprigen Textur.

Die Noni-Frucht hat einen sehr starken Geruch, der oft als käseartig oder faulig beschrieben wird. Trotz ihres unangenehmen Geruchs wird sie in der traditionellen Medizin für ihre gesundheitlichen Vorteile geschätzt.

Tamarinden sind saure Hülsenfrüchte, die oft in der indischen und thailändischen Küche verwendet werden. Sie sind reich an Vitamin B und Kalzium.

Die Maracuja ist eine größere Variante der Passionsfrucht. Sie hat eine dicke, robuste Schale, die eine Fülle von saftigem, süßsaurem Fruchtfleisch und Samen enthält.

Die "Persimon" ist eine süße, saftige Frucht, die ähnlich wie eine Pflaume oder eine Tomate aussieht. Sie ist reich an Vitamin A und C.

Die Mangostanfrucht wird oft als "Königin der Früchte" bezeichnet. Sie hat eine dicke, violette Schale, die ein süßes, weißes Fruchtfleisch umschließt.

Lychees sind kleine, süße Früchte, die in China sehr beliebt sind. Sie haben eine raue, rote Schale, die ein süßes, aromatisches Fruchtfleisch umschließt.

"Rambutan" bedeutet auf malaiisch "haarig", was auf die einzigartige haarige Hülle der Frucht hinweist. Der Geschmack des Rambutan wird oft mit dem einer Lychee verglichen, ist aber etwas süßer.

Kaktusfeigen sind die Früchte des Kaktus Opuntia. Sie haben einen süßen, melonenähnlichen Geschmack.

Hagebutten sind die Früchte der Rosenpflanze. Sie sind reich an Vitamin C und können zu Marmelade, Tee oder Suppe verarbeitet werden.

Papayas sind reich an Vitamin C, Folsäure und Verdauungsenzymen. Sie haben ein süßes, melonenähnliches Fruchtfleisch und schwarze Samen, die wie Pfeffer schmecken.

Jaboticaba-Früchte wachsen direkt am Stamm des Baumes. Sie sehen aus wie dunkle, glänzende Beeren und haben einen süßen, beerenähnlichen Geschmack.

Schwarze Maulbeeren wurden einst als königliche Frucht betrachtet. Sie haben einen süßen, honigähnlichen Geschmack.

Fuyu und Hachiya sind die zwei am häufigsten konsumierten Sorten von Kaki. Fuyus sind süß und knusprig, während Hachiyas erst gegessen werden sollten, wenn sie vollständig reif und fast geleeartig sind.

Freizeitparks

Der älteste noch in Betrieb befindliche Vergnügungspark der Welt ist der Dyrehavsbakken in Dänemark. Er wurde bereits im Jahr 1583 eröffnet und bietet bis heute eine Vielzahl von Attraktionen.

Der "Kingda Ka" im Six Flags Great Adventure Park in New Jersey ist die höchste Achterbahn der Welt. Mit einer Spitzenhöhe von 139 Metern überragt sie viele Wolkenkratzer.

Das Walt Disney World Resort in Florida ist mehr als nur ein Vergnügungspark - er ist fast doppelt so groß wie Manhattan! Mit vier Themenparks, zwei Wasserparks und zahlreichen Resorts ist es ein Urlaubsziel für sich.

"Shambhala" im PortAventura Park in Spanien ist die höchste Achterbahn in Europa. Sie erreicht eine Höhe von 76 Metern und eine Spitzengeschwindigkeit von 134 km/h.

Der "Ferrari World" in Abu Dhabi beherbergt die schnellste Achterbahn der Welt, die "Formula Rossa". Sie erreicht eine Höchstgeschwindigkeit von 240 km/h in nur fünf Sekunden.

Der "Europa-Park" in Deutschland ist der zweitbeliebteste Themenpark in Europa nach Disneyland Paris. Er bietet mehr als 100 Attraktionen und 13 Achterbahnen.

Das "Efteling" in den Niederlanden ist einer der ältesten Themenparks der Welt. Es wurde 1952 eröffnet und basiert auf traditionellen niederländischen Märchen und Legenden.

"Universal's Islands of Adventure" in Orlando ist bekannt für seine "Wizarding World of Harry Potter" Themenbereich. Die Nachbildung von Hogsmeade und Hogwarts ist ein Muss für jeden Harry-Potter-Fan.

Die "Steel Dragon 2000" im Nagashima Spa Land in Japan hält den Rekord für die längste Achterbahn der Welt. Sie erstreckt sich über beeindruckende 2.479 Meter.

Die "It's a Small World"-Fahrt in den Disney-Themenparks ist bekannt für ihr Ohrwurm-Lied. Es wird in verschiedenen Sprachen gesungen und spielt den ganzen Tag über ununterbrochen.

Die "Haunted Mansion"-Fahrt in Disneyland ist bekannt für ihre geisterhaften Bewohner. Die Attraktion nutzt fortschrittliche Projektionstechnologie und optische Täuschungen, um die Geister zum "Leben" zu erwecken.

Der "Alton Towers"-Freizeitpark in England wurde auf dem Gelände eines ehemaligen Herrenhauses und seiner Gärten errichtet. Viele der originalen Gartenanlagen und Ruinen können noch heute im Park besichtigt werden.

"Thorpe Park" in England hat eine der feuchtesten Achterbahnen der Welt - "Tidal Wave". Bei dieser Fahrt werden die Gäste garantiert von Kopf bis Fuß durchnässt!

Die "Big One" in Blackpool Pleasure Beach ist die höchste Achterbahn in Großbritannien. Sie erreicht eine Höhe von 65 Metern und bietet eine atemberaubende Aussicht auf die Irische See.

Der "Liseberg" Park in Schweden beherbergt die "Helix" Achterbahn. Sie ist bekannt für ihre zahlreichen Inversionen und schnellen Drehungen.

Die "Disneyland Railroad" in Disneyland ist mehr als nur eine bequeme Möglichkeit, den Park zu umrunden. Sie bietet auch Zugang zu einer animatronischen Dinosaurierausstellung, die aus der Sicht des Zuges sichtbar ist.

"Everland" in Südkorea ist der größte Themenpark des Landes. Er beherbergt auch einen Zoo und ein Wasserpark.

"Tivoli Gardens" in Kopenhagen wurde von Walt Disney als Inspiration für Disneyland besucht. Der Park bietet eine charmante Mischung aus traditionellen Fahrgeschäften und modernen Achterbahnen.

"Silver Dollar City" in Missouri ist ein Themenpark mit dem Motto des 19. Jahrhunderts. Der Park bietet traditionelles Handwerk wie Töpferei und Glasbläserei sowie moderne Fahrgeschäfte.

"SeaWorld" Parks sind bekannt für ihre spektakulären Shows mit Meerestieren. Sie bieten auch eine Reihe von Achterbahnen und anderen Fahrgeschäften.

"Six Flags New Orleans" ist ein verlassener Themenpark, der durch den Hurrikan Katrina 2005 zerstört wurde. Die Überreste des Parks sind heute ein beliebter Drehort für Filme und Musikvideos.

Die "Mad Hatter's Tea Party"-Attraktion in Disneyland ist bekannt für ihre teetassenförmigen Fahrgeschäfte. Sie wurden vom Disney-Film "Alice im Wunderland" inspiriert.

Die "Jurassic Park: The Ride" in den Universal Studios Hollywood endet mit einem 26 Meter hohen Wassertropfen. Dies macht sie zu einer der höchsten Wasserfahrten der Welt.

Der "Colossos" im Heidepark Soltau in Deutschland ist eine der höchsten Holzachterbahnen der Welt. Sie erreicht eine Höhe von fast 60 Metern.

Das "Wiener Prater" in Österreich ist bekannt für das Riesenrad "Wiener Riesenrad". Es wurde 1897 erbaut und ist eines der ältesten noch in Betrieb befindlichen Riesenräder der Welt.

Die "Buzz Lightyear Astro Blasters"-Fahrt in Disneyland ermöglicht es den Gästen, auf Ziele zu schießen, um Punkte zu sammeln. Der Highscore des Tages wird am Ende der Fahrt angezeigt.

"Dollywood" in Tennessee ist ein Themenpark, der von der Country-Sängerin Dolly Parton mitbegründet wurde. Der Park bietet eine Mischung aus traditionellen Fahrten, Shows und Konzerten.

Der "Fuji-Q Highland"-Park in Japan ist bekannt für seine intensiven Achterbahnen. Eine davon, die "Takabisha", hat den steilsten Winkel der Welt mit 121 Grad.

Die "Hersheypark" in Pennsylvania ist ein Themenpark, der ganz dem Thema Schokolade gewidmet ist. Der Park wurde ursprünglich 1906 von Milton S. Hershey für seine Mitarbeiter eröffnet.

"Bollywood Parks Dubai" ist der erste Themenpark seiner Art, der sich ganz dem indischen Kino widmet. Der Park bietet spektakuläre Shows, Fahrgeschäfte und nachgebaute Filmsets.

Der "Santa Claus Village" in Rovaniemi, Finnland ist ein ganzjähriger Weihnachtspark. Hier können Besucher den Weihnachtsmann treffen, Rentiere füttern und eine Fahrt im Schlitten machen.

Die "Dueling Dragons"-Achterbahn in den Universal's Islands of Adventure war die erste Duell-Achterbahn der Welt. Die beiden Strecken kreuzten sich mehrmals und gaben den Eindruck, dass die Züge auf Kollisionskurs waren.

Die "Big Dipper" im Blackpool Pleasure Beach ist eine der ältesten Achterbahnen der Welt. Sie wurde 1923 erbaut und ist immer noch in Betrieb.

Das "Jardin d'Acclimatation" in Paris wurde 1860 eröffnet und ist einer der ältesten Freizeitparks der Welt. Ursprünglich ein Zoo, hat es sich zu einem modernen Themenpark mit zahlreichen Fahrgeschäften entwickelt.

"Sundown Adventureland" in England ist ein Themenpark für unter 10-Jährige. Der Park hat kein Höhenlimit für seine Fahrten, sodass auch die kleinsten Besucher alles ausprobieren können.

"Happy Valley" ist eine Kette von Themenparks in China. Jeder Park hat ein einzigartiges Thema, von antiken chinesischen Legenden bis hin zu modernen Science-Fiction-Abenteuern.

Die "Nemesis" in Alton Towers ist eine der intensivsten Inverted Coaster der Welt. Sie wurde so entworfen, dass sie sich eng an das Gelände anpasst und mehrere Male unter der Erde verschwindet.

"PortAventura World" in Spanien ist der meistbesuchte Themenpark in Europa. Es beherbergt unter anderem "Furius Baco", eine der schnellsten Achterbahnen in Europa.

Der Freizeitpark "Magic Kingdom" in Disney World, Florida, ist der meistbesuchte Themenpark der Welt. Mehr als 20 Millionen Menschen besuchen den Park jedes Jahr.

Das "Tokyo DisneySea" in Japan ist der teuerste Themenpark, der jemals gebaut wurde. Die Kosten für den Bau beliefen sich auf unglaubliche 4 Milliarden Dollar.

"Gardaland" in Italien ist bekannt für seine "Magic House". Dieses Haus definiert die Gesetze der Schwerkraft neu, indem es sich in verschiedene Richtungen neigt und dreht, während die Besucher drinstehen.

Die "Anaconda"-Achterbahn in "Gold Reef City", Südafrika ist bekannt für ihre intensive Fahrt. Sie beinhaltet mehrere Inversionen, darunter einen Looping und eine Korkenzieherkurve.

Die "Tron Lightcycle Power Run" in Schanghai Disneyland ist eine Achterbahn, die auf dem Film "Tron" basiert. Die Fahrgäste sitzen auf Motorrädern, die durch eine futuristische Landschaft rasen.

"Gardaland" in Italien hat eine Achterbahn namens "Oblivion: The Black Hole", die die erste Tauchachterbahn in Italien war. Sie hat einen senkrechten Fall in ein dunkles Loch, was den Reiz der Fahrt erhöht.

"Epcot" in Disney World, Florida, ist doppelt so groß wie das "Magic Kingdom". Es ist bekannt für seine Nachbildung von verschiedenen Ländern aus aller Welt und seine futuristischen Attraktionen.

"PortAventura World" in Spanien beherbergt den "Shambhala", die höchste und schnellste Hypercoaster in Europa. Sie erreicht eine Höhe von 76 Metern und eine Geschwindigkeit von 134 km/h.

Der "Puy du Fou" in Frankreich ist ein historischer Themenpark, der Shows und Spektakel bietet, die verschiedene Epochen der französischen Geschichte darstellen. Er hat keine traditionellen Fahrgeschäfte, sondern konzentriert sich auf Liveshows und historische Nachstellungen.

Die "Goliath" in "Six Flags Great America" hält mehrere Weltrekorde für Holzachterbahnen, darunter die steilste und schnellste Abfahrt sowie den höchsten Drop. Sie wurde 2014 eröffnet und ist seitdem eine der Hauptattraktionen des Parks.

Der "Nigloland" Themenpark in Frankreich wurde von zwei Brüdern gegründet, die als Kinder selbst Fahrgeschäfte betrieben. Der Name des Parks ist eine Kombination aus "Niglo" dem französischen Wort für Igel (das Maskottchen des Parks) und "land".

"Legoland" Themenparks gibt es auf der ganzen Welt, darunter Standorte in Dänemark, Deutschland, Malaysia, Dubai, Japan, Südkorea und den USA. Jeder Park enthält detaillierte Modelle berühmter Sehenswürdigkeiten, alle gebaut aus Lego-Steinen.

Die "High Five"-Achterbahn im chinesischen "Happy Valley"-Themenpark ist die erste ihrer Art, die es den Fahrern ermöglicht, ein "High Five" zu geben, während sie aneinander vorbeifahren. Die Schienen kreuzen sich in einem Winkel von 90 Grad.

"Six Flags Magic Mountain" in Kalifornien hält den Weltrekord für die meisten Achterbahnen in einem Themenpark. Sie hat 19 verschiedene Achterbahnen, darunter "Goliath", "X2", und "Tatsu".

"Hersheypark" in Pennsylvania wurde ursprünglich als Freizeitpark für die Mitarbeiter der Hershey Chocolate Company eröffnet. Heute ist er ein vollwertiger Themenpark mit mehr als 70 Attraktionen.

Die "Kingda Ka" Achterbahn in "Six Flags Great Adventure" in New Jersey ist die höchste Achterbahn der Welt. Sie erreicht eine Höhe von 139 Metern.

"Santa Claus Land", heute "Holiday World", wurde 1946 in Indiana eröffnet. Der Park war ursprünglich Weihnachts-thematisiert, hat aber seitdem Bereiche hinzugefügt, die anderen Feiertagen gewidmet sind.

"Universal Studios" in Orlando hat eine Achterbahn namens "The Incredible Hulk", die die Fahrgäste mit der Geschwindigkeit eines Düsenjets katapultiert. Die Fahrt beginnt mit einer Beschleunigung von 0 auf 64 km/h in nur 2 Sekunden.

Die "Leap-the-Dips" in "Lakemont Park", Pennsylvania, ist die älteste noch betriebene Achterbahn der Welt. Sie wurde 1902 eröffnet und ist eine National Historic Landmark.

Der "Happy Valley"-Freizeitpark in Peking beinhaltet eine thematisierte "Silk Road"-Attraktion. Die Attraktion ist eine Hommage an die historische Seidenstraße und enthält Nachbildungen von Orten und Architektur entlang der Route.

Das "Sea World" in Australien ist der größte Meeres-Themenpark des Landes. Es bietet eine Vielzahl von Shows und Attraktionen, darunter eine Achterbahn namens "Storm Coaster".

"Tokyo DisneySea" ist der einzige Disney-Park mit einem nautischen Thema. Er hat sieben verschiedene "Häfen" oder Bereiche, darunter das "Mediterranean Harbor", "Mysterious Island", und "Arabian Coast".

"SeaWorld" in San Diego war der erste Themenpark seiner Art, als er 1964 eröffnet wurde. Heute gibt es auch "SeaWorld"-Parks in Orlando und San Antonio.

"Phantasialand" in Deutschland ist einer der meistbesuchten Themenparks Europas. Er bietet eine Mischung aus traditionellen Fahrten und innovativen Attraktionen, darunter die "Taron"-Achterbahn, die mehrere Weltrekorde hält.

Der "Carowinds"-Freizeitpark in North Carolina und South Carolina ist auf der Grenze zwischen den beiden Staaten gebaut. Die "Nighthawk"-Achterbahn fährt sogar über die Staatsgrenze hinweg.

"Six Flags Over Texas" war der erste Park in der "Six Flags"-Kette und hat seinen Namen von den sechs verschiedenen Flaggen, die über Texas gehisst wurden. Das sind Spanien, Frankreich, Mexiko, die Republik Texas, die Vereinigten Staaten und die konföderierten Staaten.

Der "Tivoli Gardens"-Freizeitpark in Kopenhagen, Dänemark, war eine der Inspirationsquellen für Walt Disney, als er Disneyland plante. Er wurde 1843 eröffnet und ist einer der ältesten noch betriebenen Themenparks der Welt.

Das "Hunderfossen Familienpark" in Norwegen ist bekannt für seine riesige Märchenschloss-Attraktion. Er enthält ein 14 Meter hohen Troll und andere Märchenfiguren aus der norwegischen Folklore.

Der "Blackpool Pleasure Beach" in Großbritannien ist bekannt für die "Big One"-Achterbahn. Sie war bei ihrer Eröffnung 1994 die höchste und schnellste Achterbahn der Welt.

Der "Parc Astérix" in Frankreich ist ein Themenpark, der auf den beliebten "Asterix"-Comics basiert. Er enthält eine Reihe von Achterbahnen und Wasserfahrten, die nach Figuren und Geschichten aus den Comics benannt sind.

"Canada's Wonderland" in Ontario ist der größte Themenpark in Kanada. Er enthält eine Reihe von Achterbahnen, darunter die "Leviathan", die dritthöchste Achterbahn der Welt.

"Dreamworld" in Australien ist der größte Themenpark des Landes. Er beherbergt mehrere Themenbereiche, darunter "Tiger Island", "ABC Kids World" und "DreamWorks Experience".

Der "Galaxyland"-Freizeitpark in der "West Edmonton Mall" in Kanada ist der zweitgrößte Indoor-Freizeitpark der Welt. Er hat mehr als 24 Fahrgeschäfte und Attraktionen, darunter eine Achterbahn namens "Mindbender".

Das "Suzhou Amusement Land" in China enthält eine vollständige Nachbildung des Eiffelturms. Die Attraktion ist ein beliebter Ort für Fotos und bietet einen schönen Blick auf den Park und die umliegende Landschaft.

Der "Djurs Sommerland"-Freizeitpark in Dänemark hat den größten Wasserpark Skandinaviens. Der Wasserpark, "Aqua Park" enthält eine Vielzahl von Rutschen und Pools.

"Lotte World" in Seoul, Südkorea, hält den Guinness-Weltrekord für den größten Indoor-Themenpark. Der Park enthält auch einen Außenbereich, "Magic Island", eine künstliche Insel in einem See.

Der "Fuji-Q Highland"-Freizeitpark in Japan liegt am Fuß des Berges Fuji und bietet einen atemberaubenden Blick auf den berühmten Gipfel. Der Park ist bekannt für seine extremen Achterbahnen und Thrill-Rides.

Das "Beto Carrero World" in Brasilien ist der größte Themenpark in Lateinamerika. Es enthält eine Reihe von Fahrgeschäften und Attraktionen, darunter einen Zoo, ein Riesenrad und mehrere Achterbahnen.

Der "Parque Warner Madrid" in Spanien ist ein Themenpark, der auf den Charakteren und Filmen von Warner Bros. basiert. Er enthält Bereiche, die nach Gotham City und Metropolis benannt sind, sowie eine Reihe von Fahrgeschäften, die auf Filmen wie "Superman" und "Batman" basieren.

Das "Legoland Windsor" in Großbritannien ist der meistbesuchte Themenpark in Großbritannien. Es enthält über 55 Fahrgeschäfte und Attraktionen, darunter ein Lego Miniland und eine Legofabrik.

Das "Hong Kong Disneyland" ist das kleinste Disneyland der Welt. Trotz seiner Größe bietet es eine Reihe von Attraktionen, darunter die "Mystic Manor", die im Unterschied zur "Haunted Mansion" in anderen Disney-Parks auf der ganzen Welt steht.

"Knott's Berry Farm" in Kalifornien begann als echte Beerenfarm und ist heute ein vollwertiger Themenpark. Es bietet eine Reihe von Fahrgeschäften und Attraktionen, darunter die berühmte "GhostRider"-Achterbahn.

"Ocean Park" in Hongkong ist ein Themenpark und ein Ozeanarium in einem. Es bietet eine Reihe von Attraktionen, darunter das "Giant Panda Adventure", wo Besucher echte Pandabären sehen können.

"Linnanmäki" in Finnland ist ein beliebter Themenpark, der einen freien Eintritt bietet. Die Besucher bezahlen für die Fahrgeschäfte einzeln oder können ein Armband für unbegrenzten Zugang kaufen.

Das "Disneyland Paris" ist der einzige Disney-Park, der einen Drachen in seinem Schloss hat. In den Katakomben von "Sleeping Beauty Castle" lebt ein animatronischer Drache.

Der "Parc de la Vallée" in Frankreich ist ein umweltfreundlicher Themenpark. Er nutzt Solarenergie, um einige seiner Fahrgeschäfte und Attraktionen zu betreiben.

"Tivoli Friheden" in Dänemark bietet einen freien Fall aus 40 Metern Höhe namens "Himmelfaldet". Es ist der höchste freie Fall in Dänemark.

Der "Busch Gardens"-Freizeitpark in Tampa, Florida, hat eine Achterbahn namens "SheiKra", die einen 90-Grad-Absturz aus 61 Metern Höhe hat. Es war die erste Tauchachterbahn in Nordamerika.

Roboter

" Shakey", entwickelt 1966 von den Stanford Research Labs, war der erste mobile Roboter, der auf eigenständige Problemstellung und Planung reagieren konnte. Seine Entwicklung legte den Grundstein für viele nachfolgende mobile Robotersysteme.

Im Jahr 1973 erfand Victor Scheinman den Stanford-Arm, einen der ersten sechsachsigen Roboterarme. Dieser Roboter führte den Weg zu moderneren und flexibleren Produktionsrobotern.

Im Jahr 1978 entwickelte der Japaner Shigeo Hirose den "Soft Gripper" Roboter, der dazu bestimmt war, empfindliche Objekte zu greifen. Diese Technologie hat den Weg für viele medizinische Roboter geebnet.

2013 stellte Amazon "Kiva" vor, einen Roboter entwickelt zur Automatisierung von Lagerhäusern. Mit seiner Hilfe konnte Amazon seine Effizienz und Liefergeschwindigkeit steigern.

Im Jahr 2014 wurde "Pepper" von SoftBank Robotics vorgestellt. Entwickelt, um menschliche Emotionen zu erkennen, sollte Pepper in Kundenservice-Rollen agieren.

1983 führte Yaskawa Electric den "Motoman-L10" ein, einen Roboter für hochpräzise Schweißarbeiten. Er revolutionierte die Präzision in der industriellen Fertigung.

Der Tiefseeroboter "Jason", entwickelt 1988 von dem Woods Hole Oceanographic Institution, ermöglichte es Wissenschaftlern, die Tiefsee wie nie zuvor zu erforschen.

1997 stellte NASA den "Sojourner" vor, einen Mars-Rover, der als erstes Roboterfahrzeug die Oberfläche des Mars untersuchte. Er sammelte wertvolle Daten für zukünftige Marsmissionen.

Das Unternehmen iRobot brachte 2002 den "Roomba" heraus, einen der ersten kommerziell erfolgreichen autonomen Staubsaugerroboter. Es hat den Weg für eine Reihe von Haushaltsrobotern geebnet.

"Baxter", entwickelt von Rethink Robotics im Jahr 2012, war einer der ersten adaptiven Fertigungsroboter, der sicher neben Menschen arbeiten konnte. Er konnte von herkömmlichen Arbeitern ohne Programmierkenntnisse trainiert werden.

2018 führte Boston Dynamics "SpotMini" ein, einen vierbeinigen Roboter, der in der Lage war, eine Vielzahl von Aufgaben auszuführen. Von Türöffnen bis zu Tänzen zeigte dieser Roboter beeindruckende Fähigkeiten.

Im Jahr 2007 stellte die Stanford University "Stickybot" vor, einen Roboter, der Wände wie ein Gecko klettern kann. Seine speziellen Füße ermöglichten es ihm, an glatten Oberflächen zu haften.

Im Jahr 1989 erfand das MIT den Roboter "Genghis", einen sechsbeinigen Roboter, der für die Erkundung rauer Umgebungen entwickelt wurde. Er wurde als Pionier der sechsbeinigen Robotik betrachtet.

2011 stellte das französische Unternehmen Aldebaran Robotics den "NAO" vor, einen humanoiden Roboter für Bildung und Forschung. Seine Fähigkeit, mit Kindern zu interagieren, machte ihn in Schulen weltweit populär.

2014 entwickelte Google das "Google Car", ein selbstfahrendes Auto, das die Art und Weise, wie wir den Verkehr sehen, revolutionieren könnte. Es verspricht eine sicherere und effizientere Zukunft für den Straßenverkehr.

2005 präsentierte das deutsche Unternehmen Festo den "Bionic Learning Network" eine Initiative, die Natur und Technik verbindet. Hierbei wurden viele tierinspirierte Roboter wie der "AirPenguin" entwickelt.

Im Jahr 1994 stellte die Firma Aethon den "TUG" vor, einen Roboter, der in Krankenhäusern verwendet wird, um Medikamente und Mahlzeiten zu transportieren. Er verbesserte die Effizienz in vielen Gesundheitseinrichtungen.

Im Jahr 1986 entwickelte NASA den "Robonaut" einen humanoiden Roboter, der dazu bestimmt war, Astronauten im All zu helfen. Seine Existenz ebnete den Weg für zukünftige Weltraumrobotertechnologien.

2019 präsentierte OpenAI "Dactyl" einen Roboterhand, die komplexe Manipulationen mit Gegenständen durchführen konnte. Durch den Einsatz von fortschrittlichem Maschinenlernen konnte sie ohne menschliche Eingriffe lernen.

Im Jahr 1970 erfand der Amerikaner Marvin Minsky die "Turtle" einen Roboter, der über ein einfaches Zeichenprogramm verfügte. Dieser Bildungsroboter war eine der ersten Bemühungen, Robotik in den Klassenzimmern einzuführen.

Hiroaki Kitano präsentierte 1997 "RoboCup", eine Initiative, die Roboterfußball-Weltmeisterschaften fördert. Es wurde gestartet, um die Entwicklung von künstlicher Intelligenz und Robotik zu beschleunigen.

Das japanische Unternehmen Cyberdyne stellte 2008 das "HAL"-Exoskelett vor. Dieses Gerät war darauf ausgelegt, Menschen zu helfen, die Schwierigkeiten beim Bewegen haben.

2014 stellte die NASA den "Robo-Glove" vor, einen tragbaren Assistenten für Astronauten. Es wurde entwickelt, um das Greifen und Halten von Werkzeugen im Weltraum zu erleichtern.

David L. Heiserman erfand 1974 "Rodney" einen selbstlernenden Roboter. Dieses Gerät konnte aus seinen Erfahrungen lernen und sich an verschiedene Situationen anpassen.

Im Jahr 2010 erfanden Forscher der ETH Zürich den "Quadrocopter" einen fliegenden Roboter, der komplexe Formationen und Tricks ausführen konnte. Dieses Gerät hat die Drohnentechnologie enorm beeinflusst.

Dr. Masahiro Mori prägte 1970 den Begriff "Uncanny Valley", um die Unbehaglichkeit zu beschreiben, die Menschen empfinden, wenn Roboter zu menschenähnlich aussehen. Dieses Konzept hat die Robotik- und KI-Entwicklung maßgeblich beeinflusst.

Im Jahr 2002 stellte das Unternehmen Draganfly den "Draganflyer" vor, einen der ersten kommerziellen Quadkopter. Dieser Drohnenpionier leitete die Ära der modernen Drohnentechnologie ein.

2013 präsentierte Boston Dynamics "Atlas" einen zweibeinigen humanoiden Roboter. Mit der Fähigkeit, sich in schwierigem Gelände zu bewegen, zeigte er eine beispiellose Mobilität.

2017 erfanden Wissenschaftler der University of California den "Bat Bot" einen Roboter, der die Flugbewegungen von Fledermäusen nachahmt. Dieser Roboter könnte in der Zukunft für Überwachungs- oder Erkundungsmissionen verwendet werden.

Das Robotikunternehmen ZMP entwickelte 2014 "RoboCar" ein autonomes Fahrzeug, das die Straßen von Tokio eroberte. Es war eines der ersten autonomen Fahrzeuge, die auf öffentlichen Straßen in Japan getestet wurden.

1992 stellte ATR Intelligent Robotics and Communication Laboratories den Roboter "Robovie" vor. Dieser Roboter wurde speziell entwickelt, um in menschlichen Umgebungen zu interagieren und zu kommunizieren.

Das japanische Unternehmen Toyota präsentierte 2005 den "Partner Robot", der Menschen bei alltäglichen Aufgaben unterstützen sollte. Sein Design war von der Idee inspiriert, Robotik ins tägliche Leben zu integrieren.

2003 stellten die Wissenschaftler der University of South Florida "Naro-Tartaruga" vor, einen Roboter, der Schwimmbewegungen von Meeresschildkröten imitierte. Dieses Design könnte zur Überwachung von Ozeanen verwendet werden.

2013 präsentierte die Cornell University "Ranger" einen Roboter, der einen Weltrekord für die längste Strecke ohne Nachladen oder Auftanken aufstellte. Er legte eine beeindruckende Distanz von 65,18 Kilometern zurück.

Das britische Unternehmen Shadow Robot Company entwickelte 2007 den "Shadow Dexterous Hand", eine der fortschrittlichsten Roboterhände der Welt. Es war in der Lage, eine beeindruckende Vielfalt von Greif- und Berührungsbewegungen auszuführen.

Im Jahr 2018 stellte die University of Tokyo "Janken" vor, einen Roboter, der das Spiel "Schere, Stein, Papier" mit einer 100%igen Gewinnrate spielte. Dieses einfache, aber beeindruckende Gerät zeigte die Schnelligkeit der Robotikreaktionen.

2006 erfand das Team der Universität von Arizona "RHex" einen Roboter mit sechs Beinen, der sich in schwierigem Gelände bewegen konnte. Sein einzigartiges Design wurde von der Natur inspiriert und könnte in Erkundungsmissionen eingesetzt werden.

Im Jahr 2009 präsentierte der Japaner Tomotaka Takahashi den "RoboGarage". Dieser humanoide Roboter war bekannt für seine beeindruckende Balance und Beweglichkeit, was ihn in der Robotik Welt einzigartig machte.

1986 stellte Honda den Roboter "EO" vor, der erstaunliche 25 Meter laufen konnte. Dies war ein früher Schritt auf dem Weg zur Entwicklung von Hondas bekanntem Roboter ASIMO.

"Elmer und Elsie" waren die ersten autonomen mobilen Roboter, die von William Grey Walter im Jahr 1948 in Großbritannien entwickelt wurden. Diese Roboter waren in der Lage, Lichtquellen zu verfolgen und Hindernissen auszuweichen.

Im Jahr 1961 wurde von George Devol und Joseph Engelberger der erste industrielle Roboter, "Unimate" vorgestellt. Er wurde bei General Motors eingesetzt und revolutionierte die Produktionslinien.

Die Firma Intuitive Surgical brachte 2000 den "Da Vinci Surgical System"-Roboter heraus. Dieses Gerät ermöglichte es Chirurgen, präzise Operationen mit minimalen Einschnitten durchzuführen.

Das Team von Festo präsentierte 2009 "AquaJelly", einen Roboter, der die Bewegungen einer Qualle imitiert. Es wurde entwickelt, um das Verhalten von Schwärmen zu studieren.

Im Jahr 2015 erfand die ETH Zürich "Robird" einen Roboter, der wie ein Falke fliegt. Ziel war es, Vögel von Flughäfen fernzuhalten und so Kollisionen zu vermeiden.

Das Unternehmen Festo präsentierte 2016 "BionicANTs" Roboter, die das Verhalten von Ameisen imitieren. Sie können zusammenarbeiten, um Aufgaben in einer koordinierten Weise zu erledigen.

Die Firma Boston Dynamics stellte 2005 den "BigDog" vor, ein vierbeiniger Roboter entwickelt für das US-Militär. Der Roboter wurde entwickelt, um in schwierigem Gelände Lasten zu tragen und erstaunliche Balance und Stabilität zu demonstrieren.

1978 präsentierte Waseda University in Japan den "WABOT-2", den weltweit ersten autonomen musikalischen Roboter. Dieser Roboter konnte elektronische Orgel spielen und Noten lesen.

2009 präsentierte Willow Garage den PR2-Roboter. Er war bekannt für seine Fähigkeit, autonom eine breite Palette von Aufgaben im Haushalt durchzuführen.

Hirofumi Tamai erfand 2008 den "Swumanoid", einen Schwimmroboter, der die Bewegungen eines menschlichen Schwimmers nachahmt. Entwickelt an der Tokyo University of Technology, zielt er darauf ab, die Schwimmtechniken zu verbessern.

2011 führte Toyota den "Human Support Robot" ein, der dazu dient, älteren Menschen und Menschen mit Behinderungen zu helfen. Dieser Roboter kann Gegenstände greifen, holen und sogar mit Patienten kommunizieren.

Der "Hubo"-Roboter, entwickelt von der KAIST University in Südkorea im Jahr 2004, war einer der ersten Roboter, der laufen, tanzen und sogar ein Auto fahren konnte. Dieser humanoide Roboter galt als Durchbruch in der Robotik.

1996 schuf Dr. Cynthia Breazeal den "Kismet", den ersten sozial interaktiven Roboter am MIT Media Lab. Kismet war in der Lage, mit Menschen durch Gesichtsausdrücke und Tonlagen zu interagieren.

1980 präsentierte Shigeo Hirose von der Tokyo Institute of Technology den "Titan III", einen Roboter mit vielen Beinen. Er wurde entwickelt, um in schwierigem Gelände oder Katastrophengebieten zu helfen.

Im Jahr 1997 präsentierte Honda den "P3" den Vorläufer des bekannten ASIMO. Er war einer der ersten vollständig autonomen zweibeinigen Roboter.

Im Jahr 2009 erfand Masahiko Yamaguchi den Roboter "Ropid", der nicht nur laufen, sondern auch springen und sogar rennen konnte. Er war berühmt für seine schnellen und flüssigen Bewegungen.

2014 präsentierte Google seinen Roboter "Spot", entwickelt von Boston Dynamics. Dieser vierbeinige Roboter konnte Treppen auf und ab laufen, selbst in schwierigem Gelände.

2016 brachte die Universität Cambridge den "Mother Robot" heraus, der in der Lage war, "Kinderroboter" zu erstellen und ihnen beizubringen, wie man geht. Dieses Experiment erforschte die Evolution von Robotern.

Im Jahr 2017 entwickelte Disney Research den "VertiGo" einen Roboter, der Wände hochfahren konnte. Er nutzte Propeller, um sich an die Wand zu drücken und sich nach oben zu bewegen.

2006 präsentierte Professor Noel Sharkey den "RoboThespian" einen humanoiden Roboter, der singen und Schauspielern konnte. Er wurde hauptsächlich für Theater- und Unterhaltungszwecke verwendet.

Im Jahr 1983 präsentierte Hiroshi Makino von der Universität von Yamanashi "RUF" einen der ersten Roboter, die komplexe handwerkliche Aufgaben ausführen konnten. Dieser Roboter wurde entwickelt, um die traditionelle japanische Handwerkskunst zu bewahren.

Im Jahr 2014 wurde von Dr. Ayanna Howard an der Georgia Tech University der "Zoe"-Roboter entwickelt. Zoe wurde entwickelt, um Therapieunterstützung für Kinder mit besonderen Bedürfnissen zu bieten.

Im Jahr 1999 entwickelte Sony den Roboterhund "AIBO". Es war das erste Produkt, das versprach, den Menschen emotionale Bindung zu bieten, und es wurde ein großer Hit.

KUKA Roboter aus Deutschland präsentierte 1973 den ersten Industrieroboter mit sechs elektromechanisch angetriebenen Achsen. Dies war ein großer Fortschritt in der Präzision von industriellen Automationsanwendungen.

2002 wurde von Dean Kamen der "Segway" vorgestellt. Obwohl es technisch gesehen kein Roboter ist, nutzt es fortschrittliche Sensoren und Mechanismen, um das Gleichgewicht zu halten und Menschen zu transportieren.

Im Jahr 2000 stellte Honda den "ASIMO" vor, einen der fortschrittlichsten humanoiden Roboter seiner Zeit. Sein Name steht für "Advanced Step in Innovative Mobility".

Im Jahr 2013 entwickelten Forscher am MIT den "Cheetah"-Roboter, der Geschwindigkeiten von bis zu 16 km/h erreichen konnte. Es war eine beeindruckende Leistung in der Welt der vierbeinigen Robotik.

Die NASA präsentierte 2004 ihren "Robonaut 2", den ersten humanoiden Roboter im Weltraum. Dieser Roboter wurde entwickelt, um Astronauten bei Raummissionen zu unterstützen.

1991 erfand Ken Perlin den "Noise"-Algorithmus, der die Bewegung von Robotern natürlicher und weniger mechanisch machte. Dieser Durchbruch führte zu realistischeren Bewegungen in animierten Filmen und Videospielen.

2010 präsentierte Marc Raibert von Boston Dynamics den "LittleDog" einen Roboter, der entwickelt wurde, um das Laufen auf rauem Gelände zu studieren. Er war ein Schlüsselwerkzeug für Forscher, die die Mobilität von Robotern untersuchen wollten.

Im Jahr 2003 stellte die Universität von Tokyo den "Ri-Man"-Roboter vor, der entwickelt wurde, um ältere Menschen in Pflegeeinrichtungen zu unterstützen. Dieser humanoide Roboter konnte Personen heben und tragen.

1989 erfand Dr. Rodney Brooks von der MIT den "Gnat"-Roboter einen der kleinsten Roboter der Welt. Er wurde entwickelt, um das Verhalten von Insekten zu studieren und zu imitieren.

Im Jahr 2012 entwickelte die Firma Festo den "SmartBird" einen Roboter, der die Bewegung von Vögeln imitierte. Es war ein weiterer Schritt in der Biomimetik, bei den Ingenieuren sich von der Natur inspirieren lassen.

1998 stellte die NASA den "Deep Space 1" vor, den ersten Raumfahrtsroboter, der ionengetrieben war. Er war bedeutend für die Raumfahrttechnik und die interplanetare Exploration.

Im Jahr 2015 entwickelte die ETH Zürich den "ANYmal" einen vierbeinigen Roboter, der sich in unwegsamem Gelände bewegen kann. Dieser Roboter wird in Such- und Rettungsmissionen eingesetzt.

2004 präsentierte Dr. David Hanson den Roboter "Sophia", der in der Lage ist, menschliche Gesichtsausdrücke zu imitieren. Sophia wurde berühmt, als sie 2017 die saudi-arabische Staatsbürgerschaft erhielt.

1975 erfand David Silver den "Silver Arm", einen der ersten Roboterarme, der durch einen Mikroprozessor gesteuert wurde. Es war ein großer Schritt in der Welt der industriellen Robotik.

1993 stellte Dr. Henrik I. Christensen den "Odin"-Roboter vor, der autonom komplexe Aufgaben ausführen konnte. Er wurde entwickelt, um die Zukunft der autonomen Robotik zu zeigen.

2017 präsentierte SoftBank Robotics den "Whiz"-Roboter einen automatischen Reinigungsroboter für Büros. Dieser Roboter nutzt KI, um sich in komplexen Umgebungen zurechtzufinden.

Im Jahr 2018 erfand die Firma Boston Dynamics den "Stretch"-Roboter, spezialisiert auf das Heben und Verschieben von Kisten in Lagern. Es war ein großer Fortschritt in der Lagerlogistik und Automatisierung.

2005 entwickelte Dr. Hiroshi Ishiguro den "Geminoid"-Roboter, ein humanoides Roboterduplikat von sich selbst. Es war ein faszinierendes Beispiel dafür, wie Robotik und KI die menschliche Erscheinung imitieren können.

Im Jahr 2009 stellte die Firma Parrot den "AR.Drone" vor, eine der ersten kommerziell erhältlichen Drohnen für den Konsum. Es öffnete die Tür für den boomenden Drohnenmarkt und die Luftbildfotografie.

1979 erfand Sankyo Seiki den SCARA-Roboter, einen Roboterarm speziell für die Montage in der Elektronikindustrie. Er revolutionierte die Art und Weise, wie elektronische Baugruppen montiert wurden.

2000 brachte die Firma Cyberdyne den "HAL"-Roboteranzug heraus, entwickelt von Dr. Yoshiyuki Sankai. Dieser Anzug wurde entwickelt, um Menschen mit Behinderungen zu helfen und ihre Mobilität zu verbessern.

Im Jahr 2012 erfand Dr. Dennis Hong von der UCLA den "THOR"-Roboter einen humanoiden Roboter entwickelt für Rettungsmissionen. Er wurde entwickelt, um in gefährlichen Umgebungen zu arbeiten, wo Menschen nicht hingehen können.

1981 stellte ASEA den "IRB 6" vor, einen der ersten vollständig elektrisch gesteuerten Industrieroboter. Es war ein bedeutender Schritt in der Robotik und der Automatisierung von Fertigungsprozessen.

2007 entwickelte Prof. Daniela Rus vom MIT den "RoboBees"-Roboter, inspiriert von dem Flug von Bienen. Dieser winzige Roboter hat das Potenzial, in der Bestäubung von Pflanzen und in der Umweltüberwachung eingesetzt zu werden.

2011 präsentierte Dr. Toshio Fukuda den "RoboFish", einen Roboter, der das Schwimmen von Fischen imitiert. Er wurde entwickelt, um das Leben im Ozean zu studieren und zu schützen.

2013 erfand Dr. Vijay Kumar von der University of Pennsylvania den "Swarm"-Roboter, der sich autonom in großen Schwärmen bewegen konnte. Es war ein Durchbruch in der kollektiven Intelligenz und der Robotik.

Im Jahr 2016 stellte die Firma ABB den "YuMi"-Roboter vor, den ersten echten kollaborativen Roboter. Er wurde entwickelt, um Seite an Seite mit Menschen in der industriellen Fertigung zu arbeiten.

Im Jahr 1992 entwickelte Dr. Mark Tilden den "Biomorph"-Roboter, der sich ohne einen zentralen Computer oder komplexe Sensoren bewegen konnte. Es war ein Pionierwerk in der Verwendung von analogen Schaltungen in Robotern.

2018 präsentierte Dr. Auke Ijspeert von der EPFL den "Pleurobot", einen Roboter, der die Bewegungen eines Salamanders imitiert. Er wurde entwickelt, um das Verhalten von Tieren zu studieren und daraus zu lernen.

1974 erfand Shigeo Hirose von der Tokyo Institute of Technology den "Snake"-Roboter. Es war der erste Roboter, der sich schlängelnd bewegen konnte, ähnlich wie eine echte Schlange.

1995 erfand Dr. Rodney Brooks den "InsectBot", inspiriert vom Verhalten von Insekten. Es war einer der ersten Roboter, der sich durch einfache, regelbasierte Steuerungen bewegen konnte.

2017 präsentierte Dr. Raffaello D'Andrea von der ETH Zürich den "Omnicopter", einen Roboter, der in jede Richtung fliegen konnte. Er wurde entwickelt, um die Grenzen der Luftmobilität zu erweitern.

1990 stellte die Firma Hitachi den "EMIEW"-Roboter vor, entwickelt, um Menschen in Büroumgebungen zu unterstützen. Dieser Roboter zeigte das Potenzial von Robotern, die in menschlichen Umgebungen arbeiten.

2008 stellte Dr. Masatoshi Ishikawa von der University of Tokyo den "Shinkansen"-Roboter vor, der Objekte in Echtzeit mit hoher Geschwindigkeit manipulieren konnte. Es war eine beeindruckende Demonstration der Fähigkeiten von Hochgeschwindigkeitsrobotern.

1985 erfand Dr. Masahiro Mori den "Gakutensoku"-Roboter, den ersten in Japan entwickelten humanoiden Roboter. Es war ein wichtiger Schritt in der Entwicklung von Robotern, die menschenähnlich aussehen und agieren.

2014 entwickelte die Firma DJI den "Phantom"-Quadcopter, einen der beliebtesten kommerziellen Drohnen. Dieser Roboter revolutionierte die Luftbildfotografie und Videografie.

1977 präsentierte Prof. Takeo Kanade von der Carnegie Mellon University den "Direct Drive Arm", einen Roboterarm ohne Getriebe. Es war ein Durchbruch in der präzisen Steuerung von Robotern.

2018 stellte die Firma Waymo den ersten vollständig autonomen Taxi-Service vor. Es war ein bedeutender Schritt in der Zukunft des autonomen Fahrens.

1983 entwickelte Dr. Shun'ichi Amari das Konzept der "Neuro-Robotik", bei dem neuronale Netzwerke in Robotersystemen verwendet werden.

2009 präsentierte Dr. Angelika Peer von der Technischen Universität München den "BionicSoftHand"-Roboter, der durch pneumatische Aktoren angetrieben wird. Dieser weiche Roboter zeigte das Potenzial für sichere Interaktionen mit Menschen.

2010 entwickelte Dr. Stefan Schaal das Konzept der "Imitationslernen" in Robotern. Es war eine bahnbrechende Methode, bei der Roboter von Menschen lernen, indem sie ihre Bewegungen nachahmen.

Säugetiere

Der Blauwal ist das größte bekannteste Säugetier auf dem Planeten. Sie können bis zu 35 Meter lang werden und bis zu 200 Tonnen wiegen.

Kängurus benutzen ihren Schwanz zur Balance und können mit beiden Beinen gleichzeitig springen. Unglaublicherweise können sie bei hoher Geschwindigkeit bis zu 12 Meter in einem einzigen Sprung zurücklegen.

Elefanten sind die größten Landsäugetiere der Welt. Sie sind dafür bekannt, dass sie starke emotionale Bindungen in ihren Herden bilden und ein bemerkenswertes Gedächtnis haben.

Gürteltiere sind bemerkenswerte Säugetiere, die zum Schutz vor Raubtieren eine gepanzerte Außenhaut besitzen. Sie sind auch eine der wenigen Tierarten, die Lepra bekommen können.

Der Ameisenbär hat keine Zähne. Stattdessen benutzt es seine lange, klebrige Zunge, um Ameisen und Termiten aufzunehmen.

Der Pottwal hat das größte Gehirn aller Tiere, es wiegt durchschnittlich 9 Kilogramm. Pottwale können bis zu 3.000 Meter tief tauchen, was tiefer ist als jedes andere Säugetier es kann.

Das Schnabeltier (Platypus) ist eines der wenigen giftigen Säugetiere. Die Männchen haben einen Stachel an den Hinterbeinen, der ein starkes Gift absondert.

Koalas schlafen bis zu 20 Stunden am Tag. Sie verbringen den Rest ihrer Zeit damit, Eukalyptusblätter zu essen, die ihr Hauptnahrungsmittel sind.

Delfine sind hochintelligente Säugetiere, die dafür bekannt sind, dass sie Werkzeuge verwenden und komplexe Sozialstrukturen haben. Sie kommunizieren auch miteinander durch eine Reihe von Klicks, Pfeifen und Körpersprachen.

Das Faultier bewegt sich so langsam, dass Algen auf seinem Fell wachsen können. Diese Algen können dazu beitragen, das Faultier in den Bäumen zu tarnen und ihm einen grünen Farbton zu verleihen.

Löwen sind die einzigen Katzen, die in Gruppen, sogenannten Rudeln, leben. Das Rudel wird von einer Gruppe von Weibchen dominiert, die die meiste Jagd erledigen.

Die Grizzlybären sind enorme Tiere, die bis zu 3 Meter hochstehen und 360 Kilogramm wiegen können. Trotz ihrer Größe und ihres Gewichts können sie Geschwindigkeiten von bis zu 48 Kilometern pro Stunde erreichen.

Otter haben die dichteste Pelzdichte aller Tiere mit bis zu einer Million Haare pro Quadratzoll. Dies hilft ihnen, ihre Körpertemperatur im kalten Wasser zu regulieren.

Schweine sind sehr intelligente Säugetiere und haben ein ausgezeichnetes Gedächtnis. Studien haben gezeigt, dass sie sich an Objekte erinnern können, die sie bis zu zwei Jahre zuvor gesehen haben.

Die nordamerikanischen Opossums sind das einzige Beuteltier, das in Nordamerika heimisch ist. Sie sind dafür bekannt, dass sie "tot stellen", wenn sie bedroht sind.

Wombats sind die einzigen Säugetiere, die würfelförmigen Kot ausscheiden. Dies hilft ihnen, ihr Kot auf Oberflächen zu markieren, ohne das es wegrollt.

Alpakas wurden schon vor Tausenden von Jahren von den Andenbewohnern domestiziert. Ihre Wolle ist weicher und wärmer als Schafswolle und wird oft für hochwertige Textilien verwendet.

Das Eichhörnchen kann zweimal im Jahr Winterschlaf halten. Sie können während des Winterschlafs ihren Herzschlag und ihre Atmung deutlich verlangsamen, um Energie zu sparen.

Gorillas sind die größten lebenden Primaten und teilen etwa 98% ihrer DNA mit Menschen. Sie leben in komplexen sozialen Gruppen, die von einem dominierenden männlichen Silberrücken geführt werden.

Meeresschweinchen sind tatsächlich keine Schweine und sie kommen auch nicht aus dem Meer. Sie sind Nagetiere, die ursprünglich aus den Anden Südamerikas stammen.

Mäuse können bis zu 12 Würfe von bis zu 14 Jungen pro Jahr produzieren. Das macht sie zu einer der am schnellsten reproduzierenden Säugetierarten.

Das Rentier ist die einzige Hirschart, bei dem sowohl Männchen als auch Weibchen Geweihe haben. Ihre Geweihe sind auch die am schnellsten wachsenden Geweihe in der Tierwelt.

Die Antilope ist bekannt für ihre unglaubliche Geschwindigkeit und Agilität. Sie können Geschwindigkeiten von bis zu 70-80 Kilometern pro Stunde erreichen und über Hindernisse von bis zu 3 Metern springen.

Der Moschusochse, ein in der Arktis lebendes Säugetier, hat eine unglaublich dicke Haut und ein Fell, das ihn vor den kalten Temperaturen schützt. In der kalten Jahreszeit kann das Fell eines Moschusochsen bis zu 60 cm lang werden.

Afrikanische Büffel sind für ihre beeindruckenden Hörner bekannt, die bis zu einem Meter lang werden können. Sie sind extrem soziale Tiere und leben in großen Herden von bis zu 1.000 Mitgliedern.

Die Wanderratte ist eines der am weitesten verbreiteten Säugetiere der Welt. Ursprünglich aus Asien stammend, wurde sie durch Handel und Reisen auf fast alle Kontinente und Inseln verbreitet.

Das Aardvark ist das einzige lebende Mitglied seiner wissenschaftlichen Familie Orycteropodidae. Es ist bekannt für seine großen Ohren und seine Fähigkeit, Ameisen und Termiten mit seiner langen, klebrigen Zunge zu fressen.

Das Gnu, auch als Wildebeest bekannt, ist ein großer Pflanzenfresser, der für seine jährlichen Migrationen bekannt ist. Es wird geschätzt, dass bis zu 1,5 Millionen Gnus jedes Jahr in der Serengeti in Ostafrika migrieren, in einem der größten Tierwanderungen der Welt.

Quokkas sind kleine Beuteltiere, die auf einigen Inseln vor der Küste Westaustraliens leben. Sie sind dafür bekannt, dass sie extrem fotogen sind und oft lächelnde "Selfies" mit Touristen machen.

Die afrikanische Elefantenpopulation hat sich im letzten Jahrhundert aufgrund von Wilderei und Lebensraumverlust fast halbiert. Trotzdem bleiben sie die größten Landsäugetiere der Erde mit Männchen, die bis zu 6 Meter hoch und bis zu 6 Tonnen schwer werden können.

Kamele können bei extremer Hitze und ohne Wasser bis zu eine Woche überleben. Sie speichern Fett in ihren Höckern, das sie in Wasser und Energie umwandeln können.

Hirsche werfen jedes Jahr ihre Geweihe ab und bekommen dann neue. Das Geweih eines Hirsches kann in einer Saison bis zu 2,5 Zentimeter pro Tag wachsen.

Die Krallen eines Grizzlybären können bis zu 10 cm lang werden. Sie benutzen sie zum Graben und Jagen, aber auch zum Kämpfen gegen andere Bären.

Die Herden von Gnus und Zebras wandern jedes Jahr in einem kreisförmigen Muster durch die Serengeti. Sie folgen den Regenfällen und dem Wachstum von neuem Gras.

Schafe haben sehr gute Erinnerungen. Sie können bis zu 50 andere Schafe und Menschen für Jahre erkennen.

Erdmännchen leben in großen Gruppen oder "Clans" von bis zu 40 Mitgliedern. Sie wechseln sich mit Wachaufgaben ab, um das Rudel vor Raubtieren zu schützen.

Seelöwen sind ausgezeichnete Schwimmer und können bis zu 30 Minuten lang unter Wasser bleiben. Sie können bis zu einer Tiefe von über 250 Metern tauchen.

Geparden sind die schnellsten Landtiere und können Geschwindigkeiten von bis zu 80-130 km/h erreichen. Sie können diese Geschwindigkeit nur für kurze Strecken aufrechterhalten.

Luchse haben hervorragendes Gehör, dass durch ihre charakteristischen spitzen Ohren verbessert wird. Sie können eine Maus unter dem Schnee hören.

Es gibt mehr als 200 verschiedene Arten von Ziegen weltweit. Sie wurden schon vor Tausenden von Jahren domestiziert und werden für Milch, Fleisch, Fell und manchmal auch für Packtiere genutzt.

Schneeleoparden sind für ihre beeindruckenden Sprungfähigkeiten bekannt. Sie können bis zu 15 Meter weit springen, um Beute zu fangen.

Das Eichhörnchen ist eines der wenigen Säugetiere, das nach unten gerichtet klettern kann, wobei es seine Hinterpfoten um 180 Grad drehen kann. Dies ist besonders nützlich, um schnell vor Raubtieren zu fliehen.

Der südamerikanische Riesenotter ist das größte Mitglied der Wiesel-Familie und kann bis zu 1,8 Meter lang werden. Ungewöhnlich für Säugetiere leben sie in monogamen Paaren und sind bekannt dafür, dass sie sehr sozial und verspielt sind.

Die nordamerikanischen Opossums sind die größten Beuteltiere in Nordamerika. Sie haben eine bemerkenswerte Immunität gegen viele Arten von Schlangengift.

Die Binturong, auch bekannt als "Bärenkatze", hat einen Vor-Schwanz, den sie benutzt, um sich an Ästen festzuhalten. Es wird gesagt, dass ihr Fell wie Popcorn riecht.

Der indische Rüsselhund, auch als Bengalfuchs bekannt, hat den längsten Rüssel aller Kaniden. Dieser Rüssel hilft ihnen, Nahrung in Felsspalten und unter Steinen zu finden.

Guanakos, eine Art von wildem Lama, können in extremen Höhen von bis zu 4000 Metern leben. Sie haben spezielle rote Blutkörperchen, die es ihnen ermöglichen, in diesen Höhen genügend Sauerstoff aufzunehmen.

Der Narwal, oft als "Einhorn des Meeres" bezeichnet, hat einen langen Stoßzahn, der eigentlich ein verlängerter Schneidezahn ist. Es wird angenommen, dass dieser Stoßzahn zur Wahrnehmung von Temperatur, Druck und Salzgehalt des Wassers verwendet wird.

Das Erdferkel ist das einzige Mitglied seiner taxonomischen Familie. Es ist ein nachtaktives Säugetier, das in Sub-Sahara-Afrika lebt und sich hauptsächlich von Ameisen und Termiten ernährt.

Die Maulwürfe haben extrem starke Vorderbeine, die sie zum Graben verwenden. Sie leben fast ihr ganzes Leben unter der Erde und sind nahezu blind.

Tapire sind dafür bekannt, dass sie sehr vielseitige Rüssel haben, mit denen sie greifen, riechen und sogar atmen können. Obwohl sie schwerfällig aussehen, können sie sehr schnell schwimmen und tauchen.

Präriehunde leben in komplexen unterirdischen "Städten", die aus vielen Tunneln und Kammern bestehen. Sie kommunizieren durch eine Reihe von Pfiffen und Gesten und haben sogar einen speziellen Pfiff, um vor Menschen zu warnen.

Stinktiere sind bekannt für ihre Fähigkeit, ein stark riechendes Sekret abzusondern, wenn sie bedroht werden. Dieses Sekret ist so stark, dass es Raubtiere abwehren und sogar vorübergehend blenden kann.

Der männliche See-Elefant hat eine extrem große Nase, die bis zu einem Fünftel der Länge seines Körpers betragen kann. Es wird angenommen, dass diese große Nase es ihm ermöglicht, mehr Weibchen anzulocken und Konkurrenten abzuschrecken.

Der australische Numbat ist ein kleines Säugetier, das sich fast ausschließlich von Termiten ernährt. Sie haben eine außergewöhnlich lange Zunge, die sie zum Einfangen von Termiten aus ihren Bauten verwenden.

Biber sind dafür bekannt, dass sie Dämme bauen, um ihre Wohngebiete zu schützen und zu erweitern. Sie sind nach dem Menschen das Säugetier, das seine Umgebung am stärksten verändert.

Der Pacarana ist ein großes Nagetier aus Südamerika, das über 15 kg wiegen kann. Sie sind nachtaktiv und bekannt für ihre Fähigkeit, auf ihren Hinterbeinen zu stehen.

Seeotter benutzen Werkzeuge, um Muscheln und andere harte Schalentiere zu öffnen. Sie halten sogar während des Schlafens Händchen, um zu verhindern, dass sie auseinandertreiben.

Das chinesische Wasserschwein ist das größte Nagetier der Welt und kann über 60 kg wiegen. Sie haben teilweise Schwimmhäute an ihren Füßen, die ihnen helfen, in ihrem feuchten Lebensraum zu überleben.

Die Riesenantilope ist das größte antilopenartige Säugetier und kann bis zu 1,6 Meter Schulterhöhe erreichen. Trotz ihrer Größe können sie bis zu 2,5 Meter hoch und 10 Meter weit springen.

Der männliche Löwe ist das einzige Mitglied der Katzenfamilie, das eine Mähne hat. Die Mähne dient mehreren Zwecken, einschließlich des Schutzes des Halses, während Kämpfen und als Anziehungspunkt für weibliche Löwen.

Die afrikanischen Elefanten haben die längste Tragzeit aller Säugetiere - sie sind etwa 22 Monate schwanger. Nach der Geburt wiegen Babyelefanten etwa 100 kg und sind etwa 1 Meter hoch.

Die Schweinsnasenfledermaus, auch als "Hufeisennase" bekannt, hat eine Nase, die an ein Hufeisen erinnert. Sie nutzen ihre einzigartige Nasenform, um ihren Echolot zu modulieren und besser jagen zu können.

Der indische Langur ist ein Primat, der für seine helle Fellfarbe und seine langen Arme und Beine bekannt ist. Sie leben in großen sozialen Gruppen und spielen eine wichtige Rolle in der Hindu-Mythologie und Kultur.

Giraffen sind die höchsten Tiere der Welt und können bis zu 5,5 Meter hoch werden. Ihre Hälse sind so lang, dass sie das Blut gegen die Schwerkraft zum Gehirn pumpen müssen, und dafür haben sie extrem starke Herzen.

Das Okapi, oft als "Waldgiraffe" bezeichnet, ist tatsächlich ein enger Verwandter der Giraffe, obwohl es eher wie eine Mischung aus Giraffe und Zebra aussieht. Sie leben in den Regenwäldern Zentralafrikas und sind bekannt für ihre schüchterne und zurückgezogene Natur.

Der arktische Fuchs hat den wärmsten Pelz aller Säugetiere. Sie können bei Temperaturen von bis zu minus 50 Grad Celsius überleben.

Die Ameisenigel sind nachtaktive Beuteltiere, die sich von Ameisen und Termiten ernähren. Sie sind dafür bekannt, dass sie eine Körpertemperatur von nur 32 Grad Celsius haben, was für ein Säugetier sehr niedrig ist.

Der Grevyzebra ist die größte Wildeselart und ist für seine engen Streifen und großen Ohren bekannt. Sie sind eine bedrohte Tierart und werden in ihrer Heimat Ostafrika wegen ihres Fells und ihrer Körperteile gejagt.

Das Walross kann bis zu 45 Minuten lang tauchen und bis zu 80 Jahre alt werden. Sie nutzen ihre langen Stoßzähne, um sich auf das Eis zu ziehen und um Kämpfe auszutragen.

Die Aye-Aye, eine Art Lemur aus Madagaskar, hat einen langen, dünnen Mittelfinger, den sie benutzen, um Insekten aus Baumstämmen zu fischen. Sie sind die größten nachtaktiven Primaten der Welt.

Der Grizzlybär ist eine Unterart des Braunbären, der in Nordamerika lebt. Sie sind dafür bekannt, dass sie im Herbst vor dem Winterschlaf bis zu 40 kg pro Woche zunehmen.

Das Känguru ist das einzige große Tier, das hauptsächlich hüpft. Die Bewegung ist energieeffizient und erlaubt es ihnen, mit Geschwindigkeiten von bis zu 60 km/h zu reisen.

Der Sumatra-Tiger ist die kleinste Unterart des Tigers und lebt auf der indonesischen Insel Sumatra. Sie sind stark bedroht, und es wird geschätzt, dass weniger als 500 Exemplare in freier Wildbahn übrig sind.

Der Moschusochse lebt in den arktischen Regionen Nordamerikas und Grönlands. Sie sind bekannt für ihre dicken Mäntel und die Taktik, sich in einer Defensive Formation zu gruppieren, um sich gegen Raubtiere zu verteidigen.

Der Wasserbüffel ist das zweitgrößte Rind nach dem Gaur. Sie werden häufig in der Landwirtschaft in Südostasien und anderen Teilen der Welt eingesetzt.

Das Zwergflusspferd ist viel kleiner als sein Cousin, das gewöhnliche Flusspferd, und lebt in den Wäldern Westafrikas. Sie verbringen den größten Teil des Tages versteckt im Wasser und kommen nachts heraus, um zu fressen.

Der afrikanische Wildhund ist ein hochsoziales Tier, das in großen Rudeln lebt. Sie haben die höchste Erfolgsrate bei der Jagd aller großen Raubtiere mit Erfolgsraten von bis zu 80%.

Der Axishirsch, auch bekannt als Chital, ist für sein schönes geflecktes Fell bekannt. Sie sind in ganz Indien verbreitet und spielen eine wichtige Rolle in der Hindu-Mythologie.

Das Manatee, auch bekannt als Seekuh, ist ein großer aquatischer Pflanzenfresser. Sie haben ein ungewöhnliches Merkmal: Sie ersetzen ständig ihre Stoßzähne, die von hinten nach vorne wandern, ähnlich wie bei Elefanten.

Die Streifenhyäne ist die kleinste der vier Hyänenarten und ist für ihre gestreifte Fellmusterung bekannt. Sie sind ausgezeichnete Schwimmer und können sehr gut klettern.

Der Fleckenmusang ist ein kleines Säugetier, das für die Produktion eines des teuersten Kaffees der Welt bekannt ist. Die Kaffeebohnen, die es frisst, passieren seinen Verdauungstrakt und werden zu einem Gourmetprodukt verarbeitet, bekannt als Kopi Luwak.

Der kalifornische Seelöwe ist dafür bekannt, dass es eine außergewöhnlich große Gehirnkapazität im Vergleich zu seinem Körpergewicht hat. Dies macht es zu einem der intelligentesten Meeressäugetiere fähig zu komplexen Lern- und Problemlösungsfähigkeiten.

Der Pangolin ist das am meisten illegal gehandelte Säugetier der Welt. Es ist wegen seiner Schuppen begehrt, die in der traditionellen chinesischen Medizin verwendet werden, obwohl es keine wissenschaftlichen Beweise dafür gibt, dass sie eine medizinische Wirkung haben.

Der Tapanuli-Orang-Utan wurde erst 2017 als eigene Art anerkannt. Mit nur etwa 800 bekannten Individuen ist er die am stärksten bedrohte Menschenaffenart der Welt.

Der Graue Langur, auch bekannt als Hanuman-Langur, ist eine Affenart, die in Südasien lebt. Sie spielen eine wichtige Rolle in der hinduistischen Kultur und sind nach dem Gott Hanuman benannt.

Der Elch ist das größte Mitglied der Hirschfamilie und ist bekannt für sein beeindruckendes Geweih, das bis zu 1,8 Meter breit werden kann. Sie sind in den nördlichen Teilen von Nordamerika, Europa und Asien beheimatet.

Das Walross kann bis zu 45 Minuten lang tauchen und bis zu 80 Jahre alt werden. Sie nutzen ihre langen Stoßzähne, um sich auf das Eis zu ziehen und um Kämpfe auszutragen.

Fledermäuse sind die einzigen Säugetiere, die fliegen können. Sie verwenden Echolot zur Navigation und zur Jagd, ein Prozess, bei dem sie Schallwellen aussenden und deren Echo interpretieren, um ihre Umgebung zu verstehen.

Das Nilpferd ist das drittgrößte Landtier nach Elefanten und Nashörnern. Trotz ihres massiven Körperbaus können sie überraschend schnell rennen, mit Geschwindigkeiten von bis zu 30 km/h.

Der tasmanische Teufel ist das größte fleischfressende Beuteltier der Welt. Es ist bekannt für seine aggressive Natur und seinen lauten und unheimlichen Ruf.

Geographie

Die Atlantik- und Pazifikküste von Panama sind nur 80 Kilometer voneinander entfernt. Man könnte theoretisch im Atlantik schwimmen und dann zum Pazifik fahren, um dort den Tag zu verbringen.

Es gibt in Kanada mehr Seen als im Rest der Welt zusammen. Das Land beherbergt über 3 Millionen Seen.

Grönland ist die größte Insel der Welt. Obwohl es politisch zu Dänemark gehört, ist es geografisch Teil des nordamerikanischen Kontinents.

Das Tote Meer ist der tiefste Punkt an Land. Es liegt mehr als 430 Meter unter dem Meeresspiegel.

Die Sahara ist die größte Wüste der Welt und größer als die gesamte Fläche der USA. Sie erstreckt sich über eine Fläche von über 9 Millionen Quadratkilometern.

Die Salzpfannen von Salar de Uyuni in Bolivien sind so flach, dass ihre Höhenunterschiede im Durchschnitt weniger als einen Meter betragen. Sie sind das größte Salzreservat der Welt.

Der Äquator, eine imaginäre Linie, die die Erde in Nord- und Südhalbkugel teilt, ist 40.075 Kilometer lang. Interessanterweise ist die Erde an den Polen leicht abgeflacht, sodass die Entfernung von Pol zu Pol kürzer ist als der Äquator.

Das südlichste bewohnte Gebiet der Welt ist die Stadt Ushuaia in Argentinien. Sie ist oft der Ausgangspunkt für Expeditionen in die Antarktis.

Der Staat Monaco ist das am dichtesten besiedelte Land der Welt. Es hat eine Bevölkerungsdichte von über 18.000 Menschen pro Quadratkilometer.

Die größte Binnennation der Welt ist Kasachstan. Es hat keine Küstenlinie und ist über 2,7 Millionen Quadratkilometer groß.

Der Pazifische Ozean ist so groß, dass er mehr Fläche einnimmt als alle Landmassen der Erde zusammen. Er umfasst mehr als 60 Millionen Quadratkilometer.

Der Ganges ist der heiligste Fluss für Hindus in Indien. Trotz seiner spirituellen Bedeutung gehört er zu den fünf am stärksten verschmutzten Flüssen der Welt.

Die längste Bergkette der Welt, die Anden, erstreckt sich über sieben Länder. Sie beginnt im Norden von Venezuela und endet im südlichen Chile und Argentinien.

Der längste ununterbrochene Fußweg ist der Pacific Crest Trail in den USA. Er erstreckt sich über 4.279 Kilometer von der mexikanischen bis zur kanadischen Grenze.

Die Küste von Kroatien hat mehr als tausend Inseln. Die meisten von ihnen sind unbewohnt.

Der größte Vulkan der Welt, Mauna Loa auf Hawaii, ist eigentlich ein Schildvulkan. Es ist so massiv, dass es das Gewicht der Insel drückt, was dazu führt, dass die Insel langsam im Pazifischen Ozean versinkt.

Die Küste von Norwegen, einschließlich ihrer Fjorde und Inseln, ist über 100.000 Kilometer lang. Das ist länger als der Äquator.

Das Himalayfa-Gebirge, zu dem auch der Mount Everest gehört, wächst jedes Jahr um etwa 2,4 Zentimeter. Das Wachstum ist auf tektonische Plattenbewegungen zurückzuführen.

Die Inseln von Neuseeland waren die letzten großen bewohnbaren Landmassen, die von Menschen besiedelt wurden. Die Maori kamen erst um 1300 n.Chr. an.

Vatikanstadt ist der kleinste Staat der Welt. Er ist nur etwa 44 Hektar groß, was etwa 0,17 Quadratmeilen entspricht.

Der schnellste Fluss der Welt ist der Paraná River in Südamerika. An einigen Stellen erreicht seine Geschwindigkeit 61 Kilometer pro Stunde.

In Bhutan wird das Wohlstandsniveau eines Landes nicht anhand des Bruttoinlandsprodukts (BIP), sondern anhand des Bruttonationalglücks gemessen. Diese einzigartige Herangehensweise wurde in den 1970er Jahren vom damaligen König von Bhutan eingeführt.

Mehr als 60% der Weltbevölkerung lebt in Asien. Das entspricht etwa 4,5 Milliarden Menschen.

Das größte Feuchtgebiet der Welt ist das Pantanal, das sich über Brasilien, Bolivien und Paraguay erstreckt. Es ist mehr als doppelt so groß wie England.

Die höchste ununterbrochene Klippe der Welt ist der Mount Thor auf Baffin Island in Kanada. Sie hat eine vertikale Fallhöhe von 1.250 Metern.

Es gibt ein Land, das von keinem anderen Land anerkannt wird und zwar Somaliland. Es hat seine Unabhängigkeit von Somalia 1991 erklärt, wird aber international nicht als eigener Staat anerkannt.

Die größte Insel in einem Süßwassersee ist Manitoulin Island im Huronsee, Kanada. Sie hat eine Fläche von 2.766 Quadratkilometern.

Das Land mit der längsten Lebenserwartung ist Monaco mit einer durchschnittlichen Lebenserwartung von 89,4 Jahren. Es hat auch die höchste Millionärskonzentration der Welt.

Die größte Sandinsel der Welt ist Fraser Island vor der Ostküste Australiens. Sie ist etwa 123 Kilometer lang und 22 Kilometer breit.

Das höchstgelegene Stadion der Welt ist das Estadio Hernando Siles in La Paz, Bolivien. Es liegt 3.637 Meter über dem Meeresspiegel.

Der Lago Hillier in Australien ist bekannt für sein leuchtend rosa Wasser. Das rosa Wasser ist auf das Vorhandensein bestimmter Algen und Bakterien zurückzuführen.

Der Mount Everest ist mit 8.848 Metern der höchste Berg der Welt. Während er allgemein als der "höchste" Berg bekannt ist, ist er nicht der "größte". Das wäre der Mauna Kea in Hawaii, wenn man vom Meeresboden misst.

Afrika ist der einzige Kontinent, der durch alle vier Hemisphären der Erde verläuft - Nord, Süd, Ost und West. Afrika ist auch der heißeste Kontinent der Erde und beherbergt sowohl die heißeste als auch die trockenste Stelle.

Der längste Ortsname der Welt gehört zu einem Ort in Neuseeland, der 85 Buchstaben lang ist: Taumatawhakatangi-hangakoauauotamatea-turipukakapikimaunga-horonukupokaiwhen-uakitanatahu. Der Name ist Maori und bedeutet "Der Gipfel auf den Tamatea, der Mann mit den großen Knien, der rutschte, kletterte und verschluckte Berge, bekannt als 'Landfresser', spielte auf seiner Flöte zu seinem geliebten".

Die niedrigste Landmasse der Welt ist das Tote Meer, das zwischen Jordanien und Israel liegt. Es liegt etwa 429 Meter unter dem Meeresspiegel.

Der tiefste Punkt der Erde, der Marianengraben, ist so tief, dass man den Mount Everest darin versenken könnte und seine Spitze immer noch mehr als 2 Kilometer unter der Meeresoberfläche liegen würde. Der Marianengraben erreicht eine maximale Tiefe von etwa 11 Kilometern.

Mount Kilimanjaro in Tansania ist der höchste freistehende Berg der Welt. Er erreicht eine Höhe von 5.895 Metern über dem Meeresspiegel.

Das größte Korallenriff der Welt ist das Great Barrier Reef vor der Küste von Queensland, Australien. Es ist so groß, dass es vom Weltraum aus sichtbar ist.

Die Salzfläche Salar de Uyuni in Bolivien ist die größte Salzpfanne der Welt. Wenn sie mit Wasser bedeckt ist, wird sie zum größten natürlichen Spiegel der Welt.

Die Stadt Istanbul in der Türkei ist einzigartig, weil sie auf zwei Kontinenten liegt. Istanbul liegt in Europa und Asien, der Bosporus, eine schmale Meerenge, teilt die Stadt.

Island ist das Land mit der höchsten Konzentration an Geysiren in der Welt. "Geysir", das englische Wort für einen sprudelnden heißen Quell stammt vom isländischen Wort "Geysir", was "ausgießen" bedeutet.

Die Stadt Longyearbyen auf der Inselgruppe Svalbard in Norwegen erlebt etwa vier Monate im Jahr eine Periode der Mitternachtssonne, in der die Sonne nie untergeht. Umgekehrt gibt es im Winter eine Zeit der Polarnacht, in der die Sonne nie aufgeht.

Es gibt nur zwei Länder in der Welt, die völlig von anderen Ländern umschlossen sind. Lesotho, das von Südafrika umgeben ist, und der Vatikan, der von Italien umgeben ist.

Singapur ist der einzige Inselstadtstaat der Welt. Es ist auch eines der wenigen Länder der Welt ohne Landwirtschaft.

Grönland ist die größte Insel der Welt, die nicht ein Kontinent ist. Sie hat eine Fläche von etwa 2,16 Millionen Quadratkilometern.

Das Bermudadreieck, ein Bereich im westlichen Atlantik, ist bekannt für seine hohe Anzahl unerklärlicher Schiffs- und Flugzeugverschwinden. Obwohl viele natürliche Erklärungen für dieses Verschwinden vorgeschlagen wurden, bleibt es ein beliebtes Thema für Verschwörungstheorien.

Der Titicaca-See zwischen Peru und Bolivien ist der höchstgelegene kommerziell schiffbare See der Welt. Er liegt auf einer Höhe von 3.812 Metern.

Die Galapagos-Inseln im Pazifischen Ozean sind bekannt für ihre einzigartige Tierwelt. Sie sind nach der Galápagos-Riesenschildkröte benannt, die bis zu 417 Kilogramm wiegen kann.

In der Antarktis gibt es einen See, der so salzig ist, dass er nicht einfriert. Der Don-Juan-See hat den höchsten bekannten Salzgehalt eines natürlichen Gewässers auf der Erde.

Der längste Name eines Ortes auf der Welt mit zusammenhängenden Buchstaben ist: Llanfairpwllgwyngyllgogerychwyrn drobwllllantysiliogogogoch. Es ist ein Dorf in Wales, und sein Name hat 58 Buchstaben.

Es gibt mehr Pyramiden in Sudan als in Ägypten. Es gibt etwa 200 Pyramiden in Ägypten, aber mehr als 200 in Sudan.

Der größte von Menschen geschaffene Kanal ist der Suezkanal in Ägypten. Der Kanal ist 193,30 Kilometer lang und verbindet das Mittelmeer mit dem Roten Meer.

Mit einer Fläche von nur 44 Quadratkilometern ist San Marino die fünftkleinste unabhängige Nation der Welt. Trotz seiner geringen Größe hat es seine Unabhängigkeit seit dem Jahr 301 bewahrt.

Der Amazonas-Regenwald produziert etwa 20% des Sauerstoffs der Welt. Daher wird er oft als "Lunge der Erde" bezeichnet.

Russland ist das größte Land der Welt und nimmt mehr als ein Achtel der gesamten Landfläche der Erde ein. Es erstreckt sich über elf Zeitzonen und reicht von Osteuropa bis nach Nordasien.

Lake Baikal in Sibirien ist der tiefste und älteste Süßwassersee der Welt. Er ist etwa 25 Millionen Jahre alt und 1.642 Meter tief.

Äthiopien folgt einem Kalender, der sieben Jahre und acht Monate hinter dem gregorianischen Kalender liegt. Dieser Kalender wird als äthiopischer Kalender bezeichnet.

Antarktika ist der kälteste, trockenste und windigste Kontinent der Welt. Es hat auch die höchste durchschnittliche Höhe aller Kontinente.

Die Hauptstadt von Australien ist Canberra nicht Sydney. Canberra wurde speziell als Hauptstadt gebaut, um den Streit zwischen Sydney und Melbourne zu beenden, welche Stadt die Hauptstadt sein sollte.

Nur etwa 5% der Bevölkerung Neuseelands sind Menschen. Der Rest sind Tiere, was Neuseeland zur höchsten Tier-zu-Mensch-Rate der Welt macht.

Oymyakon in Russland ist der kälteste bewohnte Ort der Erde. Die tiefste jemals gemessene Temperatur dort war -67,7 Grad Celsius im Jahr 1933.

Der Salto Angel in Venezuela ist einer der höchsten Wasserfälle der Welt. Er hat eine Höhe von 979 Metern und einen kontinuierlichen Absturz von 807 Metern.

Die Lut-Wüste im Iran hält den Rekord für die heißeste Bodentemperatur die jemals aufgezeichnet wurde. Der Rekord liegt bei 70,7°C im Jahr 2005.

Der Amazonas-Regenwald ist so groß, dass er mehr als die Hälfte der weltweit verbleibenden Regenwälder enthält. Er ist auch die größte und artenreichste tropische Regenwaldregion der Welt.

Die Chinesische Mauer ist mit über 21.000 Kilometern die längste von Menschenhand geschaffene Struktur der Welt. Sie wurde über einen Zeitraum von etwa 2000 Jahren erbaut.

Der K2, auch bekannt als Mount Godwin-Austen, ist der zweithöchste Berg der Welt nach dem Mount Everest. Er ist auch als der "wilde Berg" bekannt, weil er wegen seiner schwierigen Aufstiegsrouten und seiner schlechten Wetterbedingungen einer der gefährlichsten Berge zum Besteigen ist.

Das höchstgelegene bewohnte Gebiet der Welt ist die Stadt La Rinconada in Peru, die auf einer Höhe von 5100 Metern liegt. Trotz der extremen Bedingungen leben hier dauerhaft Menschen.

Die Erde hat genug Eisen, um drei Planeten der Größe des Mars zu bilden. Die meisten davon befinden sich jedoch im Erdkern.

Der Äquator, der die Erde in Nord- und Südhalbkugel teilt, ist etwa 40.075 Kilometer lang. Mehr als 78 Prozent dieser Länge verläuft über Wasser.

Die meisten Vulkanausbrüche finden unter Wasser statt. Etwa 80% der Vulkanausbrüche auf der Erde finden in der Tiefsee statt und sind für den Menschen unsichtbar.

Die Dallol-Depression in Äthiopien ist bekannt als der heißeste bewohnte Ort der Erde. Mit durchschnittlichen Jahrestemperaturen, die oft über 34°C liegen, ist es ein unglaublich herausfordernder Ort für das Leben.

Der Nil ist der längste Fluss der Welt und erstreckt sich über eine unglaubliche Länge von 6.695 Kilometern. Er fließt durch 11 Länder, bevor er im Mittelmeer mündet.

Der Ätna auf Sizilien ist einer der aktivsten Vulkane der Welt. Es gibt fast ständig eine gewisse Aktivität, die von gelegentlichen Explosionen und Ausbrüchen bis hin zu Lavafontänen und großen Aschenwolken reicht.

Der große afrikanische Grabenbruch ist ein geologisches Phänomen, das sich über 6.000 Kilometer von Libanon im Asien bis nach Mosambik in Afrika erstreckt. Es ist das Ergebnis der afrikanischen Kontinentalplatte, die in zwei Teile zerreißt.

Der Tsangpo-Brahmaputra in Tibet und Indien ist der Fluss mit dem größten Höhenunterschied der Welt. Er fließt von einer Höhe von etwa 4.900 Metern bis auf Meereshöhe.

Nur etwa 2% des Wassers auf der Erde ist Süßwasser und der Großteil davon ist in Eis und Schnee eingefroren. Dies macht sauberes, zugängliches Trinkwasser zu einer wertvollen und oft knappen Ressource.

In Tschernobyl, Ukraine, der Ort eines des schlimmsten Atomunfalls der Geschichte, hat sich trotz der Strahlung eine üppige Tierwelt entwickelt. Tatsächlich haben einige Arten in der Abwesenheit von Menschen gedeihen können.

Der größte See der Welt ist das Kaspische Meer, das sich über eine Fläche von etwa 371.000 Quadratkilometern erstreckt. Es ist so groß, dass es sowohl als See als auch als Meer bezeichnet wird.

Sibirien beherbergt den größten Teil der weltweit unberührten Wälder. Diese sogenannten "letzten Wälder" sind entscheidend für die Aufrechterhaltung des globalen Ökosystems.

In der Antarktis befindet sich der niedrigste Punkt auf der Erdoberfläche, der nicht von Wasser bedeckt ist. Das Bentley-Subglazial-Trog ist etwa 2.555 Meter unter dem Meeresspiegel.

Trotz seiner Größe hat der Pazifische Ozean weniger Inseln als der atlantische Indische, Südliche und Arktische Ozean. Der größte Teil des Pazifischen Ozeans ist tatsächlich offenem Wasser.

Das Tote Meer ist der tiefste Hypersaline See und der tiefste Punkt auf der Erdoberfläche, der nicht unter Wasser ist. Mit einem Salzgehalt von 33,7% ist es eines der salzigsten Gewässer der Erde.

Der Suezkanal ist eine künstliche Wasserstraße in Ägypten, die das Mittelmeer mit dem Roten Meer verbindet. Er wurde 1869 eröffnet und verkürzt die Seereise zwischen Europa und Asien erheblich.

Der Äquator, die Linie, die die Erde in eine nördliche und eine südliche Hemisphäre teilt, ist 40.075 Kilometer lang. Interessanterweise ist die Länge nicht genau gleich, da die Erde keine perfekte Kugel, sondern ein Obloid ist.

Obwohl Afrika der zweitgrößte Kontinent der Welt ist, verfügt er über weniger Küstenlinie als Europa. Dies liegt daran, dass die Küsten Afrikas weniger Einbuchtungen und Ausbuchtungen aufweisen.

In der Mongolei gibt es mehr Pferde als Menschen. Mit einer Bevölkerung von etwas über 3 Millionen Menschen gibt es schätzungsweise 13 Millionen Pferde im Land.

Mount Everest, der höchste Berg der Welt, wächst jedes Jahr um etwa einen halben Zentimeter. Dies liegt an der tektonischen Aktivität in der Region.

Es gibt einen Ort in der Antarktis, der als "trockenste Stelle der Welt" bezeichnet wird. Dieser Ort, die McMurdo-Trockentäler, hat seit Millionen von Jahren keinen Regen gesehen.

Der Indische Ozean ist der drittgrößte Ozean der Welt und bedeckt etwa 20% der Erdoberfläche. Er ist der wärmste Ozean der Welt.

Das Aralsee-Becken war einst der viertgrößte See der Welt, hat sich jedoch in den letzten Jahrzehnten aufgrund der Umleitung seiner Zuflüsse dramatisch verkleinert. Heute ist das Gebiet größtenteils eine trockene Salzwüste.

Der Golfstrom, eine starke Meeresströmung, beginnt im Golf von Mexiko, fließt entlang der US-Ostküste und über den Atlantik nach Europa. Er hat eine erhebliche Auswirkung auf das Klima in Westeuropa.

Der Mount Chimborazo in Ecuador ist der Ort, der der Sonne am nächsten ist. Während der Mount Everest der höchste Punkt über dem Meeresspiegel ist, ist der Chimborazo aufgrund der Erdkrümmung der am weitesten von der Erde entfernte Punkt.

Das Rote Meer ist das salzigste Meer der Welt. Der Salzgehalt beträgt etwa 4%.

Die Mauer von China ist nicht von der internationalen Raumstation aus sichtbar. Dies ist ein weitverbreiteter Mythos, aber Astronauten haben bestätigt, dass sie ohne Hilfsmittel nicht sichtbar ist.

Der Ural ist der längste Gebirgszug in Russland und gilt als natürliche Grenze zwischen Europa und Asien. Er erstreckt sich über 2.500 Kilometer von der Küste des arktischen Ozeans bis zur nördlichen Kasachstan.

Der Iguazú-Wasserfall an der Grenze zwischen Argentinien und Brasilien besteht aus 275 einzelnen Fällen, die sich über fast 3 Kilometer erstrecken. Dies macht ihn zum breitesten Wasserfall der Welt.

Obwohl der Äquator durch 13 Länder verläuft, gibt es nur einen Ort, an dem man tatsächlich auf ihm stehen kann: die Mitad del Mundo in Ecuador. Hier gibt es ein Monument und ein Museum zur Äquatorlinie.

Der Südpol ist tatsächlich kälter als der Nordpol. Die niedrigste jemals aufgezeichnete Temperatur betrug -89,2 Grad Celsius, gemessen in der Antarktis im Jahr 1983.

Der Guadiana-Fluss in Spanien und Portugal ist bekannt für seinen "Untergrundfluss". Auf einem Abschnitt scheint er zu verschwinden und fließt dann 25 Kilometer weiter wieder an die Oberfläche.

Obwohl Russland das größte Land der Welt ist, hat es weniger Bevölkerung als Bangladesch. Bangladesch hat etwa 165 Millionen Einwohner, während Russland nur etwa 145 Millionen hat.

Der Amazonas-Fluss hat so viele Nebenflüsse, dass Wissenschaftler sie noch nicht alle katalogisiert haben. Es wird geschätzt, dass es über 1.100 Nebenflüsse hat, von denen 17 länger als 1.500 Kilometer sind.

Die Sanddünen in der Wüste Sahara können so hoch wie 180 Meter sein. Das entspricht einem 60-stöckigen Gebäude.

Die größte Insel in einem See auf einer Insel in einem See auf einer Insel ist Vulcan Point in den Philippinen. Sie befindet sich in einem Kratersee auf der Insel Taal, die in einem größeren See auf der Insel Luzon liegt.

Trotz der riesigen Wüste Sahara hat Afrika den größten Anteil tropischer Regenwälder der Welt. Es wird geschätzt, dass 30% der Erdoberfläche Afrikas von tropischen Regenwäldern bedeckt sind.

Die Doppelinsel Trinidad und Tobago liegt nur 11 Kilometer von Venezuela entfernt, ist aber geografisch zu den Kleinen Antillen in der Karibik zu rechnen. Sie ist näher an Südamerika als an jedem anderen Teil der Karibik.

Die nördlichste ständig bewohnte Siedlung der Welt ist Alert in Nunavut, Kanada. Es liegt nur 817 Kilometer vom Nordpol entfernt.

Der südlichste aktive Vulkan der Welt ist der Mount Erebus in der Antarktis. Er hat einen permanenten Lavasee in seinem Krater.

Der längste Unterwassertunnel der Welt ist der Seikan-Tunnel in Japan. Er verläuft 53,85 Kilometer unter dem Meer zwischen den Inseln Honshu und Hokkaido.

Die Tiefseerinne Tonga ist der zweittiefste Punkt der Erde. Sie erreicht eine maximale Tiefe von 10.882 Metern.

Die Insel Bouvet ist die abgelegenste unbewohnte Insel der Welt. Sie liegt im Südatlantik, 2.200 Kilometer von der nächsten bewohnten Landmasse entfernt.

Die Zugspitze ist mit 2.962 Metern der höchste Berg in Deutschland. Sie liegt in den bayerischen Alpen nahe der Grenze zu Österreich.

Der Salzsee Salar de Uyuni in Bolivien ist der größte Salzsee der Welt. Er erstreckt sich über eine Fläche von 10.582 Quadratkilometern und enthält geschätzte 10 Milliarden Tonnen Salz.

Die Osterinsel, bekannt für ihre monumentalen Steinfiguren, gehört zu den am weitesten von jedem bewohnten Land entfernten Inseln. Sie liegt im Südpazifik, 3.512 Kilometer westlich von Chile.

Der größte Einzelsandstrand der Welt ist der Praia do Cassino in Brasilien. Er erstreckt sich über 212 Kilometer.

Die längste Unterwasserhöhle der Welt ist das Sac Actun-System in Mexiko. Es erstreckt sich über 347 Kilometer.

Die Simpson-Wüste in Australien ist die größte Sanddünenwüste der Welt. Sie umfasst eine Fläche von etwa 176.500 Quadratkilometern.

Die Atacama-Wüste in Chile ist der trockenste Ort der Erde. Einige Teile dieser Wüste haben seit Aufzeichnung der Wetterdaten noch nie Regen erlebt.

Die Bermudainseln sind eigentlich der Gipfel eines unterseeischen Vulkans. Sie liegen in der Nähe des berühmten Bermudadreiecks.

Der größte Gletscher der Welt ist der Lambert-Fisher-Gletscher in der Antarktis. Er ist etwa 400 Kilometer lang und bis zu 100 Kilometer breit.

Die Insel Madagaskar im Indischen Ozean ist die viertgrößte Insel der Welt. Sie ist Heimat vieler einzigartiger Tierarten, darunter 103 Arten und Unterarten von Lemuren.

Die Stadt El Alto in Bolivien ist die höchstgelegene Großstadt der Welt. Sie liegt auf einer Höhe von 4.150 Metern.

Die Donau ist der einzige große Fluss in Europa, der von West nach Ost fließt. Er fließt durch 10 Länder, mehr als jeder andere Fluss der Welt.

Der Äquator verläuft nicht genau in der Mitte der Erde. Tatsächlich ist der Erdradius am Äquator etwa 21 Kilometer größer als an den Polen.

Der Rheinfall in der Schweiz ist der größte Wasserfall in Europa. Er ist 150 Meter breit und 23 Meter hoch.

Der Panamakanal, der den Atlantik mit dem Pazifik verbindet, wurde 1914 eröffnet. Er reduziert die Reisezeit für Schiffe zwischen den Ozeanen erheblich.

Das Great Blue Hole vor der Küste von Belize ist das größte Meeres-Sinkhole der Welt. Es ist etwa 318 Meter breit und 124 Meter tief.

Die meisten Länder der Welt grenzen an genau zwei Ozeane. Aber Russland und die Vereinigten Staaten grenzen an drei - den Atlantik, den Pazifik und die Arktis.

Der Tanganjikasee in Ostafrika ist der zweittiefste See der Welt. Mit einer maximalen Tiefe von 1.470 Metern ist er auch der längste Süßwassersee der Welt.

Mehr als die Hälfte der Weltbevölkerung lebt in nur sechs Ländern. Es sind China, Indien, die USA, Indonesien, Pakistan und Brasilien.

Der Ärmelkanal zwischen Großbritannien und Frankreich ist die meistbefahrene Schifffahrtsstraße der Welt. Durchschnittlich passieren 500 bis 600 Schiffe pro Tag.

Der größte von Menschenhand geschaffene See der Welt ist der Lake Kariba in Simbabwe und Sambia. Er erstreckt sich über 5.580 Quadratkilometer.

Der Colorado River in den USA hat den größten Canyon der Welt geschaffen - den Grand Canyon. Er ist 446 Kilometer lang, bis zu 29 Kilometer breit und über 1.800 Meter tief.

Der Indische Ozean ist der einzige Ozean, der vollständig innerhalb der südlichen Hemisphäre liegt.

Die Erde ist eigentlich nicht perfekt rund. Sie ist ein Oblate Spheroid, was bedeutet, dass sie am Äquator etwas Breiter ist als an den Polen.

Die Stadt Timbuktu in Mali war im 15. und 16. Jahrhundert ein blühendes Zentrum für Wissenschaft und Handel. Heute ist sie als UNESCO-Weltkulturerbe anerkannt.

Das Land Lesotho in Südafrika ist das einzige Land der Welt, das vollständig über 1.000 Meter über dem Meeresspiegel liegt.

Die Grenze zwischen Kanada und den USA ist die längste unverteidigte Grenze der Welt. Sie erstreckt sich über 8.891 Kilometer.

Antarktis ist der kälteste, windigste und trockenste Kontinent der Erde. Trotz der extremen Bedingungen gibt es dort verschiedene Arten von Wildtieren, darunter Pinguine, Robben und verschiedene Arten von Vögeln.

Die Straße von Gibraltar, die das Mittelmeer mit dem Atlantischen Ozean verbindet, ist nur 14,3 Kilometer breit. An der engsten Stelle können Sie von Europa nach Afrika sehen.

In Alaska in den USA gibt es mehr als drei Millionen Seen. Der größte davon, der Lake Iliamna, ist der achtgrößte Süßwassersee in den USA.

Der Amazonas-Regenwald produziert etwa 20% des Sauerstoffs der Welt. Er ist auch Heimat von schätzungsweise 400 Milliarden einzelnen Bäumen.

Der Punkt auf der Erde, der am weitesten vom Meer entfernt ist, liegt in China und wird als "Erdpol der Unzugänglichkeit" bezeichnet. Er liegt 2.648 Kilometer von der nächsten Küste entfernt.

Der tiefste Punkt des Festlandes der Erde, der Bentley Subglacial Trench, liegt in der Antarktis. Es wird angenommen, dass er etwa 2.540 Meter unter dem Meeresspiegel liegt.

Die Hängenden Gärten von Babylon sind eines der sieben Weltwunder der Antike. Aber niemand weiß genau, wo sie waren, oder ob sie überhaupt existiert haben.

Der Staat Kalifornien in den USA wäre, wenn er ein eigenes Land wäre, die fünftgrößte Volkswirtschaft der Welt. Es ist größer als einige Länder wie Indien und das Vereinigte Königreich.

Der Mount Everest wird jedes Jahr von Hunderten von Bergsteigern bestiegen. Aber es gibt immer noch Teile der Welt, die aufgrund ihrer Abgelegenheit oder ihres schwierigen Terrains noch nie betreten wurden.

Die Stadt Ushuaia in Argentinien ist die südlichste Stadt der Welt. Sie liegt am Beagle-Kanal und ist oft der Ausgangspunkt für Reisen in die Antarktis.

Die tiefste Höhle der Welt, die Veryovkina-Höhle, liegt in Georgien. Sie wurde 2018 von einer russisch-georgischen Expedition erforscht und ist 2.212 Meter tief.

In den Niederlanden gibt es mehr Fahrräder als Menschen. Das Fahrrad ist das häufigste Transportmittel und es gibt überall Fahrradwege.

Die am meiste besuchte Stadt der Welt ist Bangkok in Thailand. Es zieht jedes Jahr Millionen von Touristen an, die seine Tempel, Märkte und Straßenküche genießen.

Die längste Höhle der Welt ist die Mammoth Cave in den USA. Sie ist mehr als 650 Kilometer lang und noch nicht vollständig erforscht.

Die Alpen sind das höchste und umfangreichste Gebirgssystem, das sich vollständig in Europa befindet. Es erstreckt sich über acht Länder: Frankreich, Schweiz, Monaco, Italien, Liechtenstein, Österreich, Deutschland und Slowenien.

Der Mont Blanc in den Alpen ist der höchste Berg in Westeuropa. Er liegt an der Grenze zwischen Frankreich und Italien und ist ein beliebtes Ziel für Bergsteiger.

In Island gibt es keine Wälder. Die Wikinger, die das Land besiedelten, fällten die meisten Bäume, und der Boden ist zu karg, um sie nachwachsen zu lassen.

Der Victoriasee in Afrika ist der zweitgrößte Süßwassersee der Welt. Er ist nach Königin Victoria von Großbritannien benannt und liegt in den Ländern Tansania, Uganda und Kenia.

Die große Sahara in Nordafrika ist die größte heiße Wüste der Welt. Sie erstreckt sich über eine Fläche von über 9 Millionen Quadratkilometern.

Die Iguazu-Wasserfälle an der Grenze zwischen Argentinien und Brasilien sind breiter als die Niagarafälle und höher als die Victoriafälle. Sie bestehen aus 275 einzelnen Fällen und sind eine der größten Touristenattraktionen Südamerikas.

Die Insel Svalbard in Norwegen ist die nördlichste ständig bewohnte Siedlung der Welt. Es ist auch der einzige Ort, wo man die "Mitternachtssonne" erleben kann, bei der die Sonne in den Sommermonaten 24 Stunden am Tag sichtbar ist.

Die höchste Sanddüne der Welt, die Düne 7, befindet sich in Namibia. Sie ist etwa 383 Meter hoch und ein beliebtes Ziel für Sandboarding.

Das Kaspische Meer ist der größte See der Welt. Es liegt zwischen Europa und Asien und ist eigentlich ein abgelagertes Meer, was bedeutet, dass es Salzwasser enthält.

Der größte aktive Vulkan der Welt ist der Mauna Loa auf Hawaii. Er ist über 4.169 Meter hoch und erstreckt sich unter Wasser noch weitere 5.000 Meter.

Die Anden sind die längste kontinentale Gebirgskette der Welt. Sie erstrecken sich über sieben Länder in Südamerika und sind über 7.000 Kilometer lang.

Die Ring of Fire, ein Gebiet im Pazifischen Ozean, ist die Heimat der meisten Erdbeben und Vulkanausbrüche der Welt. Es erstreckt sich über 40.000 Kilometer und enthält 75% der aktiven Vulkane der Welt.

Der Amazonas-Regenwald ist der größte Regenwald der Welt. Er beherbergt eine unglaubliche Vielfalt an Pflanzen und Tieren, von denen viele nirgendwo sonst auf der Welt zu finden sind.

Der angtse ist der längste Fluss Asiens und der drittlängste Fluss der Welt. Er ist ein wichtiger Verkehrsweg und eine wichtige Wasserquelle für China.

Der Himalaya ist das höchste Gebirgssystem der Welt. Es enthält zehn der vierzehn Achttausender der Welt, einschließlich des Mount Everest.

Die Vereinigten Staaten sind das drittgrößte Land der Welt nach Fläche. Sie sind auch das drittbevölkerungsreichste Land der Welt, nach China und Indien.

Die Sahara, die größte Wüste der Welt, erstreckt sich über den größten Teil Nordafrikas. Sie ist so groß, dass sie fast 10 Prozent der gesamten Landfläche der Erde ausmacht.

Der Nil, der längste Fluss der Welt, fließt nördlich durch nordostafrikanische Länder bis zum Mittelmeer. Er hat zwei wichtige Nebenflüsse, den Weißen Nil und den Blauen Nil.

Australien ist der flachste Kontinent der Welt. Es hat auch den niedrigsten durchschnittlichen Niederschlag von allen Kontinenten (mit Ausnahme der Antarktis).

Der Amazonas, der in Südamerika fließt, transportiert mehr Wasser als jeder andere Fluss der Welt. Tatsächlich führt er mehr Wasser als die nächsten sieben größten Flüsse der Welt zusammen.

Die Stadt Jericho in der Westbank gilt als eine der ältesten kontinuierlich bewohnten Städte der Welt. Archäologische Funde datieren die ersten Siedlungen auf rund 9000 v. Chr.

Die kanadischen Rocky Mountains, auch bekannt als die kanadischen Rockies, sind eine bedeutende Bergkette in Nordamerika. Sie erstrecken sich von der kanadischen Provinz Alberta bis zur US-Grenze.

Der Rio Grande ist der viertlängste Fluss in den USA und bildet einen Großteil der Grenze zwischen den USA und Mexiko. Es wird oft in Debatten über Grenzkontrollen und Einwanderung diskutiert.

Die Malediven sind das flachste Land der Welt, mit einer durchschnittlichen Höhe von nur 1,5 Metern über dem Meeresspiegel. Sie sind wegen des Klimawandels und des steigenden Meeresspiegels von Überschwemmungen bedroht.

Die Mojave-Wüste in den südwestlichen USA ist bekannt für ihre atemberaubende Schönheit und Vielfalt an Pflanzen und Tieren. Sie ist die trockenste Wüste in Nordamerika.

Der Indische Ozean ist der drittgrößter der Weltmeere. Es trennt Afrika und Australien und ist für den großen Teil des Welthandels wichtig.

Der Colorado River, der sich über sieben US-Bundesstaaten und zwei mexikanische Bundesstaaten erstreckt, hat den Grand Canyon geformt. Dieser Fluss ist entscheidend für die Wasserversorgung in dieser trockenen Region.

Die Sahara-Wüste wächst jedes Jahr um etwa 0,8 km^2, ein Phänomen, das als Desertifikation bekannt ist. Dies wird durch Klimawandel, Überweidung und unsachgemäße Bewässerung verursacht.

Die Galapagos-Inseln, die zum Gebiet von Ecuador gehören, sind bekannt für ihre einzigartige Tierwelt, die Charles Darwin zu seiner Evolutionstheorie inspiriert hat. Sie sind heute ein UNESCO-Weltkulturerbe und eine wichtige Touristenattraktion.

Der Pazifische Ozean ist der größte und tiefste der aller Meere. Er bedeckt mehr als 60 Millionen Quadratkilometer und ist größer als alle Landmassen der Erde zusammen.

Gemüse

Spinat hat 91-93 % Wasser. Das macht es zu einem hervorragenden kalorienarmen Snack oder Beilage.

Die Karotte wurde ursprünglich in Zentralasien kultiviert. In den frühen Stadien ihrer Zucht waren sie violett oder gelb, nicht orange.

Tomaten sind technisch gesehen Früchte, aber nach US-amerikanischem Recht sind sie Gemüse. Der oberste Gerichtshof der USA hat 1893 entschieden, dass sie als Gemüse und nicht als Frucht besteuert werden, weil sie häufiger in Hauptgerichten als in Desserts verwendet werden.

Mais ist tatsächlich ein Getreide, kein Gemüse. Maispflanzen sind Gräser, und die Maiskolben sind ihre Früchte.

Knoblauch kann helfen, Moskitos abzuwehren. Es enthält Stoffe, die Moskitos abstoßen, wenn sie durch die Haut abgesondert werden.

Weißer Spargel und grüner Spargel sind eigentlich die gleiche Pflanze. Der Unterschied in der Farbe rührt daher, dass weißer Spargel unter der Erde wächst und daher keine Fotosynthese betreibt.

Der Skirret ist ein altes Wurzelgemüse, das im Mittelalter in Europa sehr beliebt war. Es hat einen süßen Geschmack und kann roh oder gekocht gegessen werden.

Brokkoli und Blumenkohl sind die gleiche Art von Pflanze Brassica oleracea. Sie sind einfach unterschiedliche Kultivare.

Sellerie hat negative Kalorien. Der Körper verbrennt mehr Kalorien beim Verdauen von Sellerie, als die Pflanze selbst enthält.

Rüben sind eine der wenigen Pflanzen, bei denen sowohl die Wurzeln als auch die Blätter essbar sind. Rübenblätter haben sogar mehr Eisen als Spinat.

Die Süßkartoffel ist trotz ihres Namens keine Art von Kartoffel. Sie gehört zu einer anderen Pflanzenfamilie, den Windengewächsen.

Zwiebeln sind Mitglieder der Allium-Familie. Sie teilen diese Familie mit Knoblauch, Lauch und Schnittlauch.

Rettich ist ein naher Verwandter von Brokkoli. Sie teilen die gleiche Pflanzenfamilie, Brassicaceae.

Paprika haben mehr Vitamin C als Orangen. Rote Paprika enthalten dreimal so viel Vitamin C wie eine Orange.

Der Bittergurke ist bekannt für ihren bitteren Geschmack. Trotz des bitteren Geschmacks wird sie in vielen asiatischen Küchen geschätzt.

Jicama ist eine Art von Knollengemüse. Sie hat eine knusprige Textur und einen süßen, nussigen Geschmack.

Auberginen gehören zur Familie der Nachtschattengewächse. Sie teilen diese Familie mit Tomaten, Paprika und Kartoffeln.

Der Löwenzahn ist eine essbare Pflanze. Sowohl die Blätter als auch die Wurzeln können zu Salaten oder Tee verarbeitet werden.

Die Erbse ist eigentlich eine Frucht. Sie enthält Samen, die in einer Hülse entwickelt werden, was technisch gesehen eine Frucht ist.

Kohl ist eine der ältesten Gemüsepflanzen und wurde bereits vor über 4.000 Jahren angebaut. Es ist ein naher Verwandter von Brokkoli, Blumenkohl und Rosenkohl.

Mangold hat ähnliche gesundheitliche Vorteile wie Spinat. Es ist reich an Vitaminen A, C und K und enthält auch wichtige Mineralstoffe.

Wasserkresse ist eine der ältesten bekannten Blattgemüsesorten, die von Menschen verzehrt werden. Es ist reich an Vitamin K und hat einen scharfen, pfeffrigen Geschmack.

Romanesco ist eine Art Blumenkohl. Seine einzigartige spiralförmige Form ist ein perfektes Beispiel für die Fibonacci-Sequenz in der Natur.

Die Okra ist in heißen und tropischen Klimazonen sehr verbreitet. Sie hat eine einzigartige "schleimige" Textur, wenn sie gekocht wird, die oft zum Verdicken von Eintöpfen und Suppen verwendet wird.

Die Artischocke ist eigentlich die Knospe einer Blütenpflanze. Sie wird geerntet und verzehrt, bevor sie blühen kann.

Der Meerrettich ist eine Wurzelpflanze, die oft zu einer scharfen Soße verarbeitet wird. Er ist ein naher Verwandter von Senf und Wasabi.

Die Schwarzwurzel, auch als "Winter-Spargel" bekannt, hat einen ähnlichen Geschmack wie Spargel, ist aber schwieriger zu reinigen und zu kochen.

Die Taro-Wurzel ist eine wichtige Nahrungsquelle in vielen tropischen Regionen. Sie muss gekocht werden, bevor sie gegessen wird, um giftige Verbindungen abzubauen.

Topinambur, auch als Erdapfel oder Jerusalem-Artischocke bekannt, ist ein Wurzelgemüse, das roh oder gekocht gegessen werden kann. Es hat einen süßen, nussigen Geschmack.

Der Rettich Daikon ist eine sehr beliebte Zutat in der japanischen Küche. Er hat einen milden Geschmack und wird oft roh in Salaten oder als Beilage serviert.

Kardone ist ein naher Verwandter der Artischocke. Nur die Stiele werden gegessen, oft gebraten oder in Suppen.

Der Lotuswurzel wird in der asiatischen Küche häufig als Gemüse verwendet. Er hat eine knusprige Textur und einen milden, süßlichen Geschmack.

Bambussprossen sind die Triebe der Bambuspflanze. Sie müssen gekocht werden, bevor sie gegessen werden, um giftige Verbindungen abzubauen.

Der Chinakohl ist ein beliebtes Gemüse in der chinesischen Küche. Er hat einen milden Geschmack und eignet sich gut für Salate, Suppen und Eintöpfe.

Die Yamswurzel ist eine Art von Knollengemüse, das in Afrika sehr verbreitet ist. Sie hat eine raue Haut und ein stärkehaltiges Fruchtfleisch.

Die Patissons sind eine Art von Sommerkürbis. Sie haben eine einzigartige fliegende Untertassen Form und einen milden Geschmack.

Der Kohlrabi ist ein Verwandter von Kohl und Brokkoli. Er sieht aus wie eine Kreuzung aus einem Apfel und einer Rübe.

Der Rhabarber ist technisch gesehen ein Gemüse wird aber oft wie eine Frucht behandelt. Er hat einen sauren Geschmack und wird oft in Desserts und Marmeladen verwendet.

Das Blaukraut ist eine Sorte von Kohl. Er hat lila oder rote Blätter und einen etwas Pfeffrigen Geschmack.

Die Pfefferminze ist eine Art von Kräuterpflanze. Sie hat einen starken, erfrischenden Geschmack und wird oft in Tees und Desserts verwendet.

Der Zuckermais ist eine spezielle Sorte von Mais. Er hat süßere und zartere Kerne als andere Maissorten.

Endivien sind eine Sorte von Chicorée. Sie haben einen leicht bitteren Geschmack und knackige Blätter.

Zwiebeln gehören zur Familie der Liliengewächse. Sie sind eines der ältesten angebauten Gemüse und wurden bereits in prähistorischen Siedlungen gefunden.

Bok Choy ist ein dunkelgrünes Blattgemüse, das in der chinesischen Küche häufig verwendet wird. Es ist eine gute Quelle für Vitamin C und Kalzium.

Spargel wird seit mindestens 3.000 Jahren als Gemüse und Medizin verwendet. Es kommt in grünen, weißen und violetten Sorten vor.

Kohlrabi ist eigentlich ein Teil des Stängels der Pflanze. Es hat einen süßlichen Geschmack und kann roh oder gekocht gegessen werden.

Die Bittermelone ist für ihren stark bitteren Geschmack bekannt. Sie wird oft in der asiatischen und indischen Küche verwendet.

Der Salat war ursprünglich eine Wildpflanze, die im alten Persien angebaut wurde. Heute gibt es mehr als 1.000 verschiedene Sorten von Salat.

Grünkohl ist ein Blattgemüse, das im Winter süßer wird. Er ist reich an Vitamin K und enthält mehr Eisen pro Kalorie als Rindfleisch.

Die Aubergine, auch als Eierpflanze bekannt, kommt ursprünglich aus Indien. Sie enthält das Antioxidans Nasunin, das sich in ihrer violetten Schale befindet.

Rosenkohl sind tatsächlich kleine Kohlköpfe. Sie enthalten mehr Vitamin C pro 100 Gramm als Orangen.

Radicchio ist eine Art Chicorée und hat ein leicht bitteres Aroma. Er ist eine wichtige Zutat in der italienischen Küche.

Die Pastinake ist ein Wurzelgemüse, das einen süßen, nussigen Geschmack hat. Sie kann roh oder gekocht gegessen werden und ist eine gute Quelle für Ballaststoffe.

Die Selleriewurzel, auch als Knollensellerie bekannt, hat einen starken Geschmack. Sie wird oft in Suppen und Eintöpfen verwendet.

Die Pflanze der Wassermelone enthält tatsächlich essbare Wurzeln und Blätter. Sie wird oft in der afrikanischen Küche verwendet.

Das Gemüse Rapini, auch als Brokkoli-Raab bekannt, hat eigentlich wenig mit Brokkoli zu tun. Es ist näher mit Rüben und Senf verwandt.

Chicorée ist bekannt für seinen bitteren Geschmack. Er enthält Inulin, eine Art von Ballaststoffen, die die Verdauung unterstützen kann.

Die Gartenkresse ist ein kleines, scharfes Gewächs, das oft auf Sandwiches oder in Salaten verwendet wird. Es ist reich an Vitaminen und Mineralien.

Zucchini ist ein Mitglied der Kürbisfamilie. Es wurde ursprünglich in Amerika angebaut und wurde in den 1920er-Jahren in Italien populär.

Okra ist ein Gemüse, das oft in der südlichen Küche und in der indischen Küche verwendet wird. Es hat eine schleimige Textur, die manche Leute lieben und andere hassen.

Pilze sind technisch gesehen kein Gemüse, da sie kein Teil des Pflanzenreichs sind. Sie sind jedoch nährstoffreich und werden oft in vegetarischen Gerichten verwendet.

Fenchel ist ein Gemüse, das einen anisähnlichen Geschmack hat. Sowohl der Knollenbereich als auch das Kraut können gegessen werden.

Die Rote Bete ist ein Wurzelgemüse, das Rohes, Gekochtes oder Geröstet gegessen werden kann. Sie ist bekannt für ihre tiefe rote Farbe und ihren süß-erdigen Geschmack.

Schnittlauch gehört zur selben Familie wie Knoblauch und Zwiebeln. Es wird oft als Gewürz verwendet und hat einen milden, zwiebelähnlichen Geschmack.

Mangold ist ein Blattgemüse, das Roh oder gekocht gegessen werden kann. Es hat eine ähnliche Textur wie Spinat, aber einen stärkeren Geschmack.

Gurken bestehen zu 95% aus Wasser. Sie sind sehr erfrischend und werden oft in Salaten oder als Beilage verwendet.

Radieschen sind bekannt für ihren scharfen Geschmack. Sie gehören zur selben Familie wie Brokkoli und Kohl.

Sprossen sind sehr nährstoffreich und können aus verschiedenen Samenarten, einschließlich Mungobohnen und Linsen gezüchtet werden. Sie sind oft in Salaten oder Sandwiches zu finden.

Spinat ist reich an Eisen und Vitamin K. Es wurde popularisiert durch die Comicfigur Popeye, die es aß, um stärker zu werden.

Knoblauch wird oft in der Küche verwendet und ist bekannt für seinen starken Geschmack und Geruch. Es enthält Allicin, das antibakterielle und antivirale Eigenschaften hat.

Kürbisse sind eigentlich eine Art von Beeren. Sie sind in Nordamerika beheimatet und sind eine wichtige Nahrungspflanze für viele indigene Völker.

Kresse ist eines der am schnellsten wachsenden Gemüse und kann in nur 5 bis 7 Tagen geerntet werden. Sie hat einen scharfen, pfeffrigen Geschmack.

Der Butternusskürbis ist ein Winterkürbis, der einen süßen, nussigen Geschmack hat. Er ist eine ausgezeichnete Quelle für Vitamin A.

Koriander, auch als Korianderblätter bekannt, wird oft als Gewürz oder Garnierung verwendet. Es hat einen starken, einzigartigen Geschmack, den manche Leute lieben und andere hassen.

Der grüne Pfeffer ist eigentlich eine unreife rote Paprika. Er hat einen etwas bitteren Geschmack im Vergleich zu seinen reiferen Verwandten.

Die Schwarzwurzel ist ein Wurzelgemüse, das oft als "armen Manns Spargel" bezeichnet wird. Sie hat einen milden, nussigen Geschmack und eine faserige Textur.

Petersilie wird oft als Garnierung verwendet, aber sie ist mehr als nur eine hübsche Beilage. Sie ist reich an Vitaminen A, C und K und hat einen frischen, leichten Geschmack.

Portobello-Pilze sind eigentlich reife Crimini-Pilze. Sie haben einen vollen, fleischigen Geschmack und werden oft als Fleischersatz verwendet.

Die Rhabarberstiele können gegessen werden, aber die Blätter sind tatsächlich giftig. Sie haben einen sauren Geschmack und werden oft in süßen Desserts verwendet.

Die Yacon-Wurzel, auch als Erdapfel bekannt, hat einen süßen, knackigen Geschmack. Sie wird oft roh gegessen oder in Salaten verwendet.

Lauch ist Teil der Zwiebelfamilie und hat einen milden, zwiebelähnlichen Geschmack. Er wird oft in Suppen und Eintöpfen verwendet.

Kapern sind eigentlich die ungeöffneten Blütenknospen des Kapernstrauchs. Sie werden oft in Salzlake eingelegt und haben einen scharfen, würzigen Geschmack.

Schwarzer Knoblauch ist eigentlich normaler Knoblauch, der fermentiert wurde. Er hat einen süßlichen, sirupartigen Geschmack und ist in der asiatischen Küche sehr beliebt.

Reptilien

Das Krokodil hat den stärksten Biss aller Reptilien. Es kann einen Druck von bis zu 1,08 Tonnen pro Quadratzoll ausüben.

Der Komodowaran ist einer der größten lebenden Reptilien auf der Erde. Sie können bis zu 3 Meter lang werden und bis zu 70 kg wiegen.

Die Echse namens "Draco volans" kann fliegen, indem sie eine Flügelmembran ausdehnt, die zwischen ihren Rippen liegt. Sie sind jedoch keine echten Flieger und gleiten mehr, als dass sie fliegen.

Das längste bekannte Reptil war ein Meeresreptil namens Shonisaurus, das bis zu 21 Meter lang wurde. Es lebte vor etwa 215 Millionen Jahren.

Das Chamäleon hat einen Zungenstoß, der doppelt so schnell wie ein Kampfjet beschleunigt. Es kann seine Beute in nur 0,07 Sekunden fangen.

Einige Echsen wie der Leopardgecko, können ihre Schwänze abwerfen, um Raubtiere abzulenken. Nachdem der Schwanz abgeworfen wurde, kann er wieder nachwachsen.

Die Karettschildkröte ist bekannt dafür, dass sie Tränen weint. Dies hilft jedoch nur, überschüssiges Salz aus ihrem Körper zu entfernen, und hat nichts mit Emotionen zu tun.

Die Zwergchamäleons von Madagaskar sind die kleinsten bekannten Reptilien. Einige Arten sind nur wenige Zentimeter lang.

Die Boa Constrictor erstickt ihre Beute, anstatt sie zu beißen. Sie umschlingt ihre Beute und zieht jedes Mal, wenn das Opfer ausatmet, enger zu, bis die Beute nicht mehr atmen kann.

Das Salzwasserkrokodil ist eines der größten lebenden Reptilien. Sie können bis zu 7 Meter lang werden und über 1.000 kg wiegen.

Die meisten Reptilien legen Eier, aber einige Arten wie die grüne Anakonda und die Boa Constrictor, gebären lebende Nachkommen. Dieses Phänomen ist als lebend gebärend bekannt.

Eines der längsten Reptilien der Welt ist die Netzpython. Sie können bis zu 10 Meter lang werden.

Die südliche Schnappschildkröte hat den schnellsten bekannten Biss aller Reptilien. Ihre Kiefer schnappen mit einer Geschwindigkeit zu, die mit dem Blinzeln eines menschlichen Auges vergleichbar ist.

Die gefleckte Riesenschildkröte ist die größte Schildkröte Südamerikas. Sie kann bis zu 1 Meter lang werden und bis zu 60 kg wiegen.

Die Klapperschlange benutzt das Ende ihres Schwanzes, um ein warnendes Rasseln zu erzeugen, wenn sie sich bedroht fühlt. Dies ist ein einzigartiger Abwehrmechanismus unter den Reptilien.

Das Parietalauge ist ein lichtempfindlicher "drittes Auge", das bei einigen Reptilien wie der Bartagame vorkommt. Es hilft den Tieren bei der Regulation ihres circadianen Rhythmus.

Reptilien haben eine einzigartige Gruppe von Zellen, die als "Chromatophoren" bekannt sind und ihnen ermöglichen, ihre Hautfarbe zu ändern. Dieses Phänomen ist besonders ausgeprägt bei Arten wie Chamäleons.

Das Krokodil hat die meisten Zähne aller Reptilien. Sie können bis zu 60 Zähne haben, die regelmäßig ausfallen und nachwachsen.

Einige Echsen wie die Kurzhornkrötenechse, können ihr Blut als Abwehrmechanismus spritzen. Sie können ihr Blut mit hoher Geschwindigkeit aus den Augen spritzen.

Die Haut der Reptilien besteht aus Schuppen, die aus Keratin bestehen, einem Protein, das auch in unseren Haaren und Nägeln vorkommt. Diese Schuppen bieten Schutz und helfen bei der Regulierung der Körpertemperatur.

Die Inlandtaipan-Schlange hat das tödlichste Gift aller Schlangen. Ein einziger Biss hat genug Gift, um bis zu 250 Menschen zu töten.

Die Lederschildkröte ist die am weiteste reisende Reptilienart. Sie kann während ihrer Migrationsreisen bis zu 20.000 km zurücklegen.

Der grüne Basilisk kann über Wasser laufen. Dieses unglaubliche Merkmal hat ihm den Spitznamen "Jesus-Echse" eingebracht.

Die Eier einiger Reptilien wie der Meeresschildkröten sind ledrig und flexibel, im Gegensatz zu den harten Eierschalen der Vögel. Dies hilft den Eiern, den Druck zu widerstehen, wenn sie im Sand begraben sind.

Der Alligator-Schnappschildkröte hat ein auffälliges Rosa, wurmähnliches Anhängsel auf der Zunge. Sie benutzt diese als Köder, um Fische anzulocken.

Viele Schlangenarten haben Wärmesensoren an ihren Kiefern, die ihnen helfen, Beutetiere zu erkennen. Dieses Merkmal ist besonders nützlich bei der Jagd im Dunkeln.

Die Borneo-Ohrechse kann ihren Körper zum Fliegen abflachen. Mit den erweiterten Rippen und der losen Haut können sie durch die Bäume gleiten.

Die Aldabra-Riesenschildkröte ist eine der größten Schildkrötenarten der Welt. Sie können bis zu 1,3 Meter lang werden und bis zu 250 kg wiegen.

Der Gecko ist das einzige Reptil, das Vokallaute zur Kommunikation verwendet. Sie sind bekannt dafür, dass sie verschiedene Töne erzeugen können, darunter Knistern, Piepsen und sogar Bellen.

Die Eier vieler Reptilien, einschließlich vieler Schildkrötenarten, sind temperaturabhängig. Das Geschlecht der Nachkommen wird durch die Temperatur während der Inkubation bestimmt.

Die Anakonda ist einer der längsten Schlangen der Welt. Einige Exemplare können bis zu 9 Meter lang werden.

Schlangen haben keine Augenlider. Stattdessen haben sie eine durchsichtige Schuppe, die als Brillenschuppe bezeichnet wird, die ihre Augen bedeckt.

Das Nilkrokodil ist das tödlichste Krokodil für den Menschen. Es ist für Hunderte menschliche Todesfälle pro Jahr verantwortlich.

Die chinesische Weichschildkröte hat eine einzigartige Methode zur Ausscheidung von Stickstoff - sie kann es durch ihren Mund ausstoßen. Dies geschieht, wenn sie in sauerstoffarmem Wasser ist.

Die Moschusschildkröte hat einen einzigartigen Abwehrmechanismus: Sie gibt einen unangenehmen Geruch ab, wenn sie sich bedroht fühlt. Daher kommt ihr Name.

Die Mamba ist eine der giftigsten Schlangen der Welt. Ihr Gift kann eine Paralyse verursachen und ohne Gegenmittel innerhalb von Stunden tödlich sein.

Die meisten Geckos haben spezielle Haftpolster an ihren Füßen, die es ihnen ermöglichen, auf glatten Oberflächen zu klettern. Diese Haftpolster bestehen aus Millionen von winzigen Härchen, die sogenannten Setae.

Reptilien haben einzigartige Körperbedeckungen. Sie sind die einzige Tiergruppe, die Schuppen hat, die aus Keratin bestehen.

Einige Echsenarten wie die Halsbandleguane können auf ihren Hinterbeinen laufen. Dies ist eine Anpassung an ihre Umgebung, die es ihnen ermöglicht, schnell zu fliehen oder hohe Vegetation zu erreichen.

Reptilien sind poikilotherm, was bedeutet, dass sie ihre Körpertemperatur nicht intern regulieren können. Stattdessen sind sie abhängig von externen Wärmequellen, um ihre Körpertemperatur zu erhöhen.

Reptilien haben eine beeindruckende Regenerationsfähigkeit. Einige Arten wie Eidechsen können sogar ganze Körperteile einschließlich ihres Schwanzes regenerieren.

Einige Reptilien wie die grüne Leguan Art, sind Herbivore (Pflanzenfresser). Dies unterscheidet sie von den meisten anderen Reptilienarten, die entweder Fleischfresser oder Allesfresser sind.

Chamäleons können ihre Hautfarbe wechseln. Sie tun dies durch die Veränderung der Verteilung der Pigmente in ihren speziellen Farbzellen, den Chromatophoren.

Einige Schildkröten können atmen, indem sie Luft durch ihren Anus ziehen. Dies wird als Kloakenatmung bezeichnet und ermöglicht es ihnen, lange Zeiträume unter Wasser zu verbringen.

Die meisten Echsen und Schlangen werfen ihre Haut regelmäßig ab, ein Prozess, der als Häutung bekannt ist. Dies hilft ihnen, Schäden an der alten Haut loszuwerden und das Wachstum zu fördern.

Einige Schlangen wie die Königskobra, bauen Nester für ihre Eier. Dies ist ungewöhnlich, da die meisten Schlangen ihre Eier einfach ablegen und sie dann sich selbst überlassen.

Einige Reptilien wie die grünen Anakondas, sind bekannt dafür, dass sie ihre Beutetiere ertränken. Sie wickeln sich um ihre Beute und ziehen sie unter Wasser, bis sie ertrinkt.

Der Schwanz einiger Eidechsen kann bei Gefahr abgeworfen werden. Dies wird als Autotomie bezeichnet und dient dazu, Raubtiere abzulenken, damit die Eidechse entkommen kann.

Einige Reptilien wie die Gabunviper haben die längsten Reißzähne aller Schlangen. Ihre Reißzähne können bis zu 5 cm lang werden.

Einige Echsen wie der grüne Leguan können Farben sehen, die für Menschen unsichtbar sind. Sie können ultraviolettes Licht sehen, was ihnen bei der Nahrungssuche und der Paarungsauswahl hilft.

Das Komodowaran-Gift enthält über 50 verschiedene Bakterienarten. Wenn das Gift nicht sofort tödlich ist, kann die Beute an einer Blutvergiftung sterben.

Die Ovoviviparie ist eine Fortpflanzungsstrategie, bei der die Eier im Körper der Mutter bleiben, bis sie bereit zur Geburt sind. Einige Schlangen und Eidechsenarten praktizieren diese Art der Fortpflanzung.

Reptilien können durch Brumation, eine Art Winterschlaf, lange Kälteperioden überstehen. Während der Brumation wird der Stoffwechsel der Reptilien extrem verlangsamt.

Die Haut der meisten Reptilien ist wasserundurchlässig. Dies ist auf die Keratin schichten in ihren Schuppen zurückzuführen, die das Wasser abhalten.

Einige Reptilien, wie die Python und Boa-Arten, besitzen keine Giftdrüsen. Stattdessen töten sie ihre Beute durch Konstriktion oder Erwürgen.

Einige Reptilien wie das Alligator-Weibchen, zeigen mütterliche Fürsorge und beschützen ihre Eier und Jungen. Sie bewachen ihre Nester und tragen die frisch geschlüpften Jungtiere im Maul zum Wasser.

Die Lungen der Reptilien sind einfacher gebaut als die der Säugetiere und Vögel. Bei vielen Reptilien hat nur die rechte Lunge die volle Größe, während die linke Lunge reduziert ist oder fehlt.

Einige Reptilien wie der Stirnlappenbasilisk haben Kämme oder "Stirnlappen". Diese werden hauptsächlich zur Anzeige und Bedrohung von Rivalen verwendet.

Reptilien haben ein Jacobson-Organ, ein spezielles sensorisches Organ, das es ihnen ermöglicht, chemische Stoffe in ihrer Umgebung wahrzunehmen. Schlangen und Eidechsen nutzen es intensiv, indem sie ihre gespaltene Zunge verwenden, um Moleküle aufzufangen und zu diesem Organ zu bringen.

Die Tuataras, die in Neuseeland heimisch sind, sind die einzigen überlebenden Mitglieder einer Reptiliengruppe, die vor etwa 200 Millionen Jahren ihren Höhepunkt erreichte. Sie haben ein drittes "Auge" auf der Oberseite ihres Kopfes, das allerdings nur lichtempfindlich ist und keine Bilder erzeugen kann.

Die Knochen von Reptilien sind im Allgemeinen kompakter und dichter als die von Säugetieren. Dies hilft ihnen, schweren mechanischen Belastungen standzuhalten.

Einige Reptilien wie die Komodowarane, können Parthenogenese betreiben, eine Form der Fortpflanzung, bei der Embryonen ohne Befruchtung durch ein Männchen entwickelt werden. Dies ermöglicht es ihnen, sich in Abwesenheit von Männchen fortzupflanzen.

Die Schuppen vieler Reptilien sind nicht flach, sondern haben eine dreidimensionale Struktur mit Vertiefungen und Erhebungen. Dies gibt ihrer Haut eine raue Textur und kann dazu dienen, die Reibung zu erhöhen oder Räubern das Greifen zu erschweren.

Einige Schildkrötenarten können erstaunlich alt werden. Die Aldabra-Riesenschildkröte zum Beispiel kann über 250 Jahre alt werden.

Die meisten Schlangen haben sehr flexible Kiefer, die es ihnen ermöglichen, Beute zu verschlingen, die größer ist als ihr Kopf. Sie können ihre Kiefer auseinanderklappen und haben spezialisierte Muskeln, Bänder und Knochen, die diese außergewöhnliche Flexibilität ermöglichen.

Die meisten Reptilien haben ein Herz mit drei Kammern, im Gegensatz zu Säugetieren und Vögeln, die vierkammerige Herzen haben. Dieses System ermöglicht es ihnen, den Sauerstofffluss zu den Lungen und dem Rest des Körpers getrennt zu steuern.

Die Schildkröte ist das einzige Reptil, das ein äußeres Skelett oder Panzer hat. Dieser Panzer besteht aus mehr als 50 Knochenplatten, die zusammenwachsen.

Das Gila-Monster und die Korallenschlange sind die einzigen giftigen Echsen in den Vereinigten Staaten. Ihr Gift ist stark genug, um einen Menschen zu töten, aber sie sind normalerweise nicht aggressiv gegenüber Menschen.

Die grüne Anakonda ist die schwerste Schlange der Welt. Sie kann bis zu 250 Kilogramm wiegen und über 9 Meter lang werden.

Die weibliche Meeresschildkröte kehrt immer zum selben Strand zurück, auf dem sie geboren wurde, um ihre Eier zu legen. Dieses Verhalten wird als Nistphilopatrie bezeichnet.

Die Königskobra ist einer der längsten giftigsten Schlangen der Welt. Sie kann bis zu 5,5 Meter lang werden und steht oft aufgerichtet auf den letzten 1 Meter ihres Körpers.

Das Gila-Monster speichert Fett in seinem Schwanz und in seinem Körper. Diese Reserven ermöglichen es ihm, das ganze Jahr über zu überleben, ohne fressen zu müssen.

Das Chamäleon kann die Richtung jedes Auges unabhängig steuern. Dies gibt ihm ein fast vollständiges 360-Grad-Gesichtsfeld und ermöglicht es ihm, Beute und Raubtiere gleichzeitig zu beobachten.

Einige Echsen wie der Frill-necked Lizard, haben Hautlappen, die sie aufklappen können, um größer zu erscheinen. Dies dient dazu, Raubtiere abzuschrecken und Rivalen einzuschüchtern.

Die australische Bartagame kann ihre Bartstacheln aufstellen, wenn sie bedroht ist. Dies gibt ihr ein bedrohlicheres Aussehen und kann dazu dienen, Raubtiere abzuschrecken.

Die meisten Schildkrötenarten sind Pflanzenfresser, aber einige wie die Schnappschildkröte sind Fleischfresser. Sie jagen und fressen alles, was sie überwältigen können, einschließlich Fische, Amphibien und sogar kleine Vögel.

Die Haut von Reptilien enthält keine Drüsen, daher können sie nicht schwitzen oder Talg produzieren. Um die Haut feucht zu halten und zu reinigen, nehmen viele Reptilien Bäder oder wälzen sich im Schlamm.

Die Leguane können ihren Schwanz als Waffe einsetzen. Wenn sie sich bedroht fühlen, können sie mit ihrem Schwanz hin und her peitschen, um potenzielle Angreifer abzuwehren.

Der Komodowaran kann bis zu 30 Kilometer pro Stunde schnell rennen. Dies ist eine beeindruckende Geschwindigkeit für ein so großes Tier.

Der Stirnlappenbasilisk kann auf seinen Hinterbeinen laufen und dabei eine Geschwindigkeit von bis zu 12 km/h erreichen. Dieses ungewöhnliche Verhalten ermöglicht es ihm, schnell vor Raubtieren zu fliehen.

Die Pfeilgiftfrösche produzieren eines der potentesten Gifte aller Tiere. Trotz ihres Namens sind Pfeilgiftfrösche, jedoch Amphibien und keine Reptilien.

Die Alligatorschildkröte ist die größte Süßwasserschildkröte in Nordamerika. Sie kann bis zu 100 Kilogramm wiegen und über 2,5 Meter lang werden.

Die Riesenschildkröte der Galapagos-Inseln ist die größte lebende Art von Landschildkröte. Sie kann ein Gewicht von über 400 Kilogramm und ein Alter von über 100 Jahren erreichen.

Die Alligator Echse ist nach ihrem Krokodil ähnlichen Aussehen benannt. Trotz ihres Aussehens und Namens ist sie harmlos und wird oft als Haustier gehalten.

Die giftige Inland-Taipan-Schlange hat genug Gift, um 100 Menschen zu töten. Glücklicherweise sind Bisse selten, und es gibt ein wirksames Antivenin.

Der Leopard Gecko kann seine Augenlider nicht öffnen und schließen, weil er keine hat. Stattdessen hat er eine durchsichtige Membran, die seine Augen bedeckt, und er reinigt sie, indem er seine Zunge benutzt.

Die Mamba ist eine der schnellsten Schlangen der Welt. Sie kann Geschwindigkeiten von bis zu 20 km/h erreichen, wenn sie sich bedroht fühlt oder auf der Jagd ist.

Das Chamäleon hat die längste Zunge (im Verhältnis zur Körpergröße) aller bekannten Reptilien. Es kann seine Zunge in weniger als einer Sekunde auf eine Länge ausstrecken, die mehr als das Doppelte seiner Körperlänge beträgt.

Reptilien sind kaltblütig, was bedeutet, dass ihre Körpertemperatur von der Umgebungstemperatur abhängt. Sie müssen sich in der Sonne aufwärmen, um aktiv zu sein, und sie suchen Schatten oder Wasser auf, um sich abzukühlen.

Viele Reptilien können ihre Farbe wechseln, um sich an ihre Umgebung anzupassen. Dieses Verhalten, das als Tarnung bekannt ist, ermöglicht es ihnen, sich vor Raubtieren zu verstecken oder Beute zu jagen.

Schlangen haben kein Gehör im herkömmlichen Sinne. Stattdessen spüren sie Vibrationen und Erschütterungen im Boden und in der Luft, um ihre Umgebung wahrzunehmen.

Die Echsen der Gattung Anolis können ihre Farbe ändern. Dies ermöglicht es ihnen, sich an ihre Umgebung anzupassen und vor Raubtieren zu verbergen

Die meisten Echsen haben fünf Zehen an jedem Fuß. Dies gibt ihnen eine gute Traktion und ermöglicht es ihnen, auf vielen verschiedenen Oberflächen zu klettern.

Der Gila-Krustenechse ist eine der wenigen giftigen Echsenarten. Sein Gift ist stark genug, um einen Menschen zu töten, aber es ist normalerweise nicht aggressiv gegenüber Menschen.

Die Pfeilschwanzkrebse sind eine der wenigen Echsenarten, die ohne Geschlechtsverkehr Nachkommen zeugen können. Dieses Phänomen wird als Parthenogenese bezeichnet.

Erfindungen

Richard James entwickelte 1943 das Slinky, ein einfaches Metallspielzeug, das Treppen herunter "gehen" kann. Es war ursprünglich nicht als Kinderspielzeug gedacht, wurde aber zu einem großen Hit.

Der Erfinder des Stethoskops, René Laennec, schuf dieses medizinische Instrument im Jahr 1816. Es revolutionierte die Art und Weise, wie Ärzte den Herzschlag und die Atemgeräusche von Patienten hörten.

Chester Greenwood aus Maine patentierte 1877 die Ohrenklappen. Sie entstanden, weil Greenwood kalte Ohren hatte, während er im Winter Schlittschuh lief.

Im Jahr 1821 erfand Thomas Jennings den chemischen Reinigungsprozess, der als "Dry Cleaning" bekannt wurde. Jennings war der erste Afroamerikaner, der ein Patent erhielt.

Mary Anderson erfand im Jahr 1903 den Scheibenwischer. Diese Idee kam ihr, als sie bemerkte, dass Straßenbahnfahrer bei Regen aussteigen mussten, um die Frontscheibe manuell zu reinigen.

Dr. Martin Cooper von Motorola führte 1973 das erste mobile Telefonat. Es war ein großer Schritt in der drahtlosen Kommunikationstechnologie.

Clarence Birdseye patentierte 1927 den Prozess des Schnellgefrierens. Dies revolutionierte die Lebensmittelindustrie und machte Tiefkühlkost zu einem Haushaltsstandard.

Das Barometer, ein Gerät zur Messung des Luftdrucks, wurde 1643 von Evangelista Torricelli erfunden. Es hat bis heute eine zentrale Bedeutung in der Meteorologie.

Im Jahr 1907 entwickelte Leo Baekeland Bakelit, das erste vollsynthetische Kunststoff. Es revolutionierte die Produktion von Alltagsgegenständen und wird oft als "Material des 20. Jahrhunderts" bezeichnet.

Benjamin Franklin erfand 1752 den Blitzableiter. Sein Design schützt Gebäude vor Blitzeinschlägen, indem es den Blitz sicher in den Boden leitet.

Whitcomb L. Judson patentierte 1893 den Vorläufer des modernen Reißverschlusses, den "Klammerverschluss". Seine Erfindung wurde später von anderen verbessert und zu dem Reißverschluss, den wir heute kennen.

Das erste patentierte Brailleschrift System wurde 1824 von Louis Braille, einem blinden Franzosen, entwickelt. Sein System ermöglichte es Blinden, durch Tasten von erhöhten Punkten zu lesen.

Im Jahr 1888 patentierte Marvin Stone den ersten Papierstrohhalm. Vor Stones Erfindung wurden Strohhalme buchstäblich aus Stroh gemacht.

Sir John Harrington erfand 1596 die Toilettenspülung. Es dauerte jedoch mehrere Jahrhunderte, bis diese Erfindung in den meisten Haushalten verbreitet war.

Der erste funktionierende elektrische Toaster wurde 1909 von George Schneider der American Electrical Heater Company of Detroit vorgestellt. Dies war der Beginn einer neuen Ära im Küchenzubehör.

Die erste patentierte elektrische Waschmaschine wurde 1908 von Alva J. Fisher erfunden. Dies veränderte den Waschprozess, der bis dahin manuell durchgeführt wurde.

Der erste funktionierende Fahrstuhl wurde 1853 von Elisha Otis vorgestellt. Sein Sicherheitsmechanismus verhinderte, dass der Fahrstuhl abstürzte, wenn das Seil riss.

1938 erfand Chester Carlson die erste Methode des Fotokopierens, die als Elektrofotografie bekannt wurde. Es führte zur Entwicklung des ersten kommerziellen Fotokopierers durch die Xerox Corporation.

Die erste wasserdichte Uhr wurde 1926 von Rolex entwickelt. Sie war als die "Oyster" bekannt, da sie vollständig abgedichtet war wie eine Auster.

Das dynamoelektrische Prinzip, das den Betrieb von Elektrogeneratoren und Elektromotoren ermöglicht, wurde 1831 von Michael Faraday entdeckt. Es ist eines der grundlegenden Prinzipien der Elektrotechnik.

Im Jahr 1941 erfand Konrad Zuse den Z3, den ersten programmierbaren Computer der Welt. Er arbeitete mit binären Zahlen und verwendete elektromechanische Relais.

Der kugelsichere Körperpanzer wurde 1965 von Stephanie Kwolek entwickelt, die das Material Kevlar erfand. Kevlar hat fünfmal die Zugfestigkeit von Stahl und wird in vielen Sicherheitsanwendungen verwendet.

Der Jacquard-Webstuhl, der 1804 von Joseph Marie Jacquard erfunden wurde, verwendete gelochte Karten, um komplizierte Muster zu weben. Dieses Prinzip inspirierte später die Entwicklung von Computern.

1891 erfand Jesse W. Reno die erste Rolltreppe, die als "inklinaler Aufzug" bezeichnet wurde. Es war ein schräges Förderband, das Passagiere transportierte.

Der QWERTY-Tastaturlayout, das heute am häufigsten verwendet wird, wurde 1868 von Christopher Sholes entwickelt. Es wurde ursprünglich entwickelt, um die häufigsten Buchstabenkombinationen in der englischen Sprache zu trennen und das Verklemmen der Tasten zu verhindern.

Die Diskette wurde 1967 von IBM entwickelt. Sie wurde schnell zum Standard für Datenspeicherung in Computern.

Die Windel, wie wir sie kennen, wurde 1946 von Marion Donovan erfunden. Ihre wasserdichte Version hat Babypflege revolutioniert.

Die erste Schreibmaschine wurde 1867 von Christopher Latham Sholes, Samuel Soule und Carlos Glidden entwickelt. Es hat die Geschäftswelt revolutioniert und den Weg für moderne Bürogeräte geebnet.

Der erste Sicherheitsrasierer wurde 1901 von King C. Gillette patentiert. Es machte die Rasur sicherer und bequemer.

Der Laserdrucker wurde 1969 von Gary Starkweather bei Xerox entwickelt. Er modifizierte einen vorhandenen Kopierer und schuf so den ersten kommerziellen Laserdrucker.

Die Erfindung der modernen Batterie wird Alessandro Volta im Jahr 1800 zugeschrieben. Seine "Voltaic Pile" war die erste verlässliche Stromquelle.

Der Flugdatenschreiber, oft als "Blackbox" bezeichnet, wurde in den 1950er-Jahren von Dr. David Warren entwickelt. Es wurde ein unverzichtbares Instrument zur Untersuchung von Flugzeugabstürzen.

Der Saugroboter Roomba wurde 2002 von der Firma iRobot eingeführt. Er revolutionierte die Haushaltsreinigung mit Automatisierung.

Der Polaroid-Film und die dazugehörige Kamera wurden 1947 von Dr. Edwin Land eingeführt. Es ermöglichte den Nutzern, ein Bild sofort nach der Aufnahme zu sehen.

Der erste voll funktionsfähige Prototyp eines Magnetresonanztomographen (MRT) wurde 1977 von Raymond Damadian entwickelt. Es war ein Durchbruch in der medizinischen Bildgebungstechnologie.

Das moderne, reflektierende Straßenschild wurde 1935 von Percy Shaw entwickelt. Es verbesserte die nächtliche Sichtbarkeit und Straßensicherheit.

Die Erfindung des Thermostats wird Albert Butz im Jahr 1885 zugeschrieben. Es verbesserte die Klimakontrolle in Wohnungen und Büros.

Die erste Dampfmaschine wurde 1698 von Thomas Savery entwickelt. Es war ein wichtiger Schritt in der industriellen Revolution.

Das erste automatische Telefon, das die Notwendigkeit eines Vermittlers beseitigte, wurde 1891 von Almon Strowger entwickelt. Es modernisierte die Telefonkommunikation.

Der elektrische Stuhl wurde 1881 von Alfred P. Southwick entwickelt. Es war eine kontroverse Methode der Hinrichtung, die in den USA verwendet wurde.

Das Fließband wurde 1913 von Henry Ford für die Automobilproduktion eingeführt. Es revolutionierte die Fertigungsindustrie und machte Produkte erschwinglicher.

Die ersten Kontaktlinsen wurden in den 1880er-Jahren von Adolf Fick entwickelt. Sie boten eine Alternative zu traditionellen Brillen.

Der Luftheizofen, der moderne Zentralheizungssysteme inspirierte, wurde 1805 von Sir William Strutt entwickelt. Es war ein Schritt vorwärts in der Heiztechnik.

Der Kühlschrank wurde in den 1830er-Jahren von Jacob Perkins entwickelt. Es revolutionierte die Lagerung von Lebensmitteln und machte Lebensmittel sicherer.

Die erste elektrische Kaffeemaschine wurde 1908 von Melitta Bentz entwickelt. Sie verbesserte den Prozess der Kaffeezubereitung.

Der Staubsauger wurde 1901 von Hubert Cecil Booth entwickelt. Es machte die Hausreinigung effizienter.

Die elektrische Gitarre wurde 1931 von George Beauchamp und Adolph Rickenbacker entwickelt. Es veränderte die Musikindustrie und leitete das Zeitalter des Rock 'n' Rolls ein.

Das erste Patent für ein Fernglas wurde 1608 von Hans Lippershey eingereicht. Mit dieser Erfindung konnten Menschen Dinge in der Ferne viel klarer sehen.

Die Erfindung des Füllfederhalters wird John Jacob Parker im Jahr 1831 zugeschrieben. Dieser Stift verbesserte das Schreiberlebnis durch stetigen Tintenfluss.

Das erste Patent für ein Radio wurde 1896 von Guglielmo Marconi eingereicht. Seine Entdeckungen ermöglichten drahtlose Kommunikation über große Entfernungen.

Der Elektromotor wurde 1821 von Michael Faraday demonstriert. Seine Arbeit ebnete den Weg für viele elektrische Geräte, die wir heute nutzen.

Das erste Patent für die Zahnseide wurde 1898 von der Johnson & Johnson Corporation angemeldet. Dies war ein Schritt vorwärts in der Mundpflege.

Im Jahr 1926 erfand John Logie Baird das erste funktionierende Fernsehgerät. Dieses Gerät führte zu einer Revolution in der Unterhaltung und Kommunikation.

Der erste benzinbetriebene Rasenmäher wurde 1830 von Edwin Beard Budding erfunden. Es machte die Rasenpflege viel einfacher und effizienter.

Das Thermometer, das die Temperatur misst, wurde 1593 von Galileo Galilei entwickelt. Es wurde ein unverzichtbares Instrument in der Wissenschaft und Medizin.

Die Frisbee wurde 1948 von Walter Morrison und Warren Franscioni entwickelt. Ursprünglich als "Fliegende Untertasse" bezeichnet, wurde es zu einem beliebten Freizeitspielzeug.

Im Jahr 1887 erfand Emile Berliner die Schallplatte. Dies veränderte die Art und Weise, wie Menschen Musik hörten und aufnahmen.

Das WC wurde 1596 von Sir John Harington, einem englischen Hofmann, erfunden. Obwohl es nicht sofort populär wurde, legte es den Grundstein für moderne Sanitäranlagen.

Das erste Patent für einen Feuerlöscher wurde 1723 von Ambrose Godfrey eingereicht. Seine Erfindung trug zur Sicherheit in Gebäuden bei.

Das moderne Dreirad wurde 1789 von Louis-Joseph Cugnot entwickelt. Es war eines der ersten selbstfahrenden Fahrzeuge.

Das Mundstück für Trompeten wurde 1832 von Heinrich Stölzel entwickelt. Es verbesserte den Klang und die Spielbarkeit von Blechblasinstrumenten.

Der Rollfilm, der die Fotografie revolutionierte, wurde 1888 von George Eastman entwickelt. Es ermöglichte tragbare Kameras und erleichterte die Bildaufnahme.

Das Fahrrad, wie wir es kennen, wurde 1817 von Karl Drais entwickelt. Es bot eine neue, umweltfreundliche Methode des Transports.

Die Tischtennisplatte und der dazugehörige Schläger wurden 1880 in England entwickelt. Es entwickelte sich schnell zu einem beliebten Indoor-Sport.

Das Klappmesser wurde im 2. Jahrhundert v. Chr. von den Römern entwickelt. Es war ein vielseitiges Werkzeug, das leicht zu transportieren war.

Der elektrische Mixer wurde 1910 von Herbert Johnson entwickelt. Es beschleunigte und erleichterte das Mischen von Lebensmitteln.

Die elektrische Eisenbahn wurde 1897 von Lionel Trains entwickelt. Es wurde ein beliebtes Kinderspielzeug und Sammlerstück.

Das Dynamit wurde 1867 von Alfred Nobel entwickelt. Es wird in der Bauindustrie und im Bergbau verwendet, aber auch in Waffen.

Die erste elektrische Zahnbürste wurde 1959 von der Firma Broxodent in der Schweiz entwickelt. Es war ein Durchbruch in der Mundpflege.

Die erste Digitalkamera wurde 1975 von Steven Sasson bei Eastman Kodak entwickelt. Sie veränderte die Fotografie und führte zur Digitalisierung von Bildern.

Der erste 3D-Drucker wurde 1983 von Chuck Hull entwickelt. Er nannte den Prozess "Stereolithographie" und revolutionierte das Prototyping und die Fertigung.

Der Kopierer wurde 1938 von Chester Carlson erfunden. Büroarbeiten wurden dadurch erheblich vereinfacht.

Die Brille, wie wir sie kennen, wurde im 13. Jahrhundert in Italien entwickelt. Sie verbesserte die Sicht für Millionen von Menschen.

Der moderne Bleistift mit einer Grafitmine wurde 1564 in England entwickelt, nachdem ein Grafitvorkommen entdeckt wurde. Es wurde ein unverzichtbares Werkzeug in Schulen und Büros.

Der erste funktionierende Bleistift mit Radiergummi wurde 1858 von Hymen Lipman entwickelt. Er kombinierte Schreiben und Korrigieren in einem Werkzeug.

Die erste Armbanduhr für Frauen wurde 1868 von Patek Philippe für die Gräfin Koscowicz von Ungarn entwickelt. Es war sowohl ein Schmuckstück als auch ein Zeitmesser.

Der Regenschirm, wie wir ihn kennen, wurde im 11. Jahrhundert in China entwickelt. Es wurde sowohl als Sonnen- als auch als Regenschutz verwendet.

Der Flaschenöffner wurde 1738 von Theophilus Carter entwickelt. Es machte das Öffnen von versiegelten Flaschen viel einfacher.

Das Diskettenlaufwerk wurde 1967 von IBM entwickelt. Dies revolutionierte den Datenaustausch und die Speicherung in Computern.

Der erste Patentantrag für eine Discokugel wurde 1924 von Louis B. Woeste eingereicht. Dieser funkelnde Apparat beleuchtete viele Tanzflächen im 20. Jahrhundert.

Der Plattenspieler wurde 1877 von Thomas Edison als Phonograph vorgestellt. Er ermöglichte es den Menschen, Musik in ihren eigenen Häusern zu hören.

Das erste Patent für den Heißluftballon wurde 1784 von den Gebrüdern Montgolfier in Frankreich eingereicht. Diese Erfindung gab den Menschen einen ersten Geschmack vom Fliegen.

Das Klavier wurde um 1700 von Bartolomeo Cristofori in Italien entwickelt. Es wurde zu einem der wichtigsten Musikinstrumente in der westlichen Musik.

Das erste Patent für eine Waschmaschine wurde 1797 von Nathaniel Briggs eingereicht. Es erleichterte den mühsamen Prozess des Wäschewaschens.

Die erste Tastaturmaschine, die als Vorläufer der Schreibmaschine gilt, wurde 1714 von Henry Mill patentiert. Dies legte den Grundstein für die Entwicklung moderner Bürotechnik.

Der erste funktionierende Laser wurde 1960 von Theodore H. Maiman entwickelt. Es führte zu vielen Anwendungen, von der Medizin bis zur Unterhaltung.

Das Barcodesystem wurde 1952 von Norman Joseph Woodland und Bernard Silver patentiert. Dies revolutionierte den Einzelhandel und die Lagerverwaltung.

Der Tampon wurde 1931 von Dr. Earle Haas patentiert. Es bot Frauen eine neue, diskretere Methode der Menstruationspflege.

Die erste Festplatte wurde 1956 von IBM entwickelt. Es revolutionierte die Datenlagerung und den Zugriff in der Computertechnologie.

Der elektrische Ventilator wurde 1882 von Schuyler Skaats Wheeler erfunden. Es wurde zu einem unverzichtbaren Kühlgerät in vielen Haushalten.

Die Rolltreppe wurde 1892 von Jesse W. Reno erfunden. Einkaufszentren und U-Bahnhöfe wurden mit dieser Innovation viel zugänglicher.

Das erste Patent für eine Taschenlampe wurde 1899 von David Misell eingereicht. Es wurde zu einem unverzichtbaren Werkzeug für viele Berufe und Aktivitäten.

Die Eiswürfelmaschine wurde 1851 von John Gorrie als Mittel zur Kühlung von Krankenhauspatienten entwickelt. Es führte zur Erfindung von Klimaanlagen und modernen Kühlsystemen.

Der elektrische Rasierer wurde 1930 von Jacob Schick patentiert. Morgenroutinen wurden dadurch schneller und effizienter.

Das erste Patent für einen Flugdrachen wurde 1895 von Lawrence Hargrave eingereicht. Es inspirierte viele frühe Flugpioniere.

Die erste Handkurbel-Kaffeemühle wurde im 19. Jahrhundert von den Gebrüdern Peugeot entwickelt. Kaffeeliebhaber konnten nun frisch gemahlenen Kaffee zu Hause genießen.

Der erste kommerzielle Computer, UNIVAC I, wurde 1951 von J. Presper Eckert und John Mauchly entwickelt. Es legte den Grundstein für die moderne Computertechnologie.

Die Infrarot-Fernbedienung wurde 1950 von Robert Adler für Zenith Electronics entwickelt. Es veränderte die Art und Weise, wie Menschen Fernsehen schauten.

Das erste Patent für ein Trampolin wurde 1945 von George Nissen und Larry Griswold eingereicht. Es wurde zu einem beliebten Sportgerät und Unterhaltungsmittel.

Das erste Patent für ein Faxgerät wurde 1843 von Alexander Bain in Großbritannien eingereicht. Es ermöglichte die Fernübertragung von Dokumenten.

Der elektrische Wecker wurde 1876 von Seth E. Thomas entwickelt. Er sorgte dafür, dass die Menschen pünktlich aufwachten.

Der moderne Bleistiftspitzer wurde 1828 von Bernard Lassimone in Frankreich patentiert. Schreiben und Zeichnen wurden damit viel einfacher.

Der Revolver wurde 1836 von Samuel Colt entwickelt. Seine Waffe veränderte die Art der modernen Kriegsführung und des Polizeiwesens.

Die Sicherheitsnadel wurde 1849 von Walter Hunt entwickelt. Dieses kleine Gerät hat unzählige Kleidungsstücke gerettet.

Das Theremin, eines der ersten elektronischen Musikinstrumente, wurde 1920 von Léon Theremin entwickelt. Sein einzigartiger Klang beeinflusste viele Musiker und Komponisten.

Die Computermaus wurde 1964 von Douglas Engelbart entwickelt. Sie wurde zum unverzichtbaren Werkzeug für die Interaktion mit Computern.

Der Kugelschreiber wurde 1938 von László und Georg Bíró entwickelt. Es wurde zum meistverkauften Schreibgerät der Welt.

Das erste Patent für eine Filmkamera wurde 1891 von Thomas Edison und seinem Assistenten William Kennedy Laurie Dickson eingereicht. Es legte den Grundstein für die Filmindustrie.

Das elektrische Bügeleisen wurde 1882 von Henry W. Seeley entwickelt. Es wurde zum festen Bestandteil jedes Haushalts.

Das Rad ist eine der ältesten und wichtigsten Erfindungen der Menschheit und wurde vermutlich im 4. Jahrtausend v. Chr. in Mesopotamien entwickelt. Trotz seiner Einfachheit revolutionierte es Transport, Kriegsführung und eine Vielzahl anderer Technologien.

Die Glühbirne, obwohl oft Thomas Edison zugeschrieben, war tatsächlich das Ergebnis von Jahrzehnten von Experimenten von verschiedenen Wissenschaftlern. Edison's Beitrag war eine praktikable Glühbirne, die länger als nur ein paar Minuten brannte.

Das Flugzeug wurde von den Brüdern Wright im Jahr 1903 erfunden. Ihr erster erfolgreicher Flug revolutionierte die Transportindustrie und machte die Welt erheblich kleiner.

Das Internet, ursprünglich als ARPANET in den 1960er-Jahren von der US-Regierung entwickelt, hat die Art und Weise, wie wir kommunizieren, arbeiten und spielen, radikal verändert. Es hat zu einer globalisierten Welt beigetragen und uns Zugang zu nahezu unbegrenzten Informationen ermöglicht.

Die Druckpresse, im 15. Jahrhundert von Johannes Gutenberg erfunden, revolutionierte die Verbreitung von Wissen. Sie ermöglichte die Massenproduktion von Büchern und trug zur Verbreitung von Literatur und Ideen bei.

Die Erfindung des Zuges im 19. Jahrhundert revolutionierte den Transport. Sie ermöglichte schnellere und effizientere Reisen und trug zur Industrialisierung bei.

Das Teleskop, im 17. Jahrhundert entwickelt, ermöglichte es uns, weit über die Grenzen unseres Planeten hinaus zu blicken. Es hat die Wissenschaft der Astronomie revolutioniert und uns erstaunliche Einblicke in das Universum gegeben.

Das Telefon, erfunden von Alexander Graham Bell im Jahr 1876, revolutionierte die Kommunikation. Es ermöglichte eine sofortige Kommunikation über große Entfernungen und führte zur Entwicklung von globalen Kommunikationsnetzwerken.

Penicillin, das erste Antibiotikum, wurde 1928 von Alexander Fleming entdeckt. Diese Entdeckung revolutionierte die Medizin und ermöglichte die erfolgreiche Behandlung von zuvor tödlichen bakteriellen Infektionen.

Der Transistor, erfunden von Bell Labs im Jahr 1947, ist eine grundlegende Komponente moderner Elektronik. Er ermöglichte die Entwicklung von Computern, Mobiltelefonen und einer Vielzahl von elektronischen Geräten.

Die Röntgentechnologie, entdeckt von Wilhelm Conrad Röntgen im Jahr 1895, ermöglichte es Ärzten, in den menschlichen Körper zu blicken. Sie revolutionierte die Medizin und ist ein wichtiges Diagnosewerkzeug.

Die Erfindung des Papiers in China vor über 2000 Jahren revolutionierte die Aufzeichnung und Verbreitung von Wissen. Es wurde zum vorherrschenden Medium für Schrift und Druck.

Die Klimaanlage, entwickelt im 20. Jahrhundert, verbessert den Komfort in heißen Klimazonen erheblich. Sie hat zur Entwicklung von Städten in heißen Regionen wie Dubai und Las Vegas beigetragen.

Der Taktgeber für Herzschrittmacher wurde zufällig von Wilson Greatbatch erfunden. Er war eigentlich dabei, ein Herz-Monitoring-Gerät zu bauen, als er einen falschen Widerstand einsetzte, was zu einem Gerät führte, das Herzschläge imitierte.

Die Mikrowelle wurde durch einen glücklichen Zufall von Percy Spencer entdeckt. Während er an einem Radargerät arbeitete, bemerkte er, dass eine Schokolade in seiner Tasche geschmolzen war, was zur Entwicklung der Mikrowelle führte.

Der Erfinder des modernen WC-Papiers, Seth Wheeler, patentierte nicht nur das Produkt, sondern auch die Art und Weise, wie es auf der Rolle aufgerollt wird. Der offizielle Patentantrag zeigt das Papier in der heute weitverbreiteten "über" Orientierung.

Viagra wurde ursprünglich entwickelt, um Herzkrankheiten zu behandeln. Es war nicht besonders erfolgreich in seiner ursprünglichen Funktion, aber während der klinischen Studien wurde die unerwartete Nebenwirkung entdeckt, die zur primären Verwendung des Medikaments führte.

Das Fernsehen wurde gleichzeitig und unabhängig voneinander von Philo Farnsworth und Vladimir Zworykin entwickelt. Beide Männer kämpften jahrelang um die Patentrechte, wobei Farnsworth schließlich als der offizielle Erfinder anerkannt wurde.

Das World Wide Web wurde von Tim Berners-Lee entwickelt, um die Kommunikation zwischen Wissenschaftlern weltweit zu erleichtern. Heute ist es die Grundlage für fast alle digitalen Kommunikations- und Informationsplattformen.

Der Kreuzschlitzschraubenzieher und der Schraubenkopf wurden von Henry F. Phillips entwickelt. Die Kreuzschlitzschraube war so konzipiert, dass der Schraubendreher abrutschen würde, bevor der Schraubenkopf beschädigt werden könnte.

Die Erfindung der Sonnenbrille wird den Römern zugeschrieben, die getönte Gläser verwendeten, um ihre Augen bei Gladiatorenkämpfen zu schützen. Heutzutage sind sie ein unverzichtbares Accessoire für den Schutz unserer Augen vor den schädlichen UV-Strahlen der Sonne.

Der Taschenrechner wurde 1967 von Texas Instruments entwickelt. Es revolutionierte die Mathematik und machte Berechnungen tragbar.

Der Spülmaschine wurde von einer wohlhabenden sozialen Aktivistin und Erfinderin namens Josephine Cochrane erfunden. Sie war frustriert über das ständige Zerbrechen ihres feinen Porzellans durch ihre Diener.

Der beliebte Klettverschluss wurde von einem Schweizer Ingenieur namens George de Mestral erfunden. Die Idee kam ihm, als er bemerkte, wie Distelkugeln an seiner Kleidung und dem Fell seines Hundes hängen blieben.

Das erste Patent für eine Maus wurde von Douglas Engelbart im Jahr 1970 angemeldet. Es wurde als "X-Y-Positionsanzeiger für ein Anzeigesystem" bezeichnet.

Die Erfindung des Eiscreme-Sundae geht zurück auf die Stadt Ithaca, New York, wo sie angeblich als eine Möglichkeit erfunden wurde, die Gesetze gegen das Servieren von Eiscreme am Sonntag zu umgehen.

Das erste GPS-System wurde vom US-Verteidigungsministerium entwickelt und war ursprünglich für militärische Zwecke bestimmt. Heute ist es ein wesentlicher Bestandteil vieler Technologien, die wir täglich verwenden.

Elias Howe erhielt 1846 das Patent für die erste praktisch einsetzbare Nähmaschine. Obwohl es anfänglich Widerstand gegen seine Erfindung gab, revolutionierte sie die Bekleidungsindustrie.

Die Erfindung der Dosenöffner erfolgte 48 Jahre nach der Erfindung der Dose. Vor der Erfindung des Dosenöffners mussten Dosen mit Hammer und Meißel geöffnet werden.

Die moderne Version des Briefkastens wurde von einem US-Postbeamten namens Philip B. Downing erfunden. Vor seiner Erfindung wurden Briefe in der Regel in Behältern in den Postämtern oder Geschäften gelassen.

Das moderne Streichholz wurde von einem schwedischen Chemiker namens Gustaf Erik Pasch erfunden. Bevor seine Erfindung wurde Feuer oft durch Schaben von Stahl auf Feuerstein erzeugt.

Der erste mechanische Wecker wurde von Levi Hutchins aus New Hampshire erfunden. Es war ein sehr einfacher Wecker, der nur zur voreingestellten Zeit von 4 Uhr morgens läuten konnte.

Der Erfinder des Tipp-Ex, Bette Nesmith Graham, war eine Sekretärin, die häufig Tippfehler machte. Sie entwickelte die Flüssigkeit, um ihre Fehler zu korrigieren und verkaufte schließlich ihr Unternehmen für 47,5 Millionen Dollar.

Die erste verkehrsabhängige Ampel wurde von einem afroamerikanischen Erfinder namens Garrett Morgan erfunden. Er erfand es, nachdem er einen schweren Verkehrsunfall beobachtet hatte.

Die Erfindung des ersten Videorekorders wird dem amerikanischen Ingenieur Charles Ginsburg zugeschrieben. Seine Arbeit hat den Weg für die Entwicklung des Heimunterhaltungssystems geebnet.

Die Brückentechnologie, auch Pontics genannt, wurde von den Etruskern erfunden. Sie verbanden einen fehlenden Zahn mit goldenem Band, das an den benachbarten Zähnen befestigt wurde.

Der Begriff "Bluetooth" und sein Symbol stammen aus der nordischen Mythologie. Sie sind nach König Harald Blauzahn benannt, der dafür bekannt war, dänische Stämme zu vereinigen.

Der USB-Stick wurde von einem israelischen Unternehmen namens M-Systems erfunden. Es bot eine bequeme Möglichkeit, Daten zwischen Computern zu transportieren.

Der Walkman wurde 1979 von Sony erfunden. Dies war eine Revolution für die Musikindustrie, da es den Menschen ermöglichte, ihre Musik unterwegs zu hören.

Die Erfindung des ersten synthetischen Materials, Nylon wurde von Wallace Hume Carothers erfunden. Es wurde erstmals in Damenstrümpfen verwendet und hat die Textilindustrie revolutioniert.

Sir Tim Berners-Lee, der Erfinder des World Wide Web, hat sein Projekt kostenlos zur Verfügung gestellt. Er hat dafür gesorgt, dass das Web ein öffentlicher Dienst wurde und nicht von einer einzelnen Firma kontrolliert wurde.

Der erste synthetische Farbstoff wurde zufällig von Sir William Henry Perkin erfunden. Er versuchte, ein Heilmittel für Malaria zu finden, als er stattdessen das Mauveine, einen purpurfarbenen Farbstoff entdeckte.

Der Canadarm, ein bekanntes Merkmal der NASA-Raumfähren, wurde in Kanada entwickelt. Es ist ein robotischer Arm, der im Weltraum Operationen wie das Bewegen von Fracht durchführt.

Die Erfindung des ersten Computerspiels, "Tennis for Two", wird William Higinbotham zugeschrieben. Es wurde auf einem Oszilloskop gespielt und war der Vorläufer für Pong und andere frühe Videospiele.

Der Bikini wurde vom französischen Designer Louis Réard erfunden und nach dem Bikini-Atoll benannt. Es war der Ort, an dem die USA Atomtests durchführten, weil Réard hoffte, dass seine Erfindung eine ähnlich schockierende Wirkung haben würde.

Die ersten Kopfhörer wurden von Nathaniel Baldwin in seiner Küche erfunden. Sie waren so gut, dass die US-Marine sie in großer Menge bestellte.

Der Laserscanner, der heute in fast jedem Supermarkt zu finden ist, wurde von Norman Joseph Woodland und Bernard Silver erfunden. Die erste gescannte Barcode-Nummer war eine 10-stellige Nummer für ein Paket Wrigley's Kaugummi.

Der Philips-Schraubenzieher wurde von Henry F. Phillips erfunden. Die spezielle Form des Schraubenkopfes ermöglicht es dem Schraubenzieher, sich beim Drehen zentriert zu halten.

Das Hufeisen wurde von den Römern erfunden. Es wurde entwickelt, um die Hufe der Pferde zu schützen, während sie auf harten, unebenen Oberflächen liefen.

Die erste kommerzielle Mikrowelle, die 1947 eingeführt wurde, war fast 1,8 Meter hoch und wog 340 Kilogramm. Sie wurde "Radar Range" genannt und kostete etwa 5000 US-Dollar.

Der Mensch

Ein menschlicher Körper enthält etwa 37 Billionen Zellen. Jede dieser Zellen enthält DNA, und wenn man die DNA aller Zellen zusammenlegen würde, könnte sie von der Erde bis zur Sonne und zurück über 600 Mal reichen.

Das menschliche Gehirn macht etwa 2% des Körpergewichts aus, verbraucht aber rund 20% des gesamten Sauerstoffs und Blutzuckers. Dies ist auf die hohe Stoffwechselaktivität der Neuronen zurückzuführen.

Jeder Mensch hat einen einzigartigen Zungenabdruck, genau wie Fingerabdrücke. Dies macht die Zunge zu einem potenziellen Identifikationswerkzeug.

Bei Geburt hat ein Baby 300 Knochen, aber viele von ihnen verschmelzen im Laufe der Zeit miteinander, sodass ein Erwachsener nur noch 206 Knochen hat. Dieser Prozess wird als Knochenfusion bezeichnet.

Der durchschnittliche Mensch verbringt etwa ein Drittel seines Lebens schlafend. Schlaf ist notwendig für eine Vielzahl von körperlichen und geistigen Funktionen, einschließlich Gedächtnis, Wachstum und Reparatur von Zellen.

Bei einer durchschnittlichen Lebenserwartung von 79 Jahren schlägt das menschliche Herz etwa 3 Milliarden Mal. Das entspricht 72 bis 80 Schlägen pro Minute.

Unsere Nase und unser Gehirn sind in der Lage, bis zu 50.000 verschiedene Düfte zu erkennen. Dies liegt an den etwa 10 Millionen Riechzellen in unserer Nase.

Der menschliche Körper enthält etwa 5,5 Liter Blut, das kontinuierlich durch das Kreislaufsystem zirkuliert. Dieses Blut liefert Sauerstoff und Nährstoffe zu Zellen im ganzen Körper und hilft bei der Entsorgung von Abfallprodukten.

Der Dünndarm ist ungefähr 7 Meter lang, während der Dickdarm etwa 1,5 Meter lang ist. Zusammen bilden sie den größten Teil des Verdauungssystems.

Die menschliche Lunge hat eine Oberfläche von etwa 70 Quadratmetern. Dies entspricht etwa der Größe eines Tennisplatzes.

Der menschliche Körper produziert etwa 1 Liter Schweiß pro Tag. Dies hilft dabei, die Körpertemperatur zu regulieren und Abfallprodukte auszuscheiden.

Ein Mensch produziert im Durchschnitt etwa 1,7 Liter Urin pro Tag. Dies hängt jedoch stark von der Flüssigkeitszufuhr und anderen Faktoren ab.

Die menschliche Leber ist das schwerste Organ im Körper und wiegt durchschnittlich 1,5 Kilogramm. Sie spielt eine entscheidende Rolle bei der Verdauung, der Entgiftung und dem Stoffwechsel.

Der menschliche Körper produziert und zerstört täglich etwa 300 Milliarden Zellen. Dieser Prozess wird als Zellumsatz bezeichnet.

Der menschliche Dünndarm ist in der Lage, seine Oberfläche durch winzige Ausstülpungen bekannt als Zotten, zu vergrößern. Dadurch kann er mehr Nährstoffe aus der Nahrung aufnehmen.

Der menschliche Körper enthält etwa 100.000 Kilometer Blutgefäße. Dies würde ausreichen, um zweieinhalb Mal um die Erde zu kreisen.

Die menschlichen Augen sind so empfindlich, dass sie theoretisch eine Kerze aus einer Entfernung von etwa 48 Kilometern sehen könnten. In der Praxis ist die Sicht jedoch durch atmosphärische Störungen begrenzt.

Der durchschnittliche Mensch produziert etwa 0,5 bis 1,5 Liter Blähungen pro Tag. Dies ist ein normales Nebenprodukt der Verdauung.

Der menschliche Körper enthält etwa 0,2 Milligramm Gold, das meiste davon im Blut. Es würde jedoch etwa 40.000 Menschen benötigen, um genug Gold zu sammeln, um eine 8-Gramm-Münze herzustellen.

Das menschliche Ohr ist in der Lage, Frequenzen von 20 Hertz bis 20.000 Hertz zu hören. Die Fähigkeit, höhere Frequenzen zu hören, nimmt typischerweise mit dem Alter ab.

Der menschliche Körper enthält etwa 25 Milliarden weiße Blutkörperchen. Sie spielen eine entscheidende Rolle bei der Immunantwort.

Ein menschlicher Schädel besteht aus 22 Knochen. Acht davon schützen das Gehirn und 14 bilden das Gesicht.

Der menschliche Magen produziert alle drei Tage eine neue Schleimhautschicht, um sich vor der eigenen Magensäure zu schützen. Diese Säure ist stark genug, um Metall zu zersetzen.

Die menschlichen Füße haben 250.000 Schweißdrüsen und können bis zu einem halben Liter Schweiß pro Tag produzieren. Dies ist mehr als jedes andere Teil des Körpers.

Der menschliche Dickdarm ist in der Lage, Bakterien zu züchten, die Vitamin K produzieren. Dieses Vitamin spielt eine wichtige Rolle bei der Blutgerinnung.

Die menschliche Haut erneuert sich etwa alle 28 bis 30 Tage. In diesem Prozess sterben alte Hautzellen ab und werden durch neue ersetzt.

Der durchschnittliche Mensch atmet etwa 20.000 Mal pro Tag. Dies kann je nach körperlicher Aktivität und anderen Faktoren variieren.

Der menschliche Körper produziert täglich etwa 2,5 Millionen neue rote Blutkörperchen. Diese Zellen sind für den Transport von Sauerstoff von der Lunge zu den Zellen im Körper verantwortlich.

Der menschliche Körper hat etwa 650 Muskeln. Der größte Muskel ist der Gluteus maximus (Gesäßmuskel), und der kleinste Muskel ist der Stapedius im Ohr.

Die Zähne sind das einzige Teil des menschlichen Körpers, das sich nicht selbst heilen kann. Dies liegt daran, dass der Zahnschmelz die äußere Schicht des Zahns, kein lebendes Gewebe ist.

Der menschliche Körper produziert in einer Minute genug Wärme, um ein halbes Liter Wasser zum Kochen zu bringen. Diese Wärme wird durch den Stoffwechsel erzeugt, den Prozess, durch den der Körper Nahrung in Energie umwandelt.

Der menschliche Körper kann bis zu 5 Tage ohne Schlaf überleben. Nach dieser Zeit treten jedoch ernsthafte gesundheitliche Probleme und möglicherweise der Tod ein.

Der menschliche Körper produziert und schluckt täglich etwa 1,5 Liter Schleim. Dieser Schleim hilft, die Atemwege zu befeuchten und Fremdkörper zu entfernen.

Der menschliche Körper ist in der Lage, eine Sturzgeschwindigkeit von bis zu 15 Metern pro Sekunde ohne tödliche Verletzungen zu überleben. Dies hängt jedoch stark von der Art des Aufpralls und anderen Faktoren ab.

Der menschliche Körper hat 80 Organe. Diese erfüllen eine Vielzahl von Funktionen, von der Verdauung der Nahrung bis zur Regulierung des Stoffwechsels.

Der menschliche Körper besteht aus etwa 7 Oktillionen Atomen. Das ist eine 7 mit 27 Nullen dahinter.

Der menschliche Körper enthält etwa 60 chemische Elemente. Die vier häufigsten Elemente sind Sauerstoff, Kohlenstoff, Wasserstoff und Stickstoff.

Der menschliche Körper kann bis zu 5 Prozent seines Wassergewichts in weniger als einer Stunde verlieren. Dies kann zu Dehydration und anderen gesundheitlichen Problemen führen.

Der menschliche Körper kann bis zu 14 Tage ohne Nahrung überleben, abhängig von Faktoren wie Körpergröße, Geschlecht, Gesundheitszustand und Aktivitätsniveau. Der Körper schaltet in den Überlebensmodus und beginnt, Fett und Muskelgewebe für Energie zu verbrennen.

Der menschliche Körper hat drei verschiedene Arten von Muskeln: Skelettmuskeln, glatte Muskeln und Herzmuskulatur. Jede dieser Arten hat ihre eigenen speziellen Funktionen und Eigenschaften.

Jeder Mensch hat einzigartige Lippenabdrücke, genau wie Fingerabdrücke. Tatsächlich können Lippenabdrücke sogar für die Forensik verwendet werden.

Das menschliche Auge ist in der Lage, einzelne Photonen, die kleinsten Mengen von Licht zu erkennen. Dies ist unter idealen Bedingungen und in völliger Dunkelheit möglich.

Der menschliche Körper kann bis zu 3 Tage ohne Trinkwasser überleben, abhängig von Faktoren wie Temperatur und Aktivitätsniveau. Allerdings beginnt die Dehydratation schon nach etwa einem Tag ohne Wasser.

Der menschliche Körper hat etwa 10-mal mehr Bakterienzellen als menschliche Zellen. Diese Bakterien leben hauptsächlich im Verdauungstrakt und spielen eine wichtige Rolle bei der Gesundheit und Krankheit.

Ein menschlicher Körper kann für etwa 20 Minuten unter Wasser bleiben, bevor der Sauerstoffmangel irreversible Gehirnschäden verursacht. Dies kann variieren, je nachdem, wie ruhig die Person bleibt und wie viel Sauerstoff sie vor dem Untertauchen eingeatmet hat.

Der menschliche Körper produziert während einer 24-stündigen Fastenperiode bis zu 200 Gramm Keton Körper. Diese fungieren als alternative Energiequelle für das Gehirn, wenn Glukose knapp ist.

Der menschliche Körper kann Temperaturen von bis zu 60 Grad Celsius für kurze Zeit überleben. Über längere Zeiträume kann jedoch schon eine Temperatur von über 37,5 Grad Celsius gesundheitliche Probleme verursachen.

Der menschliche Körper produziert ständig Vitamin D, wenn er dem Sonnenlicht ausgesetzt ist. Nur 15 Minuten Sonnenlicht pro Tag können ausreichen, um den Vitamin-D-Bedarf eines Erwachsenen zu decken.

Das menschliche Ohr ist das empfindlichste Organ für Gleichgewicht und Lage im Raum. Es ermöglicht uns, aufrecht zu gehen und Bewegungen mit Präzision auszuführen.

Der menschliche Körper hat mehr Bakterien als menschliche Zellen. Die meisten dieser Bakterien sind harmlos oder sogar vorteilhaft für die Gesundheit.

Die menschliche Haut ist das größte Organ des Körpers und hat eine Oberfläche von etwa 2 Quadratmetern. Sie dient als Barriere gegen Infektionen und reguliert die Körpertemperatur.

Der menschliche Körper hat die Fähigkeit, nach schweren Verletzungen und Operationen zu heilen. Dies ist auf die Fähigkeit des Körpers zur Zellregeneration und zur Produktion neuer Zellen zurückzuführen.

Der menschliche Körper besteht zu etwa 60% aus Wasser. Jeder Körperteil enthält eine unterschiedliche Menge an Wasser: Die Lungen sind zu 83% Wasser, die Muskeln und die Nieren zu 79%, die Haut zu 64% und die Knochen zu etwa 31%.

Der menschliche Körper kann bis zu 700 Kilokalorien pro Stunde verbrennen, je nach Intensität der körperlichen Aktivität. Dies ist vergleichbar mit dem Energieverbrauch beim Laufen mit hoher Geschwindigkeit.

Der durchschnittliche Mensch verliert jeden Tag etwa 100 Haare. Dies ist Teil des normalen Haarlebenszyklus und sollte kein Grund zur Sorge sein.

Die menschliche Zunge ist das einzige Muskelorgan, das an nur einem Ende befestigt ist. Sie hat eine unglaubliche Beweglichkeit und eine große Rolle bei der Sprachbildung und der Nahrungsverarbeitung.

Der menschliche Körper kann ohne Essen länger überleben als ohne Schlaf. Nach etwa 11 Tagen ohne Schlaf kann der Körper anfangen, ernsthafte Schäden zu nehmen.

Jede menschliche Zelle enthält etwa 2 Meter DNA. Wenn man alle DNA in einem menschlichen Körper ausstrecken würde, könnte sie 110 Milliarden Kilometer erreichen, was mehr als der Abstand von der Erde zur Sonne und zurück ist.

Der menschliche Körper produziert in seiner Lebenszeit genug Speichel, um zwei Schwimmbecken zu füllen. Dies ist ein erstaunliches Beispiel für die Produktivität des menschlichen Körpers.

Die menschliche Leber hat die bemerkenswerte Fähigkeit, sich selbst zu regenerieren. Sie kann sich sogar nach teilweiser Entfernung vollständig erholen und ihre ursprüngliche Größe wiederherstellen.

Der durchschnittliche Mensch verbringt etwa fünf Jahre seines Lebens mit Essen. Das ist eine beträchtliche Menge an Zeit, die wir der Nahrungsaufnahme widmen.

Das menschliche Gehirn besteht zu etwa 75% aus Wasser. Dies ist ein Hinweis darauf, wie wichtig Wasser für die Gehirnfunktion ist.

Die menschliche Lunge enthält etwa 300 Millionen Alveolen. Diese kleinen Luftbläschen ermöglichen den Gasaustausch zwischen der Lunge und dem Blut.

Die menschlichen Ohren und die Nase hören nie auf zu wachsen. Im Gegensatz dazu erreichen viele andere Teile des Körpers im Jugendalter ihre endgültige Größe.

Der menschliche Körper kann bis zu 3 Gramm Salz pro Tag ausscheiden. Zu viel Salz kann zu Gesundheitsproblemen wie Bluthochdruck führen.

Das menschliche Auge kann etwa 10 Millionen Farben erkennen. Dies ist auf die Vielzahl von Lichtrezeptoren auf der Netzhaut zurückzuführen.

Der durchschnittliche Mensch verliert im Laufe seines Lebens etwa 68 Kilo Haut. Die Haut erneuert sich ständig und alte Hautzellen werden abgestoßen und durch neue ersetzt.

Der durchschnittliche Mensch produziert etwa 100 Watt Energie pro Stunde. Das entspricht in etwa der Energie, die eine Glühbirne verbraucht.

Die menschliche Haut kann sich an eine Vielzahl von Temperaturen anpassen. Dies ist eine der Anpassungen, die es dem Menschen ermöglicht, in einer Vielzahl von Umgebungen zu leben.

Die menschliche Haut erzeugt Melanin als Reaktion auf die Sonneneinstrahlung. Dieser Prozess ist verantwortlich für die Bräunung der Haut.

Das menschliche Gehirn verbraucht etwa 20% der gesamten Energie des Körpers. Trotz seiner geringen Größe ist das Gehirn ein enormer Energieverbraucher.

Das menschliche Auge blinzelt etwa 4,2 Millionen Mal im Jahr. Blinzeln hilft, die Augen feucht und gesund zu halten.

Der menschliche Körper kann bei starkem Schmerz natürliche Schmerzmittel freisetzen. Diese Substanzen, Endorphine genannt, können ähnliche Wirkungen wie Opiate haben.

Die durchschnittliche Körpertemperatur des Menschen liegt bei 37 Grad Celsius. Diese Temperatur kann jedoch je nach Tageszeit, Aktivitätsniveau und anderen Faktoren leicht schwanken.

Das menschliche Gehirn ist nach dem Alter von 25 Jahren vollständig ausgewachsen. Dies ist das Alter, in dem die meisten Menschen ihre vollständige geistige Reife erreicht haben.

Der menschliche Körper enthält mehr Bakterienzellen als menschliche Zellen. Diese Mikroorganismen, bekannt als Mikrobiom, spielen eine wichtige Rolle bei der Verdauung und anderen Körperfunktionen.

Der menschliche Körper kann bis zu sieben Minuten ohne Sauerstoff auskommen, bevor er ernsthafte Schäden erleidet. Diese Zeit kann jedoch durch Training und Anpassung verlängert werden.

Der menschliche Körper enthält etwa 100 Billionen Zellen. Jede dieser Zellen erfüllt eine spezifische Funktion, von der Energieproduktion bis zur Abwehr von Krankheiten.

Der durchschnittliche Mensch nimmt im Laufe seines Lebens etwa 35 Tonnen Nahrung zu sich. Das entspricht dem Gewicht von etwa sieben Elefanten.

Der menschliche Körper kann bei Bedarf Adrenalin freisetzen. Dieses Hormon bereitet den Körper auf "Kämpfen oder Fliehen"-Situationen vor und erhöht die Herzfrequenz und den Blutdruck.

Die Farbe der menschlichen Haut wird durch ein Pigment namens Melanin bestimmt. Menschen mit dunklerer Haut haben mehr Melanin, während Menschen mit hellerer Haut weniger haben.

Die menschlichen Knochen sind etwa 5 Mal stärker als Stahl. Trotz ihrer Stärke sind sie leicht genug, um uns Bewegung und Flexibilität zu ermöglichen.

Das menschliche Gehirn hat etwa 86 Milliarden Neuronen. Diese Zellen kommunizieren miteinander und bilden ein komplexes Netzwerk, das unsere Gedanken, Emotionen und Verhaltensweisen steuert.

Die meisten Menschen verlieren im Laufe ihres Lebens etwa die Hälfte ihrer Geschmacksknospen. Dies ist einer der Gründe, warum ältere Menschen oft ein vermindertes Geschmacksempfinden haben.

Jedes menschliche Auge hat etwa 130 Millionen lichtempfindliche Zellen. Diese Zellen ermöglichen es uns, in einer Vielzahl von Lichtbedingungen zu sehen, von hellem Sonnenlicht bis hin zu schwachem Mondlicht.

Die durchschnittliche menschliche Lunge kann etwa 6 Liter Luft aufnehmen. Beim normalen Atmen wird jedoch nur ein kleiner Teil dieser Kapazität genutzt.

Jeder Mensch hat einen einzigartigen Geruch, ähnlich wie ein Fingerabdruck. Dieser Geruch wird von verschiedenen Faktoren beeinflusst, einschließlich Diät, Gesundheitszustand und genetische Faktoren.

Das menschliche Gehirn kann nicht Schmerz fühlen. Obwohl das Gehirn die Schmerzsignale von anderen Teilen des Körpers verarbeitet, hat es selbst keine Schmerzrezeptoren.

Die menschlichen Füße haben zusammen 52 Knochen, das sind etwa ein Viertel aller Knochen im menschlichen Körper. Sie tragen unser gesamtes Körpergewicht und ermöglichen uns das Gehen und Laufen.

Das menschliche Herz schlägt im Durchschnitt 100.000 Mal pro Tag. Im Laufe eines 70-jährigen Lebens schlägt das Herz etwa 2,5 Milliarden Mal.

Die menschliche Bauchspeicheldrüse spielt eine Schlüsselrolle bei der Verdauung und der Regulierung des Blutzuckers. Sie produziert Enzyme, die Nahrung abbauen, und Insulin, das den Zucker aus dem Blut in die Zellen transportiert.

Das menschliche Gehirn macht etwa 2% des Gesamtkörpergewichts aus, verbraucht aber 20% des Sauerstoffs und der Kalorien. Dies zeigt, wie energieintensiv die Arbeit unseres Gehirns ist.

Das menschliche Skelett besteht aus 206 Knochen. Diese Struktur bietet nicht nur Unterstützung und Schutz für die inneren Organe, sondern dient auch als Ankerpunkt für die Muskulatur.

Die menschliche Netzhaut enthält etwa 120 Millionen Stäbchenzellen, die Licht in Nervensignale umwandeln. Diese Zellen sind besonders gut für das Sehen bei schlechten Lichtverhältnissen geeignet.

Die menschliche Lunge ist so konstruiert, dass sie mehr Luft auf der Unterseite als auf der Oberseite hält. Dies bedeutet, dass die unteren Teile der Lunge bei normaler Atmung mehr belüftet werden.

Jeder Mensch hat eine andere Menge an roten Blutkörperchen. Männer haben in der Regel etwa 5,2 Millionen rote Blutkörperchen pro Mikroliter Blut, während Frauen etwa 4,6 Millionen haben.

Die menschlichen Augen können etwa 10 Millionen verschiedene Farben wahrnehmen. Dies ist auf die Tatsache zurückzuführen, dass unsere Augen drei Arten von Farbrezeptoren haben, die unterschiedliche Wellenlängen von Licht absorbieren.

Der menschliche Körper hat vier verschiedene Blutgruppen: A, B, AB und O. Jede Blutgruppe hat Antigene, die die Reaktion des Immunsystems auf fremde Substanzen bestimmen.

Das menschliche Gehirn kann Informationen mit einer Geschwindigkeit von bis zu 120 Metern pro Sekunde verarbeiten. Das ist fast die Hälfte der Geschwindigkeit des schnellsten jemals gemessenen Windes.

Der menschliche Körper kann bis zu 7 Minuten nach dem Herzstillstand wiederbelebt werden. Nach diesem Zeitpunkt beginnt das Gehirn, irreversible Schäden zu erleiden.

Die menschliche Wirbelsäule besteht aus 33 Wirbeln. Diese Wirbel sind durch Bandscheiben getrennt, die als Stoßdämpfer wirken und es uns ermöglichen, uns zu beugen und zu drehen.

Der menschliche Körper enthält etwa 100 Billionen Mikroben. Diese Mikroben leben hauptsächlich in unserem Darm und spielen eine wichtige Rolle bei unserer Gesundheit.

Das menschliche Herz wiegt etwa 300 Gramm. Trotz seiner geringen Größe ist es stark genug, um das gesamte Blut in unserem Körper zu pumpen.

Der menschliche Körper besteht zu 99% aus sechs Elementen: Sauerstoff, Kohlenstoff, Wasserstoff, Stickstoff, Kalzium und Phosphor. Der Rest besteht aus einer Vielzahl anderer Elemente.

Das menschliche Gehirn enthält etwa 100 Milliarden Neuronen. Diese Neuronen sind durch etwa 100 Billionen Synapsen miteinander verbunden, was ein unglaublich komplexes Netzwerk von Verbindungen darstellt.

Der menschliche Körper enthält etwa 25.000 bis 35.000 Gene. Diese Gene bestimmen alles von unserer Haar- und Augenfarbe bis zu unseren Risiken für bestimmte Krankheiten.

Das menschliche Ohr hat drei Teile: das äußere Ohr, das mittlere Ohr und das innere Ohr. Jeder Teil spielt eine wichtige Rolle beim Hören und bei der Aufrechterhaltung des Gleichgewichts.

Die menschliche Zunge hat etwa 10.000 Geschmacksknospen. Diese Geschmacksknospen können fünf Geschmackseindrücke wahrnehmen: süß, sauer, bitter, salzig und umami.

Der menschliche Magen kann sich ausdehnen, um etwa 1 Liter Nahrung aufzunehmen. Nach dem Essen zieht sich der Magen wieder zusammen, um die Nahrung zu verdauen.

Das menschliche Herz pumpt jeden Tag etwa 7.200 Liter Blut durch den Körper. Das ist genug, um ein kleines Schwimmbecken zu füllen.

Das menschliche Auge ist eines der komplexesten Organe im Körper. Es besteht aus mehr als 2 Millionen funktionierenden Teilen.

Der menschliche Körper hat etwa 5 Millionen Haarfollikel. Diese Follikel produzieren Haare, die uns helfen, die Körpertemperatur zu regulieren und uns vor Umwelteinflüssen zu schützen.

Der menschliche Körper produziert etwa 25 Millionen neue Zellen pro Sekunde. Das bedeutet, dass wir in etwa 13 Sekunden mehr Zellen produzieren, als es Menschen auf der Erde gibt.

Die menschlichen Zähne sind das härteste Material im menschlichen Körper. Sie bestehen hauptsächlich aus Kalzium und Phosphat, die auch die Hauptbestandteile von Knochen sind, aber in einer stärkeren Struktur angeordnet sind.

Die menschlichen Finger sind so empfindlich, dass sie sogar Objekte von der Größe eines menschlichen Haares fühlen können. Dies ist auf die hohe Konzentration von Nervenenden in den Fingerspitzen zurückzuführen.

Die menschliche Leber hat über 500 Funktionen. Dazu gehören die Entgiftung von Chemikalien, die Speicherung von Vitaminen und Mineralien und die Produktion von Gallensaft zur Verdauung von Fetten.

Der menschliche Körper enthält genug Eisen, um einen 3 Zentimeter langen Nagel herzustellen. Das meiste dieses Eisens befindet sich in den roten Blutkörperchen.

Der menschliche Körper verbraucht etwa 70% seiner Gesamtenergie einfach nur durch Grundfunktionen wie Atmen, Blutkreislauf und Zellproduktion. Dies wird auch als Grundumsatz bezeichnet.

Impressum

Herausgeber: Thiede-Books

Umschlaggestaltung: Thiede-Books

Innenteil: Thiede-Books

Verlag: Thiede-Books

Dimitry Thiede
Marienstr. 103
30171 Hannover
info@thiede-books.de
www.thiede-books.de

ISBN Buch: 979-8-86-010924-7

Auflage: 1

Bitte beachten Sie:
Die bereitgestellten Informationen in diesem Buch sind sorgfältig zusammengestellt, aber sie kommen ohne jegliche Garantie für ihre Genauigkeit, Aktualität oder Vollständigkeit.
Der Verlag übernimmt für mögliche Unkorrektheiten, Lücken oder Unstimmigkeiten keine Verantwortung.

Marken und eingetragene Warenzeichen, die in diesem Text genannt werden, gehören ihren jeweiligen Eigentümern. Die Erwähnung solcher Marken erfolgt ausschließlich zu Identifikationszwecken und impliziert keine Rechtsansprüche.

Bibliografische Information der Deutschen Nationalbibliothek:
Die Deutsche Nationalbibliothek verzeichnet diese Publikation in der Deutschen Nationalbibliografie; detaillierte bibliografische Daten sind im Internet über http://dnb.d-nb.de abrufbar.

Thiede Books
Fachbücher und Ratgeber